Thomas Theis

Einstieg in Python

Ideal für Programmiereinsteiger

Rheinwerk
Computing

Liebe Leserin, lieber Leser,

mit Python haben Sie eine gute Wahl getroffen: Python ist vielseitig, leicht zu lernen und bietet Ihnen später das Potenzial für anspruchsvollere Projekte. Die hier erworbenen Python-Kenntnisse können Sie zudem im großen Bereich KI gewinnbringend einsetzen, und sie sind auch für Maker unverzichtbar.

Dieses Buch wird Sie bei Ihrem Einstieg in Python von Anfang an begleiten. Schritt für Schritt lernen Sie das Programmieren an Beispiel-Projekten. Sie werden schnell Ihre ersten eigenen Programme schreiben, selbst wenn Sie bisher noch nicht programmiert haben. Übungsaufgaben helfen Ihnen dabei, Ihr neu gewonnenes Wissen zu testen und weiter zu vertiefen.

Dieses Buch wurde mit großer Sorgfalt geschrieben, geprüft und produziert. Sollte dennoch einmal etwas nicht so funktionieren, wie Sie es erwarten, freue ich mich, wenn Sie sich mit mir in Verbindung setzen. Ihre Kritik und konstruktiven Anregungen, aber natürlich auch Ihr Lob sind uns jederzeit herzlich willkommen!

Viel Spaß mit Python wünscht Ihnen nun

Ihre Anne Scheibe
Lektorat Rheinwerk Computing

anne.scheibe@rheinwerk-verlag.de
www.rheinwerk-verlag.de
Rheinwerk Verlag · Rheinwerkallee 4 · 53227 Bonn

Auf einen Blick

Wir hoffen, dass Sie Freude an diesem Buch haben und sich Ihre Erwartungen erfüllen. Ihre Anregungen und Kommentare sind uns jederzeit willkommen. Bitte bewerten Sie doch das Buch auf unserer Website unter **www.rheinwerk-verlag.de/feedback**.

An diesem Buch haben viele mitgewirkt, insbesondere:

Lektorat Anne Scheibe
Korrektorat Petra Biedermann, Reken
Herstellung Stefanie Meyer
Typografie und Layout Vera Brauner
Einbandgestaltung Mai Loan Nguyen Duy
Satz III-Satz, Kiel
Druck Beltz Grafische Betriebe, Bad Langensalza

FSC www.fsc.org MIX Papier | Fördert gute Waldnutzung FSC® C089473

Dieses Buch wurde gesetzt aus der TheAntiquaB (9,35 pt/13,7 pt) in FrameMaker. Gedruckt wurde es auf chlorfrei gebleichtem, FSC®-zertifiziertem Offsetpapier (90 g/m²).

Hergestellt in Deutschland.

Bibliografische Information der Deutschen Nationalbibliothek:
Die Deutsche Nationalbibliothek verzeichnet diese Publikation in der Deutschen Nationalbibliografie; detaillierte bibliografische Daten sind im Internet über *http://dnb.dnb.de* abrufbar.

ISBN 978-3-367-10123-8

8., aktualisierte Auflage 2024, 1. Nachdruck 2024

Informationen zu unserem Verlag und Kontaktmöglichkeiten finden Sie auf unserer Verlagswebsite **www.rheinwerk-verlag.de**. Dort können Sie sich auch umfassend über unser aktuelles Programm informieren und unsere Bücher und E-Books bestellen.

Inhalt

3 Programmierkurs 37

5 Weiterführende Programmierung 151

Materialien zum Buch

Auf der Webseite zu diesem Buch stehen folgende Materialien für Sie zum Download bereit:

- **alle Beispielprogramme**
- **Lösungen der Übungsaufgaben**

Gehen Sie auf *https://www.rheinwerk-verlag.de/5883*. Klicken Sie auf den Reiter MATERIALIEN. Sie sehen die herunterladbaren Dateien samt einer Kurzbeschreibung des Dateiinhalts. Klicken Sie auf den Button HERUNTERLADEN, um den Download zu starten. Je nach Größe der Datei (und Ihrer Internetverbindung) kann es einige Zeit dauern, bis der Download abgeschlossen ist.

Kapitel 1
Einführung

In diesem Kapitel stelle ich Ihnen Python kurz vor. Sie lernen die Vorteile von Python kennen und erfahren, wie Sie Python unter Windows, unter Ubuntu Linux und unter macOS installieren.

1.1 Vorteile von Python

Python ist eine sehr einfach zu erlernende Programmiersprache und für den Einstieg in die Welt der Programmierung ideal geeignet. Trotz ihrer Einfachheit bietet diese Sprache auch die Möglichkeit, komplexe Programme für vielfältige Anwendungsgebiete zu schreiben.

Python eignet sich besonders zur schnellen Entwicklung umfangreicher Anwendungen und vereint zu diesem Zweck folgende Vorteile:

- Eine einfache, eindeutige Syntax: Python ist für alle, die in die Programmierung einsteigen, eine ideale Programmiersprache. Sie beschränkt sich auf einfache, klare Anweisungen und häufig auf einen einzigen möglichen Lösungsweg. Dieser prägt sich schnell ein und wird während der Entwicklung von Programmen schnell vertraut.
- Klare Strukturen: Python verlangt von Ihnen, in einer gut lesbaren Struktur zu schreiben. Die Anordnung der Programmzeilen ergibt zugleich die logische Struktur des Programms.
- Wiederverwendung von Code: Die Modularisierung, also die Zerlegung eines Problems in Teilprobleme und die anschließende Zusammenführung der Teillösungen zu einer Gesamtlösung, wird in Python sehr leicht gemacht. Die vorhandenen Teillösungen können unkompliziert für weitere Aufgabenstellungen genutzt werden, sodass Sie bald über einen umfangreichen Pool an Modulen verfügen.
- In die Python-Versionen 3.10 bis 3.12 sind viele Verbesserungen bei den Fehlermeldungen eingeflossen. Fehlermeldungen sind informativer und genauer. Daher helfen sie besser bei der Fehlersuche. Häufig werden bereits passende Vorschläge zur Behebung des Fehlers gemacht.

- Objektbearbeitung: In Python werden alle Daten als Objekte gespeichert. Dies führt zu einer einheitlichen Behandlung von Objekten unterschiedlichen Typs. Die physikalische Speicherung der Objekte von Python erfolgt automatisch. Bei der Entwicklung muss man sich nicht um die Reservierung und Freigabe geeigneter Speicherbereiche kümmern.
- Interpreter/Compiler: Python-Programme werden unmittelbar interpretiert. Sie müssen nicht erst kompiliert und gebunden werden. Dies ermöglicht einen häufigen, schnellen Wechsel zwischen Codierungs- und Testphase.
- Unabhängigkeit vom Betriebssystem: Sowohl Programme, die von der Kommandozeile aus bedient werden, als auch Programme mit grafischen Benutzeroberflächen können auf unterschiedlichen Betriebssystemen (Windows, Linux, macOS) ohne Neuentwicklung und Anpassung eingesetzt werden.
- Zahlreiche umfangreiche Bibliotheken sind entweder bereits eingebunden oder lassen sich sehr leicht einbinden. Die Bibliotheken enthalten nützliche, spezialisierte Funktionen aus vielen Bereichen.

1.2 Verbreitung von Python

Aufgrund seiner vielen Vorzüge gehört Python seit vielen Jahren zu den beliebtesten Programmiersprachen. Aktuell (im Dezember 2023) belegt es den ersten Platz in verschiedenen Ranglisten zum Thema Programmiersprachen. Python wird in zahlreichen großen Unternehmen eingesetzt, hier einige Beispiele:

- Die Musik-App Spotify wurde mit Python erstellt.
- Beim Streamingdienst Netflix wird bei der Entwicklung immer mehr zu Python gegriffen, trotz einer Auswahl zwischen verschiedenen Systemen.
- Der Foto-Online-Dienst Instagram verwendet Python in einem wichtigen Teil seiner Anwendung.
- Bei Google wird möglichst häufig Python eingesetzt.
- Der Cloud-Storage-Anbieter Dropbox nutzt ausschließlich Python.

1.3 Aufbau des Buchs

Das vorliegende Buch führt Sie in die Programmiersprache Python in der Version 3.12 ein, die im Oktober 2023 erschienen ist. In meinem Buch lege ich besonderen Wert darauf, dass Sie selbst praktisch mit Python arbeiten. Daher empfehle ich Ihnen, von Anfang an dem logischen Faden von Erklärungen und Beispielen zu folgen.

Erste Zusammenhänge werden in Kapitel 2 anhand von einfachen Berechnungen vermittelt. Außerdem lernen Sie, ein Programm einzugeben, zu speichern und es unter den verschiedenen Umgebungen auszuführen.

Sie werden die Sprache spielerisch kennenlernen. Daher begleitet Sie ein selbst programmiertes Spiel durch das Buch. In dem Spiel sollen eine oder mehrere Kopfrechenaufgaben gelöst werden. Es wird mit dem »Programmierkurs« in Kapitel 3 eingeführt und im weiteren Verlauf des Buchs kontinuierlich erweitert und verbessert.

Nach der Vorstellung der verschiedenen Datentypen mit ihren jeweiligen Eigenschaften und Vorteilen in Kapitel 4 werden die Programmierkenntnisse in Kapitel 5 vertieft. Kapitel 6 widmet sich der objektorientierten Programmierung mit Python. Einige nützliche Module zur Ergänzung der Programme werden in Kapitel 7 vorgestellt.

In Kapitel 8 und in Kapitel 9 lernen Sie, Daten dauerhaft in Dateien oder Datenbanken zu speichern.

Sowohl Windows als auch Ubuntu Linux und macOS bieten komfortable grafische Benutzeroberflächen (GUIs). Kapitel 10 beschäftigt sich mit der GUI-Erzeugung mithilfe des Moduls `tkinter`. Dieses stellt eine Schnittstelle zwischen dem grafischen Toolkit *Tk* und Python dar. In Kapitel 11 wird die GUI-Erzeugung mithilfe des Moduls `PyQt6` behandelt. Dieses beinhaltet die Elemente von PyQt in der Version 6. PyQt dient als Schnittstelle zwischen der Qt-Bibliothek und Python.

Für die Hilfe bei der Erstellung dieses Buchs bedanke ich mich bei dem gesamten Team des Rheinwerk Verlags, besonders bei Anne Scheibe.

1.4 Übungen

Im Buch finden Sie zahlreiche Übungsaufgaben. Ich empfehle Ihnen, sie unmittelbar zu lösen. Auf diese Weise können Sie Ihre Kenntnisse prüfen, bevor Sie zum nächsten Thema übergehen. Die Lösungen zu den Übungen finden Sie zusammen mit den Beispielprogrammen in den Materialien zum Buch. Beachten Sie dabei Folgendes:

- Es gibt für jedes Problem viele richtige Lösungen. Sieht Ihre Lösung nicht genauso aus wie die angegebene, ist das kein Problem. Betrachten Sie die angegebene Lösung vielmehr als Anregung und als Alternative.
- Bei der eigenen Lösung der Aufgaben wird sicherlich der eine oder andere Fehler auftreten – lassen Sie sich dadurch nicht entmutigen ...
- ... denn nur aus Fehlern kann man lernen. Auf die vorgeschlagene Art und Weise werden Sie Python wirklich erlernen – nicht allein durch das Lesen von Programmierregeln.

1.5 Installation unter Windows

Python ist eine frei verfügbare Programmiersprache, die unter verschiedenen Betriebssystemen eingesetzt werden kann. Die jeweils neuesten Python-Versionen können Sie von der Python-Website *https://www.python.org* aus dem Internet laden. Zurzeit (im Dezember 2023) ist das die Datei *python-3.12.0-amd64.exe*. Rufen Sie diese Datei zur Installation auf. Als Erstes müssen Sie bestätigen, dass Sie ein Programm installieren möchten, das nicht aus dem Microsoft Store stammt.

Markieren Sie die Option ADD PYTHON TO PATH, damit Sie später die Möglichkeit haben, Python-Programme auf Ebene der Kommandozeile aus einem beliebigen Verzeichnis heraus zu starten.

Wählen Sie die Option CUSTOMIZE INSTALLATION aus. Lassen Sie ansonsten alle vorgegebenen Optionen gesetzt. Das gilt besonders für das Paketverwaltungsprogramm *pip*, mit dessen Hilfe Sie später zusätzliche Module und Programme installieren können, siehe auch Abschnitt A.1.

Wählen Sie jetzt im Feld CUSTOMIZE INSTALL LOCATION das Installationsverzeichnis *C:\Python*.

Anschließend steht im Startmenü ein Eintrag zu PYTHON 3.12, siehe Abbildung 1.1. Möchten Sie bestimmte Einstellungen der Installation im Nachhinein verändern, können Sie die Installationsdatei erneut aufrufen.

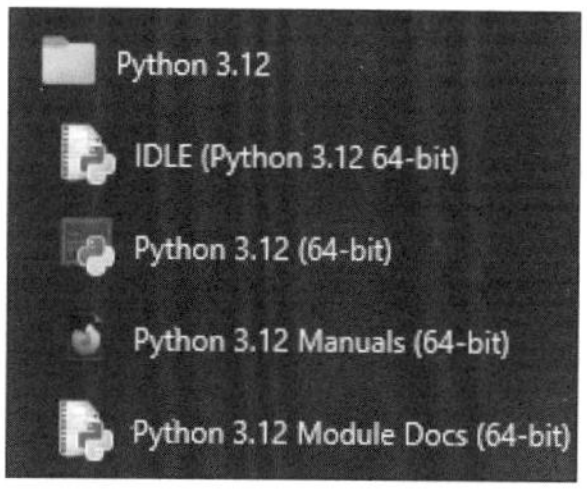

Abbildung 1.1 Startmenü mit Eintrag zu Python 3.12

Bei dem Programm IDLE im Startmenü handelt es sich um eine Entwicklungsumgebung, die selbst in Python geschrieben ist und mit der Sie im Folgenden Ihre Programme schreiben werden. Am besten ziehen Sie eine Verknüpfung zu IDLE auf den Desktop.

1.6 Installation unter Ubuntu Linux

Stellvertretend für andere Linux-Distributionen wird in diesem Buch Ubuntu Linux 23.04 genutzt. Python 3 ist unter Ubuntu Linux bereits installiert und darf auch nicht deinstalliert werden. In einem Terminal können Sie mithilfe des Befehls `python3 -V` (mit großem »V«) die aktuelle Versionsnummer ermitteln.

Zur Installation der Entwicklungsumgebung IDLE geben Sie in einem Terminal den folgenden Befehl ein: `sudo apt install idle3`. Das Programm IDLE können Sie anschließend mit dem Befehl `idle` starten.

Zurzeit (im Dezember 2023) wird unter Ubuntu Linux noch die Python-Version 3.11.6 genutzt. Daher können die im Buch genannten neuen Fähigkeiten der Python-Version 3.12 noch nicht eingesetzt werden. Das wird sich in Kürze geändert haben.

1.7 Installation unter macOS

Die jeweils neuesten Python-Versionen können Sie von der offiziellen Python-Website *https://www.python.org* aus dem Internet laden. Zurzeit (im Dezember 2023) ist das für macOS die Datei *python-3.12.0-macos11.pkg*.

Nach einem Doppelklick auf diese Datei startet die Installation. Nehmen Sie keine Änderungen vor, landet Python im Verzeichnis *Programme/Python 3.12*. Darin finden Sie einen Eintrag für die Entwicklungsumgebung IDLE, den Sie als Verknüpfung auf den Desktop ziehen können.

Kapitel 2
Erste Schritte

In diesem Kapitel werden Sie Python zum ersten Mal einsetzen – zunächst als Taschenrechner. Außerdem lernen Sie, ein Programm einzugeben, zu speichern und auszuführen.

2.1 Python als Taschenrechner

Sie können Python zunächst so ähnlich wie einen einfachen Taschenrechner benutzen. Dies erleichtert Ihnen den Einstieg in Python.

2.1.1 Eingabe von Berechnungen

Rufen Sie IDLE für Python auf, wie es am Ende der verschiedenen Installationen beschrieben wird. Die Entwicklungsumgebung IDLE kann sowohl als Editor zur Eingabe der Programme als auch als einfacher Taschenrechner genutzt werden.

Eine Darstellung von IDLE unter Windows sehen Sie in Abbildung 2.1.

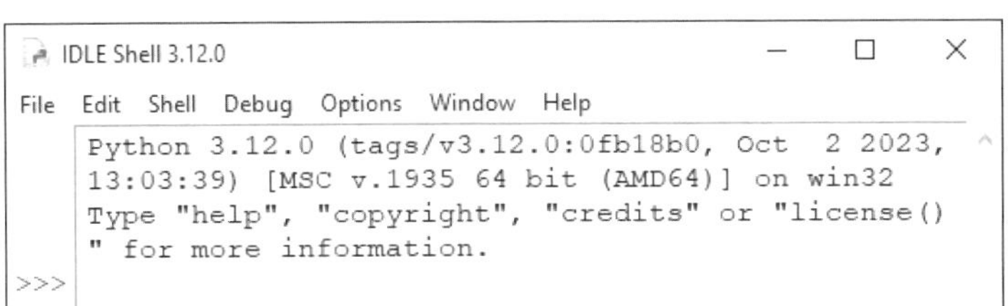

Abbildung 2.1 Python-Entwicklungsumgebung IDLE

Zur Durchführung kleinerer Berechnungen müssen Sie keine vollständigen Programme schreiben und starten. Sie können die gewünschten Rechenoperationen direkt an der Eingabestelle, erkennbar an der Zeichenfolge >>>, eingeben. Eine abschließende Betätigung der Taste [↵] führt zur unmittelbaren Berechnung und Ausgabe des Ergebnisses.

Die dabei angewendeten Rechenregeln finden auch bei der Erstellung von Python-Programmen Verwendung. Bereits hier wird das EVA-Prinzip angewendet, so wie auch in vielen einfachen Programmen. Die Abkürzung EVA steht für *Eingabe, Verarbeitung* und *Ausgabe*. Bei der Benutzung gibt man die Daten ein, diese werden mithilfe einer Berechnung verarbeitet, und anschließend wird das Ergebnis ausgegeben.

Hinweis

Die meisten Abbildungen in diesem Buch wurden für Python unter Windows erstellt. Sie gelten sinngemäß für Python unter Ubuntu Linux und macOS.

2.1.2 Addition, Subtraktion und Multiplikation

Es folgen die Eingabe, die Verarbeitung und die Ausgabe einiger einfacher Berechnungen:

```
>>> 41 + 7.5
48.5
>>> 12 - 18
-6
>>> 7 * 3
21
```

Der Reihe nach werden die Operatoren + (Addition), - (Subtraktion) und * (Multiplikation) genutzt. Betätigen Sie die Taste [↵], erscheint das Ergebnis jeweils in der Zeile darunter.

Sie können sowohl mit ganzen Zahlen rechnen als auch mit Zahlen, die Nachkommastellen besitzen. Die Nachkommastellen müssen mithilfe eines Dezimalpunkts abgetrennt werden.

2.1.3 Division, Ganzzahldivision und Modulo

Der Operator / dient der mathematischen Division:

```
>>> 22 / 8
2.75
>>> 22 / -8
-2.75
```

Mithilfe des Operators // wird eine Ganzzahldivision durchgeführt:

```
>>> 22 // 8
2
>>> 22 // -8
-3
>>> 7 // 2.5
2.0
```

Bei einer Ganzzahldivision mithilfe des Operators // wird zunächst das Ergebnis der mathematischen Division berechnet. Anschließend wird die nächstkleinere ganze Zahl ermittelt: Aus 22 / 8 = 2.75 wird 2, aus 22 / -8 = -2.75 wird -3. Handelt es sich bei mindestens einem der Operanden um eine Zahl mit Nachkommastellen, erscheint auch das Ergebnis als eine solche Zahl: Aus 7 / 2.5 = 2.8 wird 2.0.

Der Modulo-Operator % berechnet den Rest einer Ganzzahldivision:

```
>>> 22 % 8
6
>>> 22.5 % 8.5
5.5
```

Die Ganzzahldivision 22 // 8 ergibt »2 Rest 6«. Der Modulo-Operator liefert den Rest 6. Die Ganzzahldivision 22.5 // 8.5 ergibt »2.0 Rest 5.5«. Der Modulo-Operator liefert den Rest 5.5.

2.1.4 Rangfolge und Klammern

Es gilt, wie in der Mathematik, Punkt- vor Strichrechnung. Multiplikation und Division haben also Vorrang vor Addition und Subtraktion. Das Setzen von Klammern führt dazu, dass die Ausdrücke innerhalb der Klammern zuerst berechnet werden. Zwei Beispiele:

```
>>> 7 + 2 * 3
13
>>> (7 + 2) * 3
27
```

Bei der ersten Rechnung werden zunächst 2 und 3 multipliziert, anschließend wird 7 addiert. Bei der zweiten Rechnung werden zunächst 7 und 2 addiert, anschließend wird mit 3 multipliziert.

2.1.5 Übungsaufgabe

Übung »u_grundrechenarten«

Es wird vorausgesetzt, dass Python wie angegeben installiert ist. Rufen Sie die Entwicklungsumgebung IDLE auf. Ermitteln Sie die Ergebnisse der folgenden vier Aufgaben:

```
13 - 5 * 2 + 12/6
7/2 - 5/4
(12 - 5 * 2) / 4
(1/2 - 1/4 + (4 + 3)/8) * 2
```

Es sollten sich folgende Lösungen ergeben: `5.0`, `2.25`, `0.5`, `2.25`.

2.1.6 Variablen und Zuweisung

Bisher haben wir mit Zahlen nur gerechnet. Werden Zahlen im Verlauf einer Berechnung mehrmals benötigt, können sie in Variablen gespeichert werden.

Dies wird mithilfe der Umrechnung einer Entfernungsangabe von englischen Meilen in Kilometer gezeigt. Dabei gilt: 1 Meile = 1,609344 Kilometer. Zur Erinnerung: Als Dezimaltrennzeichen gilt der Punkt.

```
>>> mi = 1.609344
>>> 2 * mi
3.218688
>>> 5 * mi
8.04672
>>> 22.5 * mi
36.21024
>>> 2.35 * mi
3.7819584000000006
```

Der Umrechnungsfaktor wird zunächst in der Variablen `mi` gespeichert. Auf diese Weise können mehrere Umrechnungen nacheinander ausgeführt werden. Es werden die Werte in Kilometer für 2 Meilen, 5 Meilen, 22,5 Meilen und 2,35 Meilen berechnet und ausgegeben.

Die Speicherung des Umrechnungsfaktors wiederum geschieht mit einer Zuweisung (`mi = 1.609344`). Dabei erhält die Variable `mi` den Wert, der rechts vom Gleichheitszeichen steht.

Einige Hinweise

In Python-Variablen können Sie ganze Zahlen, Zahlen mit Nachkommastellen, Zeichenketten (also Texte) und andere Objekte eines Programms mithilfe von Zuweisungen in Variablen speichern.

Das Ergebnis der letzten Berechnung ist mathematisch falsch. 2,35 Meilen entsprechen 3,7819584 Kilometern, also ohne eine weitere 6 an der 16. Nachkommastelle. Woher kommt die falsche Anzeige? Zahlen mit Nachkommastellen können im Gegensatz zu ganzen Zahlen nicht mathematisch exakt gespeichert werden. Es gibt einige Stellen im Buch, an denen dies zum Tragen kommt. Bei vielen Berechnungen ist allerdings die Abweichung so gering, dass sie in der Praxis zu vernachlässigen ist.

Häufig wird ein Wert in Kilometern auf drei Stellen hinter dem Komma gerundet, also auf den Meter genau. Auf eine solche formatierte Ausgabe gehe ich später in Abschnitt 5.2.2 noch ein.

Den Namen einer Variablen können Sie unter Einhaltung der folgenden Regeln weitgehend frei wählen:

- Er kann aus den Buchstaben »a« bis »z«, »A« bis »Z«, Ziffern oder dem Zeichen _ (Unterstrich) bestehen.
- Er darf nicht mit einer Ziffer beginnen.
- Er darf keinem der reservierten Wörter der Programmiersprache Python entsprechen. Das sind: `and`, `as`, `assert`, `await`, `break`, `class`, `continue`, `def`, `del`, `elif`, `else`, `except`, `exec`, `False`, `finally`, `for`, `from`, `global`, `if`, `import`, `in`, `is`, `lambda`, `None`, `nonlocal`, `not`, `or`, `pass`, `raise`, `return`, `True`, `try`, `while`, `with`, `yield`.
- Beachten Sie die Groß- und Kleinschreibung: Namen und Anweisungen müssen genau wie vorgegeben geschrieben werden. Die Namen `mi` und `Mi` bezeichnen verschiedene Variablen.

2.1.7 Übungsaufgabe

Übung »u_inch«

Für das englische Längenmaß »Inch« gilt folgende Umrechnung: 1 Inch entspricht 2,54 Zentimetern. Rechnen Sie die folgenden Werte in Zentimeter um: 5 Inch, 20 Inch und 92,7 Inch. Vereinfachen Sie Ihre Berechnungen, indem Sie den Umrechnungsfaktor zunächst in einer Variablen speichern.

Wie Sie der obigen Liste entnehmen können, ist `in` als Variablenname nicht geeignet. Es sollten sich folgende Lösungen ergeben: `12.7`, `50.8`, `235.458`.

2.2 Erstes Programm

Ein erstes Python-Programm wird eingegeben, abgespeichert und aufgerufen. Diesen Vorgang werde ich ausführlich erklären. Die einzelnen Schritte sind später bei jedem Python-Programm auszuführen.

Alle Programme und Erläuterungen beziehen sich zunächst auf Python unter Windows. Gibt es Unterschiede zu Ubuntu Linux oder macOS, werde ich sie im jeweiligen Abschnitt erwähnen. Sie finden alle Programme auch in den Materialien zum Buch.

2.2.1 Hallo Welt

Die Ausgabe des ersten Python-Programms lautet:

```
Hallo Welt
```

Das Programm gibt den Text »Hallo Welt« auf dem Bildschirm aus. Dies ist häufig das erste Programm, das man beim Erlernen einer beliebigen neuen Programmiersprache schreibt.

2.2.2 Eingabe eines Programms

Zur Eingabe des Programms rufen Sie in der Entwicklungsumgebung IDLE im Menü FILE zunächst den Menübefehl NEW FILE auf. Es öffnet sich ein neues Fenster mit dem Titel UNTITLED. Das Hauptfenster mit dem Titel IDLE SHELL 3.12.0 rückt in den Hintergrund.

In dem neuen Fenster geben Sie das Programm wie in Abbildung 2.2 dargestellt ein.

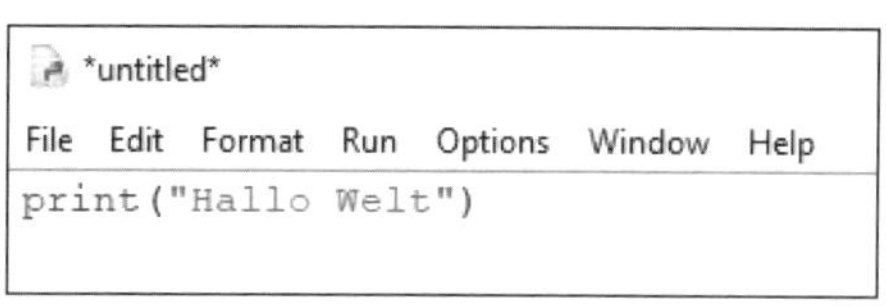

Abbildung 2.2 Eingabe des Programms in neuem Fenster

Die eingebaute Funktion `print()` kann unter anderem Zeichenketten (also Texte) auf dem Bildschirm ausgeben. Zeichenketten werden in doppelte Hochkommata gesetzt.

2.3 Speichern und ausführen

Damit Sie das Ergebnis des Programms sehen können, müssen Sie das Programm zunächst in einer Datei speichern und anschließend ausführen.

2.3.1 Speichern

Zur Speicherung des Programms rufen Sie im aktuellen Fenster mit dem Titel UNTITLED im Menü FILE den Menübefehl SAVE auf. Das Programm soll im Verzeichnis *C:\Python* in der Datei mit dem Namen *hallo.py* gespeichert werden, siehe Abbildung 2.3.

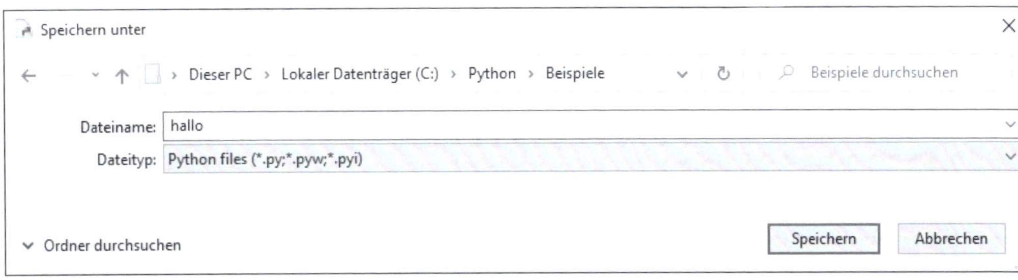

Abbildung 2.3 Speichern des Python-Programms

Nach der Betätigung des Buttons SPEICHERN ist die Speicherung vollzogen. Den Namen der Datei (hier *hallo*) können Sie frei wählen. Die Dateiendung *.py* ist für Python-Programme vorgeschrieben. Sie wird angehängt.

Das Fenster mit dem Programm sieht nun aus, wie in Abbildung 2.4 dargestellt. In der Titelzeile steht der Dateiname bzw. der vollständige Pfad.

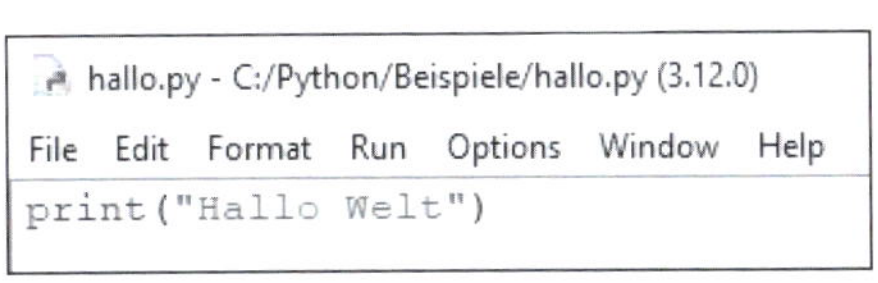

Abbildung 2.4 Dateiname und Pfad in der Titelzeile

2.3.2 Ausführen unter Windows

Sie können das Programm unter Windows auf zwei verschiedene Arten aufrufen:

1. innerhalb der Entwicklungsumgebung IDLE (das machen wir bei den meisten Programmen dieses Buchs)
2. von der Kommandozeile aus

Innerhalb der Entwicklungsumgebung IDLE

Im Fenster mit dem Programm rufen Sie im Menü RUN den Menübefehl RUN MODULE auf (Taste F5). Das Hauptfenster der Entwicklungsumgebung, die IDLE SHELL, rückt wieder in den Vordergrund, und der Ausgabetext erscheint (siehe Abbildung 2.5).

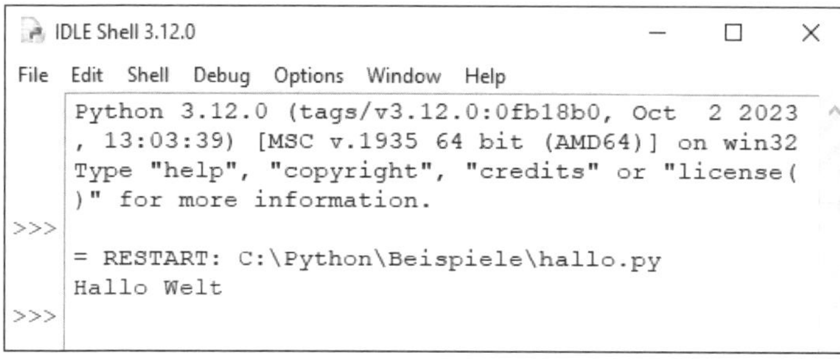

Abbildung 2.5 Ergebnis des Programms

Über die Taskleiste können Sie anschließend das Programmfenster erneut in den Vordergrund rücken.

Von der Kommandozeile aus

Das Programm in der Datei *hallo.py* ist ein Kommandozeilenprogramm. Es generiert also nur eine einfache Ausgabe auf dem Bildschirm. In Kapitel 10, »Benutzeroberflächen«, und in Kapitel 11, »Benutzeroberflächen mit PyQt«, lernen Sie, wie Sie mithilfe von Python Programme mit grafischen Benutzeroberflächen erzeugen.

Für einen Aufruf des Programms aus der Kommandozeile müssen Sie unter Windows zunächst auf die Kommandozeilenebene wechseln. In Windows rufen Sie dazu im Startmenü das Programm EINGABEAUFFORDERUNG in der Gruppe WINDOWS-SYSTEM auf.

Es erscheint ein Kommandozeilenfenster wie in Abbildung 2.6.

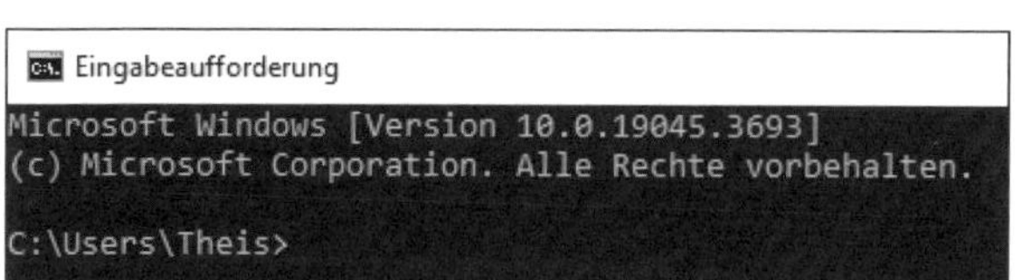

Abbildung 2.6 Kommandozeilenfenster

Mit der Eingabe des Befehls `cd \Python\Beispiele` wechseln Sie nun in das Verzeichnis *C:\Python\Beispiele*, in dem das Programm in der Datei *hallo.py* gespeichert ist. Beachten Sie das Leerzeichen nach dem Befehl `cd`.

Sie veranlassen die Ausführung des Programms durch Aufruf des Python-Interpreters mit der Anweisung `python hallo.py`. Es erscheint die in Abbildung 2.7 gezeigte Ausgabe.

Dieses Kommandozeilenfenster können Sie für spätere Aufrufe von Python-Programmen geöffnet lassen oder mit Eingabe des Befehls `exit` wieder schließen.

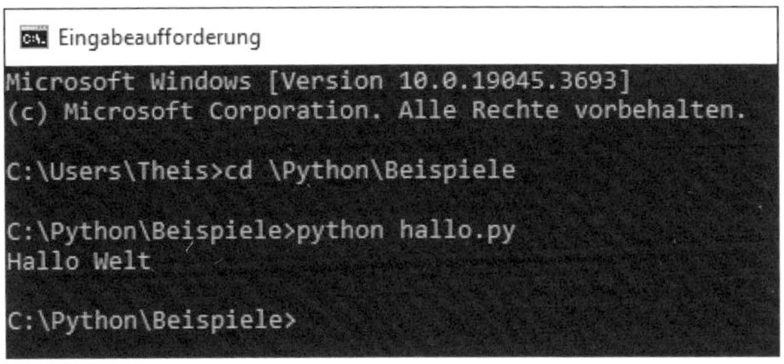

Abbildung 2.7 Aufruf im Kommandozeilenfenster

Dank der Tatsache, dass Sie bei der Installation ADD PYTHON TO PATH markiert haben, steht Ihnen der Python-Interpreter in jedem Verzeichnis zur Verfügung.

2.3.3 Ausführen unter Ubuntu Linux und unter macOS

Sie können das Programm unter Ubuntu Linux und unter macOS ebenfalls auf zwei Arten aufrufen, zum einen innerhalb der Entwicklungsumgebung IDLE (siehe den entsprechenden Unterabschnitt im vorherigen Abschnitt 2.3.2, »Ausführen unter Windows«), zum anderen aus einem Terminal heraus.

Öffnen Sie ein Terminal, und wechseln Sie in das Verzeichnis, in dem Sie die Datei *hallo.py* gespeichert haben. Unter Ubuntu Linux finden Sie das Terminal nach Eingabe des Begriffs im DASH. Unter macOS erreichen Sie das Terminal über das DOCK. Öffnen Sie darin das LAUNCHPAD, und wählen Sie die Gruppe ANDERE.

Veranlassen Sie die Ausführung des Programms für Python 3 mit der Anweisung `python3 hallo.py` (siehe Abbildung 2.8 und Abbildung 2.9).

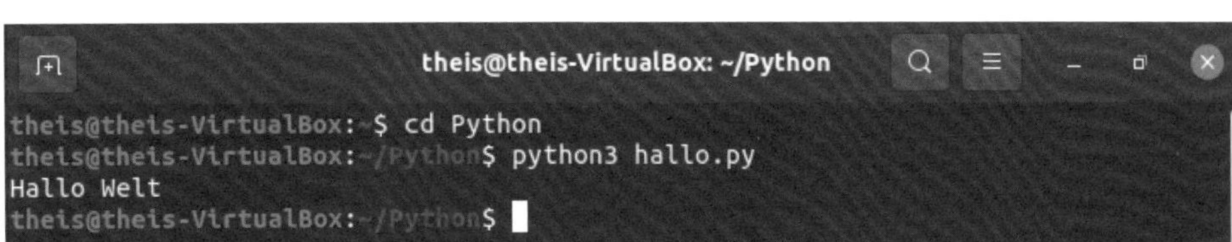

Abbildung 2.8 Aufruf von Python 3 unter Ubuntu Linux

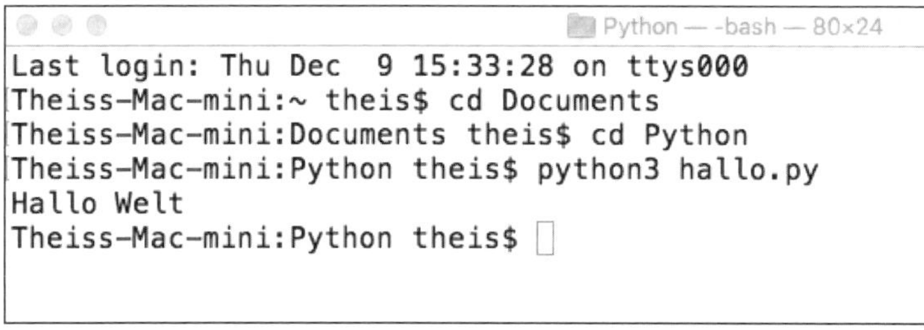

Abbildung 2.9 Aufruf von Python 3 unter macOS

Durch die Eingabe von `python3 -V` (großes »V«) können Sie an dieser Stelle auch die genaue Versionsnummer des benutzten Python feststellen.

Hinweis

Sie finden weitere Kommandozeilenbefehle für Ubuntu Linux und macOS in Abschnitt A.4.

2.3.4 Kommentare

Bei umfangreicheren Programmen sollten Sie Kommentare zur Erläuterung in den Programmtext einfügen. Einzeilige Kommentare werden durch das Rautezeichen # eingeleitet und reichen bis zum Zeilenende. Mehrzeilige Kommentare beginnen und enden jeweils mit drei doppelten Hochkommata. Kommentare werden vom System nicht als Programmschritte betrachtet und folglich nicht ausgeführt. Im folgenden Listing wird das erste Programm durch Kommentare ergänzt:

```
# Mein erstes Programm
print("Hallo Welt")          # Eine Ausgabe
"""Kommentar in
   mehreren Zeilen"""
```

Listing 2.1 Datei »hallo.py«, mit Kommentaren

2.3.5 Verkettung von Ausgaben

Mithilfe der Funktion `print()` können auch mehrere Ausgaben in einer Zeile vorgenommen werden. Das Programm wird weiter verändert:

```
# Mein erstes Programm
print("Hallo", "Welt")
```

Listing 2.2 Datei »hallo.py«, mehrere Ausgaben

Die einzelnen Teile der Ausgabe werden durch Kommata voneinander getrennt. Nach jedem Teil der Ausgabe wird automatisch ein Leerzeichen eingesetzt. Dieses Verhalten können Sie beeinflussen, mehr dazu in Abschnitt 5.2.1 über die Funktion `print()`.

2.3.6 Lange Ausgaben

Zeichenketten, die mithilfe der Funktion `print()` ausgegeben werden, können sehr lang werden, eventuell sogar über den rechten Rand innerhalb des Editors hinausgehen. Damit wird der Programmcode unübersichtlich. Sie können solche Zeichenketten auf mehrere Zeilen verteilen – dieses Vorgehen wird auch in diesem Buch aufgrund der begrenzten Druckbreite angewendet.

Wenngleich es für dieses kurze Programm nicht notwendig ist, verteilen wir hier zur Verdeutlichung den Code auf mehrere Zeilen:

```
# Mein erstes Programm
print("Hallo",
      "Welt")
print("Hallo "
      "Welt")
```

Listing 2.3 Datei »hallo.py«, lange Ausgaben

Es bietet sich an, den Zeilenumbruch nach einem Komma durchzuführen, wie bei der ersten Ausgabe von »Hallo Welt«. Dabei wird, wie bereits ausgeführt, automatisch ein Leerzeichen gesetzt.

Einzelne lange Texte können in Teiltexte zerlegt werden, wie bei der zweiten Ausgabe von »Hallo Welt«. Teiltexte müssen nicht durch Kommata voneinander getrennt werden. Sie sind jeweils mit Hochkommata zu begrenzen. Das trennende Leerzeichen zwischen »Hallo« und »Welt« müssen Sie nun von Hand setzen.

Hinweis

In Abschnitt 5.1.2 erläutere ich, wie Sie allgemein lange Programmzeilen aufteilen können.

Kapitel 3
Programmierkurs

Der folgende Programmierkurs mit ausführlichen Erläuterungen führt Sie schrittweise in die Programmierung mit Python ein.

Begleitet wird der Kurs von einem Programmierprojekt, in dem Sie ein Spiel programmieren. Auf diese Weise lernen Sie die Sprache Python auf unterhaltsame Weise kennen. Das Programmierprojekt verknüpft die vielen Teilaspekte zu einem Ganzen.

3.1 Ein Spiel programmieren

Das Spiel wird im Verlauf des Buchs kontinuierlich erweitert und verbessert. Zunächst beschreibe ich den Ablauf des Spiels.

Nach Aufruf des Programms wird eine Rechenaufgabe gestellt. Das im Kopf berechnete Ergebnis wird als Lösungsvorschlag eingegeben, und das Programm bewertet die Eingabe.

```
Die Aufgabe: 9 + 26
Bitte Lösungsvorschlag eingeben:
34
34 ist falsch
Bitte Lösungsvorschlag eingeben:
35
35 ist richtig
Ergebnis:  35
Anzahl der Versuche: 2
```

Das Spiel wird in mehreren Einzelschritten erstellt. Zunächst entsteht eine einfache Version. Mit zunehmenden Kenntnissen entwickeln Sie immer komplexere Versionen. Die im jeweiligen Abschnitt erlernten Fähigkeiten setzen Sie unmittelbar zur Verbesserung des Spielablaufs ein.

Das Spiel begleitet Sie auf diese Weise durch das gesamte Buch. Unter anderem wird es um die folgenden Möglichkeiten erweitert:

- Es werden mehrere Aufgaben gestellt.
- Die benötigte Zeit wird gemessen.
- Der Name des Spielers bzw. der Spielerin und die benötigte Zeit werden in einer Highscore-Liste festgehalten, die dauerhaft in einer Datei oder einer Datenbank gespeichert wird.
- Die Highscore-Liste wird mit neuen Ergebnissen aktualisiert und auf dem Bildschirm dargestellt.
- Es gibt eine Version auf einer grafischen Benutzeroberfläche.

3.2 Variablen und Operatoren

Zur Speicherung von Werten werden Variablen benötigt. Operatoren dienen zur Ausführung von Berechnungen.

3.2.1 Zuweisung, Berechnung und Ausgabe

Im folgenden Programm wird eine einfache Berechnung mithilfe eines Operators durchgeführt. Das Ergebnis der Berechnung wird mit dem Gleichheitszeichen einer Variablen zugewiesen. Es erfolgt eine Ausgabe. Diese Schritte kennen Sie bereits aus Abschnitt 2.1.6.

```
a = 5
b = 3
c = a + b

print("Die Aufgabe:", a, "+", b)
print("Das Ergebnis:", c)
```

Listing 3.1 Datei »zuweisung.py«

Die Ausgabe des Programms lautet:

```
Die Aufgabe: 5 + 3
Das Ergebnis: 8
```

In den beiden Variablen a und b wird jeweils ein Wert gespeichert. Die beiden Werte werden addiert, das Ergebnis wird der Variablen c zugewiesen. Die Aufgabenstellung wird ausgegeben, anschließend das Ergebnis. Bei der Benutzung des Programms hat man noch keine Möglichkeit, in den Ablauf einzugreifen.

Hinweis

Da den Variablen a, b und c ganze Zahlen zugewiesen wurden, sind sie aktuell Variablen für ganze Zahlen. Bei Python handelt es sich aber um eine dynamisch typisierte Sprache. Daher könnten die Variablen nach einer anderen Zuweisung im Verlauf des Programms ihren Typ wechseln.

3.2.2 String-Literale

String-Literale dienen zur komfortablen Einbettung von einfachen Variablen, aber auch komplexen Ausdrücken in Zeichenketten, also in Texte. Nachfolgend sehen Sie unter anderem das Programm aus dem vorherigen Abschnitt in einer Version mit String-Literalen:

```
a = 5
b = 3
c = a + b

print(f"Die Aufgabe: {a} + {b}")
print(f"Das Ergebnis: {c}")
print(f"Das Ergebnis ohne Speicherung: {a + b}")
print(f"Eine weitere Berechnung: {(12 - 5 * 2) / 4}")
```

Listing 3.2 Datei »literal.py«

Die Ausgabe des Programms lautet:

```
Die Aufgabe: 5 + 3
Das Ergebnis: 8
Das Ergebnis ohne Speicherung: 8
Eine weitere Berechnung: 0.5
```

Das Zeichen »f« vor dem Beginn der Zeichenkette leitet ein String-Literal ein. In der Zeichenkette können mehrere Ausdrücke eingebettet werden, jeweils mithilfe von geschweiften Klammern. Ein Ausdruck kann unter anderem Operatoren, runde Klammern und die Namen von Variablen enthalten. Der Wert eines Ausdrucks wird ermittelt und gemeinsam mit dem Rest der Zeichenkette ausgegeben.

Die geschweiften Klammern { und } erreichen Sie mithilfe der Taste `Alt Gr` rechts neben der Leertaste, unter macOS gegebenenfalls mit `Alt` + `8` und `Alt` + `9`. Mehr zu den Möglichkeiten von String-Literalen folgt in Abschnitt 5.2.2.

3.2.3 Eingabe einer Zeichenkette

In diesem Abschnitt wird die eingebaute Funktion `input()` eingeführt. Sie dient zur Eingabe einer Zeichenkette, also eines Texts. Ein kleines Beispiel:

```
print("Bitte einen Text eingeben")
x = input()
print("Ihre Eingabe:", x)
```

Listing 3.3 Datei »eingabe_text.py«

Die Ausgabe könnte wie folgt aussehen:

```
Bitte einen Text eingeben
Ich schreibe Python-Programme
Ihre Eingabe: Ich schreibe Python-Programme
```

Es wird ein Text eingegeben. Dieser Text wird in der Variablen `x` gespeichert und anschließend ausgegeben.

> **Hinweis**
> Da der Variablen x eine Zeichenkette zugewiesen wurde, ist sie aktuell eine Variable für Zeichenketten (englisch: *strings*).

3.2.4 Eingabe einer Zahl

Im weiteren Verlauf des Spiels ist es notwendig, einen eingegebenen Text als Zahl weiterzuverwenden. Dazu muss die Zeichenkette, die die Funktion `input()` liefert, in eine ganze Zahl umgewandelt werden.

Zur Umwandlung gibt es unter anderem die folgenden Funktionen:

- Die eingebaute Funktion `int()` wandelt eine Zeichenkette, die eine gültige ganze Zahl enthält, in eine ganze Zahl um. Enthält die Zeichenkette keine gültige ganze Zahl, bricht das Programm ab.
- Die eingebaute Funktion `float()` wandelt eine Zeichenkette, die eine gültige Zahl enthält, in eine Zahl mit Nachkommastellen um. Enthält die Zeichenkette keine gültige Zahl, bricht das Programm ab. Nur ein Punkt als Dezimaltrennzeichen ist erlaubt, kein Komma.

In Abschnitt 3.6, »Fehler und Ausnahmen«, lernen Sie, wie Sie den Abbruch eines Programms abfangen. Bis zu dem genannten Abschnitt gehe ich vereinfacht davon aus, dass korrekte Eingaben vorgenommen werden.

Ein Beispiel mit der Funktion `int()`:

```
print("Bitte eine ganze Zahl eingeben")
a = input()
print("Ihre Eingabe:", a)

b = int(a)
print("Als ganze Zahl:", b)
print("Das Doppelte:", b * 2)

print("Bitte eine Zahl eingeben")
x = input()
print("Ihre Eingabe:", x)

y = float(x)
print("Als Zahl:", y)
print("Das Doppelte:", y * 2)
```

Listing 3.4 Datei »eingabe_zahl.py«

Die Ausgabe könnte wie folgt aussehen:

```
Bitte eine ganze Zahl eingeben
3
Ihre Eingabe: 3
Als ganze Zahl: 3
Das Doppelte: 6
Bitte eine Zahl eingeben
3.5
Ihre Eingabe: 3.5
Als Zahl: 3.5
Das Doppelte: 7.0
```

Es wird eine erste Zeichenkette eingegeben. Sie wird mithilfe der eingebauten Funktion `int()` in eine ganze Zahl umgewandelt. Die Zahl und das Doppelte der Zahl werden ausgegeben.

Anschließend wird eine zweite Zeichenkette eingegeben. Sie wird mithilfe der eingebauten Funktion `float()` in eine Zahl mit Nachkommastellen umgewandelt. Die Zahl und das Doppelte der Zahl werden ausgegeben.

3.2.5 Spiel, Version mit Eingabe

Das Spielprogramm, in dem eine Rechenaufgabe im Kopf gelöst werden soll, erhält eine Eingabe. Das Programm wird wie folgt geändert:

```
a = 5
b = 3
c = a + b
print(f"Die Aufgabe: {a} + {b}")

print("Bitte Lösungsvorschlag eingeben:")
z = input()
zahl = int(z)

print("Ihre Eingabe:", z)
print("Das Ergebnis:", c)
```

Listing 3.5 Datei »spiel_eingabe.py«

Eine mögliche Ausgabe des Programms:

```
Die Aufgabe: 5 + 3
Bitte Lösungsvorschlag eingeben:
9
Ihre Eingabe: 9
Das Ergebnis: 8
```

Das Programm gibt die Aufforderung »Bitte Lösungsvorschlag eingeben:« aus und hält an. Der eingegebene Text wird in der Variablen `z` gespeichert. Die Zeichenkette `z` wird mithilfe der Funktion `int()` in eine ganze Zahl verwandelt.

3.2.6 Übungsaufgaben

Übung »u_eingabe_inch«

Schreiben Sie ein Programm zur Eingabe und Umrechnung von beliebigen Inch-Werten in Zentimeter. Der Umrechnungsfaktor soll wie in der Übung »u_inch« aus Abschnitt 2.1.6 in einer Variablen gespeichert werden. Speichern Sie das Programm in der Datei *u_eingabe_inch.py*. Rufen Sie das Programm auf, und testen Sie es. Die Ausgabe kann zum Beispiel wie folgt aussehen:

```
Bitte geben Sie den Inch-Wert ein:
3.5
3.5 Inch sind 8.89 cm
```


Übung »u_eingabe_gehalt«

Schreiben Sie in der Datei *u_eingabe_gehalt.py* ein Programm zur vereinfachten Berechnung der Steuer. Nach dem Aufruf des Programms wird man dazu aufgefordert, sein monatliches Gehalt einzugeben. Anschließend werden 18 % dieses Betrags berechnet und ausgegeben. Die Ausgabe kann zum Beispiel wie folgt aussehen:

```
Geben Sie Ihr Gehalt in Euro ein:
2500
Es ergibt sich eine Steuer von 450.0 Euro
```

3.2.7 Zufallszahlen

In Python steht mithilfe des Moduls `random` ein Zufallsgenerator zur Verfügung. Er erzeugt zufällige Zahlen, wie sie bei Spielen und Simulationen benötigt werden, hier zur Erstellung der Kopfrechenaufgabe. Die Funktionen des Zufallsgenerators befinden sich in einem zusätzlichen Modul, das zunächst importiert werden muss.

Das Programm wird wie folgt verändert:

```
import random
random.seed()

a = random.randint(1,10)
b = random.randint(1,10)
c = a + b
print(f"Die Aufgabe: {a} + {b}")

print("Bitte Lösungsvorschlag eingeben:")
zahl = int(input())
print("Ihre Eingabe:", zahl)
print("Das Ergebnis:", c)
```

Listing 3.6 Datei »spiel_zufallszahl.py«

Eine mögliche Ausgabe des Programms, abhängig von den gelieferten zufälligen Werten, sieht wie folgt aus:

```
Die Aufgabe: 8 + 3
Bitte Lösungsvorschlag eingeben:
7
Ihre Eingabe: 7
Das Ergebnis: 11
```

Eine der Stärken von Python sind die vielen zusätzlichen Module, die jeweils viele zusätzliche Funktionen enthalten. Die Module können Sie leicht in Ihre Programme einbinden, und zwar mithilfe der Anweisung `import`. Die Funktionen dieser Module können Sie anschließend in der Schreibweise `Modulname.Funktionsname` aufrufen.

Der Aufruf der Funktion `seed()` des Moduls `random` führt dazu, dass der Zufallszahlengenerator mit der aktuellen Systemzeit initialisiert wird. Anderenfalls könnte es passieren, dass anstelle einer zufälligen Auswahl immer wieder die gleichen Zahlen geliefert würden.

Die Funktion `randint()` des Moduls `random` liefert eine ganze Zufallszahl im angegebenen Bereich. Im vorliegenden Fall ist dies also eine zufällige Zahl von 1 bis 10.

In der Anweisung `zahl = int(input())` werden zwei Funktionen geschachtelt aufgerufen: zunächst die »innere« Funktion `input()`, damit das Programm eine Eingabe entgegennimmt, anschließend die »äußere« Funktion `int()`, damit die Eingabe in eine ganze Zahl umgewandelt wird.

Hinweis

Die Funktionen des Moduls `random` können für die zufälligen Werte eines Spiels genutzt werden. Benötigen Sie zufällige Werte zum Zweck der Verschlüsselung oder aus Gründen der Sicherheit, sollten Sie die Funktionen des Moduls `secrets` nutzen, das es seit Python 3.6 gibt, siehe Abschnitt 5.4.

3.2.8 Typ ermitteln

Die Funktion `type()` gibt den Typ (auch: die Klasse, den Datentyp) eines Objekts aus, nicht nur für Zahlentypen und Zeichenketten.

Hierzu ein Programmbeispiel:

```
a = 2
print("2:", type(a))

b = 12/6
```

```
print("12/6:", type(b))

c = 12//6
print("12//6:", type(c))

d = "abc"
print("abc:", type(d))
```

Listing 3.7 Datei »datentyp.py«

Das Programm erzeugt die folgende Ausgabe:

```
2: <class 'int'>
12/6: <class 'float'>
12//6: <class 'int'>
abc: <class 'str'>
```

Die Variable `a` enthält den Wert 2. Damit handelt es sich aktuell um eine Variable für eine ganze Zahl. Dafür gibt es den Typ `int`.

Der Variablen `b` wurde das Ergebnis einer Division zugewiesen. Damit handelt es sich aktuell um eine Variable für eine Zahl mit Nachkommastellen. Dafür gibt es den Typ `float`.

Die Variable `c` enthält das Ergebnis einer Ganzzahldivision und ist damit aktuell eine Variable des Typs `int`.

Der Variablen `d` wurde eine Zeichenkette zugewiesen. Damit ist sie aktuell eine Variable des Typs `str`, kurz für *string* (deutsch: Zeichenkette).

3.3 Verzweigungen

In den bisherigen Programmen werden alle Anweisungen der Reihe nach ausgeführt. Zur Steuerung des Programmablaufs werden allerdings häufig Verzweigungen benötigt. Dabei wird anhand eines Vergleichs entschieden, welcher Zweig des Programms ausgeführt wird.

3.3.1 Vergleichsoperatoren

Ein Vergleich wird mithilfe eines Vergleichsoperators formuliert. Tabelle 3.1 listet die Vergleichsoperatoren mit ihrer Bedeutung auf.

Operator	Bedeutung
>	größer als
<	kleiner als
>=	größer als oder gleich
<=	kleiner als oder gleich
==	gleich
!=	ungleich

Tabelle 3.1 Vergleichsoperatoren

Ein Vergleich liefert einen der beiden Wahrheitswerte (auch: *booleschen Werte*) `True` oder `False` (»wahr« oder »falsch«). Wahrheitswerte können zur späteren Verwendung in einer Variablen gespeichert werden. Diese wird damit aktuell zu einer Variablen des Typs `bool`. Es folgt ein Beispiel:

```
x = 12
print("x:", x)

print("x == 12:", x == 12)
print(type(x == 12))

z = (x != 12)
print("x != 12:", z)
print(type(z))
```

Listing 3.8 Datei »operator_vergleich.py«

Die Ausgabe des Programms:

```
x: 12
x == 12: True
<class 'bool'>
x != 12: False
<class 'bool'>
```

Die Variable `x` hat den Wert 12.

Bei einem Vergleich handelt es sich um einen booleschen Ausdruck.

Das Ergebnis des ersten Vergleichs `x == 12` wird unmittelbar ausgegeben, zusammen mit dem Typ des Ausdrucks.

Das Ergebnis des zweiten Vergleichs `x != 12` wird in der Variablen `z` zwischengespeichert. Diese Variable wird zusammen mit ihrem aktuellen Typ ausgegeben. Die runden Klammern, die um den Vergleich gesetzt wurden, sind nicht notwendig, da die Zuweisung erst nach dem Vergleich stattfindet. Sie wurden nur zur Verdeutlichung notiert.

Meist werden solche Wahrheitswerte zur Steuerung von Verzweigungen oder Schleifen genutzt. Mehr zu Wahrheitswerten folgt in Abschnitt 4.7.

3.3.2 Verzweigung mit »if«

Im folgenden Beispiel wird untersucht, ob eine zufällig ermittelte ganze Zahl positiv ist. Ist dies der Fall, wird »Diese Zahl ist positiv« ausgegeben, anderenfalls lautet die Ausgabe »Diese Zahl ist 0 oder negativ«. Es wird also entweder das eine oder das andere ausgegeben:

```
import random
random.seed
x = random.randint(-5, 5)
print("x:", x)

if x > 0:
    print("Diese Zahl ist positiv")
else:
    print("Diese Zahl ist 0 oder negativ")
```

Listing 3.9 Datei »verzweigung_if.py«

Eine mögliche Ausgabe des Programms lautet:

```
x: 3
Diese Zahl ist positiv.
```

Zunächst erhält die Variable `x` einen zufälligen Wert, hier: 3.

Eine Verzweigung wird mithilfe von `if` eingeleitet. Danach wird eine Bedingung formuliert (hier `x > 0`), die entweder *wahr* oder *falsch* ergibt. Anschließend kommt ein Doppelpunkt.

Es folgen eine oder mehrere Anweisungen, die nur ausgeführt werden, falls die Bedingung *wahr* ergibt. Die Anweisungen müssen innerhalb des sogenannten `if`-Zweigs mithilfe der [Tab]-Taste eingerückt werden, damit Python die Zugehörigkeit zur Verzweigung erkennen kann.

Es kann bei einer Verzweigung einen alternativen Teil geben, der mithilfe der Anweisung `else` eingeleitet wird. Danach folgt wiederum ein Doppelpunkt. Anschließend werden eine oder mehrere Anweisungen notiert, die nur ausgeführt werden, falls die Bedingung *falsch* ergibt. Auch diese Anweisungen müssen eingerückt werden.

Hinweis

Standardmäßig nimmt IDLE eine Einrückung vor. Damit wird ein Programm bereits zur Entwicklungszeit übersichtlich gestaltet. Das gilt nicht nur für Verzweigungen, sondern auch für Schleifen und andere Kontrollstrukturen.

3.3.3 Spiel, Version mit Bewertung der Eingabe

Das Spielprogramm, in dem eine Rechenaufgabe im Kopf gelöst werden soll, wird um eine Bewertung der Eingabe erweitert. Mithilfe einer einfachen Verzweigung wird untersucht, ob die richtige Lösung eingegeben wurde. Das Programm verändert sich wie folgt:

```
import random
random.seed()

a = random.randint(1,10)
b = random.randint(1,10)
c = a + b
print(f"Die Aufgabe: {a} + {b}")

print("Bitte Lösungsvorschlag eingeben:")
zahl = int(input())

if zahl == c:
    print(zahl, "ist richtig")
else:
    print(zahl, "ist falsch")
    print("Ergebnis:", c)
```

Listing 3.10 Datei »spiel_verzweigung.py«

Eine mögliche Ausgabe des Programms wäre:

```
Die Aufgabe: 2 + 8
Bitte Lösungsvorschlag eingeben:
11
11 ist falsch
Ergebnis: 10
```

Die Eingabe wird in eine Zahl umgewandelt. Entspricht diese dem Ergebnis der Rechnung, so erscheint »... ist richtig«. Entspricht sie nicht dem Ergebnis, so erscheint »... ist falsch« zusammen mit dem korrekten Ergebnis.

3.3.4 Übungsaufgabe

Übung »u_verzweigung_if«

Das vereinfachte Programm zur Berechnung der Steuer wird verändert. Nach dem Aufruf des Programms soll man sein monatliches Gehalt eingeben. Liegt es über 2.500 Euro, sind 22 % Steuern zu zahlen, ansonsten 18 %. Nutzen Sie die Datei *u_verzweigung_if.py*.

Es ist nur *eine* Eingabe erforderlich. Innerhalb des Programms soll anhand des Gehalts entschieden werden, welcher Steuersatz zur Anwendung kommt. Die Ausgabe kann zum Beispiel wie folgt aussehen:

```
Geben Sie Ihr Gehalt in Euro ein:
3000
Es ergibt sich eine Steuer von 660.0 Euro
```

Oder sie kann so aussehen:

```
Geben Sie Ihr Gehalt in Euro ein:
2000
Es ergibt sich eine Steuer von 360.0 Euro
```

3.3.5 Mehrfache Verzweigung

In vielen Anwendungsfällen gibt es mehr als zwei Möglichkeiten, zwischen denen zu entscheiden ist. Dann wird eine mehrfache Verzweigung benötigt.

Im folgenden Beispiel wird untersucht, ob eine Zahl positiv, negativ oder gleich 0 ist. Es wird eine entsprechende Meldung ausgegeben:

```
import random
random.seed
x = random.randint(-5, 5)
```

```
print("x:", x)

if x > 0:
    print("x ist positiv")
elif x < 0:
    print("x ist negativ")
else:
    print("x ist gleich 0")
```

Listing 3.11 Datei »verzweigung_mehrfach.py«

Eine mögliche Ausgabe des Programms:

```
x: -3
x ist negativ
```

Die Verzweigung wird mithilfe von `if` eingeleitet. Ist `x` positiv, werden die nachfolgenden eingerückten Anweisungen ausgeführt.

Nach `elif` wird eine weitere Bedingung formuliert. Sie wird nur untersucht, falls die erste Bedingung (nach dem `if`) nicht zutrifft. Ist `x` negativ, werden die nachfolgenden eingerückten Anweisungen ausgeführt.

Die Anweisungen nach dem `else` werden nur durchgeführt, falls keine der beiden vorherigen Bedingungen zutraf (nach dem `if` und nach dem `elif`). Im vorliegenden Fall bedeutet das, dass `x` gleich 0 ist, da es nicht positiv und nicht negativ ist.

Hinweis

Innerhalb einer Verzweigung können mehrere `elif`-Anweisungen vorkommen. Sie werden nacheinander untersucht, bis das Programm zu einer Bedingung kommt, die zutrifft. Die weiteren `elif`-Anweisungen oder eine `else`-Anweisung werden in diesem Fall nicht mehr beachtet. Sollte keine Bedingung zutreffen, werden die Anweisungen nach dem `else` ausgeführt.

3.3.6 Übungsaufgabe

Übung »u_verzweigung_mehrfach«

Das Programm zur Berechnung der Steuer soll weiter verändert werden (Datei *u_verzweigung_mehrfach.py*). Nach der Eingabe des monatlichen Gehalts wird die Steuer nach der folgenden Tabelle berechnet:

Gehalt	Steuersatz
mehr als 4.000 Euro	26 %
2.500 bis 4.000 Euro	22 %
weniger als 2.500 Euro	18 %

3.3.7 Bedingter Ausdruck

Wird in allen Fällen einer Verzweigung nur ein Wert zugewiesen, können Sie auch einen *bedingten Ausdruck* (englisch: *conditional expression*) verwenden. Das Ergebnis des Ausdrucks kann gespeichert oder unmittelbar ausgegeben werden. Es folgt ein Programm:

```
import random
random.seed
x = random.randint(-3, 3)
print("x:", x)

ausgabe = "positiv" if x>0 else "0 oder negativ"
print("Diese Zahl ist", ausgabe)

print("Diese Zahl ist", "positiv" if x>0 else "0 oder negativ")

print("Diese Zahl ist", "positiv" if x>0 else "negativ" if x<0 else "gleich 0")
```

Listing 3.12 Datei »bedingter_ausdruck.py«

Eine mögliche Ausgabe:

```
x: 0
Diese Zahl ist 0 oder negativ
Diese Zahl ist 0 oder negativ
Diese Zahl ist gleich 0
```

Mithilfe des ersten bedingten Ausdrucks wird der Variablen `ausgabe` der Wert »positiv« zugewiesen, falls `x` größer als 0 ist, anderenfalls der Wert »0 oder negativ«. Der zugewiesene Wert von `ausgabe` wird anschließend ausgegeben.

Das Ergebnis des zweiten bedingten Ausdrucks wird unmittelbar ausgegeben.

Bedingte Ausdrücke können zur Bildung von mehrfachen Verzweigungen geschachtelt werden. Der dritte bedingte Ausdruck ermöglicht drei verschiedene Ausgaben.

3.3.8 Logische Operatoren

Mithilfe der logischen Operatoren `and`, `or` und `not` können mehrere Bedingungen miteinander verknüpft werden.

- Eine Bedingung, die aus einer oder mehreren Einzelbedingungen besteht, die jeweils mit dem Operator `and` (= und) verknüpft sind, ergibt *wahr*, falls *jede* der Einzelbedingungen *wahr* ergibt.
- Eine Bedingung, die aus einer oder mehreren Einzelbedingungen besteht, die mit dem Operator `or` (= oder) verknüpft sind, ergibt *wahr*, falls *mindestens eine* der Einzelbedingungen *wahr* ergibt.
- Der Operator `not` (= nicht) kehrt den Wahrheitswert einer Bedingung um, d. h., eine falsche Bedingung wird wahr, eine wahre Bedingung wird falsch.

Der Zusammenhang wird auch in Tabelle 3.2 und Tabelle 3.3 gezeigt.

Bedingung 1	Bedingung 2	Ergebnis zu »and«	Ergebnis zu »or«
wahr	wahr	wahr	wahr
wahr	falsch	falsch	wahr
falsch	wahr	falsch	wahr
falsch	falsch	falsch	falsch

Tabelle 3.2 Auswirkung der logischen Operatoren »and« und »or«

Bedingung	Ergebnis
wahr	falsch
falsch	wahr

Tabelle 3.3 Auswirkung des logischen Operators »not«

Ein Beispiel:

```
x = 12
y = 15
z = 20
print(f"x:{x}, y:{y}, z:{z}")
```

```
if x<y and x<z:
    print("x ist die kleinste Zahl")

if y>x or y>z:
    print("y ist nicht die kleinste Zahl")

if not y<x:
    print("y ist nicht kleiner als x")
```

Listing 3.13 Datei »operator_logisch.py«

Die Ausgabe des Programms:

```
x: 12, y: 15, z: 20
x ist die kleinste Zahl
y ist nicht die kleinste Zahl
y ist nicht kleiner als x
```

Bedingung 1 ergibt *wahr*, falls x kleiner als y *und* kleiner als z ist. Dies trifft bei den gegebenen Anfangswerten zu.

Bedingung 2 ergibt *wahr*, falls y größer als x *oder* y größer als z ist. Die erste Bedingung trifft zu, also ist die gesamte Bedingung wahr: y ist nicht die kleinste der drei Zahlen.

Bedingung 3 ist wahr, falls y *nicht* kleiner als x ist. Dies trifft hier zu. Zu allen Verzweigungen kann es auch einen else-Zweig geben.

3.3.9 Übungsaufgaben

Übung »u_operator«

Das Programm zur Berechnung der Steuer soll wiederum verändert werden (Datei *u_operator.py*). Die Tabelle sieht nun wie folgt aus:

Gehalt	Familienstand	Steuersatz
> 4.000 Euro	ledig	26 %
> 4.000 Euro	verheiratet	22 %
<= 4.000 Euro	ledig	22 %
<= 4.000 Euro	verheiratet	18 %

Übung »u_datum«

Entwickeln Sie ein Programm zur Prüfung einer Datumsangabe (Datei *u_datum.py*). Nach dem Aufruf des Programms sollen die drei Bestandteile eines Datums einzeln eingegeben werden. Anschließend wird ermittelt, ob es sich um ein gültiges Datum handelt. Gehen Sie bei der Entwicklung wie nachfolgend beschrieben vor. Testen Sie Ihr Programm nach jedem Schritt:

- Untersuchen Sie den eingegebenen Wert für den Tag. Ist er kleiner als 1 oder größer als 31, handelt es sich um ein ungültiges Datum.
- Untersuchen Sie den eingegebenen Wert für den Monat. Ist er kleiner als 1 oder größer als 12, handelt es sich um ein ungültiges Datum.
- Geben Sie den Wert aus, den der letzte Tag des betreffenden Monats hat. Denken Sie daran, dass es nur drei mögliche Fälle gibt: 28, 30 oder 31 Tage. Die Regeln für Schaltjahre werden noch nicht beachtet.
- Untersuchen Sie den eingegebenen Wert für den Tag. Geben Sie aus, ob er kleiner als 1 oder größer als der letzte Tag des betreffenden Monats ist.
- Untersuchen Sie den eingegebenen Wert für das Jahr. Geben Sie aus, ob es sich um ein Schaltjahr handelt. Die vereinfachte Regel für ein Schaltjahr lautet: Lässt sich der Wert ohne Rest durch 4 teilen, handelt es sich um ein Schaltjahr.
- Kombinieren Sie die bisherigen Schritte miteinander. Ist der Wert für den Tag kleiner als 1 oder größer als der letzte Tag des betreffenden Monats (mit Berücksichtigung der Regel für ein Schaltjahr), handelt es sich um ein ungültiges Datum, ansonsten um ein gültiges Datum.

Erweitern Sie das Programm. Die vollständige Regel für ein Schaltjahr lautet: Lässt sich der Wert ohne Rest durch 4 teilen, aber nicht ohne Rest durch 100, handelt es sich um ein Schaltjahr. Es handelt sich aber auch um ein Schaltjahr, falls sich der Wert ohne Rest durch 400 teilen lässt.

Ein Aufruf des fertigen Programms könnte wie folgt aussehen:

```
Tag des Datums eingeben:
29
Monat des Datums eingeben:
2
Jahr des Datums eingeben:
2000
Letzter Tag: 29
Gültiges Datum
```

3.3.10 Mehrere Vergleichsoperatoren

Bedingungen können auch mehrere Vergleichsoperatoren enthalten. Manche Verzweigungen sind auf diese Weise verständlicher. Ein Beispiel:

```
x = 12
y = 15
z = 20
print(f"x:{x}, y:{y}, z:{z}")

if x < y < z:
    print("y liegt zwischen x und z")
```

Listing 3.14 Datei »operator_mehrere.py«

Die Ausgabe des Programms:

```
x: 12, y: 15, z: 20
y liegt zwischen x und z
```

Die Bedingung `x < y < z` entspricht der verknüpften Bedingung `x < y and y < z`. In der Kurzform ist sie allerdings besser lesbar.

3.3.11 Spiel, Version mit genauer Bewertung der Eingabe

Die Eingabe für das Programm, in dem eine Rechenaufgabe im Kopf gelöst werden soll, wird auf verschiedene Art und Weise genauer bewertet:

- mithilfe einer mehrfachen Verzweigung
- anhand logischer Operatoren
- anhand von Bedingungen mit mehreren Vergleichsoperatoren

Das Programm wird wie folgt verändert:

```
import random
random.seed()

a = random.randint(1,10)
b = random.randint(1,10)
c = a + b
print(f"Die Aufgabe: {a} + {b}")
```

```
print("Bitte Lösungsvorschlag eingeben:")
zahl = int(input())

if zahl == c:
    print(zahl, "ist richtig")
elif zahl < 0 or zahl > 100:
    print(zahl, "ist weit daneben")
elif c-1 <= zahl <= c+1:
    print(zahl, "ist nahe dran")
else:
    print(zahl, "ist falsch")

print("Ergebnis:", c)
```

Listing 3.15 Datei »spiel_operator.py«

Eine mögliche Ausgabe des Programms wäre:

```
Die Aufgabe: 2 + 1
Bitte Lösungsvorschlag eingeben:
4
4 ist nahe dran
Ergebnis: 3
```

Insgesamt werden vier Möglichkeiten angeboten: über `if`, zweimal `elif` und `else`. Ist die Eingabe kleiner als 0 *oder* größer als 100, so liegt sie weit neben dem richtigen Ergebnis. Dies wird mithilfe des logischen Operators `or` gelöst.

Unterscheidet sich die eingegebene Zahl vom richtigen Ergebnis nur um den Wert 1, ist die Eingabe nahe dran. Dies wird mit einer Bedingung ermittelt, die mehrere Vergleichsoperatoren enthält.

3.3.12 Verzweigung mit »match«

Seit Python 3.10 gibt es mit `match` eine weitere Möglichkeit, mehrfache Verzweigungen in übersichtlicher Form zu gestalten. Ein erstes Beispiel:

```
import random
random.seed()

x = "Paris"
print("Wert =", x)
```

```
match x:
    case "Paris":
        print("Frankreich")
    case "Rom":
        print("Italien")
    case "Madrid":
        print("Spanien")
    case _:
        print("Unbekanntes Land")
print()
...
```

Listing 3.16 Datei »verzweigung_match.py«, Teil 1 von 3

Die Ausgabe dieses Programmteils:

```
Wert = Paris
Frankreich
```

Der Zufallsgenerator wird erst im späteren Verlauf des Programms benötigt.

In der Variablen `x` wird eine Zeichenkette gespeichert. Nach dem Schlüsselwort `match` folgt der Ausdruck, mit dem verglichen wird. Dabei kann es sich um eine Variable oder auch um das Ergebnis einer Berechnung handeln. Nach dem Doppelpunkt folgen eingerückt die verschiedenen Fälle.

Ein einzelner Fall beginnt mit dem Schlüsselwort `case`. Es folgt der Wert, mit dem der `match`-Ausdruck verglichen wird, danach ein Doppelpunkt. Wiederum eingerückt folgen die Anweisungen, falls der betreffende Vergleich erfolgreich ist.

Mithilfe des Zeichens _ kann am Ende ein weiterer Fall formuliert werden. Trifft keiner der zuvor genannten Fälle zu, werden die Anweisungen zu diesem Default-Fall ausgeführt.

Hier geht es um den Vergleich von Zeichenketten. Es kann sich aber auch um einen Vergleich von einzelnen Zeichen oder ganzen Zahlen handeln.

Ein Vergleich von Zahlen mit Nachkommastellen ist ebenfalls möglich. Allerdings werden diese nicht mathematisch exakt gespeichert. Daher könnte bereits eine kleine Abweichung zu einem falschen Ergebnis führen.

Es folgt der zweite Teil des Programms:

```
...
x = random.randint(1,6)
print("Wert =", x)
```

```
match x:
    case 1 | 3 | 5:
        print("ungerade")
    case 2 | 4 | 6:
        print("gerade")
    case _:
        print("Kein Würfelwert")
print()
...
```

Listing 3.17 Datei »verzweigung_match.py«, Teil 2 von 3

Eine mögliche Ausgabe dieses Programmteils:

```
Wert = 3
ungerade
```

Mithilfe des Zufallsgenerators wird eine zufällige ganze Zahl von 1 bis 6 ermittelt, also ein Würfelwert. Der Operator | ermöglicht die Verknüpfung von mehreren Fällen. Wird eine 2, 4 oder 6 gewürfelt, erscheint als Ausgabe der Text »gerade«.

Der dritte und letzte Teil des Programms:

```
...
x = random.randint(1,10)
print("Wert =", x * 1.5)
match x * 1.5:
    case x if x < 5:
        print("kleiner Wert")
    case x if x > 11:
        print("großer Wert")
    case _:
        print("mittlerer Wert")
```

Listing 3.18 Datei »verzweigung_match.py«, Teil 3 von 3

Eine mögliche Ausgabe dieses Programmteils:

```
Wert = 13.5
großer Wert
```

Ein eingebettetes `if` ermöglicht den Einsatz von Vergleichsoperatoren. Nach dem Schlüsselwort `case` folgt ein Vergleich des untersuchten Ausdrucks. Auch hier gilt: Sobald der erste Vergleich zutrifft, werden die zugehörigen Anweisungen ausgeführt.

Auf diese Weise ist auch ein Vergleich für Zahlen mit Nachkommastellen sinnvoll möglich. Bei dem ersten Vergleich liegt der mögliche Wert `4.5` unterhalb der Grenze, der nächste mögliche Wert `6.0` oberhalb der Grenze.

3.3.13 Rangfolge der Operatoren

In vielen Ausdrücken treten mehrere Operatoren auf. Bisher sind dies Rechenoperatoren, Vergleichsoperatoren und logische Operatoren. Für die Reihenfolge bei der Ausführung ist die Rangfolge der Operatoren wichtig. Die Teilschritte, bei denen höherrangige Operatoren beteiligt sind, werden zuerst ausgeführt.

Tabelle 3.4 gibt die Rangfolge der bisher verwendeten Operatoren in Python an, beginnend mit den Operatoren, die den höchsten Rang haben. Gleichrangige Operatoren stehen jeweils in einer Zeile. Teilschritte, in denen mehrere Operatoren gleichen Ranges stehen, werden von links nach rechts ausgeführt.

Operator	Bedeutung
+ -	positives Vorzeichen einer Zahl, negatives Vorzeichen einer Zahl
* / % //	Multiplikation, Division, Modulo, Ganzzahldivision
+ -	Addition, Subtraktion
< <= > >= == !=	kleiner, kleiner oder gleich, größer, größer oder gleich, gleich, ungleich
not	logische Verneinung
and	logisches Und
or	logisches Oder

Tabelle 3.4 Rangfolge der bisher genutzten Operatoren

3.4 Schleifen

Neben der Verzweigung gibt es eine weitere wichtige Struktur zur Steuerung von Programmen: die Schleife. Sie ermöglicht die wiederholte Ausführung von Programmschritten. Es wird zwischen zwei Typen von Schleifen unterschieden: der `for`-Schleife und der `while`-Schleife. Der jeweilige Anwendungsbereich der beiden Typen wird durch folgende Merkmale definiert:

- Eine `for`-Schleife wird verwendet, falls ein Programmschritt für eine regelmäßige und bekannte Abfolge von Werten wiederholt ausgeführt werden soll.

- Eine `while`-Schleife wird verwendet, falls sich erst nach dem Aufruf des Programms ergibt, ob ein Programmschritt ausgeführt werden soll und wie oft er wiederholt wird.

Eine `for`-Schleife wird auch als *Zählschleife* bezeichnet, eine `while`-Schleife als *bedingungsgesteuerte Schleife*.

3.4.1 Schleife mit »for«

In einer `for`-Schleife werden alle Elemente eines *iterierbaren Objekts* (kurz: eines *Iterables*) durchlaufen. Ein Iterable ist ein Objekt, das aus mehreren Elementen besteht und durchlaufen werden kann, zum Beispiel eine Liste von mehreren Zahlen oder eine Liste von mehreren Zeichenketten.

Eine Zeichenkette selbst ist ebenfalls iterierbar, da ihre einzelnen Zeichen als Elemente der Zeichenkette durchlaufen werden können. Im weiteren Verlauf des Buchs lernen Sie noch weitere Iterables kennen.

Innerhalb der Schleife wird mit einer Kopie der Elemente gearbeitet. Eine Veränderung der Kopie hat keine Rückwirkung auf das Original.

Nachfolgend sehen Sie einige Beispiele:

```
for zahl in 8, 3, 7:
    print(f"Zahl: {zahl}, Quadrat: {zahl * zahl}")
print()

for stadt in "Paris", "Rom", "Madrid":
    print(f"Stadt: {stadt}")
print()

for zeichen in "Rom":
    print(f"Zeichen: {zeichen}")
print()

a = 2
b = 8
print(f"a:{a}, b:{b}")
for i in a, b:
    i = i + 1
    print(f"Kopie: {i}")
print(f"a:{a}, b:{b}")
```

Listing 3.19 Datei »schleife_for.py«

Folgende Ausgabe wird erzeugt:

```
Zahl: 8, Quadrat: 64
Zahl: 3, Quadrat: 9
Zahl: 7, Quadrat: 49

Stadt: Paris
Stadt: Rom
Stadt: Madrid

Zeichen: R
Zeichen: o
Zeichen: m

a:2, b:8
Kopie: 3
Kopie: 9
a:2, b:8
```

Die Schreibweise `for [Variable] in [Iterable]:` bedeutet: Das gesamte Iterable wird durchlaufen und die Variable nimmt nacheinander jeden Wert des Iterables an.

Bei der ersten `for`-Schleife wird eine Abfolge von Zahlen durchlaufen. Innerhalb der Schleife ist jede dieser Zahlen über die Variable `zahl` erreichbar und wird zusammen mit ihrem Quadrat ausgegeben.

In der zweiten `for`-Schleife wird eine Abfolge von Zeichenketten durchlaufen. Innerhalb der Schleife ist jede dieser Zeichenketten über die Variable `stadt` erreichbar und wird zusammen mit einem Text ausgegeben.

Bei der dritten `for`-Schleife wird eine einzelne Zeichenkette durchlaufen. Zeichenketten bestehen aus einer Abfolge von einzelnen Zeichen. Innerhalb der Schleife ist jedes dieser Zeichen über die Variable `zeichen` erreichbar und wird zusammen mit einem Text ausgegeben.

In der vierten `for`-Schleife wird eine Abfolge von Variablen durchlaufen. Innerhalb der Schleife ist jeweils eine Kopie der aktuellen Variablen über die Variable `i` erreichbar. Die Kopie wird verändert und ausgegeben. Die Werte der Originalvariablen verändern sich dadurch nicht.

Wie bei einer Verzweigung mit `if` gilt: Es muss ein Doppelpunkt notiert werden, und die Anweisungen in der Schleife müssen eingerückt werden.

3.4.2 Schleifenabbruch mit »break«

Das Schlüsselwort `break` führt zu dem unmittelbaren Abbruch einer Schleife. Ein solcher Abbruch wird meist mit einer Bedingung verbunden und bei Sonderfällen eingesetzt. Ein Beispiel:

```
for i in 12, -4, 20, 7:
    if i*i > 200:
        break
    print(f"Zahl: {i}, Quadrat: {i*i}")
```

Listing 3.20 Datei »schleife_break.py«

Diese Ausgabe wird erzeugt:

```
Zahl: 12, Quadrat: 144
Zahl: -4, Quadrat: 16
```

Ist das Quadrat der aktuellen Zahl größer als 200, wird die Schleife unmittelbar verlassen. Auch die Ausgabe innerhalb der Schleife erfolgt dann nicht mehr.

Das Schlüsselwort `break` kann sowohl bei `for`-Schleifen als auch bei `while`-Schleifen eingesetzt werden.

3.4.3 Schleifenfortsetzung mit »continue«

Das Schlüsselwort `continue` dient zum unmittelbaren Abbruch des aktuellen Durchlaufs einer Schleife. Das Programm wird anschließend mit dem nächsten Durchlauf der Schleife fortgesetzt. Betrachten Sie hierzu das folgende Programm:

```
for i in 1, 2, 3, 4, 5, 6:
    print("Zahl:", i)
    if 3 <= i <= 5:
        continue
    print("Quadrat:", i*i)
```

Listing 3.21 Datei »schleife_continue.py«

Die Ausgabe dieses Programms ist:

```
Zahl: 1
Quadrat: 1
Zahl: 2
Quadrat: 4
```

```
Zahl: 3
Zahl: 4
Zahl: 5
Zahl: 6
Quadrat: 36
```

Die Schleife durchläuft die Zahlen von 1 bis 6. Alle diese Zahlen werden auch ausgegeben. Liegt die aktuelle Zahl zwischen 3 und 5, wird der Rest der Schleife übergangen und unmittelbar der nächste Schleifendurchlauf begonnen. Anderenfalls wird das Quadrat der Zahl ausgegeben.

3.4.4 Geschachtelte Kontrollstrukturen

Wie die beiden letzten Programme zeigen, können Kontrollstrukturen (also Verzweigungen und Schleifen) geschachtelt werden. Dies bedeutet, dass eine Kontrollstruktur eine weitere Kontrollstruktur enthält. Diese kann ihrerseits wiederum eine Kontrollstruktur enthalten usw.

Dazu ein weiteres Beispiel:

```
for x in -2, -1, 0, 1, 2:
    if x > 0:
        print(x, "positiv")
    else:
        if x < 0:
            print(x, "negativ")
        else:
            print(x, "gleich 0")
```

Listing 3.22 Datei »schachtelung.py«

Es wird diese Ausgabe erzeugt:

```
-2 negativ
-1 negativ
0 gleich 0
1 positiv
2 positiv
```

Die äußerste Kontrollstruktur ist eine `for`-Schleife. Alle einfach eingerückten Anweisungen werden – gemäß der Schleifensteuerung – mehrmals ausgeführt.

Mit der äußeren if-Anweisung wird die erste Verzweigung eingeleitet. Ist x größer als 0, wird die folgende zweifach eingerückte Anweisung ausgeführt. Ist x nicht größer als 0, wird die innere if-Anweisung hinter der äußeren else-Anweisung untersucht.

Trifft die Bedingung der inneren if-Anweisung zu, werden die folgenden dreifach eingerückten Anweisungen ausgeführt. Trifft sie nicht zu, werden die dreifach eingerückten Anweisungen ausgeführt, die der inneren else-Anweisung folgen.

Zu beachten sind besonders die mehrfachen Einrückungen, damit die Tiefe der Kontrollstruktur von Python richtig erkannt werden kann.

Hinweis

Nach einem Doppelpunkt hinter dem Kopf einer Kontrollstruktur wird in der Entwicklungsumgebung IDLE automatisch mit einem Tabulatorsprung eingerückt. Dieser Sprung erzeugt standardmäßig vier Leerzeichen, dadurch werden die Kontrollstrukturen klar erkennbar.

Arbeiten Sie mit einer anderen Entwicklungsumgebung, müssen Sie darauf achten, dass um mindestens ein Leerzeichen eingerückt wird, damit Python die Kontrollstruktur erkennt. Sinnvoller ist eine Einrückung um zwei oder mehr Leerzeichen, damit die Struktur gut erkennbar ist.

3.4.5 Spiel, Version mit »for«-Schleife und Abbruch

Die for-Schleife wird nun dazu genutzt, die Eingabe und die Bewertung des Kopfrechenspiels insgesamt viermal zu durchlaufen. Somit hat man vier Versuche, das richtige Ergebnis einzugeben. Die Anweisung break dient zum Abbruch der Schleife, sobald das richtige Ergebnis eingegeben wurde.

```
import random
random.seed()

a = random.randint(1,10)
b = random.randint(1,10)
c = a + b
print(f"Die Aufgabe: {a} + {b}")

for i in 1, 2, 3, 4:
    print("Bitte Lösungsvorschlag eingeben:")
    zahl = int(input())
    if zahl == c:
```

```
        print(zahl, "ist richtig")
        break
    else:
        print(zahl, "ist falsch")

print("Ergebnis:", c)
```

Listing 3.23 Datei »spiel_for.py«

Folgende Ausgabe wird erzeugt:

```
Die Aufgabe: 7 + 9
Bitte Lösungsvorschlag eingeben:
12
12 ist falsch
Bitte Lösungsvorschlag eingeben:
16
16 ist richtig
Ergebnis: 16
```

Die Aufgabe wird einmal ermittelt und gestellt. Anschließend wird man maximal viermal dazu aufgefordert, ein Ergebnis einzugeben. Jede Eingabe wird bewertet. Ist bereits einer der ersten drei Versuche richtig, wird die Schleife vorzeitig abgebrochen.

3.4.6 Schleife mit »for« und »range()«

Meist werden Schleifen für regelmäßige Abfolgen von Zahlen genutzt. Dabei erweist sich der Einsatz der eingebauten Funktion range() als sehr nützlich. Ein Beispiel:

```
for i in range(3,11,2):
    print(f"Zahl: {i}, Quadrat: {i*i}")
```

Listing 3.24 Datei »range_drei.py«

Es wird diese Ausgabe erzeugt:

```
Zahl: 3, Quadrat: 9
Zahl: 5, Quadrat: 25
Zahl: 7, Quadrat: 49
Zahl: 9, Quadrat: 81
```

Der englische Begriff *range* bedeutet *Bereich*. Innerhalb der Klammern hinter range können maximal drei ganze Zahlen, durch Kommata getrennt, eingetragen werden:

- Die erste ganze Zahl (hier 3) gibt den Beginn des Bereichs an, für den die folgenden Anweisungen ausgeführt werden.
- Die zweite ganze Zahl (hier 11) kennzeichnet das Ende des Bereichs. Es ist die erste Zahl, für die die Anweisungen *nicht* mehr ausgeführt werden.
- Die dritte ganze Zahl (hier 2) gibt die Schrittweite für die Schleife an. Die Zahlen, für die die Anweisungen ausgeführt werden, stehen zueinander also jeweils im Abstand von +2.

Der Aufruf der Funktion range() mit den Zahlen 3, 11 und 2 ergibt somit die Abfolge: 3, 5, 7, 9. Wird die Funktion range() nur mit zwei Zahlen aufgerufen, so wird eine Schrittweite von 1 angenommen. Ein Beispiel:

```
for i in range(5,9):
    print("Zahl:", i)
```

Listing 3.25 Datei »range_zwei.py«

Es wird folgende Ausgabe erzeugt:

```
Zahl: 5
Zahl: 6
Zahl: 7
Zahl: 8
```

Wird die Funktion range() nur mit einer Zahl aufgerufen, so ist damit die Anzahl der Durchläufe festgelegt. Als untere Grenze gilt 0, als obere Grenze die angegebene Zahl -1. Es wird eine Schrittweite von 1 angenommen.

Ein Beispiel:

```
for i in range(3):
    print("Zahl:", i)
```

Listing 3.26 Datei »range_eins.py«

Die Ausgabe:

```
Zahl: 0
Zahl: 1
Zahl: 2
```

Hinweis

Bei der Funktion `range()` können eine oder mehrere der drei Zahlen auch negativ sein. Achten Sie auf sinnvolle Zahlenkombinationen. Die Angabe `range(3,-11,2)` ist nicht sinnvoll, da man von der Zahl +3 in Schritten von +2 nicht zur Zahl -11 gelangt. Python fängt solche Schleifen ab und lässt sie nicht ausführen. Dasselbe gilt für die Zahlenkombination `range(3,11,-2)`.

Für den regelmäßigen Ablauf von Zahlen mit Nachkommastellen sollte die Schleifenvariable passend umgerechnet werden, zum Beispiel wie folgt:

```
for x in range(18,22):
    print(x/10)
print()

x = 1.8
for i in range(4):
    print(x)
    x = x + 0.1
```

Listing 3.27 Datei »range_nachkomma.py«

Die Ausgabe lautet:

```
1.8
1.9
2.0
2.1

1.8
1.9000000000000001
2.0
2.1
```

Es werden jeweils die Zahlen von 1,8 bis 2,1 in Schritten von 0,1 erzeugt.

- In der ersten Version werden die ganzen Zahlen von 18 bis 21 erzeugt und anschließend durch 10 geteilt.
- In der zweiten Version wird mit dem ersten Wert begonnen und innerhalb der Schleife jeweils um 0,1 erhöht. Dabei müssen Sie vorher errechnen, wie häufig die Schleife durchlaufen werden muss.

3.4.7 Übungsaufgaben

Übung »u_range«

Überlegen Sie, welche Ausgabe das folgende Programm hat (Datei *u_range.py*). Kontrollieren Sie Ihre Ergebnisse anschließend durch einen Aufruf:

```
print("Schleife 1")
for i in 2, 3, 6.5, -7:
    print(i)

print("Schleife 2")
for i in range(3,11,3):
    print(i)

print("Schleife 3")
for i in range(-3,14,4):
    print(i)

print("Schleife 4")
for i in range(3,-11,-3):
    print(i)
```

Übung »u_range_inch«

Schreiben Sie ein Programm, das die folgende Ausgabe erzeugt (Datei *u_range_inch.py*).

```
15 Inch = 38.1 cm
20 Inch = 50.8 cm
25 Inch = 63.5 cm
30 Inch = 76.2 cm
35 Inch = 88.9 cm
40 Inch = 101.6 cm
```

Es handelt sich um eine regelmäßige Liste von Inch-Werten, für die der jeweilige Zentimeter-Wert durch Umrechnung mit dem Faktor 2,54 ermittelt wird.

3.4.8 Spiel, Version mit »range()«

Im Kopfrechenspiel wird die Schleife zur Wiederholung der Eingabe nun mithilfe von `range()` gebildet. Gleichzeitig haben Sie damit einen Zähler, der die laufende Nummer des Versuchs enthält. Er wird dazu verwendet, am Ende des Programms die Anzahl der Versuche auszugeben.

```
import random
random.seed()

a = random.randint(1,10)
b = random.randint(1,10)
c = a + b
print(f"Die Aufgabe: {a} + {b}")

for versuch in range(1,10):
    print("Bitte Lösungsvorschlag eingeben:")
    zahl = int(input())

    if zahl == c:
        print(zahl, "ist richtig")
        break
    else:
        print(zahl, "ist falsch")

print("Ergebnis:", c)
print("Anzahl der Versuche:", versuch)
```

Listing 3.28 Datei »spiel_range.py«

Die Ausgabe lautet:

```
Die Aufgabe: 10 + 5
Bitte Lösungsvorschlag eingeben:
13
13 ist falsch
Bitte Lösungsvorschlag eingeben:
15
15 ist richtig
Ergebnis: 15
Anzahl der Versuche: 2
```

Nach dem Aufruf des Programms hat man maximal neun Versuche zur Eingabe der richtigen Lösung. Die Variable `versuch` dient als Zähler für die Versuche. Nach der Eingabe der richtigen Lösung (oder nach dem vollständigen Ablauf der Schleife) wird die Anzahl der Versuche ausgegeben.

3.4.9 Schleife mit »while«

Die while-Schleife dient zur Steuerung einer Wiederholung mithilfe einer Bedingung. Im folgenden Programm werden zufällige Zahlen addiert und ausgegeben. Solange die Summe der Zahlen kleiner als 30 ist, wird der Vorgang wiederholt. Ist die Summe gleich oder größer als 30, wird das Programm beendet.

```
import random
random.seed()

summe = 0
while summe < 30:
    zzahl = random.randint(1,8)
    summe = summe + zzahl
    print(f"Zahl: {zzahl}, Zwischensumme: {summe}")
```

Listing 3.29 Datei »schleife_while.py«

Eine mögliche Ausgabe des Programms sähe wie folgt aus:

```
Zahl: 3, Zwischensumme: 3
Zahl: 8, Zwischensumme: 11
Zahl: 5, Zwischensumme: 16
Zahl: 8, Zwischensumme: 24
Zahl: 7, Zwischensumme: 31
```

Zunächst wird die Variable für die Summe der Zahlen auf 0 gesetzt.

Die while-Anweisung leitet die Schleife ein. Die wörtliche Übersetzung der Zeile lautet: »solange die Summe kleiner als 30 ist«. Dies bezieht sich auf die nachfolgenden eingerückten Anweisungen.

Nach dem Wort while folgt eine Bedingung, die mithilfe von Vergleichsoperatoren erstellt wird. Auch hier dürfen Sie den Doppelpunkt am Ende der Zeile nicht vergessen, ähnlich wie bei if-else und for.

Es wird eine zufällige Zahl ermittelt und zur bisherigen Summe addiert. Die neue Summe errechnet sich also aus der alten Summe plus der neuen zufälligen Zahl. Die neue Summe wird ausgegeben.

Das Ende der Schleife (und hier des Programms) wird erst erreicht, nachdem die Summe den Wert 30 erreicht oder überschritten hat.

3.4.10 Spiel, Version mit »while«-Schleife und Zähler

Die while-Schleife wird nun auch im Kopfrechenspiel zur Wiederholung der Eingabe genutzt. Nach dem Aufruf des Programms hat man beliebig viele Versuche, die Aufgabe zu lösen. Die Variable versuch, die als Zähler für die Versuche dient, muss separat gesteuert werden. Sie entspricht nicht mehr automatisch dem Wert einer Schleifenvariablen.

```
import random
random.seed()

a = random.randint(1,10)
b = random.randint(1,10)
c = a + b
print(f"Die Aufgabe: {a} + {b}")

zahl = c + 1
versuch = 0
while zahl != c:
    versuch = versuch + 1
    print("Bitte Lösungsvorschlag eingeben:")
    zahl = int(input())
    if zahl == c:
        print(zahl, "ist richtig")
    else:
        print(zahl, "ist falsch")

print("Ergebnis:", c)
print("Anzahl der Versuche:", versuch)
```

Listing 3.30 Datei »spiel_while.py«

Die Ausgabe hat sich gegenüber der letzten Version nicht geändert.

Die while-Schleife läuft, solange die richtige Lösung nicht eingegeben wird. Die Variable zahl wird mit einem Wert vorbesetzt, der dafür sorgt, dass die while-Schleife mindestens einmal läuft. Die Variable versuch wird mit 0 vorbelegt und dient als laufende Nummer. Nach Eingabe der richtigen Lösung wird die Anzahl der Versuche ausgegeben.

3.4.11 Übungsaufgabe

> **Übung »u_while«**
>
> Schreiben Sie ein Programm (Datei *u_while.py*), das nach dem Aufruf wiederholt dazu auffordert, einen Wert in Inch einzugeben. Der eingegebene Wert soll anschließend in Zentimeter umgerechnet und ausgegeben werden. Das Programm soll nach der Eingabe des Werts 0 beendet werden.
>
> Bei einer `while`-Schleife wird immer angegeben, gemäß welcher Bedingung wiederholt werden soll, und nicht, gemäß welcher Bedingung beendet werden soll. Daher müssen Sie in diesem Programm formulieren: »solange die Eingabe ungleich 0 ist«.

3.4.12 Kombinierte Zuweisungsausdrücke

Mit Python 3.8 wurde der Operator `:=` für kombinierte Zuweisungsausdrücke eingeführt. Er führt auch den Spitznamen *walrus-operator*, aufgrund der Ähnlichkeit mit den Augen und den Zähnen eines Walrosses. Er ermöglicht kürzere Ausdrücke, in denen allerdings eine höhere Komplexität steckt.

Es folgen zwei Schleifen, die jeweils die Werte von 10 bis 12 ausgeben:

```
a = 9
while a < 12:
    a = a + 1
    print(a)
print()

a = 9
while (a := a + 1) < 13:
    print(a)
```

Listing 3.31 Datei »schleife_zuweisung.py«

Im Kopf der zweiten Schleife wird zunächst `a` um 1 erhöht. Anschließend wird `a` mit 13 verglichen. Dieser Vergleich steuert die Schleife. Aufgrund des niedrigen Vorrangs des Operators `:=` muss die Zuweisung in runden Klammern stehen. Die Ausgabe des Programms:

```
10
11
12
```

3.5 Entwicklung eines Programms

Bei der Entwicklung Ihrer eigenen Programme sollten Sie Schritt für Schritt vorgehen. Stellen Sie zuerst einige Überlegungen dazu an, wie das gesamte Programm aufgebaut sein sollte, und zwar auf Papier. Aus welchen Teilen sollte es nacheinander bestehen? Versuchen Sie anschließend nicht, das gesamte Programm mit all seinen komplexen Bestandteilen auf einmal zu schreiben! Dies ist der größte Fehler, den Einsteiger (und manchmal auch Fortgeschrittene) machen können.

Schreiben Sie zunächst eine einfache Version des ersten Programmteils. Anschließend testen Sie sie. Erst nach einem erfolgreichen Test fügen Sie den folgenden Programmteil hinzu. Nach jeder Änderung testen Sie wiederum. Sollte sich ein Fehler zeigen, wissen Sie, dass er aufgrund der letzten Änderung aufgetreten ist. Nach dem letzten Hinzufügen haben Sie eine einfache Version Ihres gesamten Programms erstellt.

Nun ändern Sie einen Teil Ihres Programms in eine komplexere Version ab. Auf diese Weise machen Sie Ihr Programm Schritt für Schritt komplexer, bis Sie schließlich das gesamte Programm so erstellt haben, wie es Ihren anfänglichen Überlegungen auf Papier entspricht.

Manchmal ergibt sich während der praktischen Programmierung noch die eine oder andere Änderung gegenüber Ihrem Entwurf. Das ist kein Problem, solange sich nicht der gesamte Aufbau ändert. Sollte dies allerdings der Fall sein, kehren Sie noch einmal kurz zum Papier zurück, und überdenken Sie den Aufbau. Das bedeutet nicht, dass Sie die bisherigen Programmzeilen löschen müssen, sondern möglicherweise nur ein wenig ändern und anders anordnen.

Schreiben Sie Ihre Programme übersichtlich. Falls Sie gerade überlegen, wie Sie drei, vier bestimmte Schritte Ihres Programms auf einmal machen können: Machen Sie daraus besser einzelne Anweisungen, die der Reihe nach ausgeführt werden. Dies vereinfacht eine eventuelle Fehlersuche. Ändern oder erweitern Sie (oder eine andere Person) Ihr Programm später einmal, gelingt der Einstieg in den Aufbau des Programms wesentlich schneller.

Sie können die Funktion `print()` zur Kontrolle von Werten und zur Suche von logischen Fehlern einsetzen. Zusätzlich können Sie einzelne Zeilen Ihres Programms temporär als Kommentar kennzeichnen, um festzustellen, welcher Teil des Programms fehlerfrei läuft und welcher Teil demnach fehlerbehaftet ist.

3.6 Fehler und Ausnahmen

Zur Laufzeit eines Programms können Fehler auftreten, die Sie nicht voraussehen können. Wird zum Beispiel nach einer Eingabeaufforderung für eine Zahl keine gültige Zahl eingegeben, tritt eine Ausnahme auf, und das Programm wird bei der Umwandlung der Eingabe mit `int()` oder `float()` mit einer Fehlermeldung beendet.

Bisher wurde vereinfacht davon ausgegangen, dass korrekte Eingaben vorgenommen werden. In diesem Abschnitt beschreibe ich, wie Sie die Folgen von fehlerhaften Eingaben vermeiden oder abfangen.

In die Python-Versionen 3.10 bis 3.12 sind viele Verbesserungen bei den Fehlermeldungen eingeflossen. Fehlermeldungen sind informativer und genauer. Daher helfen sie besser bei der Fehlersuche. Häufig werden bereits passende Vorschläge zur Behebung des Fehlers gemacht.

3.6.1 Basisprogramm

Das folgende Programm dient zur Demonstration eines Fehlers.

```
print("Bitte geben Sie eine ganze Zahl ein")
z = input()
zahl = int(z)
print(f"Sie haben die ganze Zahl {zahl} eingegeben")
```

Listing 3.32 Datei »fehler_basis.py«

Wird eine falsche Eingabe (zum Beispiel »3a«) vorgenommen, bricht das Programm bei der Umwandlung ab und erzeugt die folgende Ausgabe:

```
Bitte geben Sie eine ganze Zahl ein
3a
Traceback (most recent call last):
  File "C:\Python\Beispiele\fehler_basis.py", line 3, in <module>
    zahl = int(z)
ValueError: invalid literal for int() with base 10: '3a'
```

Diese Informationen weisen auf die Stelle im Programm hin, an der ein Fehler bemerkt wird (Datei *fehler_basis.py*, Zeile 3). Außerdem wird die Art des Fehlers mitgeteilt (`ValueError`).

3.6.2 Fehler abfangen

In einem ersten Schritt sollen die Folgen einer Fehleingabe abgefangen werden, um einen Abbruch des Programms zu vermeiden. Zu diesem Zweck müssen Sie die Stelle bestimmen, an der ein Fehler auftreten könnte, den Python erkennen kann. Hier müssen Sie das Programm verbessern. Dies erreichen Sie in einem ersten Schritt durch die folgende Änderung:

```
print("Bitte geben Sie eine ganze Zahl ein")
z = input()

try:
    zahl = int(z)
    print(f"Sie haben die ganze Zahl {zahl} eingegeben")
except:
    print("Fehler bei Umwandlung der Eingabe")
```

Listing 3.33 Datei »fehler_abfangen.py«

Wird eine richtige ganze Zahl eingegeben, läuft das Programm wie bisher. Nach einer falschen Eingabe bricht das Programm bei der Umwandlung nicht ab, sondern gibt eine Meldung aus:

```
Bitte geben Sie eine ganze Zahl ein
3a
Fehler bei Umwandlung der Eingabe
```

Die Anweisung `try` leitet eine Ausnahmebehandlung ein. Ähnlich wie bei einer Verzweigung gibt es verschiedene Zweige, die das Programm durchlaufen kann. Das Programm versucht (englisch: *try*), die Anweisungen durchzuführen, die eingerückt nach `try` stehen. Ist die Umwandlung erfolgreich, wird der `except`-Zweig nicht ausgeführt, ähnlich wie beim `else`-Zweig der `if`-Anweisung.

Ist die Umwandlung dagegen nicht erfolgreich, wird der Fehler oder die Ausnahme (englisch: *exception*) mit der Anweisung `except` abgefangen. In diesem Fall werden alle eingerückten Anweisungen im `except`-Zweig durchgeführt. Das Programm läuft ohne Abbruch zu Ende, da der Fehler zwar auftritt, aber abgefangen wird.

Nach `try` und `except` muss jeweils ein Doppelpunkt gesetzt werden.

Hinweis

Nur der *kritische Bereich* Ihres Programms wird in die Ausnahmebehandlung eingebettet. Sie sollten sich also Gedanken darüber machen, welche Stellen Ihres Programms fehlerträchtig sind. Die Umwandlung einer Eingabe ist solch eine kritische Stelle. Andere Fehlermöglichkeiten sind zum Beispiel die Bearbeitung einer Datei (die möglicherweise nicht existiert) oder die Ausgabe an einen Drucker (der vielleicht nicht eingeschaltet ist).

3.6.3 Fehlermeldung ausgeben

In einem größeren kritischen Bereich, der in eine Ausnahmebehandlung eingebettet wird, können unterschiedliche Fehler auftreten. Dann ist es sinnvoll, sich die Fehlermeldung des Systems ausgeben zu lassen. Das wird im folgenden Programm an einem kleinen Beispiel gezeigt:

```
print("Bitte geben Sie eine ganze Zahl ein")
z = input()

try:
    zahl = int(z)
    print(f"Sie haben die ganze Zahl {zahl} eingegeben")
except Exception as e:
    print(e)
```

Listing 3.34 Datei »fehler_meldung.py«

Beim Abfangen eines Fehlers mithilfe des Schlüsselworts `except` wird die Meldung mithilfe des Schlüsselworts `as` an die Variable `e` übergeben. Diese verweist auf ein Objekt der allgemeinen Fehlerklasse `Exception`. Ihr Wert kann ausgegeben werden. Nach Eingabe von »3a« sieht das wie folgt aus:

```
Bitte geben Sie eine ganze Zahl ein
3a
invalid literal for int() with base 10: '3a'
```

3.6.4 Eingabe wiederholen

In einem zweiten Schritt wird dafür gesorgt, dass nach einer falschen Eingabe eine erneute Eingabe gemacht werden kann. Der gesamte Eingabevorgang mit Ausnahmebehandlung wird so lange wiederholt, bis die Eingabe erfolgreich war. Betrachten Sie das folgende Programm:

```
while True:
    print("Bitte geben Sie eine ganze Zahl ein")
    z = input()
    try:
        zahl = int(z)
        print(f"Sie haben die ganze Zahl {zahl} eingegeben")
        break
    except:
        print("Fehler bei Umwandlung der Eingabe")
```

Listing 3.35 Datei »fehler_eingabe_neu.py«

Nachfolgend wird eine mögliche Eingabe gezeigt – zunächst mit einem Fehler, anschließend fehlerfrei:

```
Bitte geben Sie eine ganze Zahl ein
3a
Fehler bei Umwandlung der Eingabe
Bitte geben Sie eine ganze Zahl ein
12
Sie haben die ganze Zahl 12 eingegeben
```

Mithilfe des Wahrheitswerts `True` wird eine endlos wiederholte `while`-Schleife formuliert, in die der Eingabevorgang mit der Ausnahmebehandlung eingebettet ist. Ist die Eingabe erfolgreich, wird die Schleife mithilfe von `break` verlassen. Ist die Eingabe nicht erfolgreich, wird der Eingabevorgang wiederholt.

3.6.5 Übungsaufgabe

> **Übung »u_fehler«**
>
> Verbessern Sie das Programm zur Eingabe und Umrechnung eines beliebigen Inch-Werts in Zentimeter. Die Folgen eines möglichen Fehlers bei der Eingabe sollen abgefangen werden. Das Programm soll die Eingabeaufforderung so lange wiederholen, bis die Eingabe erfolgreich war (Datei *u_fehler.py*).

3.6.6 Spiel, Version mit Ausnahmebehandlung

Die Ausnahmebehandlung und das Schlüsselwort `continue` werden nun auch im Kopfrechenspiel eingesetzt. Damit können die Folgen eines Eingabefehlers abgefangen und das Programm regulär fortgesetzt werden.

```
import random
random.seed()

a = random.randint(1,10)
b = random.randint(1,10)
c = a + b
print(f"Die Aufgabe: {a} + {b}")

zahl = c + 1
versuch = 0
while zahl != c:
    versuch = versuch + 1
    print("Bitte eine ganze Zahl als Lösungsvorschlag eingeben:")
    z = input()

    try:
        zahl = int(z)
    except:
        print("Sie haben keine ganze Zahl eingegeben")
        continue

    if zahl == c:
        print(zahl, "ist richtig")
    else:
        print(zahl, "ist falsch")

print("Ergebnis:", c)
print("Anzahl der Versuche:", versuch)
```

Listing 3.36 Datei »spiel_ausnahme.py«

Es wird die folgende Ausgabe erzeugt:

```
Die Aufgabe: 8 + 3
Bitte eine ganze Zahl als Lösungsvorschlag eingeben:
12
12 ist falsch
Bitte eine ganze Zahl als Lösungsvorschlag eingeben:
11a
Sie haben keine ganze Zahl eingegeben
Bitte eine ganze Zahl als Lösungsvorschlag eingeben:
```

```
11
11 ist richtig
Ergebnis: 11
Anzahl der Versuche: 3
```

Die Umwandlung der Eingabe steht in einem `try-except`-Block. Gelingt die Umwandlung aufgrund einer falschen Eingabe nicht, erscheint eine entsprechende Meldung. Der Rest der Schleife wird übergangen, und die nächste Eingabe wird unmittelbar angefordert.

3.7 Funktionen und Module

Die Modularisierung, also die Zerlegung eines Programms in Funktionen, bietet besonders bei größeren Programmen unübersehbare Vorteile:

- Mehrfach benötigte Programmteile werden nur einmal definiert.
- Programmteile können in mehreren Programmen verwendet werden.
- Umfangreiche Programme werden in übersichtliche Teile zerlegt.
- Pflege und Wartung von Programmen werden erleichtert.
- Der Programmcode ist sowohl während der Erst-Entwicklung als auch bei einer späteren Verbesserung für alle Beteiligten leichter zu verstehen.

Neben den eigenen Funktionen gibt es in Python zahlreiche vordefinierte Funktionen, die zur Entwicklungszeit viel Arbeit abnehmen. Sie sind entweder eingebaut oder über die Einbindung spezieller Module verfügbar.

Sie setzen zum Beispiel bereits die eingebaute Funktion `input()` ein. Jede Funktion hat eine spezielle Aufgabe. So hält die Funktion `input()` das Programm an und nimmt eine Eingabe entgegen.

Viele Funktionen haben einen sogenannten *Rückgabewert*. Sie liefern ein Ergebnis an die Stelle des Programms zurück, von der sie aufgerufen werden. Im Fall von `input()` ist das die eingegebene Zeichenkette.

Hinweis

Falls Sie bereits mit einer anderen Programmiersprache gearbeitet haben: Funktionen können in Python nicht überladen werden. Definieren Sie eine Funktion mehrfach, gegebenenfalls mit unterschiedlichen Parametern, so gilt nur die jeweils letzte Definition.

3.7.1 Einfache Funktionen

Einfache Funktionen führen bei ihrem Aufruf stets die gleiche Aktion aus. Im folgenden Beispiel führt jeder Aufruf der Funktion stern() dazu, dass eine optische Trennung auf dem Bildschirm ausgegeben wird:

```
# Definition der Funktion
def stern():
    print("-----------------")
    print("*** Trennung ****")
    print("-----------------")

# Programm
x = 12
y = 5
stern()                          # 1. Aufruf
print("x =", x, ", y =", y)
stern()                          # 2. Aufruf
print("x + y =", x + y)
stern()                          # 3. Aufruf
print("x - y =", x - y)
stern()                          # 4. Aufruf
```

Listing 3.37 Datei »funktion_einfach.py«

Die Ausgabe sehen Sie in Abbildung 3.1.

Zunächst wird die Funktion stern() definiert. Nach dem Schlüsselwort def folgen der Name der Funktion, anschließend runde Klammern und der bereits bekannte Doppelpunkt. Innerhalb der Klammern könnten Werte an die Funktion übergeben werden. Dazu mehr ab Abschnitt 3.7.2, »Funktionen mit einem Parameter«. Die nachfolgenden eingerückten Anweisungen werden jedes Mal durchgeführt, wenn die Funktion aufgerufen wird.

Eine Funktion wird zunächst nur definiert und steht zum späteren Gebrauch bereit. Das Beispielprogramm enthält einige Berechnungen und Ausgaben. Mithilfe der vier Aufrufe der Funktion stern() werden die Ausgaben optisch voneinander getrennt. Nach Bearbeitung der Funktion fährt das Programm jeweils mit der Anweisung fort, die dem Aufruf der Funktion folgt.

Eine Funktion wird aufgerufen, indem Sie ihren Namen, gefolgt von runden Klammern, notieren. Möchten Sie Informationen an die Funktion übergeben, notieren Sie sie innerhalb der runden Klammern.

```
-----------------
*** Trennung ****
-----------------
x = 12 , y = 5
-----------------
*** Trennung ****
-----------------
x + y = 17
-----------------
*** Trennung ****
-----------------
x - y = 7
-----------------
*** Trennung ****
-----------------
```

Abbildung 3.1 Einfache Funktionen

Den Namen einer Funktion können Sie weitgehend frei wählen – es gelten die gleichen Regeln wie bei den Namen von Variablen, siehe auch Abschnitt 2.1.6: Der Name kann aus den Buchstaben »a« bis »z«, »A« bis »Z«, aus Ziffern und dem Zeichen _ (Unterstrich) bestehen. Er darf nicht mit einer Ziffer beginnen und keinem reservierten Wort in Python entsprechen.

3.7.2 Funktionen mit einem Parameter

Bei dem Aufruf einer Funktion können auch Informationen übermittelt werden, sogenannte *Parameter*. Diese Parameter werden innerhalb der Funktion ausgewertet und führen bei unterschiedlichen Werten zu unterschiedlichen Ergebnissen. Ein Beispiel:

```
# Definition der Funktion
def quadrat(x):
    q = x*x
    print(f"Zahl: {x}, Quadrat: {q}")

# Programm
quadrat(4.5)
a = 3
quadrat(a)
quadrat(2*a)
```

Listing 3.38 Datei »parameter.py«

Die Ausgabe lautet:

```
Zahl: 4.5, Quadrat: 20.25
Zahl: 3, Quadrat: 9
Zahl: 6, Quadrat: 36
```

Die Definition der Funktion `quadrat()` enthält eine Variable innerhalb der Klammern. Beim Aufruf wird ein Wert an die Funktion übermittelt und dieser Variablen zugewiesen. Hier sind das die folgenden Werte:

- Die Zahl 4,5 – die Variable `x` erhält in der Funktion den Wert `4.5`.
- Der Wert der Variablen `a` – die Variable `x` erhält in der Funktion den aktuellen Wert von `a`, nämlich 3.
- Das Ergebnis einer Berechnung – die Variable `x` erhält in der Funktion den aktuellen Wert von `2 * a`, also 6.

Hinweis

Diese Funktion erwartet genau einen Wert. Sie darf also nicht ohne einen Wert oder mit mehr als einem Wert aufgerufen werden, sonst bricht das Programm mit einer Fehlermeldung ab.

3.7.3 Übungsaufgabe

Übung »u_parameter«

Es soll wiederum die Steuer für verschiedene Gehälter berechnet werden (Datei *u_parameter.py*). Liegt das Gehalt über 2.500 Euro, sind 22 % Steuern zu zahlen, ansonsten 18 %. Die Berechnung und die Ausgabe der Steuer sollen diesmal innerhalb einer Funktion mit dem Namen `steuer()` stattfinden. Die Funktion soll für die folgenden Gehälter aufgerufen werden: 1.800 Euro, 2.200 Euro, 2.500 Euro, 2.900 Euro.

3.7.4 Funktionen mit mehreren Parametern

Sie können einer Funktion auch mehrere Parameter übermitteln. Dabei ist auf die übereinstimmende Anzahl und die richtige Reihenfolge der Parameter zu achten. Ein Beispiel:

```
# Definition der Funktion
def berechnung(x,y,z):
    ergebnis = (x+y) * z
    print("Ergebnis:", ergebnis)

# Programm
berechnung(2,3,5)
berechnung(5,2,3)
```

Listing 3.39 Datei »parameter_mehrere.py«

Die Ausgabe lautet:

```
Ergebnis: 25
Ergebnis: 21
```

Es werden genau drei Parameter erwartet, bei beiden Aufrufen werden auch drei Werte übermittelt. Wie Sie am Ergebnis erkennen, ist die Reihenfolge der Parameter wichtig:

- Beim ersten Aufruf erhält x den Wert 2, y den Wert 3 und z den Wert 5. Dies ergibt die Rechnung: (2 + 3) * 5 = 25.
- Beim zweiten Aufruf werden dieselben Zahlen übergeben, aber in anderer Reihenfolge. Es ergibt sich die Rechnung: (5 + 2) * 3 = 21.

3.7.5 Funktionen mit Rückgabewert

Funktionen werden häufig zur Berechnung und Rücklieferung von Ergebnissen eingesetzt. Im Programm wird dieser sogenannte *Rückgabewert* entweder in einer Variablen gespeichert oder unmittelbar ausgegeben.

In Python können Funktionen mehr als einen Rückgabewert liefern, siehe Abschnitt 5.6.4. In diesem Abschnitt werden wir aber zunächst nur Funktionen betrachten, die genau einen Rückgabewert zur Verfügung stellen.

Nachfolgend wird eine solche Funktion definiert und mehrmals aufgerufen.

```
# Definition der Funktion
def mittelwert(x,y):
    ergebnis = (x+y) / 2
    return ergebnis

# Programm
c = mittelwert(3, 9)
print("Mittelwert:", c)

x = 5
print("Mittelwert:", mittelwert(x,4))

y = -5.1
z = 2.8
print(f"Mittelwert: {mittelwert(y,z)}")
```

Listing 3.40 Datei »rueckgabe_wert.py«

Diese Ausgabe wird erzeugt:

```
Mittelwert: 6.0
Mittelwert: 4.5
Mittelwert: -1.15
```

Innerhalb der Funktion wird zunächst das Ergebnis berechnet. Es wird anschließend mithilfe der Anweisung `return` an die aufrufende Stelle zurückgeliefert. Die Anweisung `return` beendet außerdem unmittelbar den Ablauf der Funktion.

Beim ersten Aufruf der Funktion `mittelwert()` wird der Rückgabewert in der Variablen `c` zwischengespeichert. Er kann im weiteren Verlauf des Programms an beliebiger Stelle verwendet werden.

Beim zweiten Aufruf werden mehrere Aktionen durchgeführt: Die Funktion `mittelwert()` wird aufgerufen und liefert ein Ergebnis. Das Ergebnis wird unmittelbar ausgegeben.

Anhand des dritten Aufrufs sehen Sie, dass der Aufruf einer Funktion mithilfe eines String-Literals in eine Zeichenkette eingebettet werden kann. Ausgegeben wird der Wert des Ausdrucks in den geschweiften Klammern, also der Rückgabewert der Funktion.

3.7.6 Spiel, Version mit Funktionen

Die nachfolgende Version des Kopfrechenspiels umfasst zwei Funktionen. Sie dienen zur Ermittlung der Aufgabe und zur Bewertung der Eingabe:

```
# Funktion aufgabe()
def aufgabe():
    a = random.randint(1,10)
    b = random.randint(1,10)
    print(f"Die Aufgabe: {a} + {b}")
    return a + b

# Funktion kommentar()
def kommentar(eingabezahl, ergebnis):
    if eingabezahl == ergebnis:
        print(eingabezahl, "ist richtig")
    else:
        print(eingabezahl, "ist falsch")
```

```
# Programm
import random
random.seed()
c = aufgabe()
zahl = c + 1
versuch = 0

while zahl != c:
    versuch = versuch + 1
    print("Bitte Lösungsvorschlag eingeben:")
    z = input()
    try:
        zahl = int(z)
    except:
        print("Sie haben keine ganze Zahl eingegeben")
        continue
    kommentar(zahl,c)

print("Ergebnis:", c)
print("Anzahl der Versuche:", versuch)
```

Listing 3.41 Datei »spiel_funktion.py«

In der Funktion `aufgabe()` werden die beiden Zufallszahlen ermittelt, und die Aufgabe wird auf dem Bildschirm ausgegeben. Mithilfe von `return` können Sie auch das Ergebnis eines berechneten Ausdrucks (hier: das Ergebnis der Aufgabe) als Rückgabewert zurückliefern.

Der Funktion `kommentar()` werden zwei Zahlen als Parameter übermittelt: der eingegebene Lösungsvorschlag und das richtige Ergebnis. Innerhalb der Funktion wird die eingegebene Lösung untersucht, und ein entsprechender Kommentar wird ausgegeben. Die Funktion hat keinen Rückgabewert.

3.7.7 Übungsaufgaben

Übung »u_rueckgabe_wert«

Schreiben Sie das Programm aus Übung »u_parameter« um. Die Steuer soll innerhalb der Funktion `steuer()` berechnet und an das Hauptprogramm zurückgeliefert werden. Die Ausgabe des Werts soll im Hauptprogramm stattfinden (Datei *u_rueckgabe_wert.py*).

Übung »u_bedingt«

Schreiben Sie das Programm aus Übung »u_rueckgabe_wert« um. Die Verzweigung in der Funktion wird mithilfe eines bedingten Ausdrucks erstellt. Dessen Ergebnis wird unmittelbar mithilfe von `return` zurückgeliefert. Die Funktion enthält damit nur noch eine Anweisung (Datei *u_bedingt.py*).

3.8 Typhinweise

Seit Python 3.5 können Sie mithilfe von Typhinweisen (englisch: *type hints*) angeben, welchen Datentyp die Parameter und der Rückgabewert einer Funktion haben sollen.

Seit Python 3.6 können Sie generell Variablen einen Datentyp mithilfe von Typhinweisen zuordnen. Die Regeln für Typhinweise werden seit ihrer Einführung mit jeder Python-Version verfeinert. Auch in Python 3.12 sind einige Erweiterungen hinzugekommen.

Typhinweise können die Lesbarkeit des Codes verbessern. Einige Programme und Entwicklungsumgebungen können Typprüfungen durchführen. Bei diesen Prüfungen führen falsche Typzuordnungen zu Fehlermeldungen. Diese Meldungen erleichtern es, etwaige Fehler bereits zur Entwicklungszeit eines Programms zu finden.

Hinweis

Typhinweise sind in Teilen der Entwicklergemeinde von Python umstritten. Nach wie vor gilt für Python eine wichtige Grundregel: »Python wird eine dynamisch typisierte Sprache bleiben.«

Im Folgenden gehe ich davon aus, dass Sie eines der beiden Typprüfungsprogramme *pyright* (unter Windows) oder *mypy* (unter Ubuntu Linux und macOS) nutzen. Sie lassen sich wie folgt installieren, siehe auch Abschnitt A.1:

- unter Windows: `pip install pyright`
- unter Ubuntu Linux: `sudo apt install mypy`
- unter macOS: `pip install mypy`

3.8.1 Variablen und Typprüfungen

Beim nachfolgenden Programm werden Typhinweise genutzt:

```
a:int = 42
print("Wert:", a, "Typ:", type(a))

b:float = 42.5
print("Wert:", b, "Typ:", type(b))

c:str = "Hallo"
print("Wert:", c, "Typ:", type(c))

d:bool = True
print("Wert:", d, "Typ:", type(d))

a = 4.5
b = 4
c = False
d = "abc"
```

Listing 3.42 Datei »typhinweise_variable.py«

Der gewünschte Typ einer Variablen folgt nach ihrem Namen und einem Doppelpunkt. Die vier Variablen unterschiedlichen Typs werden zusammen mit ihrem Typ ausgegeben.

Die vier Zuweisungen am Ende des Programms ändern den Typ der verschiedenen Variablen. Dies führt dank der dynamischen Typisierung von Python nicht zu einem Fehler.

Die Ausgabe des Programms sieht wie folgt aus:

```
Wert: 42 Typ: <class 'int'>
Wert: 42.5 Typ: <class 'float'>
Wert: Hallo Typ: <class 'str'>
Wert: True Typ: <class 'bool'>
```

Das Programm soll nun mithilfe eines der Typprüfer *pyright* bzw. *mypy* untersucht werden. In Abschnitt 2.3.2 und in Abschnitt 2.3.3 habe ich beschrieben, wie Sie zur Kommandozeile bzw. zum Terminal gelangen. Führen Sie den zugehörigen Aufruf aus, siehe auch Abbildung 3.2:

```
pyright typhinweise_variable.py
```

bzw.

```
mypy typhinweise_variable.py
```

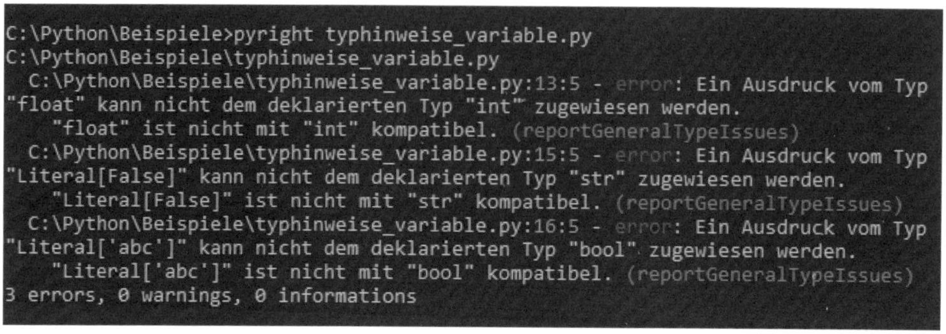

Abbildung 3.2 Falscher Typ bei Zuweisung

Es werden drei Fehler aufgrund von falschen Typzuordnungen gemeldet. Nur die Zuweisung `b = 4` führt nicht zu einem Fehler, da der ganzzahlige Wert 4 automatisch in einen `float`-Wert umgewandelt wird.

3.8.2 Funktionen und Typprüfungen

Unabhängig von Python gibt es im Bereich der Programmiersprachen den Begriff *generische Funktion*. Dabei handelt es sich um eine Funktion, die für Objekte unterschiedlichen Datentyps ausgeführt werden kann, aber zu einem ähnlichen Ergebnis führt.

In vielen anderen Programmiersprachen benötigt eine generische Funktion eine besondere Form der Definition. In der dynamisch typisierten Sprache Python ist zunächst jede Funktion generisch, da die Parameter ihren Typ erst beim Aufruf der Funktion erhalten. Der weitere Ablauf der Funktion sollte zu den verschiedenen möglichen Datentypen passen.

Mithilfe von Typhinweisen lassen sich auch die Typen der Parameter und des Rückgabewerts einer Funktion prüfen.

Es folgt die erste Version eines Beispielprogramms:

```
def addieren(x, y):
    z = x + y
    return z

print("int:", addieren(12, 5))
print("float:", addieren(5.2, 7.1))
print("str:", addieren("Düssel", "dorf"))
```

Listing 3.43 Datei »typhinweise_funktion.py«, Version 1

Bei der Funktion addieren() handelt es sich um eine generische Funktion. Sie kann ihre Aufgabe für verschiedene Typen von Parametern und Rückgabewerten durchführen.

Zunächst wird die Summe von zwei int-Werten bzw. von zwei float-Werten ermittelt und zurückgeliefert. Anschließend wird das Ergebnis einer Verkettung von zwei str-Werten zurückgeliefert.

Die Ausgabe sieht wie folgt aus:

```
int: 17
float: 12.3
str: Düsseldorf
```

In einer zweiten Version des Programms werden Typhinweise für Parameter und Rückgabewert genutzt:

```
def addieren(x:float, y:float) -> float:
    z = x + y
    return z

print("int:", addieren(12, 5))
print("float:", addieren(5.2, 7.1))
print("str:", addieren("Düssel", "dorf"))
```

Listing 3.44 Datei »typhinweise_funktion.py«, Version 2

Der gewünschte Typ eines Parameters folgt nach seinem Namen und einem Doppelpunkt. Der gewünschte Typ des Rückgabewerts folgt nach dem Operator ->. Hier sollen die beiden Parameter und der Rückgabewert den Typ float haben.

Nur der Kopf der Funktion wurde geändert. Der Aufruf des Programms führt zum selben Ergebnis wie zuvor. Die Typprüfung für dieses Programm ergibt allerdings die Fehlermeldung aus Abbildung 3.3; die Funktion darf nicht mit zwei str-Werten aufgerufen werden.

```
C:\Python\Beispiele>pyright typhinweise_funktion.py
C:\Python\Beispiele\typhinweise_funktion.py
  C:\Python\Beispiele\typhinweise_funktion.py:8:24 - error: Ein Argument vom Typ "L
iteral['Düssel']" kann dem Parameter "x" vom Typ "float" in der Funktion "addieren"
 nicht zugewiesen werden.
    "Literal['Düssel']" ist nicht mit "float" kompatibel. (reportGeneralTypeIssues)

  C:\Python\Beispiele\typhinweise_funktion.py:8:34 - error: Ein Argument vom Typ "L
iteral['dorf']" kann dem Parameter "y" vom Typ "float" in der Funktion "addieren" n
icht zugewiesen werden.
    "Literal['dorf']" ist nicht mit "float" kompatibel. (reportGeneralTypeIssues)2
errors, 0 warnings, 0 informations
```

Abbildung 3.3 Falscher Typ der Parameter

3.9 Das fertige Spiel

Zum Abschluss des Programmierkurses erweitern wir das Kopfrechenspiel noch etwas – dabei nutzen wir viele der Programmiermittel, die Ihnen inzwischen zur Verfügung stehen. Die Erweiterungen:

- Es werden bis zu zehn Aufgaben nacheinander gestellt. Die Anzahl kann während der Benutzung des Programms selbst bestimmt werden.
- Zusätzlich zur Addition kommen die weiteren Grundrechenarten zum Einsatz: Subtraktion, Multiplikation und Division.
- Die Bereiche, aus denen die zufälligen Zahlen gewählt werden, hängen von der Rechenart ab. Bei der Multiplikation wird zum Beispiel mit kleineren Zahlen gerechnet als bei der Addition.
- Es stehen maximal drei Versuche pro Aufgabe zur Verfügung.
- Die Anzahl der richtig gelösten Aufgaben wird ermittelt.

Die einzelnen Abschnitte des Programms sind nummeriert. Diese Nummern finden sich in der Erläuterung wieder. In späteren Kapiteln kommen weitere Ergänzungen hinzu. Es folgt das Programm:

```
# 1: Zufallsgenerator
import random
random.seed()

# 2: Anzahl Aufgaben
anzahl = -1
while anzahl<1 or anzahl>10:
    try:
        print("Wie viele Aufgaben (1 bis 10):")
        anzahl = int(input())
    except:
        continue

# 3: Anzahl richtige Ergebnisse
richtig = 0

# 4: Schleife mit gewünschter Anzahl an Aufgaben
for aufgabe in range(1,anzahl+1):
```

```
# 5: Operatorauswahl
opzahl = random.randint(1,4)

# 6: Operandenauswahl
if opzahl == 1:
    a = random.randint(-10,30)
    b = random.randint(-10,30)
    op = "+"
    c = a + b
elif opzahl == 2:
    a = random.randint(1,30)
    b = random.randint(1,30)
    op = "-"
    c = a - b
elif opzahl == 3:
    a = random.randint(1,10)
    b = random.randint(1,10)
    op = "*"
    c = a * b

# 7: Sonderfall Division
elif opzahl == 4:
    c = random.randint(1,10)
    b = random.randint(1,10)
    op = "/"
    a = c * b

# 8: Aufgabenstellung
print(f"Aufgabe {aufgabe} von {anzahl}: {a} {op} {b}")

# 9: Schleife mit 3 Versuchen
for versuch in range(1,4):
    # 10: Eingabe
    try:
        print("Bitte Lösungsvorschlag eingeben:")
        zahl = int(input())
    except:
        # Umwandlung war nicht erfolgreich
        print("Sie haben keine ganze Zahl eingegeben")
        # Schleife unmittelbar fortsetzen
        continue
```

```
        # 11: Kommentar
        if zahl == c:
            print(zahl, "ist richtig")
            richtig = richtig + 1
            break
        else:
            print(zahl, "ist falsch")

    # 12: Richtiges Ergebnis der Aufgabe
    print("Ergebnis:", c)

# 13: Anzahl richtige Ergebnisse
print(f"Richtig: {richtig} von {anzahl}")
```

Listing 3.45 Datei »spiel_fertig.py«

Es wird die folgende Ausgabe erzeugt:

```
Wie viele Aufgaben (1 bis 10):
2
Aufgabe 1 von 2: 26 + 18
Bitte Lösungsvorschlag eingeben:
44
44 ist richtig
Ergebnis: 44
Aufgabe 2 von 2: 27 - 2
Bitte Lösungsvorschlag eingeben:
24
24 ist falsch
Bitte Lösungsvorschlag eingeben:
23
23 ist falsch
Bitte Lösungsvorschlag eingeben:
22
22 ist falsch
Ergebnis: 25
Richtig: 1 von 2
```

Nach der Initialisierung des Zufallsgenerators (1) wird die gewünschte Anzahl der Aufgaben eingelesen (2). Da während der Benutzung ein Eingabefehler gemacht werden könnte, findet eine Ausnahmebehandlung statt. Der Zähler für die Anzahl der richtig gelösten Aufgaben (`richtig`) wird auf `0` gestellt (3). Es wird eine äußere `for`-Schleife mit der gewünschten Anzahl gestartet (4).

Der Operator wird per Zufallsgenerator ermittelt (5). Für jeden Operator gibt es andere Bereiche, aus denen die Zahlen ausgewählt werden (6). Der Operator selbst und das Ergebnis werden gespeichert.

Eine Besonderheit ist bei der Division zu beachten (7): Es sollen nur ganze Zahlen vorkommen. Die beiden zufälligen Operanden (`a` und `b`) werden daher aus dem Ergebnis einer Multiplikation ermittelt.

Die Aufgabe wird gestellt (8). Dabei werden zur besseren Orientierung auch die laufende Nummer und die Gesamtanzahl der Aufgaben ausgegeben. Es wird eine innere `for`-Schleife für maximal drei Versuche gestartet (9).

Die Eingaben während der Benutzung (10) werden kommentiert (11). Nach maximal drei Versuchen wird das richtige Ergebnis ausgegeben (12). Zuletzt wird die Anzahl der richtig gelösten Aufgaben ausgegeben (13).

Kapitel 4
Datentypen

In Python werden alle Daten in Objekten gespeichert. Dieses Kapitel beschäftigt sich mit den Eigenschaften und Vorteilen der verschiedenen Datentypen für die Objekte. Operationen, Funktionen und Operatoren für die jeweiligen Datentypen werden vorgestellt. Ein eigener Abschnitt über Objektreferenzen und Objektidentität vervollständigt die Betrachtung. Es geht zunächst um Zahlen. Anschließend folgen Strings (= Zeichenketten), Listen, Tupel, Dictionarys und Sets. Gemeinsamkeiten und Unterschiede der Datentypen werden erläutert.

4.1 Zahlen

Ganze Zahlen, Zahlen mit Nachkommastellen, Brüche und Operationen mit Zahlen sind Thema dieses Abschnitts. Es gibt einige eingebaute Funktionen für Zahlen. Das Modul `math` enthält eine Reihe von mathematischen Funktionen zur Durchführung von Berechnungen.

4.1.1 Ganze Zahlen

Als Datentyp für ganze Zahlen dient `int` (von englisch *integer* für ganzzahlig). Mit Zahlen dieses Typs wird mathematisch genau gearbeitet.

Üblicherweise wird das dezimale Zahlensystem mit der Basis 10 benutzt. Außerdem stehen in Python die folgenden Zahlensysteme zur Verfügung:

- das duale Zahlensystem (mit der Basis 2)
- das oktale Zahlensystem (mit der Basis 8)
- das hexadezimale Zahlensystem (mit der Basis 16)

Ein Beispiel:

```
a = 27
print("Dezimal:", a)
print("Hexadezimal:", hex(a))
```

```
print("Oktal:", oct(a))
print("Dual:", bin(a))

b = 0x1a + 12 + 0b101 + 0o67
print("Summe:", b)
```

Listing 4.1 Datei »zahl_ganz.py«

Folgende Ausgabe wird erzeugt:

```
Dezimal: 27
Hexadezimal: 0x1b
Oktal: 0o33
Dual: 0b11011
Summe: 98
```

Die dezimale Zahl 27 wird in die drei anderen Zahlensysteme umgerechnet und ausgegeben.

Die Funktion `hex()` dient zur Umrechnung der Zahl in das hexadezimale System. Dieses System nutzt neben den Ziffern 0 bis 9 die Buchstaben »a« bis »f« (oder auch »A« bis »F«) als Ziffern für die Werte von 10 bis 15. Die Zahl 0x1b entspricht dem folgenden Wert:

$1 \times 16^1 + B \times 16^0 = 1 \times 16^1 + 11 \times 16^0 = 16 + 11 = 27$

Zur Umrechnung der Zahl in das oktale System dient die Funktion `oct()`. Das oktale System nutzt nur die Ziffern 0 bis 7. Die Zahl 0o33 entspricht dem folgenden Wert:

$3 \times 8^1 + 3 \times 8^0 = 24 + 3 = 27$

Die Funktion `bin()` dient zur Umrechnung der Zahl in das duale (oder binäre) System. Dieses System nutzt nur die Ziffern 0 und 1. Die Zahl 0b11011 entspricht dem folgenden Wert:

$1 \times 2^4 + 1 \times 2^3 + 0 \times 2^2 + 1 \times 2^1 + 1 \times 2^0 = 16 + 8 + 2 + 1 = 27$

Sie können auch direkt mit Zahlen in anderen Zahlensystemen rechnen. Die Berechnung der Variablen `b` ergibt:

0x1a + 12 + 0b101 + 0o67 =

$(1 \times 16^1 + A \times 16^0) + (12) + (1 \times 2^2 + 0 \times 2^1 + 1 \times 2^0) + (6 \times 8^1 + 7 \times 8^0) =$

$(16 + 10) + (12) + (4 + 1) + (48 + 7) = 98$

Bei der Eingabe oder Zuweisung muss das Präfix `0x`, `0b` bzw. `0o` vor den weiteren Ziffern stehen, damit das zugehörige Zahlensystem erkannt wird.

Zahlen setzen sich auf der niedrigsten Ebene aus Bits und Bytes zusammen. In Abschnitt 4.1.9, »Bitoperatoren«, werden Sie noch ein wenig intensiver mit Dualzahlen, der Funktion `bin()` und den sogenannten *Bitoperatoren* arbeiten, die Ihnen den Zugriff auf Bitebene erleichtern.

4.1.2 Zahlen mit Nachkommastellen

Der Datentyp für Zahlen mit Nachkommastellen heißt `float`. Diese sogenannten *Fließkommazahlen* werden mithilfe eines Dezimalpunkts und gegebenenfalls in Exponentialschreibweise angegeben.

Dazu ein kleines Beispiel:

```
a = 7.5
b = 2e2
c = 3.5E3
d = 4.2e-3
e = 1_250_000.500_001

print(a, b, c, d, e)
```

Listing 4.2 Datei »zahl_nachkomma.py«

Die Ausgabe lautet:

```
7.5 200.0 3500.0 0.0042 1250000.500001
```

Die Variable `a` erhält den Wert `7.5`. Die Nachkommastellen folgen nach dem Dezimalpunkt. Dies gilt auch für die Eingabe einer Zahl mit Nachkommastellen mithilfe der Funktion `input()`. Die Variable `b` erhält den Wert 200 (= $2 \times 10^2 = 2 \times 100$). Die Variable `c` erhält den Wert 3.500 (= $3{,}5 \times 10^3 = 3{,}5 \times 1.000$), die Variable `d` den Wert 0,0042 (= $4{,}2 \times 10^{-3} = 4{,}2 \times 0{,}001$).

Bei der Zuweisung in Exponentialschreibweise wird mithilfe des Zeichens »e« (oder »E«) ausgedrückt, um wie viele Stellen und in welche Richtung der Dezimalpunkt innerhalb der Zahl verschoben wird. Diese Schreibweise eignet sich zum Beispiel für sehr große oder sehr kleine Zahlen, da sie die Eingabe vieler Nullen erspart.

Seit Python 3.6 können Sie einen Unterstrich benutzen, um Zahlen mit vielen Ziffern lesbarer zu machen. Es bietet sich an, ihn nach jeder dritten Ziffer einzufügen, wie es bei der Variablen `e` gemacht wurde.

4.1.3 Exponentialoperator **

Der Exponentialoperator ** dient zur Berechnung von Potenzen, also von Ausdrücken der Form *Basis hoch Exponent*. Es folgen einige Beispiele:

```
z = 5 ** 3
print("5 hoch 3 =", z)
z = -5.2 ** -3.8
print("-5.2 hoch -3.8 =", z)
z = 9 ** 0.5
print("Quadratwurzel aus 9 = 9 hoch 1/2 =", z)
z = 27 ** (1.0/3.0)
print("Kubikwurzel aus 27 = 27 hoch 1/3 =", z)
```

Listing 4.3 Datei »zahl_hoch.py«

Es wird die folgende Ausgabe erzeugt:

```
5 hoch 3 = 125
-5.2 hoch -3.8 = -0.0019018983172844654
Quadratwurzel aus 9 = 9 hoch 1/2 = 3.0
Kubikwurzel aus 27 = 27 hoch 1/3 = 3.0
```

Sowohl bei der Basis als auch beim Exponenten kann es sich um positive oder negative ganze Zahlen oder Zahlen mit Nachkommastellen handeln. Mithilfe des Exponentialoperators lassen sich zum Beispiel auch Quadratwurzeln und Kubikwurzeln berechnen.

4.1.4 Rundung und Konvertierung

Die eingebaute Funktion `round()` dient zur Rundung einer Zahl auf eine beliebige Stellenzahl vor oder nach dem Komma. Im Unterschied dazu schneidet die bereits bekannte Funktion `int()` die Nachkommastellen einer Zahl ab. Einige Beispiele:

```
x = 1.499999
print("x:", round(x))
x = 1.500000
print("x:", round(x))
print()

x = 12/7
print("x:", x)
print("Gerundet auf sechs Stellen nach dem Komma:", round(x,6))
```

```
print("Gerundet auf null Stellen:", round(x))
print("int(x):", int(x))
print()

x = 12e6/7
print("x:", x)
print("Gerundet auf drei Stellen vor dem Komma:", round(x,-3))
print("Gerundet auf null Stellen:", round(x))
print("int(x):", int(x))
```

Listing 4.4 Datei »zahl_runden.py«

Es wird abgerundet bis `1.499999` und aufgerundet ab `1.500000`.

Das Ergebnis der Division `12 / 7` wird auf drei Arten umgewandelt:

- Mithilfe der eingebauten Funktion `round()` wird das Ergebnis auf sechs Stellen nach dem Komma gerundet.
- Mit der gleichen Funktion wird das Ergebnis auf die nächsthöhere bzw. nächstniedrigere ganze Zahl gerundet.
- Mithilfe der eingebauten Funktion `int()` wird das Ergebnis in eine ganze Zahl umgewandelt.

Das Gleiche geschieht mit dem Ergebnis der Division `12000000 / 7`:

- Mit `round()` wird das Ergebnis auf drei Stellen vor dem Komma gerundet.
- Mit der gleichen Funktion wird das Ergebnis auf die nächsthöhere bzw. nächstniedrigere ganze Zahl gerundet.
- Mit `int()` wird das Ergebnis in eine ganze Zahl umgewandelt.

Es wird folgende Ausgabe erzeugt:

```
x: 1
x: 2

x: 1.7142857142857142
Gerundet auf sechs Stellen nach dem Komma: 1.714286
Gerundet auf null Stellen: 2
int(x): 1

x: 1714285.7142857143
```

```
Gerundet auf drei Stellen vor dem Komma: 1714000.0
Gerundet auf null Stellen: 1714286
int(x): 1714285
```

4.1.5 Winkelfunktionen

Im Modul `math` finden Sie unter anderem die Winkelfunktionen `sin()`, `cos()` und `tan()` und die inversen Winkelfunktionen `asin()`, `acos()` und `atan()`.

Ein Beispielprogramm:

```
import math

x = 30
xbm = math.radians(x)
print(f"Sinus {x} Grad: {math.sin(xbm)}")
print(f"Kosinus {x} Grad: {math.cos(xbm)}")
print(f"Tangens {x} Grad: {math.tan(xbm)}")

z = 0.5
print(f"Arkussinus {z} in Grad: {math.degrees(math.asin(z))}")
z = 0.866
print(f"Arkuskosinus {z} in Grad: {math.degrees(math.acos(z))}")
z = 0.577
print(f"Arkustangens {z} in Grad: {math.degrees(math.atan(z))}")
```

Listing 4.5 Datei »zahl_winkel.py«

Es wird die folgende Ausgabe erzeugt:

```
Sinus 30 Grad: 0.49999999999999994
Kosinus 30 Grad: 0.8660254037844387
Tangens 30 Grad: 0.5773502691896257
Arkussinus 0.5 in Grad: 30.000000000000004
Arkuskosinus 0.866 in Grad: 30.002910931188026
Arkustangens 0.577 in Grad: 29.984946007397852
```

Nach dem Import des Moduls `math` werden zunächst der Sinus, der Kosinus und der Tangens des Winkels 30 Grad berechnet. Alle Funktionen erwarten einen Winkel im Bogenmaß. Daher findet zuvor eine Umwandlung von Grad in Bogenmaß mithilfe der Funktion `radians()` statt.

Anschließend werden der Arkussinus, der Arkuskosinus und der Arkustangens von bestimmten Werten berechnet. Die Funktionen liefern einen Winkel im Bogenmaß. Dieser wird mithilfe der Funktion degrees() in Grad umgerechnet.

4.1.6 Weitere mathematische Funktionen

Ebenfalls im Modul math finden Sie eine Reihe von Funktionen und Konstanten. Ein Beispielprogramm:

```
import math

print("Quadratwurzel von 64:", math.sqrt(64))
print("Kubikwurzel von -27:", math.cbrt(-27))
print("Ganzzahlige Quadratwurzel von 80:", math.isqrt(80))
print()

print("Natürlicher Logarithmus von 33:", math.log(33))
print("e hoch 3.5:", math.exp(3.5))
print("2 hoch 10:", math.exp2(10))
print()

print("10er-Logarithmus von 0.001:", math.log10(0.001))
print("10 ** -3:", 10 ** -3)
print()

print("Kreiszahl pi:", math.pi)
print("Eulersche Zahl e:", math.e)
print()

t1 = 3, 2, 5
t2 = 2, 4, 3
print("Produkt:", math.prod(t1))
print("Summe der Produkte:", math.sumprod(t1, t2))

print("Fakultät von 5:", math.factorial(5))
print("Größter gem. Teiler von 60 und 135:", math.gcd(60, 135))
print("Rest:", math.remainder(10.9, 2.5))
print("Rest:", math.remainder(11.9, 2.5))
print()
```

```
if not math.isclose(3, 2.96, rel_tol=0.01):
    print("Nicht nahe dran")

if math.isclose(3, 2.97, rel_tol=0.01):
    print("Nahe dran")
```

Listing 4.6 Datei »zahl_rechner.py«

Es wird die folgende Ausgabe erzeugt:

```
Quadratwurzel von 64: 8.0
Kubikwurzel von 27: -3.0
Ganzzahlige Quadratwurzel von 80: 8

Natürlicher Logarithmus von 33: 3.4965075614664802
e hoch 3.5: 33.11545195869231
2 hoch 10: 1024.0

10er-Logarithmus von 0.001: -3.0
10 ** -3: 0.001

Kreiszahl pi: 3.141592653589793
Eulersche Zahl e: 2.718281828459045

Produkt: 30
Summe der Produkte: 29
Fakultät von 5: 120
Größter gem. Teiler von 60 und 135: 15
Rest: 0.9000000000000004
Rest: -0.5999999999999996

Nicht nahe dran
Nahe dran
```

Die mathematische Quadratwurzel einer positiven Zahl kann mithilfe der Funktion `sqrt()` berechnet werden. Seit Python 3.11. lässt sich mithilfe der Funktion `cbrt()` die kubische Wurzel, also die dritte Wurzel, aus einer Zahl berechnen. Seit Python 3.8 können Sie mithilfe der Funktion `isqrt()` die ganzzahlige Quadratwurzel einer Zahl berechnen. Das ist der größte ganzzahlige Wert, der kleiner ist als die mathematische Quadratwurzel einer Zahl.

Die Funktion `log()` berechnet den natürlichen Logarithmus einer positiven Zahl zur Basis e. Die Funktion `exp()` ermittelt das mathematisch Umgekehrte: den Wert von e^x. Seit Python 3.11. lässt sich mithilfe der Funktion `exp2()` der Wert von 2^x ermitteln.

Die Funktion `log10()` berechnet den Logarithmus einer positiven Zahl zur Basis 10. Anschließend wird das mathematisch Umgekehrte berechnet, und zwar der Wert von 10^x.

Zudem gibt es die mathematischen Konstanten `pi` und `e`.

Seit Python 3.8 lässt sich mithilfe der Funktion `prod()` das Produkt der Elemente eines Iterables ermitteln, hier eines Tupels. Hier wird gerechnet: `3 x 2 x 5 = 30`. Seit Python 3.12 können Sie mithilfe der Funktion `sumprod()` die Summe der Produkte derjenigen Elementpaare von zwei Iterables berechnen, die an derselben Position stehen. Hier wird gerechnet: `3 x 2 + 2 x 4 + 5 x 3 = 29`. Mehr zum Thema »Tupel« finden Sie in Abschnitt 4.4, »Tupel«.

Der Wert der Fakultät darf mathematisch nur von positiven ganzen Zahlen berechnet werden. Dazu dient die Funktion `factorial()`.

Seit Python 3.5 gibt es die Funktion `gcd()`. Sie ermittelt den größten gemeinsamen Teiler (GGT, englisch: *greatest common divisor*) zweier ganzer Zahlen. Das ist die größte Zahl, durch die sich die beiden Zahlen ohne Rest teilen lassen.

Seit Python 3.7 lässt sich mithilfe der Funktion `remainder()` der Rest einer Division gemäß dem IEEE-754-Standard berechnen. Dabei handelt es sich um die Differenz zur nächsten ganzen Zahl. Was bedeutet das? Im vorliegenden Beispiel werden `10.9` bzw. `11.9` durch `2.5` geteilt. Das mathematische Ergebnis liegt jeweils zwischen den beiden ganzen Zahlen `4` (`4 x 2.5 = 10`) und `5` (`5 x 2.5 = 12.5`). Im Fall von `10.9` liegt der Wert `10` näher, daher liefert die Funktion `remainder()` den Wert `0.9` (`= 10.9 – 10`). Im Fall von `11.9` liegt der Wert `12.5` näher, daher liefert die Funktion `remainder()` den Wert `-0.6` (`= 11.9 - 12.5`).

Seit Python 3.5 können Sie mithilfe der Funktion `isclose()` feststellen, ob zwei Zahlen einander nahe sind. Die Nähe von zwei Zahlen wird mithilfe einer relativen Toleranz festgelegt, hier `0.01`. Das bedeutet, dass sich die beiden Zahlen um maximal 1 % unterscheiden. Sie können einen von zwei benannten Parametern nutzen. Neben `rel_tol` gibt es auch `abs_tol` für die Messung mit einer absoluten Toleranz. Mehr zu benannten Parametern in Abschnitt 5.6.2.

4.1.7 Genauere Zahlen mit Nachkommastellen

In den restlichen Unterabschnitten von Abschnitt 4.1 behandele ich spezielle Themen zu Zahlen: genauere Zahlen mit Nachkommastellen, komplexe Zahlen, Bitoperatoren und Brüche. Sie können sie zunächst übergehen und bei Bedarf nachschlagen.

Die Klasse `Decimal` aus dem Modul `decimal` bietet Ihnen die Möglichkeit, mit Zahlen zu rechnen, die auf eine größere Anzahl von Nachkommastellen genau sind. Dabei müssen Sie auf einige Besonderheiten achten.

Zunächst ein Beispielprogramm:

```
import decimal

a = 10 / 7
print("float-Wert:  ", a)
a = decimal.Decimal(10) / 7
print("Decimal-Wert:", a)
print("Typ:", type(a))
print()

print("Ganze Zahlen:", a + 2 * 3 - (12 - 2) // 2)
print("Zahlen mit Nachkommastellen:", a + decimal.Decimal(2.5))
print("Division:", a + decimal.Decimal(4 / 2))
print()

a = decimal.Decimal(24)
print("Wert von a:", a)
print("Quadratwurzel von a:", a.sqrt())
print()

print("Natürlicher Logarithmus von a:", a.ln())
print("e hoch 3.178:", decimal.Decimal(3.178).exp())
print()

print("10er-Logarithmus von a:", a.log10())
print("Umdrehung:", 10 ** decimal.Decimal(1.38))
```

Listing 4.7 Datei »zahl_decimal.py«

Zunächst die Ausgabe des Programms:

```
float-Wert:   1.4285714285714286
Decimal-Wert: 1.428571428571428571428571429
Typ: <class 'decimal.Decimal'>

Ganze Zahlen: 2.428571428571428571428571429
Zahlen mit Nachkommastellen: 3.928571428571428571428571429
Division: 3.428571428571428571428571429
```

```
Wert von a: 24
Quadratwurzel von a: 4.898979485566356196394568149

Natürlicher Logarithmus von a: 3.178053830347945619646941601
e hoch 3.178: 23.99870810642115598337164669

10er-Logarithmus von a: 1.380211241711606022936244587
Umdrehung: 23.99999999999999999999999998
```


Es wird das Modul `decimal` importiert, damit die Klasse `Decimal` zur Verfügung steht. Bei `Decimal()` handelt es sich um den Konstruktor der Klasse `Decimal`. Er bietet verschiedene Möglichkeiten, ein Objekt der Klasse `Decimal` zu erzeugen, und liefert eine Referenz auf dieses Objekt zurück.

Hier wird ein `Decimal`-Objekt mit dem ganzzahligen Wert 10 erzeugt. Anschließend wird es durch den ganzzahligen Wert 7 geteilt. Das Ergebnis ist wesentlich genauer als die `float`-Division von 10 / 7.

`Decimal`-Objekte, ganze Zahlen und Klammern können innerhalb eines Ausdrucks gemeinsam verarbeitet werden, solange die beteiligten Operatoren ganzzahlige Ergebnisse erzeugen. Das ist bei den Operatoren zur Addition, Subtraktion, Multiplikation und ganzzahligen Division der Fall.

Sind Zahlen mit Nachkommastellen oder Ergebnisse von Divisionen beteiligt, müssen sie zunächst in `Decimal`-Objekte umgewandelt werden.

Für `Decimal`-Objekte können unter anderem die folgenden Methoden aufgerufen werden:

- `sqrt()` für die Quadratwurzel
- `ln()` für den natürlichen Logarithmus zur Basis e
- `exp()` für den Wert von e^x
- `log10()` für den Logarithmus zur Basis 10

Außerdem kann mithilfe des Operators ** potenziert werden.

Hinweis

Eine Methode ist eine Funktion, die nur für Objekte einer bestimmten Klasse aufgerufen werden kann. Klassen, Instanzen, Eigenschaften, Methoden, Konstruktoren und andere Begriffe aus dem Bereich der objektorientierten Programmierung werde ich in Kapitel 6, »Objektorientierte Programmierung«, genauer erläutern.

4.1.8 Komplexe Zahlen

Sie haben in Python die Möglichkeit, komplexe Zahlen zu speichern und mit ihnen zu rechnen. Die mathematischen Grundlagen zum Verständnis von komplexen Zahlen sind nicht Thema dieses Buchs. Informationen finden Sie zum Beispiel unter *https://de.wikipedia.org/wiki/Komplexe_Zahl*.

Ein Beispiel dazu:

```
a = 2.5 - 4.2j
print(f"a = {a}, Typ: {type(a)}")
print(f"Realteil: {a.real}, Imaginärteil: {a.imag}")
print("Betrag:", abs(a))
print("Konjugiert komplex:", a.conjugate())
print()

b = 3.7j
print("b =", b)
print(f"Realteil: {b.real}, Imaginärteil: {b.imag}")
print("Betrag:", abs(b))
print()
...
```

Listing 4.8 Datei »zahl_complex.py«, Teil 1 von 2

Es folgt die Ausgabe des ersten Programmteils:

```
a = (2.5-4.2j) Typ: <class 'complex'>
Realteil: 2.5, Imaginärteil: -4.2
Betrag: 4.887739763939975
Konjugiert komplex: (2.5+4.2j)

b = 3.7j
Realteil: 0.0 Imaginärteil: 3.7
Betrag: 3.7
```

Durch die Zuweisung einer komplexen Zahl wird `a` zu einem Objekt der Klasse `complex`. Eine komplexe Zahl setzt sich aus einem Real- und einem Imaginärteil zusammen. Der Imaginärteil wird durch das Zeichen »j« (oder auch »J«) gekennzeichnet. Wird nur ein Imaginärteil zugewiesen, wird der Realteil auf 0 gesetzt. Komplexe Zahlen werden in runden Klammern ausgegeben. Ausnahme: Es wurde nur ein Imaginärteil zugewiesen.

Die Eigenschaften `real` und `imag` stellen die jeweiligen Teile der komplexen Zahl zur Verfügung. Die Funktion `abs()` liefert den Betrag der komplexen Zahl. Die Methode `conjugate()` liefert die konjugiert komplexe Zahl, also die komplexe Zahl mit geändertem Vorzeichen.

In einem String-Literal können mithilfe von geschweiften Klammern Objekte (hier: `a`), Eigenschaften von Objekten (hier: `a.real` und `a.imag`) oder Funktionsaufrufe (hier: `type(a)`) eingebettet werden.

Der zweite Teil des Programms:

```
...
print("a + b =", a + b)
print("a - b =", a - b)
print("a * b =", a * b)
print("a / b =", a / b)
print("a ** 2.5 =", a ** 2.5)
print("5.1 + a / 3.2j * 2.8 =", 5.1 + a / 3.2j * 2.8)
print()

c = 2.5 - 4.2j
print("c =", c)
print("a == c:", a == c)
print("b != c:", b != c)
print()

c = 1j
print("c =", c)
print("c * c =", c * c)
```

Listing 4.9 Datei »zahl_complex.py«, Teil 2 von 2

Es folgt die Ausgabe des zweiten Programmteils:

```
a + b = (2.5-0.5j)
a - b = (2.5-7.9j)
a * b = (15.540000000000001+9.25j)
a / b = (-1.135135135135135-0.6756756756756757j)
a ** 2.5 = (-44.83645966023058-27.915620445612213j)
5.1 + a / 3.2j * 2.8 = (1.4249999999999998-2.1875j)
```

```
c = (2.5-4.2j)
a == c: True
b != c: True

c = 1j
c * c = (-1+0j)
```

Sie können gemäß den zugehörigen mathematischen Regeln mithilfe der Operatoren +, -, *, / und ** mit komplexen Zahlen rechnen. Es können auch gemischte Ausdrücke berechnet werden, die neben den komplexen Zahlen auch reelle Zahlen enthalten. Zum Vergleich von komplexen Zahlen können nur die beiden Operatoren == und != genutzt werden. Das Quadrat der komplexen Zahl j, also 0 + 1j, entspricht –1.

4.1.9 Bitoperatoren

Sämtliche Daten, ob nun Zahlen oder Zeichenketten, setzen sich auf der Hardwareebene aus Bits und Bytes zusammen. Auf dieser Ebene können Sie mit Dualzahlen (siehe auch Abschnitt 4.1.1, »Ganze Zahlen«), der Funktion bin() und den sogenannten *Bitoperatoren* arbeiten. Ein Beispiel dazu:

```
# Nur 1 Bit gesetzt
bit0 = 1            # 0000 0001
bit3 = 8            # 0000 1000
print(bin(bit0), bin(bit3))

# Bitweises AND
a = 5               # 0000 0101
erg = a & bit0      # 0000 0001
if erg:
    print(a, "ist ungerade")

# Bitweises OR
erg = 0             # 0000 0000
erg = erg | bit0    # 0000 0001
erg = erg | bit3    # 0000 1001
print("Bits nacheinander gesetzt:", erg, bin(erg))

# Bitweises Exclusive-OR
a = 21              # 0001 0101
b = 19              # 0001 0011
```

```
erg = a ^ b          # 0000 0110
print("Ungleiche Bits:", erg, bin(erg))

# Bitweise Inversion, aus x wird -(x+1)
a = 11               # 0000 1011
erg = ~a             # 1111 0100
print("Bitweise Inversion:", erg, bin(erg))

# Bitweise schieben
a = 11               # 0000 1011
erg = a >> 1         # 0000 0101
print("Um 1 nach rechts geschoben:", erg, bin(erg))
erg = a << 2         # 0010 1100
print("Um 2 nach links geschoben:", erg, bin(erg))
```

Listing 4.10 Datei »operator_bit.py«

Es folgt die Ausgabe:

```
0b1 0b1000
5 ist ungerade
Bits nacheinander gesetzt: 9 0b1001
Ungleiche Bits: 6 0b110
Bitweise Inversion: -12 -0b1100
Um 1 nach rechts geschoben: 5 0b101
Um 2 nach links geschoben: 44 0b101100
```

Zunächst werden die beiden Variablen `bit0` und `bit3` eingeführt, die bei einigen der nachfolgenden Berechnungen benötigt werden. Sie haben die Werte 1 und 8. Am Ende der Programmzeile sehen Sie sie als Dualzahl, also mithilfe von 8 Bit (= 1 Byte) notiert. Das letzte Bit eines Bytes wird Bit 0 genannt, das vorletzte Bit ist Bit 1 usw. Die Werte der beiden Variablen `bit0` und `bit3` sind so gewählt, dass jeweils nur ein Bit gesetzt ist (= 1), die restlichen Bits sind nicht gesetzt (= 0).

Sie können sich auch eine Reihe von acht Leuchtdioden vorstellen, die entweder *an* oder *aus* sind. Diese Information kann innerhalb eines Bytes gespeichert werden. Ist eines seiner Bits gesetzt, ist die betreffende LED *an*, ansonsten *aus*. Zur Verdeutlichung werden die beiden Variablen `bit0` und `bit3` mithilfe der Funktion `bin()` als Dualzahl ausgegeben.

Sie können den Bitoperator `&` zur bitweisen Und-Verknüpfung zweier Zahlen nutzen. Ähnlich wie beim logischen Operator `and` (siehe Abschnitt 3.3.8) wird ein bestimmtes Bit im Ergebnis nur gesetzt, falls dieses Bit in beiden Zahlen gesetzt ist. Diese Operation wird für jedes einzelne Bit durchgeführt.

Möchten Sie wissen, ob ein bestimmtes Bit innerhalb einer Zahl gesetzt ist, verknüpfen Sie diese Zahl mithilfe des Bitoperators `&` mit einer anderen Zahl, in der nur dieses eine gesuchte Bit gesetzt ist. Handelt es sich um das Bit 0, wissen Sie darüber hinaus, ob die Zahl gerade (Bit 0 = 0) oder ungerade (Bit 0 = 1) ist.

Der Bitoperator `|` dient zur bitweisen Oder-Verknüpfung zweier Zahlen. Das Zeichen für diesen Operator erreichen Sie mithilfe der Taste `Alt Gr`, die sich rechts neben dem Leerzeichen befindet. Ähnlich wie beim logischen Operator `or` (siehe ebenfalls Abschnitt 3.3.8) wird ein bestimmtes Bit im Ergebnis gesetzt, falls dieses Bit in einer der beiden Zahlen oder in beiden Zahlen gesetzt ist. Diese Operation wird auch für jedes einzelne Bit durchgeführt.

Möchten Sie ein einzelnes Bit einer Zahl setzen, verknüpfen Sie diese Zahl mithilfe des Bitoperators `|` mit einer anderen Zahl, in der nur dieses eine gesuchte Bit gesetzt ist.

Der Bitoperator `^` dient zur bitweisen Exklusiv-Oder-Verknüpfung zweier Zahlen. Ein bestimmtes Bit im Ergebnis wird gesetzt, falls dieses Bit nur in einer der beiden Zahlen gesetzt ist. Ist das Bit in beiden Zahlen gesetzt, wird das Ergebnisbit nicht gesetzt. Diese Operation wird ebenfalls für jedes einzelne Bit durchgeführt.

Sie können den Bitoperator `~` zur bitweisen Inversion einer Zahl nutzen. Dabei wird aus der Zahl `x` die Zahl `-(x+1)`, aus 11 wird also –12.

Die beiden Bitoperatoren `>>` und `<<` dienen zum Schieben von Bits innerhalb einer Zahl:

- Mithilfe von `>>` werden alle Bits um eine bestimmte Anzahl von Stellen nach rechts geschoben. Die Bits, die dabei nach rechts »hinausfallen«, sind verloren. Eine Verschiebung um n Bit nach rechts entspricht einer ganzzahligen Division durch 2^n. Eine Verschiebung um 1 Bit nach rechts entspricht also einer ganzzahligen Division durch 2.
- Mithilfe von `<<` werden alle Bits um eine bestimmte Anzahl von Stellen nach links geschoben. Eine Verschiebung um n Bit nach links entspricht einer Multiplikation mit 2^n. Eine Verschiebung um 1 Bit nach links entspricht also einer Multiplikation mit 2.

4.1.10 Brüche

Python kann mit Brüchen rechnen bzw. Informationen über Brüche zur Verfügung stellen. Zu diesem Zweck wird die Klasse `Fraction` aus dem Modul `fractions` (deutsch: Brüche) genutzt.

Es folgt ein Beispielprogramm, in dem einige Berechnungen mit Brüchen gemäß den Regeln der mathematischen Bruchrechnung durchgeführt werden, siehe *https://de.wikipedia.org/wiki/Bruchrechnung*. Am Ende folgen einige Vergleiche zwischen Brüchen:

```
import fractions

b1 = fractions.Fraction(3, -2)
b2 = fractions.Fraction(1, 4)

b3 = b1 * b2
print(f"{b1} * {b2} = {b3}")
print(f"{b1} / {b2} = {b1 / b2}")
print(f"{b1} + {b2} = {b1 + b2}")
print(f"{b1} - {b2} = {b1 - b2}")
print(f"{b1} + {b2} * {b3}= {b1 + b2 * b3}")
print(f"({b1} + {b2}) * {b3}= {(b1 + b2) * b3}")

b4 = fractions.Fraction(-30, 20)
print(f"{b1} == {b4}: {b1 == b4}")
print(f"{b2} > {b4}: {b2 > b4}")
print(f"{b2} < {b4}: {b2 < b4}")
```

Listing 4.11 Datei »zahl_bruch_rechnen.py«

Ein Bruch wird mithilfe von zwei ganzen Zahlen als Zähler und Nenner erstellt und mit einem Forwardslash als Bruchstrich dargestellt.

Die Funktion `Fraction()` aus dem Modul `fractions` bietet verschiedene Möglichkeiten, einen Bruch zu erstellen, genauer gesagt ein `Fraction`-Objekt. Bei `Fraction()` handelt es sich um den Konstruktor der Klasse `Fraction`. Damit wird ein Objekt der Klasse erzeugt und eine Referenz auf dieses Objekt zurückgeliefert.

`Fraction`-Objekte werden bei ihrer Erzeugung automatisch gekürzt. Besitzt der Bruch genau ein negatives Vorzeichen im Zähler oder im Nenner, wird es vor den Zähler gesetzt. Besitzt der Bruch zwei negative Vorzeichen, wird der Bruch mit –1 multipliziert, und die negativen Vorzeichen verschwinden.

Die Ausgabe des Programms:

```
-3/2 * 1/4 = -3/8
-3/2 / 1/4 = -6
-3/2 + 1/4 = -5/4
-3/2 - 1/4 = -7/4
```

```
-3/2 + 1/4 * -3/8= -51/32
(-3/2 + 1/4) * -3/8= 15/32
-3/2 == -3/2: True
1/4 > -3/2: True
1/4 < -3/2: False
```

Im nachfolgenden Programm werden einige Eigenschaften und Methoden des `Fraction`-Objekts verdeutlicht:

```
import fractions

b1 = fractions.Fraction(12, 28)
print("Fraction-Objekt:", b1, type(b1))
print(f"Zähler: {b1.numerator}, Nenner: {b1.denominator}")
print(f"Wert: {b1:.12f}")
print()

x = 2.375
print("Zahl:", x)
b2 = fractions.Fraction(x)
print("Fraction-Objekt:", b2)
print()

b3 = fractions.Fraction("350_000 /280_000")
print("Aus String:", b3)
print("Ganzzahlig:", b3.is_integer())
print(f"Formatiert: {b3:.3f}")
```

Listing 4.12 Datei »zahl_bruch_objekt.py«

Die Ausgabe lautet:

```
Fraction-Objekt: 3/7 <class 'fractions.Fraction'>
Zähler: 3, Nenner: 7
Wert: 0.428571428571

Zahl: 2.375
Fraction-Objekt: 19/8

Aus String: 5/4
Ganzzahlig: False
Formatiert: 1.250
```

Zähler und Nenner des Bruchs stehen in den Eigenschaften `numerator` und `denominator` einzeln zur Verfügung. Seit Python 3.12 kann ein Bruch mithilfe eines formatierten String-Literals ausgegeben werden. Hier wird der Wert des Bruchs mit 12 Nachkommastellen dargestellt. Mehr zur Formatierung von Zahlen in Abschnitt 5.2.2.

Ein Bruch kann aus einer Zahl mit Nachkommastellen erstellt werden. Damit wird aus der Zahl `2.375` das `Fraction`-Object `19/8`.

Ein Bruch kann aus einer Zeichenkette erstellt werden, die zwei ganze Zahlen enthält, die mit einem Forwardslash voneinander getrennt sind. Die Zeichenkette kann seit Python 3.12 Leerzeichen enthalten. Seit Python 3.11 können die beiden Zahlen mithilfe von Unterstrichen lesbarer gemacht werden, siehe auch Abschnitt 4.1.2.

Seit Python 3.12 gibt es die Methode `is_integer()`. Sie liefert die Information, ob der Wert eines Bruchs ganzzahlig ist. Im nachfolgenden Programm wird ein Bruch dazu genutzt, eine Zahl mit Nachkommastellen zu approximieren, also anzunähern. Dazu dient die Methode `limit_denominator()`. Das Programm:

```
import fractions

x = 1.84953
print("Zahl:", x)

b3 = fractions.Fraction(x)
print("Fraction-Objekt:", b3)

b4 = b3.limit_denominator(100)
print("Approximiert auf Nenner max. 100:", b4)

wert = b4.numerator / b4.denominator
print("Wert:", wert)
print("rel. Fehler:", abs((x-wert)/x))
```

Listing 4.13 Datei »zahl_bruch_naehern.py«

Die Ausgabe:

```
Zahl: 1.84953
Fraction-Objekt: 8329542618810553/4503599627370496
Approximiert auf Nenner max. 100: 172/93
Wert: 1.8494623655913978
rel. Fehler: 3.656843014286614e-05
```

Es wird die Zahl 1,84953 untersucht. Sie entspricht dem Bruch 184953/100000. Mithilfe der Methode `limit_denominator()` wird der Nenner auf die Zahl 100 begrenzt. Das bedeutet, dass derjenige Bruch gesucht wird, der einen Nenner mit dem maximalen Wert 100 hat und der Zahl 1,84953 am nächsten kommt.

Im vorliegenden Fall ist das der Bruch 172/93. Er hat den Wert 1,8494623655913978 und kommt der ursprünglichen Zahl recht nahe. Der relative Fehler zwischen diesem Wert und der untersuchten Zahl beträgt nur $3{,}65684301429 \times 10^{-5}$.

Der relative Fehler wird mithilfe der eingebauten Funktion `abs()` zur Berechnung des Betrags ermittelt. Beim *Betrag* handelt es sich um den Absolutwert einer Zahl, also der Zahl ohne das Vorzeichen.

Sollten Sie die Methode `gcd()` zur Ermittlung des größten gemeinsamen Teilers vermissen: Seit Python 3.5 gehört sie als Funktion zum Modul `math` (siehe Abschnitt 4.1.6) und wird im Modul `fractions` als *deprecated* (deutsch etwa: veraltet, ungültig) bezeichnet.

4.2 Zeichenketten

Zeichenketten sind Sequenzen von einzelnen Zeichen. Auch andere Datentypen gehören zu den Sequenzen. Anhand von Zeichenketten folgt eine Einführung in die Sequenzen.

4.2.1 Eigenschaften

Zeichenketten sind Objekte des Typs `str`. Sie werden in einfache, doppelte oder dreifache doppelte Hochkommata gesetzt. Mithilfe einer `for`-Schleife können Sie auf die Elemente einer Zeichenkette zugreifen.

Ein Beispiel:

```
ta = "Das"
print("Text:", ta)
print("Typ:", type(ta))
print("Anzahl der Zeichen:", len(ta))
for z in ta:
    print(z)
for i in range(len(ta)):
    print(f"{i}: {ta[i]}")

tb = 'Auch das ist eine Zeichenkette'
print(tb)
```

```
tc = """Diese Zeichenkette
        steht in
        mehreren Zeilen"""
print(tc)

td = 'Hier sind "doppelte Hochkommata" gespeichert'
print(td)
```

Listing 4.14 Datei »text_eigenschaft.py«

Es wird die folgende Ausgabe erzeugt:

```
Text: Das
Typ: <class 'str'>
Anzahl der Zeichen: 3
D
a
s
0: D
1: a
2: s
Auch das ist eine Zeichenkette
Diese Zeichenkette
        steht in
        mehreren Zeilen
Hier sind "doppelte Hochkommata" gespeichert
```

Für die Zeichenkette `ta` wird mithilfe der Funktion `type()` der Datentyp und mithilfe der Funktion `len()` die Anzahl der Elemente ausgegeben, also die Länge der Zeichenkette.

Eine Zeichenkette ist ein Iterable, das aus einzelnen Elementen besteht. Mithilfe der ersten `for`-Schleife wird hier auf die Elemente zugegriffen.

Die laufende Nummer eines Elements wird mit *Index* bezeichnet. Auf das Element mit dem gewünschten Index können Sie mithilfe der rechteckigen Klammern `[` und `]` zugreifen. Diese erreichen Sie mithilfe der Taste `Alt Gr` rechts neben dem Leerzeichen, unter macOS gegebenenfalls mit `Alt` + `5` und `Alt` + `6`.

Hier geschieht dies in der zweiten `for`-Schleife. Sie wird mithilfe der Schleifenvariablen `i` durchlaufen, die nacheinander die Werte von 0 bis (Länge der Zeichenkette) –1 annimmt. Es werden also nacheinander die Elemente `tx[0]`, `tx[1]` ... ausgegeben, bis zum Element `tx[Länge-1]`.

Die Zeichenkette tb wird in einfachen Hochkommata angegeben. Die Zeichenkette tc erstreckt sich über mehrere Zeilen. Zu diesem Zweck wird sie in dreifachen doppelten Hochkommata notiert.

Die Zeichenkette td verdeutlicht den Vorteil, den das Vorhandensein mehrerer Alternativen bietet: Die doppelten Hochkommata sind hier Bestandteil des Texts und werden auch ausgegeben.

4.2.2 Operatoren

Der Operator + dient zur Verkettung mehrerer Sequenzen, der Operator * zur Vervielfachung einer Sequenz. Mithilfe des Operators in stellen Sie fest, ob ein bestimmtes Element in einer Sequenz enthalten ist. Der Operator not in stellt das Umgekehrte fest. Betrachten Sie das folgende Beispiel für diese Operatoren, angewendet für Strings:

```
kreis = "-oooo-"
stern = "***"
linie = stern + kreis * 3 + stern
print(linie)

tx = "Hallo"
print("Text:", tx)
if "a" in tx:
    print("a ist enthalten")
if "z" not in tx:
    print("z ist nicht enthalten")
```

Listing 4.15 Datei »text_operator.py«

Die Ausgabe lautet:

```
***-oooo--oooo--oooo-***
Text: Hallo
a ist enthalten
z ist nicht enthalten
```

Die Zeichenkette linie wird mithilfe des Verkettungsoperators + und des Vervielfachungsoperators * zusammengesetzt. Der Text "-oooo-" wird dabei dreimal hintereinander in linie gespeichert.

4.2.3 Slices

Bereiche von Sequenzen werden als *Slices* bezeichnet. Den Einsatz von Slices verdeutliche ich am Beispiel eines Strings. Auf die gleiche Art und Weise sind Slices auch auf andere Sequenzen anwendbar.

Als Beispiel für eine Sequenz wird die Zeichenkette `Hallo` gespeichert. Tabelle 4.1 stellt die einzelnen Elemente mit dem zugehörigen Index dar. Der Index beginnt am Anfang der Sequenz bei 0. Alternativ können Sie auch einen negativen Index nutzen; er beginnt am Ende der Sequenz mit –1.

Index	0	1	2	3	4	5	6	7	8	9
Element	H	a	l	l	o		W	e	l	t
Negativer Index	–10	–9	–8	–7	–6	–5	–4	–3	–2	–1

Tabelle 4.1 Sequenz mit Index

Ein Slice wird, wie ein einzelnes Element, mithilfe von rechteckigen Klammern angegeben. Er kann mit einem Start-Index beginnen, gefolgt von einem Doppelpunkt und einem End-Index. Ein Beispiel:

```
tx = "Hallo Welt"
print("Text:", tx)

print("[2:7]:", tx[2:7])
print("[:7]:", tx[:7])
print("[2:]:", tx[2:])
print("[:]:", tx[:])
print("[1]:", tx[1])
print("[1:-2]:", tx[1:-2])
print()

print("[2:7:2]:", tx[2:7:2])
s = slice(2, 7, 2)
print("[2:7:2]:", tx[s])
a = 2
b = 7
print("[2:7:2]:", tx[a:b:a])
```

Listing 4.16 Datei »text_slice.py«

Es wird die folgende Ausgabe erzeugt:

```
Text: Hallo Welt
[2:7]: llo W
[:7]: Hallo W
[2:]: llo Welt
[:]: Hallo Welt
[1]: a
[1:-2]: allo We

[2:7:2]: loW
[2:7:2]: loW
[2:7:2]: loW
```

Die Erläuterung der verschiedenen Slices:

- Slice `[2:7]`: Der Bereich erstreckt sich von dem Element, das durch den Start-Index gekennzeichnet wird, bis direkt vor das Element, das durch den End-Index gekennzeichnet wird.
- Slice `[:7]`: Wird der Start-Index weggelassen, beginnt der Bereich bei `0`.
- Slice `[2:]`: Wird der End-Index weggelassen, endet der Bereich am Ende der Sequenz.
- Slice `[:]`: Werden beide Indizes weggelassen, erstreckt sich der Bereich über die gesamte Sequenz. Eine solche Angabe wird zur Zerlegung von mehrdimensionalen Sequenzen benötigt.
- Slice `[1]`: Wird nur ein Index angegeben, ergibt sich kein Slice, sondern nur ein einzelnes Element.
- Slice `[1:-2]`: Wird ein Index mit einer negativen Zahl angegeben, wird für diesen Index vom Ende aus gemessen, beginnend bei –1.
- Slice `[2:7:2]`: Nach dem Start-Index und dem End-Index kann eine Schrittweite angegeben werden, mit der die einzelnen Elemente für den Slice zusammengestellt werden.
- Die eingebaute Funktion `slice()` liefert ein `slice`-Objekt. Dieses Objekt kann zur Ermittlung eines Slice einer Sequenz genutzt werden.
- Start-Index, End-Index und Schrittweite können mithilfe von Variablen angegeben werden.

Ein Slice einer Sequenz hat denselben Datentyp wie die Sequenz: Ein Slice einer Zeichenkette ist eine Zeichenkette, ein Slice einer Liste ist eine Liste.

4.2.4 Änderbarkeit

Anhand des nachfolgenden Beispiels sehen Sie, dass eine Zeichenkette nicht veränderbar ist. Es können keine Zeichen oder Slices durch andere Zeichen oder Slices ersetzt werden:

```
tx = "Das ist ein Text"
print(tx)

try:
    tx[4:6] = "war"
except:
    print("Fehler")

tx = tx[:4] + "war" + tx[7:]
print(tx)
```

Listing 4.17 Datei »text_aenderbarkeit.py«

Die Ausgabe lautet:

```
Das ist ein Text
Fehler
Das war ein Text
```

Es wird versucht, einen Teil der Zeichenkette durch einen Slice zu ersetzen. Das endet in einem Fehler.

Die einzige Möglichkeit zur Änderung einer Variablen, die eine Zeichenkette enthält, ist die Zuweisung einer neuen Zeichenkette an dieselbe Variable. Die neue Zeichenkette kann aus Teilen der alten Zeichenkette zusammengesetzt werden.

4.2.5 Suchen und Ersetzen

Anhand des folgenden Beispiels werden einige Methoden zum Suchen und Ersetzen in Texten verdeutlicht:

```
tx = "Das ist ein Beispielsatz"
print("Text:", tx)

such = "ei"
print("Suchtext:", such)
print()
```

```
anz = tx.count(such)
print(f"count: Der String {such} kommt {anz} mal vor")

pos = tx.find(such)
while pos != -1:
    print("An Position", pos)
    pos = tx.find(such, pos+1)

pos = tx.rfind(such)
if pos != -1:
    print("rfind: Zum letzten Mal an Position", pos)
print()

if tx.startswith("Das"):
    print("Text beginnt mit Das")
if not tx.endswith("Das"):
    print("Text endet nicht mit Das")

tx = tx.replace("ist", "war")
print("Nach Ersetzen:", tx)

z = 48.2
tx = str(z)
tx = tx.replace(".", ",")
print("Zahl mit Komma:", tx)
```

Listing 4.18 Datei »text_suchen.py«

Folgende Ausgabe wird erzeugt:

```
Text: Das ist ein Beispielsatz
Suchtext: ei

count: Der String ei kommt 2 mal vor
An Position 8
An Position 13
rfind: Zum letzten Mal an Position 13

Text beginnt mit Das
Text endet nicht mit Das
Nach Ersetzen: Das war ein Beispielsatz
Zahl mit Komma: 48,2
```

Die Methode `count()` ergibt die Anzahl der Vorkommen eines Suchtexts innerhalb des analysierten Texts.

Die Methode `find()` liefert die Position, an der ein Suchtext in einem analysierten Text vorkommt. Kommt der Suchtext nicht vor, wird `-1` geliefert.

Sie können bei der Methode `find()` optional einen zweiten Parameter angeben, der die Position bestimmt, ab der gesucht werden soll. Das können Sie nutzen, um mithilfe einer `while`-Schleife alle Vorkommen eines Suchtexts zu finden. Die Bedingung der Schleife lautet: »solange das Element in der (restlichen) Liste vorkommt«. Beim ersten Mal wird mit dieser Bedingung die gesamte Liste geprüft. Danach wird nur noch derjenige Teil der Liste geprüft, der nach der letzten gefundenen Position liegt.

Die Methode `rfind()` ergibt die Position des letzten Vorkommens des Suchtexts innerhalb des analysierten Texts.

Mithilfe der Methoden `startswith()` und `endswith()` untersuchen Sie, ob eine Zeichenkette mit einem bestimmten Text beginnt oder endet. Beide Methoden liefern einen Wahrheitswert, daher kann der Rückgabewert zur Steuerung der Verzweigung genutzt werden.

Die Methode `replace()` ersetzt einen gesuchten Teiltext durch einen anderen und liefert den geänderten Text zur erneuten Zuweisung zurück.

Die eingebaute Funktion `str()` erstellt eine Zeichenkette aus einem Objekt. Das können Sie zum Beispiel nutzen, um eine Zahl mit einem Dezimalkomma auszugeben, indem Sie die Zahl zunächst in eine Zeichenkette umwandeln und anschließend den Dezimalpunkt mithilfe der Methode `replace()` durch ein Komma ersetzen.

4.2.6 Leerzeichen entfernen

Am Anfang oder am Ende eines Texts können sich Leerzeichen, Tabulatorzeichen (`\t`) oder Zeilenende-Zeichen (`\n`) befinden, zum Beispiel nach dem Einlesen eines Texts aus einer Datei. Diese Zeichen können mithilfe der Methode `strip()` entfernt werden. Ein Beispiel:

```
tx = "   \tHallo Welt\n\t   "
print(f"|{tx}|")
print(f"|{tx.strip()}|")
```

Listing 4.19 Datei »text_leerzeichen.py«

Zur Verdeutlichung wird zusätzlich das Zeichen | vor und nach dem Text ausgegeben. Die Ausgabe des Programms sehen Sie in Abbildung 4.1.

```
|       Hallo Welt
              |
|Hallo Welt|
```

Abbildung 4.1 Löschen von Zeichen am Anfang und am Ende des Textes

4.2.7 Text zerlegen

Die Methode `split()` dient zum Zerlegen eines Texts in eine Liste von Teiltexten. Das nachfolgende Beispiel zeigt zwei Anwendungen:

```
tx = "Das ist ein Satz"
print("Text:", tx)
liste = tx.split()
for i in range(0, len(liste)):
    print("Element:", i, liste[i])
print()

tx = "Maier;Hans;6714;3.500,00;15.03.62"
print("Text:", tx)
liste = tx.split(";")
for i in range(0, len(liste)):
    print("Element:", i, liste[i])
```

Listing 4.20 Datei »text_zerlegen.py«

Die Ausgabe lautet:

```
Text: Das ist ein Satz
Element: 0 Das
Element: 1 ist
Element: 2 ein
Element: 3 Satz

Text: Maier;Hans;6714;3.500,00;15.03.62
Element: 0 Maier
Element: 1 Hans
Element: 2 6714
Element: 3 3.500,00
Element: 4 15.03.62
```

Bei der Methode split() wird standardmäßig das Leerzeichen als Trennzeichen angesehen.

Die eingebaute Funktion len() liefert auch für eine Liste die Anzahl der Elemente. Mehr Informationen zu Listen gibt es in Abschnitt 4.3, »Listen«.

Die einzelnen Teile eines Datensatzes werden häufig mit einem Semikolon voneinander getrennt. Dieses Zeichen können Sie als Parameter der Methode split() verwenden, um den Datensatz in einzelne Elemente aufzuteilen.

4.2.8 Konstanten

Das Modul string stellt einige nützliche Zeichenketten-Konstanten bereit, zum Beispiel alle Buchstaben, alle Ziffern oder alle Interpunktionszeichen, wie Sie in folgendem Programm sehen:

```
import string
print("Klein:", string.ascii_lowercase)
print("Groß:", string.ascii_uppercase)
print("Buchstaben:", string.ascii_letters)
print("Ziffern:", string.digits)
print("Interpunktionszeichen:", string.punctuation)
```

Listing 4.21 Datei »text_konstanten.py«

Diese Konstanten können zum Beispiel für eine zufällige Auswahl von Zeichen für ein Passwort dienen, siehe Abschnitt 5.4.

Eigenschaften und Methoden für Zeichenketten stehen in Python standardmäßig zur Verfügung. Zur Nutzung der Konstanten des Moduls string muss dieses importiert werden.

Die Ausgabe sieht wie folgt aus:

```
Klein: abcdefghijklmnopqrstuvwxyz
Groß: ABCDEFGHIJKLMNOPQRSTUVWXYZ
Buchstaben: abcdefghijklmnopqrstuvwxyzABCDEFGHIJKLMNOPQRSTUVWXYZ
Ziffern: 0123456789
Interpunktionszeichen: !"#$%&'()*+,-./:;<=>?@[\]^_`{|}~
```

4.2.9 Datentyp »bytes«

Beim Datentyp bytes handelt es sich um ein spezielles Thema. Sie können es zunächst übergehen und bei Bedarf nachschlagen.

Die bisher behandelten Zeichenketten sind Objekte des Typs str. Sie werden aus dem umfangreichen Zeichensatz der Unicode-Zeichen gebildet.

Objekte des seltener genutzten Typs bytes werden aus einem kleineren Zeichensatz gebildet. Ihr Zeichencode liegt nur im Bereich von 0 bis 255. Jedes Zeichen wird nur in einem einzelnen Byte gespeichert. Sie können bytes-Objekte mithilfe von Byteliteralen erzeugen oder mithilfe der eingebauten Funktion bytes().

Byteliterale beginnen mit einem »b« oder einem »B«. Dies ist bei der Eingabe oder Zuweisung zu beachten. Bei der Ausgabe wird ein b vorangestellt. Es folgt ein Beispielprogramm:

```
st = "Hallo"
print(st, type(st))

by = b'Hallo'
print(by, type(by))

by = bytes("Hallo", "UTF-8")
print(by, type(by))

by = b'Hallo'
st = by.decode()
print(st, type(st))
```

Listing 4.22 Datei »bytes.py«

Das Programm erzeugt die folgende Ausgabe:

```
Hallo <class 'str'>
b'Hallo' <class 'bytes'>
b'Hallo' <class 'bytes'>
Hallo <class 'str'>
```

Zunächst werden ein str-Objekt und ein bytes-Objekt per Zuweisung erzeugt und zusammen mit ihrem Typ ausgegeben. Beachten Sie beim Byteliteral das vorangestellte b.

Zur Umwandlung eines str-Objekts in ein bytes-Objekt wird die eingebaute Funktion bytes() genutzt. Dabei muss die Codierung des str-Objekts angegeben werden, hier UTF-8.

Zur Umwandlung eines bytes-Objekts in ein str-Objekt wird die Methode decode() verwendet.

4.3 Listen

Eine Liste ist eine Sequenz von Objekten in ihrer allgemeinsten Form. Sie kann Elemente unterschiedlicher Datentypen enthalten. Eine Liste bietet vielfältige Möglichkeiten, unter anderem die Funktionalität von ein- und mehrdimensionalen Feldern (Arrays), wie man sie aus anderen Programmiersprachen kennt.

4.3.1 Eigenschaften und Operatoren

Eine Liste ist im Gegensatz zu einem String veränderbar. Davon abgesehen ist ein String, vereinfacht gesagt, nur eine Liste zur Speicherung von einzelnen Zeichen. Einige Beispiele für Listen:

```
import random

z = [3, 6.2, -12]
print("Liste:", z)
print("Element:", z[0])
print("Slice:", z[:2])
print()

print("Schleife:")
for element in z:
    print(element)
print()

print("Schleife mit Index:")
for i in range(len(z)):
    print(f"{i}: {z[i]}")
print()

a = ["Paris", "Lyon"]
b = ["Rom", "Pisa"]
c = a + b * 2
print("Addiert und vervielfacht:", c)

print("Zufälliges Element:", random.choice(c))
random.shuffle(c)
print("Nach dem Mischen:", c)
```

Listing 4.23 Datei »liste_eigenschaft.py«

Eine mögliche Ausgabe:

```
Liste: [3, 6.2, -12]
Element: 3
Slice [3, 6.2]

Schleife:
3
6.2
-12

Schleife mit Index:
0: 3
1: 6.2
2: -12

Addiert und vervielfacht: ['Paris', 'Lyon', 'Rom', 'Pisa', 'Rom', 'Pisa']
Zufälliges Element: Rom
Nach dem Mischen: ['Pisa', 'Pisa', 'Rom', 'Paris', 'Rom', 'Lyon']
```

Eine Liste wird innerhalb von rechteckigen Klammern angegeben. Darin werden die einzelnen Elemente durch Kommata getrennt notiert.

Die Variable `z` enthält eine Liste von Zahlen. Ein einzelnes Element einer Liste erhalten Sie mithilfe eines Index, einen Bereich mithilfe eines Slice.

Mithilfe einer `for`-Schleife können alle Elemente einer Liste ausgegeben werden, mit oder ohne Index. Die Länge einer Sequenz, also auch die Anzahl der Elemente einer Liste, ermitteln Sie mit der Funktion `len()`.

Listen können mithilfe des Operators + verkettet und mithilfe des Operators * vervielfacht werden.

Die Funktion `choice()` aus dem Modul `random` liefert ein zufälliges Element aus der Liste. Die Funktion `shuffle()` aus dem Modul `random` mischt die Elemente der Liste mithilfe eines Zufallsgenerators.

4.3.2 Mehrdimensionale Listen

Eine Liste kann Elemente unterschiedlicher Datentypen enthalten. Diese Elemente können wiederum Listen sein. Das können Sie zur Erstellung einer mehrdimensionalen Liste nutzen:

```
z = [["Paris","Fr",3.5], ["Rom","It",4.2], ["Madrid","Sp",3.2]]
print("Liste:", z)
print("Länge:", len(z))
print()

print("Unter-Liste:", z[0])
print("Länge:", len(z[0]))
print("Slice von Unter-Listen:", z[:2])
print()

print("Element:", z[2][0])
print("Länge:", len(z[2][0]))
print("Slice von Elementen:", z[2][:2])
print("Slice auf der untersten Ebene:", z[2][0][:3])
print()

for i in range(len(z)):
    print(f"{i}: {z[i][0]} hat {z[i][2]} Mio. Einwohner")
for stadt in z:
    print(f"{stadt[0]} hat {stadt[2]} Mio. Einwohner")
```

Listing 4.24 Datei »liste_mehrdimensional.py«

Die Ausgabe lautet:

```
Liste: [['Paris', 'Fr', 3.5], ['Rom', 'It', 4.2], ['Madrid', 'Sp', 3.2]]
Länge: 3

Unter-Liste: ['Paris', 'Fr', 3.5]
Länge: 3
Slice von Unter-Listen: [['Paris', 'Fr', 3.5], ['Rom', 'It', 4.2]]

Element: Madrid
Länge: 6
Slice von Elementen: ['Madrid', 'Sp']
Slice auf der untersten Ebene: Mad

0: Paris hat 3.5 Mio. Einwohner
1: Rom hat 4.2 Mio. Einwohner
2: Madrid hat 3.2 Mio. Einwohner
```

```
Paris hat 3.5 Mio. Einwohner
Rom hat 4.2 Mio. Einwohner
Madrid hat 3.2 Mio. Einwohner
```

Die mehrdimensionale Liste z besitzt drei Elemente, und zwar drei Unter-Listen. Diese bestehen jeweils aus zwei Zeichenketten und einer Zahl. Sie können sowohl auf die gesamte Liste als auch auf die Unter-Listen mithilfe eines Index oder eines Slice zugreifen.

Die Funktion len() kann die Länge einer mehrdimensionale Liste auf mehreren Ebenen liefern. Wird sie für die gesamte Liste aufgerufen, liefert sie die Anzahl der Elemente auf der obersten Ebene, hier also die Anzahl der Unter-Listen. Für eine Unter-Liste liefert sie die Anzahl auf der nächsten Ebene, hier also die Anzahl der Elemente der Unter-Liste.

Einzelne Elemente einer Unter-Liste erreichen Sie durch Angabe mehrerer Indizes. Der erste Index steht für die Unter-Liste, der zweite für das Element innerhalb der Unter-Liste.

Mithilfe von for-Schleifen können Sie eine mehrdimensionale Liste auf unterschiedliche Arten durchlaufen.

4.3.3 Änderbarkeit

Listen können, im Gegensatz zu Strings, geändert werden. Sie können einzelne Elemente löschen oder durch andere Elemente oder eine Liste ersetzen. Sie können auch Slices löschen oder durch eine Liste ersetzen. Dadurch kann sich die Länge oder die Dimension einer Liste ändern.

Es folgt ein Beispiel:

```
z = [12, 7, 38, -5]
print("Liste:", z)

z[2] = 16
print("Element durch Element ersetzt:", z)

z[1:3] = [43, -8, 72]
print("Slice durch Liste ersetzt:", z)

del z[2]
print("Element entfernt:", z)
```

```
del z[2:]
print("Slice entfernt:", z)

z[0] = [-28, 19]
print("Element durch Liste ersetzt:", z)
```

Listing 4.25 Datei »liste_aendern.py«

Die Ausgabe der Liste in den verschiedenen Zuständen:

```
Liste: [12, 7, 38, -5]
Element durch Element ersetzt: [12, 7, 16, -5]
Slice durch Liste ersetzt: [12, 43, -8, 72, -5]
Element entfernt: [12, 43, 72, -5]
Slice entfernt: [12, 43]
Element durch Liste ersetzt: [[-28, 19], 43]
```

Die Liste besteht zunächst aus vier Zahlen und wird wie folgt geändert:

- Ein einzelnes Element wird durch ein einzelnes Element ersetzt. Die Länge der Liste bleibt gleich.
- Ein Slice wird durch eine Liste ersetzt. Die Liste kann dieselbe oder eine andere Länge als der Slice besitzen. Die Länge der Liste kann sich ändern.
- Ein Element oder ein Slice werden mithilfe des Schlüsselworts `del` aus der Liste entfernt. Die Liste wird jeweils kürzer.
- Ein einzelnes Element wird durch eine Liste ersetzt. Dadurch wird eine neue Unter-Liste erzeugt. Die Liste gewinnt eine Dimension hinzu.

Ein Slice kann nur durch ein Iterable ersetzt werden. Daher ist es nicht möglich, einen Slice durch ein einzelnes Element zu ersetzen.

4.3.4 Methoden

Im nachfolgenden Programm wird eine Reihe von weiteren Methoden zum Ändern und Untersuchen von Listen verdeutlicht:

```
z = ["Paris", "Nantes", "Lyon", "Metz"]
print("Liste:", z)

z.sort()
print("Sortieren nach Text:", z)
print()
```

```
z = [12, 7, 38, -5]
print("Liste:", z)

z.sort()
print("Sortieren nach Zahlen:", z)

z.insert(1, 16)
print("Einsetzen:", z)

z.reverse()
print("Umdrehen:", z)

such = 16
if such in z:
    z.remove(such)
    print("Entfernen:", z)

z.append(12)
print("Am Ende hinzu:", z)
print()

such = 12
print(f"Anzahl gefunden:", z.count(such))

startpos = 0
while such in z[startpos:]:
    pos = z.index(12, startpos)
    print("Position:", pos)
    startpos = pos + 1
```

Listing 4.26 Datei »liste_methoden.py«

Die Ausgabe der Liste in den verschiedenen Zuständen:

```
Liste: ['Paris', 'Nantes', 'Lyon', 'Metz']
Sortieren nach Text: ['Lyon', 'Metz', 'Nantes', 'Paris']

Liste: [12, 7, 38, -5]
Sortieren nach Zahlen: [-5, 7, 12, 38]
Einsetzen: [-5, 16, 7, 12, 38]
Umdrehen: [38, 12, 7, 16, -5]
```

```
Entfernen: [38, 12, 7, -5]
Am Ende hinzu: [38, 12, 7, -5, 12]

Anzahl gefunden: 2
Position: 1
Position: 4
```

Zunächst wird eine Liste aus Zeichenketten erstellt. Sie wird mithilfe der Methode `sort()` alphabetisch sortiert.

Anschließend wird eine Liste aus Zahlen erstellt. Sie wird mithilfe der Methode `sort()` nach Größe sortiert. Bei anderen Typen von Elementen oder bei gemischten Listen ist der Einsatz der Methode `sort()` nicht sinnvoll.

Mithilfe der Methode `insert()` wird ein Element in die Liste eingefügt.

Die Liste wird mithilfe der Methode `reverse()` intern umgedreht.

Ein bestimmtes Element wird in der Liste gesucht. Ist es mindestens einmal vorhanden, wird das erste Vorkommen mit `remove()` gelöscht. Wäre es nicht vorhanden, würde eine Ausnahme ausgelöst. Daher sollten Sie vorher prüfen, ob es vorhanden ist.

Ein Element wird am Ende der Liste mithilfe der Methode `append()` angefügt.

Die Anzahl der Vorkommen eines bestimmten Elements wird mithilfe der Methode `count()` ermittelt.

Die Position des Vorkommens eines bestimmten Elements können Sie mithilfe der Methode `index()` bestimmen. Mithilfe eines zweiten Parameters können Sie festlegen, ab welcher Position die Suche beginnen soll. Kommt das Element in dem aktuell durchsuchten Teil der Liste nicht vor, wird eine Ausnahme ausgelöst. Daher sollten Sie vorher prüfen, ob es vorhanden ist.

Zur Bestimmung aller Positionen eines bestimmten Elements wird eine `while`-Schleife genutzt. Ihre Bedingung lautet: »solange das Element in der (aktuellen) Liste vorkommt«. Beim ersten Mal wird mit dieser Bedingung die gesamte Liste geprüft. Danach wird nur noch derjenige Teil der Liste geprüft, der nach der letzten gefundenen Position liegt.

4.3.5 List Comprehension

Die Technik der *List Comprehension* ermöglicht die schnelle Erzeugung einer Liste aus einer anderen Liste. Dabei können Sie die Elemente der ersten Liste filtern und verändern. Es folgen drei Beispiele:

```
x = [3, -6, -8, 9, 15]
print(x)
y = [2, 13, 4, -8, 4]
print(y)
print()

a = [z+1 for z in x]
print(a)

b = [z+1 for z in x if z>0]
print(b)

c = [x[i]+y[i] for i in range(len(x))]
print(c)

d = [x[i]+y[i] for i in range(len(x)) if x[i]>0 and y[i]>0]
print(d)
```

Listing 4.27 Datei »liste_comprehension.py«

Die Ausgabe lautet:

```
[3, -6, -8, 9, 15]
[2, 13, 4, -8, 4]

[4, -5, -7, 10, 16]
[4, 10, 16]
[5, 7, -4, 1, 19]
[5, 19]
```

Zunächst werden die beiden Beispiellisten `x` und `y` erstellt und ausgegeben.

Die Liste `a` entspricht der Liste `x`. Der Wert jedes Elements wird allerdings um 1 erhöht. Der Ausdruck `z+1 for z in x` bedeutet: »Übernehme die Elemente der Liste und addiere 1.«.

Bei der Liste `b` verhält es sich ähnlich. Allerdings werden nur die Elemente mit positiven Werten herausgefiltert. Der Ausdruck `z+1 for z in x if z>0` bedeutet: »Übernehme die Elemente der Liste und addiere 1, aber nur falls sie größer als 0 sind.«.

Für die Liste `c` wird auch der Index einbezogen. Die Elemente der beiden Listen werden paarweise addiert. Der Ausdruck `x[i]+y[i] for i in range(len(x))` bedeutet: »Addiere die i-ten Elemente der beiden Listen über die Länge der Liste x.« Die Liste `y` könnte also auch größer sein.

Bei der Liste d verhält es sich wiederum ähnlich. Allerdings werden nur die Paare mit zwei positiven Elementen herausgefiltert. Der Ausdruck `x[i]+y[i] for i in range(len(x)) if x[i]>0 and y[i]>0` bedeutet: »Addiere die i-ten Elemente der beiden Listen über die Länge der Liste x, aber nur falls beide größer als 0 sind.«

4.4 Tupel

Ein Tupel entspricht einer Liste, deren Elemente nicht verändert werden dürfen. Ansonsten gelten die gleichen Regeln, und es können die gleichen Operationen und Methoden auf Tupel wie auf Listen angewendet werden, sofern sie keine Veränderung des Tupels hervorrufen.

Nachfolgend werden einige Besonderheiten von Tupeln verdeutlicht:

```
z = (3, 6, -8)
print("Tupel 1 verpackt:", z)
z = 3, 6, -8
print("Tupel 2 verpackt:", z)

for i in 3, 6, -8:
    print(i)

a, b, c = z
print("Tupel entpackt:", a, b, c)

a, b, c = 3, 6, -8
print("Mehrfache Zuweisung:", a, b, c)

a, b, c = c, a, a+b
print("Auswirkung später:", a, b, c)

a, *b, c = 3, 6, 12, -28, -8
print("Rest in Liste:", a, b, c)
```

Listing 4.28 Datei »tupel.py«

Die Ausgabe des Programms:

```
Tupel 1 verpackt: (3, 6, -8)
Tupel 2 verpackt: (3, 6, -8)
3
```

```
6
-8
Tupel entpackt: 3 6 -8
Mehrfache Zuweisung: 3 6 -8
Auswirkung später: -8 3 9
Rest in Liste: 3 [6, 12, -28] -8
```

Ein Tupel enthält mehrere Elemente, die durch Kommata voneinander getrennt sind. Sie können innerhalb von runden Klammern notiert werden. Die Zuweisung eines Tupels zu einer einzelnen Variablen wird auch *Verpacken* eines Tupels genannt.

Die Ihnen bereits bekannte `for`-Schleife arbeitet mit einem Tupel.

Ein Tupel kann mithilfe einer Zuweisung in mehrere Variablen *entpackt* werden. Dabei müssen Sie darauf achten, dass die Anzahl der Variablen mit der Anzahl der Elemente des Tupels übereinstimmt.

Mithilfe einer mehrfachen Zuweisung können Sie mehrere Werte gleichzeitig mehreren Variablen zuweisen. Auch hier müssen Sie auf die passende Anzahl achten.

Werden bei einer mehrfachen Zuweisung die zugewiesenen Werte verändert, wirkt sich das erst nach dem Ende der gesamten Zuweisung aus. Im vorliegenden Beispiel erhält `a` den ursprünglichen Wert von `c`, `b` den ursprünglichen Wert von `a` und `c` die Summe der ursprünglichen Werte von `a` und `b`.

Mithilfe eines *Ausdrucks mit Stern* (englisch: *starred expression*) kann eine mehrfache Zuweisung flexibler gestaltet werden. Sie können vor eine der Variablen den Operator * setzen. Damit verweist diese Variable auf eine Liste, die nach der Zuweisung die überzähligen Werte enthält.

Im vorliegenden Beispiel werden der erste und der letzte Wert den Variablen `a` und `c` zugewiesen. Die mittleren Werte (hier sind es drei) werden in der Liste `b` gespeichert. Werden nur zwei Elemente zugewiesen, ist die Liste `b` leer.

4.5 Dictionarys

Ein Dictionary oder assoziativer Array ist mit einem Wörterbuch zu vergleichen. In einem Wörterbuch finden Sie unter einem Schlüsselbegriff die zugeordnete Information. So steht etwa in einem englisch-deutschen Wörterbuch unter dem Eintrag »house« der zugeordnete deutsche Begriff »Haus«.

4.5.1 Eigenschaften, Operatoren und Methoden

In Python stellen Dictionarys veränderliche Objekte dar und enthalten Paare. Jedes Paar besteht aus einem eindeutigen Schlüssel und einem zugeordneten Wert. Über den Schlüssel greifen Sie auf den Wert zu. Als Schlüssel werden meist Strings verwendet, es können aber auch Zahlen genutzt werden. Die Paare eines Dictionarys sind ungeordnet.

Im folgenden Beispiel werden die Namen und Altersangaben mehrerer Personen in einem Dictionary erfasst und bearbeitet. Der Name dient als Schlüssel. Über diesen Schlüssel kann auf die Altersangabe (also auf den Wert) zugegriffen werden.

```
dc = {"Peter":31, "Julia":28, "Werner":35}
print("Dictionary:", dc)
print("Anzahl:", len(dc))
print()

dc_vergleich = {"Peter":31, "Werner":35, "Julia":28}
if dc == dc_vergleich:
    print("Gleich")

dc["Julia"] = 27
print("Wert ersetzt:", dc)

dc["Moritz"] = 22
print("Element hinzugefügt:", dc)
print()

if "Julia" in dc:
    print(f"Schlüssel 'Julia': Wert {dc["Julia"]}")
del dc["Julia"]
if "Julia" not in dc:
    print(f"Schlüssel 'Julia' nicht enthalten")
print("Element entfernt:", dc)

dc_hinzu = {"Moritz": 18, "Karin": 29}
dc.update(dc_hinzu)
print("Update:", dc)
```

Listing 4.29 Datei »dictionary.py«

Folgende Ausgabe wird erzeugt:

```
Dictionary: {'Peter': 31, 'Julia': 28, 'Werner': 35}
Anzahl: 3

Gleich
Wert ersetzt: {'Peter': 31, 'Julia': 27, 'Werner': 35}
Element hinzugefügt: {'Peter': 31, 'Julia': 27, 'Werner': 35, 'Moritz': 22}

Schlüssel 'Julia': Wert 27
Schlüssel 'Julia' nicht enthalten
Element entfernt: {'Peter': 31, 'Werner': 35, 'Moritz': 22}
Update: {'Peter': 31, 'Werner': 35, 'Moritz': 18, 'Karin': 29}
```

Das Dictionary `dc` wird mit drei Paaren erzeugt und ausgegeben. Dictionarys werden mithilfe von geschweiften Klammern erzeugt. Die Paare werden durch Kommata voneinander getrennt, ein Paar wird in der folgenden Form notiert: *Schlüssel:Wert*.

Die Funktion `len()` liefert die Länge, also die Anzahl der Paare des Dictionarys.

Sie können Dictionarys nur mithilfe der beiden Operatoren `==` und `!=` miteinander vergleichen. Zwei Dictionarys stimmen überein, falls Sie dieselben Paare enthalten, also dieselben Schlüssel mit denselben Werten. Da die Paare eines Dictionarys ungeordnet sind, ist beim Vergleich die Reihenfolge der Elemente nicht relevant.

Auf einen einzelnen Wert greifen Sie mithilfe des Schlüssels in rechteckigen Klammern zu. Bei der Zuweisung eines Paars wird geprüft, ob der Schlüssel bereits existiert. Ist das der Fall, wird nur der alte Wert durch den neuen Wert ersetzt. Ist das nicht der Fall, wird das Paar zum Dictionary hinzugefügt.

Mithilfe des Operators `in` prüfen Sie, ob ein bestimmter Schlüssel im Dictionary existiert. Das ist zum Beispiel vor der Ausgabe eines Werts oder vor dem Entfernen eines Paars mithilfe des Operators `del` notwendig. Bei dem Versuch, auf einen nicht existierenden Schlüssel zuzugreifen, tritt eine Ausnahme auf.

Seit Python 3.12 können Sie innerhalb eines Ausdrucks in einem String-Literal doppelte Hochkommata nutzen, wie bei `Wert {dc["Julia"]}` zu sehen. Dabei entsteht kein Konflikt mit den doppelten Hochkommata, die das String-Literal einleiten. Außerhalb eines Ausdrucks müssen Sie nach wie vor mit einfachen Hochkommata arbeiten, wie bei `Schlüssel 'Julia'` zu sehen.

Die Methode `update()` dient zum Aktualisieren eines vorhandenen Dictionarys mit den Paaren eines neuen Dictionarys. Bei der Zuweisung der neuen Paare wird jeweils geprüft, ob der Schlüssel bereits existiert. Ist das der Fall, wird nur der alte Wert durch den neuen Wert ersetzt. Ist das nicht der Fall, wird das Paar zum Dictionary hinzugefügt.

4.5.2 Dynamische Views

Die Methoden `keys()`, `items()` und `values()` erzeugen sogenannte *dynamische Views* eines Dictionarys. Ändert sich das Dictionary, ändern sich diese Views ebenfalls. Nachfolgend wird mit diesen Views gearbeitet:

```
dc = {"Peter":31, "Julia":28, "Werner":35}
print("Dictionary:", dc)

k = dc.keys()
print("Schlüssel:", k)
for schluessel in k:
    print(schluessel)
if "Werner" in k:
    print("Schlüssel Werner ist enthalten")
print()

v = dc.values()
print("Werte:", v)
for wert in v:
    print(wert)
if 31 in v:
    print("Wert 31 ist enthalten")
print()

i = dc.items()
print("Items:", i)
for k, v in i:
    print(f"Schlüssel {k}, Wert {v}")
```

Listing 4.30 Datei »dictionary_view.py«

Das Programm erzeugt die folgende Ausgabe:

```
Dictionary: {'Peter': 31, 'Julia': 28, 'Werner': 35}
Schlüssel: dict_keys(['Peter', 'Julia', 'Werner'])
Peter
Julia
Werner
Schlüssel Werner ist enthalten

Werte: dict_values([31, 28, 35])
```

```
31
28
35
Wert 31 ist enthalten

Items: dict_items([('Peter', 31), ('Julia', 28), ('Werner', 35)])
Schlüssel Peter, Wert 31
Schlüssel Julia, Wert 28
Schlüssel Werner, Wert 35
```

Mithilfe der Methode `keys()` wird eine View der Schlüssel des Dictionarys erzeugt, die anschließend ausgegeben wird. Die View hat den Typ `dict_keys` und ist iterierbar. Die einzelnen Schlüssel können mithilfe einer `for`-Schleife ausgegeben werden. Mithilfe des Operators `in` wird geprüft, ob ein bestimmter Schlüssel in der View existiert.

Die Methode `values()` dient zur Erzeugung einer View der Werte des Dictionarys, die anschließend ausgegeben wird. Die View hat den Typ `dict_values` und ist iterierbar. Die einzelnen Werte können mithilfe einer `for`-Schleife ausgegeben werden. Mithilfe des Operators `in` wird geprüft, ob ein bestimmter Wert in der View existiert.

Mithilfe der Methode `items()` wird eine View der Schlüssel-Wert-Paare des Dictionarys erzeugt, die anschließend ausgegeben wird. Die View hat den Typ `dict_items` und ist iterierbar. Die einzelnen Paare können mithilfe einer `for`-Schleife ausgegeben werden. Dabei wird jeweils das Tupel aus Schlüssel und Wert in zwei Variablen entpackt.

4.6 Sets, Mengen

Sets (deutsch: Mengen) unterscheiden sich von Listen und Tupeln dadurch, dass jedes Element nur einmal existiert.

Sets sind ungeordnet, daher ist auch die Reihenfolge bei der Ausgabe eines Sets nicht festgelegt. Einzelne Elemente können nicht anhand eines Slice bestimmt werden. Allerdings können Sie mit Sets einige interessante Operationen durchführen, die auch aus der Mengenlehre bekannt sind.

4.6.1 Eigenschaften, Operatoren und Methoden

Im folgenden Beispiel wird ein Set erzeugt und bearbeitet:

```
st = set([8, 5, 5, 2, 5])
print("Set:", st)
print("Anzahl:", len(st))

for x in st:
    print(x)
if 5 in st:
    print("Wert ist enthalten")

su = set([2, 8])
if su < st:
    print("Echte Teilmenge")
sv = set([2, 8, 5])
if sv <= st:
    print("Teilmenge")

st.add(-12)
st.add(-12)
print("Element hinzu:", st)

st.discard(5)
print("Element entfernt:", st)

sk = st.copy()
print("Kopie:", sk)

sk.clear()
print("Geleert:", sk)

sf = frozenset([8, 5, 5, 2, 5])
print("Frozenset:", sf)
```

Listing 4.31 Datei »set.py«

Die Ausgabe lautet:

```
Set: {8, 2, 5}
Anzahl: 3
8
2
5
```

```
Wert ist enthalten
Echte Teilmenge
Teilmenge
Element hinzu: {8, 2, -12, 5}
Element entfernt: {8, 2, -12}
Kopie: {8, 2, -12}
Geleert: set()
Frozenset: frozenset({8, 2, 5})
```

Ein Set erzeugen Sie mithilfe der Funktion `set()`. Ihr wird als einziger Parameter eine Liste oder ein anderes Iterable übergeben. In der hier übergebenen Liste sind Werte mehrfach enthalten, im Set nur noch einmal.

Die Funktion `len()` liefert die Länge, also die Anzahl der Elemente eines Sets. Mithilfe einer `for`-Schleife können Sie das Set durchlaufen. Mit `in` prüfen Sie, ob ein bestimmtes Element im Set enthalten ist.

Mit den vier Operatoren `<`, `<=`, `>` und `>=` stellen Sie fest, ob ein Set eine Teilmenge oder eine echte Teilmenge eines anderen Sets ist. Dabei ist die Reihenfolge der Elemente im Set unerheblich:

- Das Set `su` ist eine echte Teilmenge des Sets `st`: Alle Elemente von `su` sind in `st` enthalten, und `su` hat weniger Elemente als `st`.
- Das Set `sv` ist eine einfache Teilmenge des Sets `st`: Alle Elemente von `sv` sind in `st` enthalten, aber `sv` hat maximal so viele Elemente wie `st`.

Mithilfe der Methode `add()` fügen Sie ein Element hinzu, falls es noch nicht enthalten ist. Die Methode `discard()` dient zum Löschen eines bestimmten Elements. Es stellt kein Problem dar, falls es nicht enthalten ist. Die Methode `copy()` erzeugt ein neues Set als Kopie eines vorhandenen Sets. Die Methode `clear()` entfernt alle Elemente aus einem Set.

Der englische Begriff *frozen* bedeutet »eingefroren«. Ein Frozenset stellt die unveränderliche Variante eines Sets dar. Es wird mithilfe der Funktion `frozenset()` erzeugt und bei der Ausgabe durch den Begriff `frozenset` gekennzeichnet. Mithilfe einer `for`-Schleife kann es durchlaufen und mithilfe des Operators `in` geprüft werden. Der Versuch, es zu verändern, führt zu einer Ausnahme.

4.6.2 Mengenlehre

Im nachfolgenden Programm werden mithilfe der Operatoren `|`, `&`, `-` und `^` einige Operationen aus der mathematischen Mengenlehre durchgeführt:

```
st = set([8, 15, "x"])
su = set([4, "x", "abc", 15])
print("st:", st)
print("su:", su)

print("Vereinigungsmenge:", st | su)
print("Schnittmenge:", st & su)
print("Differenzmenge st - su:", st - su)
print("Differenzmenge su - st:", su - st)
print("Symmetrische Differenzmenge:", st ^ su)
```

Listing 4.32 Datei »set_mengenlehre.py«

Die Ausgabe lautet:

```
st: {8, 'x', 15}
su: {'abc', 4, 'x', 15}
Vereinigungsmenge: {4, 8, 'abc', 'x', 15}
Schnittmenge: {'x', 15}
Differenzmenge st - su: {8}
Differenzmenge su - st: {'abc', 4}
Symmetrische Differenzmenge: {4, 8, 'abc'}
```

Der Operator | dient zur Vereinigung zweier Sets. Das entstehende Set enthält alle Elemente, die in einem der beiden Sets enthalten sind. Auch im neuen Set kommt jedes Element nur einmal vor.

Die Elemente, die in beiden Sets enthalten sind, bilden die Schnittmenge. Sie wird mithilfe des Operators & ermittelt.

Bei einer Differenzmenge müssen Sie beachten, welches Set von welchem anderen Set abgezogen wird. Mithilfe des Operators - werden zwei verschiedene Differenzmengen erstellt. Die Operation `st - su` zieht vom Set `st` alle Elemente ab, die auch in `su` enthalten sind. Bei der Operation `su - st` verhält es sich umgekehrt.

Bei der symmetrischen Differenzmenge werden mit dem Operator ^ die Elemente ermittelt, die nur in einem der beiden Sets enthalten sind.

4.7 Wahrheitswerte und Nichts

Objekte und Ausdrücke können wahr oder falsch sein, außerdem gibt es das Nichts-Objekt. Betrachten wir einige Zusammenhänge.

4.7.1 Wahrheitswerte »True« und »False«

Alle Objekte in Python besitzen einen Wahrheitswert: `True` oder `False`. Bei Vergleichen zur Steuerung von Verzweigungen und Schleifen wird ein solcher Wahrheitswert ermittelt, siehe auch Abschnitt 3.3.1. Wahrheitswerte können in Variablen des Datentyps `bool` gespeichert werden. Die Funktion `bool()` liefert den Wahrheitswert eines Ausdrucks oder eines Objekts.

Folgende Objekte ergeben `True`:

- eine Zahl ungleich 0, also größer als 0 oder kleiner als 0
- eine nicht leere Sequenz (String, Liste, Tupel)
- ein nicht leeres Dictionary
- eine nicht leere Menge

Folgende Objekte ergeben `False`:

- eine Zahl, die den Wert 0 hat
- eine leere Sequenz (String `""`, Liste `[]`, Tupel `()`)
- ein leeres Dictionary: `{}`
- eine leere Menge: `set()`, `frozenset()`
- eine Objektsammlung x, für die gilt: `len(x) == 0`
- die Konstante `None` (siehe Abschnitt 4.7.2, »Nichts, »None««)

Für Liste, Tupel, String, Dictionary und Set gilt: Solange die Objektsammlung Elemente enthält, ergibt sich der Wahrheitswert `True`. Werden die Elemente entfernt, ergibt sich der Wahrheitswert `False`. Im folgenden Programm wird der Wahrheitswert verschiedener Objekte überprüft und ausgegeben.

```
print("5>3:", 5>3)
print("5<3:", 5<3)
print("Typ von 5>3:", type(5>3))

print("Zahl -0.1:", bool(-0.1))
print("Zahl 0:", bool(0))

print("String 'Hallo':", bool("Hallo"))
print("String '':", bool(""))

print("Liste [2,8]:", bool([2,8]))
print("Liste []:", bool([]))
```

```
print("Tupel (2,8):", bool((2,8)))
print("Tupel ():", bool(()))

print("Dictionary {'Julia':28, 'Werner':32}:",
      bool({"Julia":28, "Werner":32}))
print("Dictionary {}:", bool({}))

print("Set (2,8,2):", bool(set([2,8,2])))
print("Set ():", bool(set([])))
```

Listing 4.33 Datei »wahrheitswert.py«

Das Programm erzeugt die Ausgabe:

```
5>3: True
5<3: False
Typ von 5>3: <class 'bool'>
Zahl -0.1: True
Zahl 0: False
String 'Hallo': True
String '': False
Liste [2,8]: True
Liste []: False
Tupel (2,8): True
Tupel (): False
Dictionary {'Julia':28, 'Werner':32}: True
Dictionary {}: False
Set (2,8,2): True
Set (): False
```

String, Liste, Tupel, Dictionary und Set ergeben `False`, falls sie leer sind, und `True`, falls sie nicht leer sind. Dies können Sie zur Prüfung der betreffenden Objekte nutzen.

4.7.2 Nichts, »None«

Das Schlüsselwort `None` bezeichnet das Nichts-Objekt. `None` ist das einzige Objekt des Datentyps `NoneType`. Funktionen ohne Rückgabewert liefern `None` zurück. Dies kann auf Folgendes hinweisen:

- dass Sie eine Funktion falsch einsetzen, bei der Sie einen Rückgabewert erwarten
- dass eine Funktion kein Ergebnis liefert, obwohl dies erwartet wird

Ein Beispiel:

```
def summe(a, b):
    c = a + b

# Programm
erg = summe(7,12)
if not erg:
    print("Fehler")
if erg is None:
    print("Fehler")
print("Ergebnis:", erg)
print("Wahrheitswert:", bool(erg))
print("Typ:", type(erg))
```

Listing 4.34 Datei »nichts.py«

Die Ausgabe lautet:

```
Fehler
Fehler
Ergebnis: None
Wahrheitswert: False
Typ: <class 'NoneType'>
```

Bei der Definition der Funktion `summe()` wird die Rückgabe des Ergebnisses »vergessen«. Daher erhält `erg` den Wert `None`. Das Nichts-Objekt hat den Wahrheitswert `False`. Damit können Sie in diesem Fall feststellen, dass ein Fehler vorliegt.

4.8 Referenz, Identität und Kopie

In diesem Abschnitt erläutere ich den Zusammenhang zwischen Objekten und Referenzen. Wir untersuchen die Identität von Objekten und erzeugen Kopien von Objekten.

4.8.1 Referenz und Identität

Der Name eines Objekts entspricht einer Referenz auf das Objekt.

Weisen Sie diese Referenz einem anderen Namen zu, erzeugen Sie eine zweite Referenz auf dasselbe Objekt. Mithilfe des Identitätsoperators `is` stellen Sie fest, dass beide Referenzen auf dasselbe Objekt verweisen.

Wird der Inhalt des Objekts über die zweite Referenz geändert, zeigt sich eine der beiden folgenden Verhaltensweisen:

- Im Fall eines einfachen Objekts wie Zahl oder String wird ein zweites Objekt erzeugt, in dem der neue Wert gespeichert wird. Die beiden Referenzen verweisen danach auf zwei verschiedene Objekte.
- Im Fall eines nicht einfachen Objekts wie Liste, Tupel, Dictionary, Set usw. wird das Originalobjekt geändert. Es gibt nach wie vor ein Objekt mit zwei verschiedenen Referenzen.

Mithilfe des Operators `==` stellen Sie fest, ob zwei Objekte den gleichen Inhalt haben, ob also zum Beispiel zwei Listen die gleichen Elemente enthalten.

Im folgenden Beispiel werden nacheinander eine Zahl, ein String und eine Liste erzeugt und zweimal referenziert. Anschließend wird der zweiten Referenz jeweils ein neuer Inhalt zugewiesen. Identität und Inhalt werden anhand der beiden Operatoren `is` und `==` festgestellt.

```
print("Zahl:")
x = 12.5
y = x
print("dasselbe Objekt:", x is y)
y = 15.8
print("dasselbe Objekt:", x is y)
print("gleicher Inhalt:", x == y)
print()

print("String:")
x = "Robinson"
y = x
print("dasselbe Objekt:", x is y)
y = "Freitag"
print("dasselbe Objekt:", x is y)
print("gleicher Inhalt:", x == y)
print()

print("Liste:")
x = [23,"hallo",-7.5]
y = x
print("dasselbe Objekt:", x is y)
y[1] = "welt"
print("gleicher Inhalt:", x == y)
```

```
y = ["abc",12.8,"xyz"]
print("dasselbe Objekt:", x is y)
```

Listing 4.35 Datei »referenz.py«

Es wird die folgende Ausgabe erzeugt:

```
Zahl:
dasselbe Objekt: True
dasselbe Objekt: False
gleicher Inhalt: False

String:
dasselbe Objekt: True
dasselbe Objekt: False
gleicher Inhalt: False

Liste:
dasselbe Objekt: True
dasselbe Objekt: True
gleicher Inhalt: True
dasselbe Objekt: False
```

Die Ausgabe zeigt, dass die Objekte zunächst jeweils identisch sind.

Durch die Zuweisung eines neuen Werts wird bei einer Zahl oder einem String ein neues Objekt erzeugt. Die Inhalte sind danach unterschiedlich.

Die Liste (hier stellvertretend auch für andere Objekte) existiert insgesamt nur einmal, auch falls einzelne Elemente der Liste verändert werden. Sie können über beide Referenzen auf dieselbe Liste zugreifen.

Erst nach der Zuweisung einer neuen Liste wird ein zweites Objekt erstellt.

4.8.2 Ressourcen sparen

Python spart gern Ressourcen. Dies kann zu einem ungewöhnlichen Verhalten führen: Wird einem Objekt über eine Referenz ein Wert zugewiesen *und* wird auf denselben Wert bereits von einer anderen Referenz verwiesen, kann es geschehen, dass die beiden Referenzen anschließend auf dasselbe Objekt verweisen. Python spart also Speicherplatz.

Das Schlüsselwort `del` dient zur Löschung von nicht mehr benötigten Referenzen. Ein Objekt, auf das zwei Referenzen verweisen, wird durch das Löschen der ersten Referenz nicht gelöscht.

Ein Beispiel:

```
x = 42
y = 56
print(f"x:{x}, y:{y}, dasselbe Objekt: {x is y}")

y = 42
print(f"x:{x}, y:{y}, dasselbe Objekt: {x is y}")

del y
print("x:", x)

del x
try:
    print("x:", x)
except:
    print("Fehler")
```

Listing 4.36 Datei »ressourcen.py«

Es wird die folgende Ausgabe erzeugt:

```
x:42, y:56, dasselbe Objekt: False
x:42, y:42, dasselbe Objekt: True
x: 42
Fehler
```

Zunächst erhalten die Variablen x und y unterschiedliche Werte. Damit handelt es sich bei ihnen um zwei Referenzen auf zwei verschiedene Objekte. Anschließend erhält die Variable y denselben Wert wie die Variable x. Nun gibt es nur noch ein Objekt, auf das zwei Referenzen verweisen.

Die Referenz y wird gelöscht. Das Objekt existiert weiterhin und kann über die Referenz x erreicht werden. Anschließend wird die Referenz x gelöscht. Die Ausgabe über diese Referenz führt zu einem Fehler, da die Referenz nicht mehr existiert.

4.8.3 Objekte kopieren

Echte Kopien von nicht einfachen Objekten wie Liste, Tupel, Dictionary, Set usw. können Sie wie folgt erzeugen: Sie erzeugen ein leeres Objekt und fügen die einzelnen Elemente hinzu.

Für umfangreiche Objekte, die wiederum andere Objekte enthalten, kann das sehr aufwendig werden. Sie können daher auch die Funktion deepcopy() aus dem Modul copy verwenden.

Beide Vorgehensweisen werden in folgendem Programm gezeigt.

```
import copy

x = [23,"hallo",-7.5]
y = []
for i in x:
    y.append(i)
print("dasselbe Objekt:", x is y)
print("gleicher Inhalt:", x == y)
print()

x = [23,["Berlin","Hamburg"],-7.5,12,67]
y = copy.deepcopy(x)
print("dasselbe Objekt:", x is y)
print("gleicher Inhalt:", x == y)
```

Listing 4.37 Datei »kopieren.py«

Das Programm erzeugt die Ausgabe:

```
dasselbe Objekt: False
gleicher Inhalt: True

dasselbe Objekt: False
gleicher Inhalt: True
```

Die Ausgabe zeigt, dass in beiden Fällen jeweils ein neues Objekt erzeugt wird. Die Inhalte der beiden Objekte sind allerdings gleich.

4.9 Typhinweise

In Abschnitt 3.8 habe ich das Konzept der Typhinweise und Typprüfungen vorgestellt. Typhinweise können die Lesbarkeit des Codes verbessern, Typprüfungen die Suche nach Fehlern erleichtern. In diesem Abschnitt geht es um den Zusammenhang zwischen Typhinweisen und Sequenzen.

4.9.1 Sequenz als Parameter

Die generische Funktion `letztes()` aus dem nachfolgenden Programm liefert das letzte Element einer Sequenz:

```
def letztes(li):
    return li[-1]

print("String:", letztes("Guten Morgen"))
print("Tupel:", letztes((3, -14, 12)))
print("Liste:", letztes([7, 2, 16, -5, 52, 2]))
```

Listing 4.38 Datei »typhinweise_sequenz.py«, Version 1

Sie wird mit drei verschiedenen Sequenzen aufgerufen, die indizierbar sind: einem String, einem Tupel und einer Liste. Das Ergebnis:

```
String: n
Tupel: 12
Liste: 2
```

4.9.2 Einschränkung auf Liste

Mithilfe von Typhinweisen soll vorgeschrieben werden, dass die Funktion nur eine Liste als Parameter erlaubt, keine andere Sequenz. Dazu wird das Programm wie folgt geändert:

```
def letztes[T](li:list[T]) -> T:
    return li[-1]

print("String:", letztes("Guten Morgen"))
print("Tupel:", letztes((3, -14, 12)))
print("Liste:", letztes([7, 2, 16, -5, 52, 2]))
```

Listing 4.39 Datei »typhinweise_sequenz.py«, Version 2

Nach dem Namen der Funktion folgt ein Bezeichner in rechteckigen Klammern, der als Platzhalter für einen Typ steht. Gemäß Konvention wird der Name `T` genutzt. Bei dem Parameter handelt es sich um eine Liste von Elementen des Typs `T`. Der Rückgabewert ist ein einzelner Wert vom Typ `T`. Das Ergebnis des Programms bleibt gleich. Eine Typprüfung mit einem der beiden Programme *pyright* bzw. *mypy* liefert die beiden Fehlermeldungen wie in Abbildung 4.2.

```
C:\Python\Beispiele>pyright typhinweise_sequenz.py
C:\Python\Beispiele\typhinweise_sequenz.py
  C:\Python\Beispiele\typhinweise_sequenz.py:8:26 - error: Ein Argument vom Typ
 "Literal['Guten Morgen']" kann dem Parameter "li" vom Typ "list[T@letztes]" in
 der Funktion "letztes" nicht zugewiesen werden.
    "Literal['Guten Morgen']" ist nicht mit "list[object]" kompatibel. (reportG
eneralTypeIssues)
  C:\Python\Beispiele\typhinweise_sequenz.py:9:25 - error: Ein Argument vom Typ
 "tuple[Literal[3], Literal[-14], Literal[12]]" kann dem Parameter "li" vom Typ
 "list[T@letztes]" in der Funktion "letztes" nicht zugewiesen werden.
    "tuple[Literal[3], Literal[-14], Literal[12]]" ist nicht mit "list[object]"
 kompatibel. (reportGeneralTypeIssues)
2 errors, 0 warnings, 0 informations
```

Abbildung 4.2 Falscher Sequenztyp

Kapitel 5
Weiterführende Programmierung

In diesem Kapitel werden die Kenntnisse aus dem Programmierkurs im Zusammenhang mit den verschiedenen Datentypen durch nützliche Praxistipps erweitert.

5.1 Allgemeines

Im ersten Teil des Kapitels erläutere ich einige allgemein nützliche Techniken, die keinem bestimmten Thema zuzuordnen sind.

5.1.1 Kombinierte Zuweisungsoperatoren

Neben der einfachen Zuweisung eines Werts zu einer Variablen gibt es auch die *kombinierten Zuweisungsoperatoren*. Diese verbinden die normalen Operatoren für Zahlen oder Zeichenketten mit der Zuweisung eines Werts. Die betreffende Variable wird also unmittelbar um den genannten Wert verändert. Dies ist besonders bei umfangreichen Ausdrücken oder bei längeren Variablennamen sinnvoll. Ein Beispiel:

Der Ausdruck `TemperaturInCelsius += 5` ist überschaubarer als der Ausdruck `TemperaturInCelsius = TemperaturInCelsius + 5`. Beide Ausdrücke erhöhen den Wert der Variablen `TemperaturInCelsius` um 5.

Es folgt ein Beispiel, in dem kombinierte Zuweisungsoperatoren für Zahlen und für Zeichenketten eingesetzt werden.

```
x = 12
print(x)
x += 3        # Erhöhen von x
print(x)
x -= 9        # Vermindern von x
print(x)
x **= 2       # Quadrieren von x
print(x)
```

```
x *= 3      # Verdreifachen von x
print(x)
x //= 7     # Ganzzahliges Teilen von x
print(x)
x /= 4      # Teilen von x
print(x)
x %= 2      # Dividieren, Rest berechnen
print(x)

t = "Hallo "
print(t)
t += "Python "   # Anhängen an t
print(t)
t *= 3           # Verdreifachen von t
print(t)
```

Listing 5.1 Datei »zuweisung_kombiniert.py«

Die Ausgabe:

```
12
15
6
36
108
15
3.75
1.75
Hallo
Hallo Python
Hallo Python Hallo Python Hallo Python
```

Die Variable x erhält zunächst den Zahlenwert 12. Durch die nachfolgenden Anweisungen wird ihr Wert jedes Mal verändert. Der Wert wird als Erstes um 3 erhöht (= 15), anschließend um 9 vermindert (= 6), danach hoch 2 gerechnet (= 36) und mit 3 multipliziert (= 108).

Es folgt eine Ganzzahldivision, dabei werden die Nachkommastellen abgeschnitten. Die verbleibende Zahl (15) wird durch 4 geteilt (= 3,75). Zuletzt wird der Rest der Division durch 2 berechnet (= 1,75).

Die Variable t erhält den Zeichenkettenwert Hallo. Anschließend wird sie verlängert und vervielfacht.

Bei kombinierten Zuweisungen muss darauf geachtet werden, dass die betreffende Variable vorher bereits einen Wert hat, sonst tritt ein Fehler auf.

5.1.2 Anweisung in mehreren Zeilen

In Abschnitt 2.3.6 habe ich erläutert, wie Sie eine lange Zeichenkette bei Einsatz der Funktion print() über mehrere Zeilen verteilen. In diesem Abschnitt zeige ich, wie Sie lange Anweisungen allgemein zerlegen können, unter anderem mithilfe des Zeichens \. Ein Beispiel:

```
print("Bitte geben Sie eine"
      " Temperatur in Celsius ein:")
TemperaturInCelsius = float(input())

TemperaturInFahrenheit = TemperaturInCelsius \
                         * 9 / 5 + 32

print(TemperaturInCelsius, "Grad Celsius entsprechen",
      TemperaturInFahrenheit, "Grad Fahrenheit")
```

Listing 5.2 Datei »zeile_lang.py«

Die Ausgabe lautet:

```
Bitte geben Sie eine Temperatur in Celsius ein:
5.2
5.2 Grad Celsius entsprechen 41.36 Grad Fahrenheit
```

Zunächst wird eine längere Zeichenkette auf zwei Zeilen verteilt. Jeder Teil der Zeichenkette wird in doppelte Hochkommata gesetzt. Ein trennendes Leerzeichen zwischen einzelnen Teilen muss von Hand eingegeben werden.

Bei einer längeren Anweisung, die innerhalb einer Berechnung getrennt werden muss, kommt das Zeichen \ zum Einsatz. Es zeigt an, dass die Anweisung in der nächsten Zeile fortgesetzt wird.

Sie können eine Anweisung, die Kommata enthält, auf einfache Weise nach einem der Kommata trennen.

5.1.3 Eingabe mit Hilfestellung

Die eingebaute Funktion `input()` zur Eingabe von Zeichenketten hat einen optionalen Parameter. Damit können Sie eine hilfreiche Information für die Eingabe übergeben. Im folgenden Beispiel sollen die Namen von drei Städten eingegeben werden, die in einer Liste abgespeichert werden:

```
li = []
for i in range(3):
    tx = input(f"Bitte {i+1}. Stadt eingeben: ")
    li.append(tx)
print(li)
```

Listing 5.3 Datei »eingabe_hilfe.py«

Die Ausgabe lautet:

```
Bitte 1. Stadt eingeben: Paris
Bitte 2. Stadt eingeben: Rom
Bitte 3. Stadt eingeben: Madrid
['Paris', 'Rom', 'Madrid']
```

Bei der Eingabe wird als Hilfestellung die laufende Nummer der einzugebenden Stadt ausgegeben.

5.1.4 Anweisung »pass«

Die Anweisung `pass` bewirkt, dass nichts ausgeführt wird. Einige mögliche Einsatzzwecke dafür sind:

- Sie entwickeln ein Programm, in dem eine Funktion aufgerufen wird, die erst später entwickelt wird. Zunächst soll das Hauptprogramm geschrieben werden, das auch einen Aufruf der Funktion enthält. In der Definition der Funktion steht zunächst nur die Anweisung `pass`.
- Das Programm enthält eine Verzweigung, bei der in einem bestimmten Zweig nichts ausgeführt werden soll. Dieser Zweig soll aber dennoch erscheinen, um den Programmablauf klarer zu machen.

Ein Programm mit Beispielen zu diesen Fällen sähe wie folgt aus:

```
def QuadraturDesKreises():
    pass
print("Als nächster Schritt wird ein Kreis quadriert")
```

```
QuadraturDesKreises()
print("Der Kreis wurde quadriert")

a = -12
b = 6
c = 6.2
if a >= 0 and b >= 0 and c >= 0:
    pass
else:
    print("Eine der Zahlen ist negativ")

if a == 1:
    print("Fall 1")
elif a == 2:
    print("Fall 2")
elif a < 0:
    pass
else:
    print("Ansonsten")
```

Listing 5.4 Datei »pass.py«

Die Ausgabe lautet:

```
Als nächster Schritt wird ein Kreis quadriert
Der Kreis wurde quadriert
Eine der Zahlen ist negativ
```

Die Funktion `QuadraturDesKreises()` dient zunächst nur als Dummy und wird zu einem späteren Zeitpunkt mit Inhalten gefüllt. Sie ist aber bereits im Programm eingebaut und kann aufgerufen werden.

Bei der einfachen Verzweigung erfolgt im `else`-Zweig eine Ausgabe. Bei der mehrfachen Verzweigung erfolgt nur eine Ausgabe, falls der untersuchte Wert größer oder gleich 0 ist.

5.2 Ausgabe und Formatierung

In diesem Abschnitt erläutere ich einige Möglichkeiten zur Ausgabe mithilfe der Funktion `print()` und zur Formatierung von Ausgaben.

5.2.1 Funktion »print()«

Die Funktion `print()` haben wir bereits häufig eingesetzt. Sie bietet noch weitere Möglichkeiten:

- Das Trennzeichen (englisch: *separator*), das die ausgegebenen Objekte voneinander trennt, kann mithilfe des benannten Parameters `sep` geändert werden. Es enthält standardmäßig ein Leerzeichen.
- Das Zeilenende, das standardmäßig nach einer Ausgabe folgt, kann mithilfe des benannten Parameters `end` geändert werden.

Ein Beispiel:

```
a = 23
b = 7.5
c = a + b
print("Ergebnis: ", end="")
print(a, "+", b, "=", c, sep="")

li = ["Hamburg", "Berlin", "Augsburg"]
for stadt in li:
    print("Stadt", stadt, sep="=>", end=" # ")
```

Listing 5.5 Datei »print.py«

Die Ausgabe sieht wie folgt aus:

```
Ergebnis: 23+7.5=30.5
Stadt=>Hamburg # Stadt=>Berlin # Stadt=>Augsburg #
```

Zunächst zur Ausgabe der Berechnung. Zwei Aufrufe der Funktion `print()` erzeugen normalerweise zwei Ausgabezeilen. Hier sieht es anders aus:

- Beim ersten Aufruf wird der Parameter `end` auf eine leere Zeichenkette gesetzt. Das bedeutet, dass die nächste Ausgabe in derselben Zeile erfolgt.
- Beim zweiten Aufruf wird der Parameter `sep` auf eine leere Zeichenkette gesetzt. Dies führt dazu, dass die einzelnen Teile der Ausgabe direkt aneinandergefügt werden, ohne Leerzeichen.

Für die Ausgabe der Liste wurden sowohl der Separator als auch das Zeilenende verändert.

5.2.2 Formatierung von Zahlen mit Nachkommastellen

String-Literale gibt es seit Python 3.6. Wir haben sie bereits häufig zur komfortablen Einbettung von Ausdrücken in Zeichenketten genutzt.

In diesem Abschnitt und in den beiden nächsten Abschnitten, Abschnitt 5.2.3 und Abschnitt 5.2.4, zeige ich weitergehende Möglichkeiten. Sie können zum Beispiel die Spalten von Tabellen in einer einheitlichen Formatierung übersichtlich ausgeben. Dazu bestimmen Sie unter anderem die Mindestausgabebreite der Zahlen und die Anzahl der Nachkommastellen, auf die gerundet wird.

Die Formatierungsmöglichkeiten erklären den vollständigen Namen der String-Literale. Sie werden *formatierte String-Literale* genannt, auch kurz *F-Strings*. Seit Python 3.12 werden sie intern zum größten Teil wie echte Bestandteile von Python-Anweisungen verarbeitet. Daher sind sie flexibler, schneller und für unterschiedlichste Entwicklungsumgebungen geeignet. Zudem sind etwaige Fehlermeldungen informativer.

Im nachfolgenden Programm werden einige Zahlen mit Nachkommastellen mithilfe von formatierten String-Literalen ausgegeben:

```
x = 100/7
y = 2/7
print("Zahlen:", x, y)
print()

print(f"Format f, Standard:   {x:f}")
print(f"Format f, nach Komma: {x:.25f}")
print(f"Format f, gesamt:     {x:15.10f}")
print()

print(f"Format e, Standard:   {x:e}")
print(f"Format e, nach Komma: {x:.3e}")
print(f"Format e, gesamt:     {x:12.3e}")
print()

print(f"Format %, Standard:   {y:%}")
print(f"Format %, nach Komma: {y:.3%}")
print(f"Format %, gesamt:     {y:12.3%}")
```

Listing 5.6 Datei »literal_nachkomma.py«

Die Ausgabe sieht aus wie in Abbildung 5.1.

```
Zahlen: 14.285714285714286 0.2857142857142857

Format f, Standard:   14.285714
Format f, nach Komma: 14.2857142857142864755815026
Format f, gesamt:       14.2857142857

Format e, Standard:   1.428571e+01
Format e, nach Komma: 1.429e+01
Format e, gesamt:        1.429e+01

Format %, Standard:   28.571429%
Format %, nach Komma: 28.571%
Format %, gesamt:          28.571%
```

Abbildung 5.1 Formatierung von Zahlen mit Nachkommastellen

Die beiden Variablen x und y erhalten die Werte von 100/7 bzw. von 2/7. Sie werden zum Vergleich unformatiert ausgegeben.

Wie gewohnt wird ein String-Literal mithilfe des Zeichens f und der geschweiften Klammern gebildet. Allerdings folgen dem einzubettenden Element jetzt ein Doppelpunkt und die Formatierungszeichen.

Das Formatierungszeichen f steht für die Ausgabe einer Zahl mit einer bestimmten Anzahl von Nachkommastellen, auf die gerundet wird, standardmäßig 6. Die Angabe .25f erzeugt 25 Nachkommastellen. Die Angabe 15.10f steht für die rechtsbündige Ausgabe einer Zahl auf einer Mindestgesamtbreite von 15 Stellen, davon 10 nach dem Komma. Ein solches Format ist besonders für Tabellen geeignet.

Das Formatierungszeichen e steht für die Ausgabe einer Zahl im Exponentialformat, standardmäßig mit 6 Nachkommastellen und Exponent. Die Angabe .3e erzeugt 3 Nachkommastellen. Die Angabe 12.3e steht für die rechtsbündige Ausgabe auf einer Mindestgesamtbreite von 12 Stellen, davon 3 nach dem Komma.

Das Formatierungszeichen % steht für die Ausgabe einer Zahl im Prozentformat, standardmäßig mit 6 Nachkommastellen und einem Prozentzeichen. Die Zahl wird (nur für die Ausgabe) mit 100 multipliziert, intern bleibt sie unverändert. Die Angabe .3% erzeugt 3 Stellen nach dem Komma. Die Angabe 12.3% steht für die rechtsbündige Ausgabe auf einer Mindestgesamtbreite von 12 Stellen, davon 3 nach dem Komma.

Hinweis

Achten Sie auf die richtige Schreibweise bei der Formatierung. Zum Beispiel darf vor der schließenden geschweiften Klammer kein Leerzeichen stehen.

5.2.3 Formatierung von ganzen Zahlen

Es folgt eine Ausgabe von ganzen Zahlen mithilfe von formatierten String-Literalen:

```
for z in range(61,67):
    print(f"{z:4d}{z:9b}{z:4o}{z:4x}")
```

Listing 5.7 Datei »literal_ganz.py«

Die Ausgabe sieht aus wie in Abbildung 5.2.

```
  61   111101  75  3d
  62   111110  76  3e
  63   111111  77  3f
  64  1000000 100  40
  65  1000001 101  41
  66  1000010 102  42
```

Abbildung 5.2 Formatierung von ganzen Zahlen

Es wird eine einheitlich formatierte Zahlentabelle erzeugt. Die Zahlen von 61 bis 66 werden nacheinander ausgegeben als:

- Dezimalzahl (Zeichen d, hier in der Mindestgesamtbreite 4)
- Dualzahl (Zeichen b, hier in der Mindestgesamtbreite 9)
- Oktalzahl (Zeichen o, hier in der Mindestgesamtbreite 4)
- Hexadezimalzahl (Zeichen x, hier in der Mindestgesamtbreite 4)

5.2.4 Formatierung von Zeichenketten

In der nachfolgenden Tabelle kommt die Ausgabe von Zeichenketten mithilfe von formatierten String-Literalen hinzu:

```
artname = {23:"Apfel", 8:"Banane", 42:"Pfirsich"}
anzahl = {23:1, 8:3, 42:5}
epreis = {23:2.95, 8:1.45, 42:3.05}

print(f"{'Nr':>4}{'Name':>12}{'Anz':>4}{'EP':>13}{'GP':>13}")
for x in 23, 8, 42:
    print(f"{x:04d}{artname[x]:>12}{anzahl[x]:4d}"
          f"{epreis[x]:8.2f} Euro{anzahl[x] * epreis[x]:8.2f} Euro")
```

Listing 5.8 Datei »literal_zeichenkette.py«

Die Ausgabe sieht aus wie in Abbildung 5.3.

```
  Nr          Name Anz          EP           GP
0023         Apfel   1   2.95 Euro    2.95 Euro
0008        Banane   3   1.45 Euro    4.35 Euro
0042      Pfirsich   5   3.05 Euro   15.25 Euro
```

Abbildung 5.3 Formatierung von Zeichenketten

Sie können die Formatierung nicht nur für Variablen oder Rechenausdrücke, sondern auch für Werte nutzen, wie hier für die Zeichenketten in der Überschrift der Artikeltabelle. Eine Zeichenkette innerhalb einer Zeichenkette wird in einfachen Hochkommata notiert.

Standardmäßig gilt für Zahlen die Rechtsbündigkeit und für Zeichenketten die Linksbündigkeit. Das Formatierungszeichen > steht für eine rechtsbündige Ausgabe, die nachfolgende Zahl für die Mindestgesamtbreite der Ausgabe. Das Zeichen < steht analog für linksbündig.

Die Artikeltabelle basiert auf den drei Dictionarys für den Artikelnamen, die Anzahl und den Einzelpreis. Die Elemente der Dictionarys werden, zusammen mit dem ermittelten Gesamtpreis, einheitlich ausgegeben.

Steht vor der Angabe der Gesamtbreite eine Null, wird die Zahl mit führenden Nullen aufgefüllt. Dies ist bei der ersten Spalte der Fall. Bei der Aufteilung eines einzelnen String-Literals auf mehrere String-Literale müssen Sie das führende f vor jeder Zeichenkette notieren.

5.2.5 Übungsaufgabe

Übung »u_literal«

Schreiben Sie das Programm aus der Übung »u_range_inch« so um, dass eine Ausgabe wie in Abbildung 5.4 erzeugt wird. Die Beträge für die Spalten »Inch« und »cm« sollen jeweils mit einer Nachkommastelle angezeigt und rechtsbündig ausgerichtet werden (Datei *u_literal.py*).

```
    Inch     cm
    15.0   38.1
    20.0   50.8
    25.0   63.5
    30.0   76.2
    35.0   88.9
    40.0  101.6
```

Abbildung 5.4 Übung »u_literal«

5.3 Funktionen für Iterables

Es gibt eine Reihe von Funktionen, die mit Iterables arbeiten. Sie können zur Entwicklungszeit viel Arbeit abnehmen. Als Beispiele erläutere ich im Folgenden die Funktionen zip(), map() und filter().

Python ist eine sehr vielseitige Programmiersprache. Sie nutzt auch Prinzipien der funktionalen Programmierung, und zwar beim Einsatz der nachfolgenden Funktionen bzw. Technik:

- der Funktion map(), siehe Abschnitt 5.3.2
- der Funktion filter(), siehe Abschnitt 5.3.3
- der *List Comprehension*, siehe Abschnitt 4.3.5
- der *Lambda-Funktion*, siehe Abschnitt 5.6.8

5.3.1 Funktion »zip()«

Die Funktion zip() liefert ein Objekt des Typs zip. Bei einem solchen Objekt werden, ähnlich wie bei einem Reißverschluss, Inhalte von Iterables miteinander verbunden. Ein Objekt des Typs zip ist selbst iterierbar. Ein Beispiel:

```
name = ["Maier", "Schmitz", "Mertens"]
vorname = ["Hans", "Peter", "Julia"]
personalnummer = [6714, 81343, 2297]
gehalt = [3500.0, 3750.0, 3621.5]
geburtstag = ["15.03.1962", "12.04.1958", "30.12.1959"]

kombi = zip(name, vorname, personalnummer, gehalt, geburtstag)
for element in kombi:
    print(element)
print(type(kombi))
```

Listing 5.9 Datei »iterable_zip.py«

Die Ausgabe lautet:

```
('Maier', 'Hans', 6714, 3500.0, '15.03.1962')
('Schmitz', 'Peter', 81343, 3750.0, '12.04.1958')
('Mertens', 'Julia', 2297, 3621.5, '30.12.1959')
<class 'zip'>
```

Zunächst werden verschiedene Iterables erstellt – in diesem Fall fünf Listen, die verschiedene Daten von Personen enthalten: Name, Vorname, Personalnummer, Gehalt und Geburtstag. Die Funktion zip() erhält als Parameter die fünf Iterables. Die Funktion liefert ein Objekt des Typs zip zurück. Darin sind die Daten der fünf Iterables miteinander verbunden. Das Objekt besteht aus einzelnen Tupeln und wird mithilfe einer for-Schleife ausgegeben.

5.3.2 Funktion »map()«

Die Funktion map() gibt Ihnen die Möglichkeit, eine eigene Funktion in einer Anweisung mehrfach aufzurufen, jeweils mit anderen Parametern. Sie liefert ein Objekt des Typs map. Dieses Objekt besteht aus den Ergebnissen der Aufrufe der eigenen Funktion und ist iterierbar.

Es folgt ein Programm mit zwei Beispielen:

```
def quad(x):
    return x * x

def summe(a,b,c):
    return a + b + c

z = map(quad, [4, 2.5, -1.5])
print("Quadrat:")
for element in z:
    print(element)
print()

z = map(summe, [3, 1.2, 2], [4.8, 2], [5, 0.1, 9])
print("Summe:")
for element in z:
    print(f"{element:.1f}")
print()

print(type(z))
```

Listing 5.10 Datei »iterable_map.py«

Die Ausgabe lautet:

```
Quadrat:
16
6.25
```

```
2.25

Summe:
12.8
3.3

<class 'map'>
```

Zunächst werden zwei eigene Funktionen definiert:

- Die Funktion `quad()` hat einen Parameter und liefert dessen Quadrat.
- Die Funktion `summe()` hat drei Parameter und liefert deren Summe.

Beim ersten Aufruf der Funktion `map()` wird Folgendes übergeben:

- Der erste Parameter ist der Name der Funktion `quad()`.
- Der zweite Parameter ist ein Iterable, in dem die Werte für die verschiedenen Aufrufe der Funktion `quad()` stehen.
- Es wird das Objekt `z` des Typs `map` zurückgeliefert. Es enthält die Rückgabewerte der Funktion `quad()` für die verschiedenen Aufrufe.
- Diese Werte werden mithilfe einer `for`-Schleife ausgegeben.

Beim zweiten Aufruf der Funktion `map()` wird Folgendes übergeben:

- Der erste Parameter ist der Name der Funktion `summe()`.
- Der zweite und alle folgenden Parameter sind Iterables, in denen die Werte für die verschiedenen Aufrufe der Funktion stehen.
- Es wird das Objekt `z` des Typs `map` zurückgeliefert. Es enthält die Rückgabewerte der Funktion `summe()` für die verschiedenen Aufrufe.
- Diese Werte werden mithilfe einer `for`-Schleife ausgegeben.
- Für die Bildung der ersten Summe wird aus jedem Iterable das erste Element (hier: `3`, `4.8` und `5`) verwendet. Für die Bildung der zweiten Summe wird aus jedem Iterable das zweite Element (hier: `1.2`, `2` und `0.1`) verwendet usw.
- Das kürzeste Iterable bestimmt die Anzahl der Aufrufe.

5.3.3 Funktion »filter()«

Die Funktion `filter()` untersucht Elemente eines Iterables mithilfe einer eigenen Funktion. Sie liefert ein Objekt des Typs `filter`. Dieses Objekt ist iterierbar und enthält diejenigen Elemente, für die die eigene Funktion den Wahrheitswert `True` zurückliefert.

Ein Beispiel:

```
def positiv(a):
    if a>0:
        return True
    else:
        return False

z = filter(positiv, [5, -6, -2, 0, 12, 3, -5])
for element in z:
    print(element)
print(type(z))
```

Listing 5.11 Datei »iterable_filter.py«

Es wird diese Ausgabe erzeugt:

```
5
12
3
<class 'filter'>
```

Der erste Parameter der Funktion `filter()` ist der Name der eigenen Funktion, die für einen untersuchten Wert `True` oder `False` liefert. Der zweite Parameter ist das Iterable. Zurückgeliefert wird ein Objekt des Typs `filter`, das diejenigen Elemente enthält, für die die eigene Funktion `True` ergibt.

5.4 Verschlüsselung

Die Funktionen des Moduls `random` reichen für die zufälligen Werte eines Spiels aus. Benötigen Sie aber zufällige Werte zum Zweck der Verschlüsselung oder aus Gründen der Sicherheit, sollten Sie die Funktionen des Moduls `secrets` nutzen, das sichere zufällige Zahlen liefert und seit Python 3.6 zur Verfügung steht.

Ein erstes Beispiel:

```
import string, secrets

li = []
for i in range(10):
    li.append(secrets.randbelow(6) + 1)
print("Zehnmal würfeln:", li)
```

```
tx = ""
for i in range(10):
    tx += secrets.choice(string.ascii_lowercase)
print("Text mit zehn zufälligen kleinen Buchstaben:", tx)
```

Listing 5.12 Datei »secrets_funktionen.py«

Die Funktion randbelow() liefert eine zufällige Zahl zwischen 0 und dem Wert des übergebenen Parameters. Hier wird zehnmal gewürfelt.

Die Funktion choice() liefert einen zufälligen Wert aus einer Sequenz. Bei der vorliegenden Sequenz handelt es sich um die Zeichenketten-Konstante ascii_lowercase aus dem Modul string, in dem die kleinen Buchstaben aus dem ASCII-Code stehen, siehe auch Abschnitt 4.2.8. Es wird eine Folge von zehn zufälligen kleinen Buchstaben ermittelt und ausgegeben.

Eine mögliche Ausgabe des Programms:

```
Zehnmal würfeln: [3, 1, 2, 4, 4, 4, 1, 1, 6, 3]
Text mit zehn zufälligen kleinen Buchstaben: oagubwscsc
```

Im nachfolgenden Programm wird mithilfe der Funktion choice() ein zufälliges Passwort erstellt, das aus sechs Zeichen besteht. Im Passwort muss jeweils mindestens ein Zeichen aus den vier nachfolgenden Gruppen vorkommen: kleine Buchstaben, große Buchstaben, Ziffern und Sonderzeichen.

```
import string, secrets

sonder = "!#$%&()*+-/:;<=>?@[]_{|}"
print("Sonderzeichen:", sonder)
alle = string.ascii_letters + string.digits + sonder

while True:
    tx = ""
    anz = [0,0,0,0]
    for i in range(6):
        zeichen = secrets.choice(alle)
        tx += zeichen
        if zeichen in string.ascii_lowercase:
            anz[0] += 1
        elif zeichen in string.ascii_uppercase:
            anz[1] += 1
```

```
        elif zeichen in string.digits:
            anz[2] += 1
        else:
            anz[3] += 1
    print("Anzahl:", anz)
    if 0 not in anz:
        break

print("Passwort: ", tx)
```

Listing 5.13 Datei »secrets_passwort.py«

Zunächst wird eine Zeichenkette erstellt, die aus allen Sonderzeichen besteht, die in diesem Fall erlaubt sind. Als Nächstes wird eine Zeichenkette zusammengefügt, die aus allen erlaubten Zeichen für das Passwort besteht, also aus allen kleinen und großen Buchstaben, allen Ziffern und allen möglichen Sonderzeichen.

Das Passwort wird in einer Endlosschleife erstellt. Diese wird verlassen, nachdem das Passwort die oben genannten Bedingungen erfüllt hat. Für das Passwort werden mithilfe der Funktion `choice()` nacheinander sechs Zeichen aus der Menge der erlaubten Zeichen gezogen und zusammengefügt.

Es gibt eine Liste von Zählern, für jede Gruppe einen. Für jedes Zeichen wird die Gruppenzugehörigkeit bestimmt. Der entsprechende Zähler wird erhöht. Gibt es keinen Zähler mehr, der auf 0 steht, wird die Endlosschleife verlassen.

In der nachfolgenden, möglichen Ausgabe des Programms sehen Sie, dass mehrere Durchläufe der Schleife notwendig waren:

```
Sonderzeichen: !#$%&()*+-/:;<=>?@[]_{|}
Anzahl: [2, 3, 0, 1]
Anzahl: [1, 3, 0, 2]
Anzahl: [3, 1, 1, 1]
Passwort:  t=3Puy
```

5.5 Fehler und Ausnahmen

Dieser Abschnitt bietet weitergehende Erläuterungen und Techniken im Zusammenhang mit Fehlern und Ausnahmen.

5.5.1 Allgemeines

Während Sie ein Programm entwickeln und testen, treten Fehler auf. Das ist normal und auch wichtig für den Lernprozess. Es gibt drei Arten von Fehlern:

- *Syntaxfehler* bemerken Sie spätestens beim Start eines Programms.
- *Laufzeitfehler*, also Fehler zur Laufzeit des Programms, die einen Programmabsturz zur Folge haben, können Sie mit einem `try-except`-Block behandeln.
- *Logische Fehler* treten auf, falls das Programm vollständig abläuft, aber nicht die erwarteten Ergebnisse liefert. Hier wurde der Ablauf nicht richtig durchdacht. Diese Fehler sind erfahrungsgemäß am schwersten zu finden. Dabei bietet das Debugging eine gute Hilfestellung.

5.5.2 Syntaxfehler

Syntaxfehler treten zur Entwicklungszeit des Programms auf und haben ihre Ursache in falsch oder unvollständig geschriebenem Programmcode. Spätestens beim Start eines Programms macht Python auf Syntaxfehler aufmerksam. Es erscheinen eine Meldung und ein Hinweis auf die Fehlerstelle. Das Programm wird nicht weiter ausgeführt.

Ein Beispiel für einen fehlerhaften Code:

```
x = 12
if x > 10
    print(x
```

Listing 5.14 Datei »fehler_code.py«

Nach dem Programmstart erscheint eine Fehlermeldung, da ein Doppelpunkt erwartet wird. Mit Python 3.11 und Python 3.12 wurde die Analyse von Fehlern stark verbessert. Die daraus resultierenden Meldungen wurden genauer, siehe Abbildung 5.5.

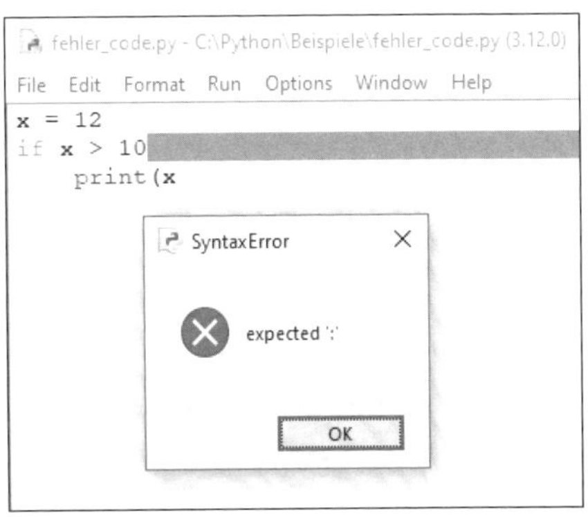

Abbildung 5.5 Anzeige des ersten Fehlers

Das Programm läuft nicht weiter. Es kann erst nach der Verbesserung des Programms erneut gestartet werden, also nach dem Einfügen des Doppelpunkts. Es erscheint eine weitere Fehlermeldung, da die runde Klammer der Funktion `print()` nicht geschlossen wurde, siehe Abbildung 5.6. Erst nachdem der letzte Fehler beseitigt ist, läuft das Programm bis zum Ende.

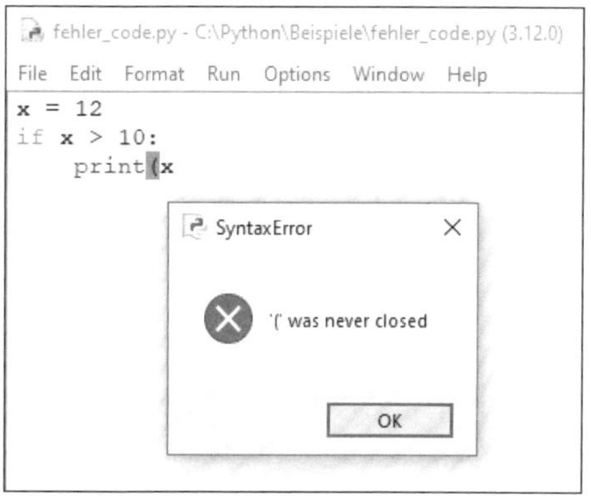

Abbildung 5.6 Anzeige des zweiten Fehlers

5.5.3 Laufzeitfehler

Ein `try-except`-Block dient zum Abfangen von Laufzeitfehlern, die zu Ausnahmen führen, wie bereits in Abschnitt 3.6 angesprochen. Laufzeitfehler treten auf, falls das Programm versucht, eine unzulässige Operation durchzuführen, zum Beispiel eine Division durch 0 oder das Öffnen einer nicht vorhandenen Datei.

Es ist nicht möglich, Laufzeitfehler vollständig zu vermeiden, da es Vorgänge gibt, auf die man während der Entwicklungszeit keinen Einfluss hat. Das kann eine fehlerhafte Eingabe bei der Benutzung oder das Fehlen einer notwendigen Datei mit Eingabedaten sein. Weitere Möglichkeiten zum Abfangen von Laufzeitfehlern erläutere ich in Abschnitt 5.5.6.

5.5.4 Logische Fehler und Debugging

Logische Fehler treten auf, falls eine Anwendung zwar ohne Syntaxfehler übersetzt und ohne Laufzeitfehler ausgeführt wird, aber nicht das geplante Ergebnis liefert. Ursache hierfür ist ein Fehler in der Programmlogik.

Die Ursache logischer Fehler zu finden ist oft schwierig und erfordert intensives Testen und Analysieren der Abläufe und Ergebnisse. Die Entwicklungsumgebung IDLE stellt zu diesem Zweck einen einfachen Debugger zur Verfügung.

Einzelschrittverfahren

Im Debugger können Sie ein Programm im Einzelschrittverfahren ablaufen lassen. Bei jedem dieser Einzelschritte können Sie sich die aktuellen Inhalte von Variablen anschauen. Als Beispiel dient ein einfaches Programm mit einer Schleife und einer Funktion:

```
def summe(a,b):
    c = a + b
    return c

for i in range(5):
    erg = summe(10,i)
    print(erg)
```

Listing 5.15 Datei »fehler_debuggen.py«

Dieses Programm schreibt nacheinander die Zahlen von 10 bis 14 auf den Bildschirm. Öffnen Sie zuerst die IDLE SHELL und von dort aus das Programmfenster mit dem obigen Programm.

Sie starten den Debugger, indem Sie in der IDLE SHELL im Menü DEBUG den Menüpunkt DEBUGGER aufrufen. Es erscheint das Dialogfeld DEBUG CONTROL und in der IDLE SHELL die Meldung `[DEBUG ON]`, siehe Abbildung 5.7.

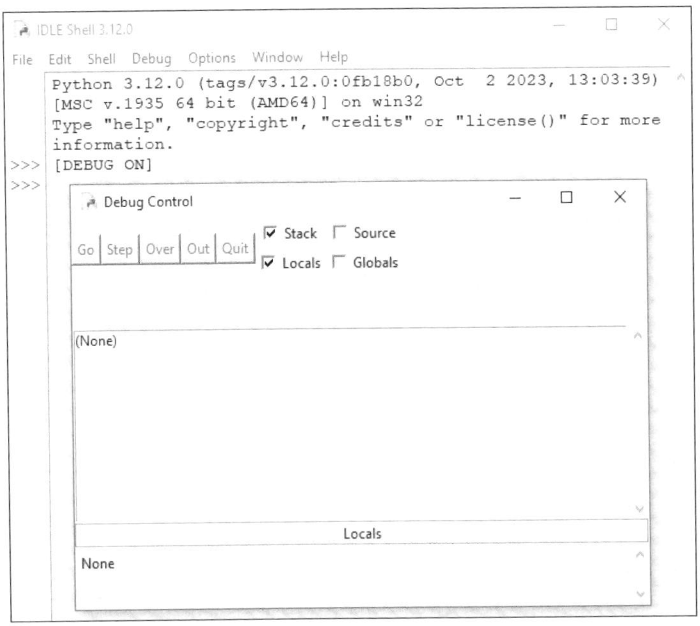

Abbildung 5.7 Dialogfeld »Debug Control« und Meldung

Starten Sie nun das Programm wie gewohnt im Programmfenster über den Menüpfad RUN • RUN MODULE oder die Taste F5. Im Dialogfeld DEBUG CONTROL wird auf die erste Zeile des Programms hingewiesen, wie in Abbildung 5.8 zu sehen.

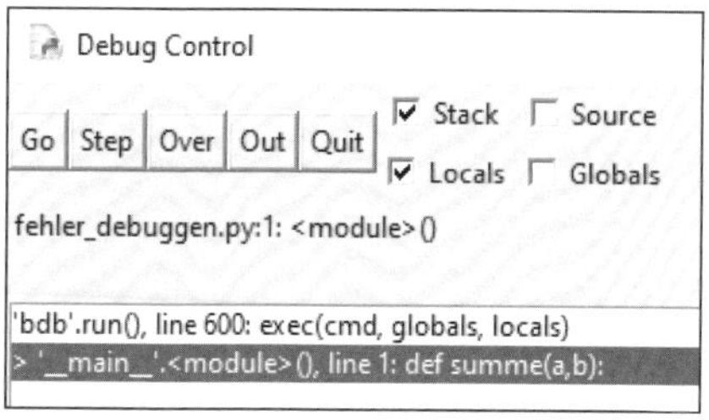

Abbildung 5.8 Erste ausgeführte Programmzeile

Jetzt können Sie auch die Buttons im Dialogfeld DEBUG CONTROL betätigen. Mit dem Button STEP gehen Sie schrittweise durch das Programm. Mit dem nächsten Schritt gelangen Sie direkt hinter die Funktionsdefinition zur ersten ausgeführten Programmzeile.

Durch wiederholtes Drücken des Buttons STEP können Sie nun die Schleife mehrmals durchlaufen. Dabei wird jedes Mal auch die Funktion `summe()` durchlaufen. Im unteren Bereich des Dialogfelds DEBUG CONTROL sehen Sie die jeweils gültigen Variablen und ihre sich ständig verändernden Werte. Befinden Sie sich bei einem der Schritte im Hauptprogramm in der Schleife, sehen Sie die Werte von `i` und `erg`, siehe Abbildung 5.9.

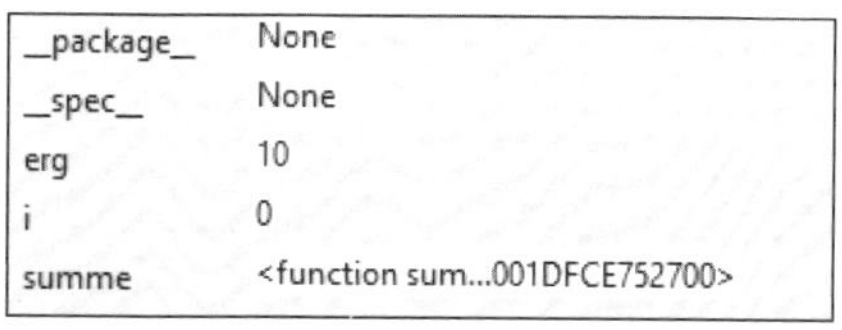

Abbildung 5.9 Hauptprogramm: aktuelle Werte von »i« und »erg«

Befinden Sie sich bei einem der Schritte innerhalb der Funktion `summe()`, sehen Sie die Werte von `a`, `b` und `c`, siehe Abbildung 5.10.

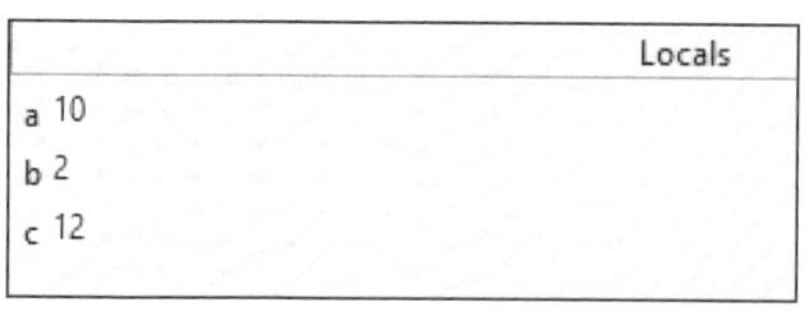

Abbildung 5.10 Funktion: aktuelle Werte von »a«, »b« und »c«

In der IDLE SHELL werden parallel dazu die ersten Ergebnisse ausgegeben, siehe Abbildung 5.11.

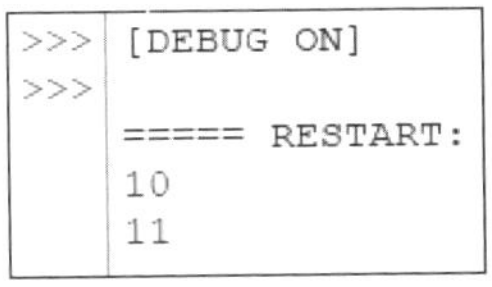

Abbildung 5.11 Ausgabe der ersten Ergebnisse in der »Idle Shell«

Nach dem schrittweisen Durchlauf aller Programmzeilen wird noch der Hinweis [DEBUG ON] in der IDLE SHELL ausgegeben. IDLE befindet sich nach wie vor im Debug-Modus, aber die Buttons können Sie erst nach einem erneuten Programmstart wieder betätigen.

Weitere Möglichkeiten

Um das Programm in etwas größeren Schritten zu durchlaufen, klicken Sie auf den Button OVER. Die Funktionen werden in diesem Fall nicht in Einzelschritten, sondern als Ganzes durchlaufen. Der Debugger springt also über die Funktionen hinweg.

Sie können auch zwischen den beiden Möglichkeiten (Button STEP und Button OVER) flexibel hin und her wechseln – je nachdem, welchen Programmteil Sie sich genau ansehen möchten.

Falls Sie sich gerade in Einzelschritten durch eine Funktion bewegen, führt die Betätigung des Buttons OUT dazu, dass der Rest der Funktion übersprungen und mit dem ersten Schritt nach dem Funktionsaufruf fortgefahren wird.

Der Button GO lässt das Programm, das Sie gerade debuggen, in einem Schritt bis zum Ende laufen. Der Button QUIT bricht den Lauf des Programms sofort ab, ohne es zu Ende laufen zu lassen. In beiden Fällen ist der Debug-Modus noch eingeschaltet.

Der Debug-Modus lässt sich genauso ausschalten, wie Sie ihn eingeschaltet haben: In der IDLE SHELL nach Aufruf des Menüpunkts DEBUG • DEBUGGER. In der IDLE SHELL erscheint dann die Meldung [DEBUG OFF].

Auf weniger elegante Weise können Sie den Debugger beenden, indem Sie das Dialogfeld DEBUG CONTROL einfach schließen.

Andere Entwicklungsumgebungen für Python bieten weitere Möglichkeiten. Das Setzen von *Breakpoints* (deutsch: Haltepunkte) ist sehr nützlich. Diese Haltepunkte werden auf bestimmte Programmzeilen gesetzt. Das Programm läuft dann in einem Zug bis zu einer solchen Programmzeile, und Sie können die aktuellen Werte überprüfen. Anschließend durchlaufen Sie entweder im Einzelschrittverfahren einen Programmbereich, in dem Sie Fehler vermuten, oder Sie gehen direkt zum nächsten bereits gesetzten Haltepunkt usw.

5.5.5 Fehler erzeugen

»Wieso sollte man Fehler erzeugen?«, werden Sie sich angesichts dieser Überschrift fragen. Hierfür gibt es, besonders im Zusammenhang mit der Eingabe von Daten während der Benutzung des Programms, durchaus sinnvolle Gründe.

Im folgenden Beispiel soll eine Zahl eingegeben werden, deren Kehrwert anschließend vom Programm berechnet wird. Die eingegebene Zahl soll allerdings positiv sein. Diese Einschränkung kann mithilfe der Anweisung `raise` bearbeitet werden, die zur Erzeugung eines Fehlers dient:

```
while True:
    try:
        zahl = float(input("Eine positive Zahl: "))
        if zahl < 0:
            raise
        kw = 1.0 / zahl
        break
    except:
        print("Fehler")

print(f"Der Kehrwert von {zahl} ist {kw}")
```

Listing 5.16 Datei »fehler_erzeugen.py«

Ist die eingegebene Zahl kleiner als 0, wird die Anweisung `raise` ausgeführt. Dadurch wird eine Ausnahme erzeugt. Das Programm verzweigt unmittelbar zur Anweisung `except` und führt die dort angegebenen Anweisungen aus.

In diesem Fall handelt es sich zwar nur um einen logischen Eingabefehler, aber er wird genauso behandelt wie ein Fehler im Programm. Es wird dafür gesorgt, dass nur der Kehrwert einer positiven Zahl berechnet wird. Das folgende Listing zeigt eine mögliche Eingabe:

```
Eine positive Zahl: 0
Fehler
Eine positive Zahl: abc
Fehler
Eine positive Zahl: -6
Fehler
Eine positive Zahl: 6
Der Kehrwert von 6.0 ist 0.16666666666666666
```

Es werden verschiedene Fehler gemacht:

- Es wird die Zahl 0 eingegeben. Dies würde bei der Berechnung des Kehrwerts zu einer Ausnahme des Typs `ZeroDivisionError` führen.
- Es wird ein Text eingegeben. Dies würde beim Aufruf der Funktion `float()` zu einer Ausnahme des Typs `ValueError` führen.
- Es wird eine negative Zahl eingegeben. Dies führt wegen der vorgenommenen Einschränkung zu einer selbst erzeugten Ausnahme.

Mithilfe der Anweisungen `try`, `raise` und `except` lassen sich also auch Eingaben abfangen und behandeln, die in Python zwar erlaubt sind, aber für den Verlauf des Programms nicht sinnvoll sind. Die vorgeführte Technik hat allerdings noch den Nachteil, dass alle Fehler gleich behandelt werden und die Fehlermeldungen noch nicht sehr genau sind. Dies wird im folgenden Abschnitt verbessert.

5.5.6 Unterscheidung von Ausnahmen

Im folgenden Programm werden unterschiedliche Arten von Fehlern, die zu Ausnahmen führen, spezifisch abgefangen. Damit erscheinen genauere Fehlermeldungen, und die Bedienung des Programms wird komfortabler. Wiederum wird der Kehrwert einer eingegebenen Zahl ermittelt:

```
while True:
    try:
        zahl = float(input("Eine positive Zahl: "))
        if zahl == 0:
            raise RuntimeError("Zahl gleich 0")
        if zahl < 0:
            raise RuntimeError("Zahl zu klein")
        kw = 1.0 / zahl
        break
    except ValueError:
        print("Fehler: keine Zahl")
    except ZeroDivisionError:
        print("Fehler: Zahl 0 eingegeben")
    except RuntimeError as e:
        print("Fehler:", e)

print(f"Der Kehrwert von {zahl} ist {kw}")
```

Listing 5.17 Datei »fehler_unterscheiden.py«

Das Programm enthält zu einem Versuch mehrere spezifische Möglichkeiten des Abfangens. Nachfolgend wird eine mögliche Eingabe gezeigt:

```
Eine positive Zahl: 0
Fehler: Zahl gleich 0
Eine positive Zahl: abc
Fehler: keine Zahl
Eine positive Zahl: -6
Fehler: Zahl zu klein
Eine positive Zahl: 6
Der Kehrwert von 6.0 ist 0.16666666666666666
```

Es werden wiederum verschiedene Fehler gemacht:

- Es wird die Zahl 0 eingegeben. Dies führt wegen der vorgenommenen Einschränkung zu einem Laufzeitfehler. Dieser wird als allgemeiner `RuntimeError` abgefangen mit der Meldung `Fehler: Zahl gleich 0`.
- Würde die Eingabe von 0 nicht auf diese Weise abgefangen, käme es später bei der Berechnung des Kehrwerts zu einem Laufzeitfehler, einem `ZeroDivisionError`. Dieser würde abgefangen mit der Meldung `Fehler: Zahl 0 eingegeben`. Zu Demonstrationszwecken wird der Fehler zweimal abgefangen.
- Es wird ein Text eingegeben. Dies führt beim Aufruf der Funktion `float()` zu einem Laufzeitfehler, einem `ValueError`. Dieser wird abgefangen mit der Meldung `Fehler: keine Zahl`.
- Es wird eine negative Zahl eingegeben. Dies führt wegen der zweiten Einschränkung wiederum zu einem Laufzeitfehler. Dieser wird auch als allgemeiner `RuntimeError` abgefangen mit der Meldung `Fehler: Zahl zu klein`.

Beim Erzeugen des Fehlers mit der Anweisung `raise` werden ein Fehler und eine Meldung übergeben. Beim Abfangen des genannten Fehlers mit der Anweisung `except` wird die Meldung mithilfe des Schlüsselworts `as` an die Variable `e` übergeben.

5.6 Funktionen

Python bietet zum Thema »Funktionen« noch einige sehr nützliche Erweiterungen, die ich in diesem Abschnitt erläutere.

5.6.1 Variable Anzahl von Parametern

Bisher haben wir darauf geachtet, dass die Anzahl der Parameter einer Funktion bei Definition und Aufruf übereinstimmt. Mithilfe eines *Ausdrucks mit Stern* (englisch: *starred expression*, siehe Abschnitt 4.4) können Sie Funktionen auch mit einer variablen Anzahl von Parametern definieren.

Setzen Sie vor einen Parameter der Funktion den Operator *. Damit verweist dieser Parameter auf ein Tupel, das nach dem Aufruf der Funktion die überzähligen Werte der Parameterkette enthält.

Nachfolgend wird eine Funktion definiert und zweimal aufgerufen, die die Summe aller Parameter berechnet und zurückliefert:

```
def summe(a, *summanden):
    erg = a
    for s in summanden:
        erg += s
    return erg

print("Summe:", summe(3, 4))
print("Summe:", summe(3, 8, 12, -5))
```

Listing 5.18 Datei »parameter_variabel.py«

Folgende Ausgabe wird erzeugt:

```
Summe: 7
Summe: 18
```

Die Funktion wird mit zwei bzw. vier Werten aufgerufen. Der erste Wert wird dem Parameter a zugewiesen. Die restlichen Werte werden im Tupel summanden gespeichert. Die for-Schleife dient zum Hinzufügen der Werte des Tupels zu der Summe. Die Funktion muss mit mindestens einem Parameter aufgerufen werden.

5.6.2 Benannte Parameter

Die definierte Reihenfolge der Parameter muss beim Aufruf nicht eingehalten werden, falls mit *benannten Parametern* gearbeitet wird.

Im nachfolgenden Beispiel sind einige Varianten zum Aufruf der Funktion volumen() dargestellt. Diese Funktion berechnet das Volumen eines Quaders und gibt es aus. Zudem wird die übergebene Farbe ausgegeben:

```
def volumen(breite, laenge, tiefe, farbe):
    print("Werte:", breite, laenge, tiefe, farbe)
    print("Volumen:", breite * laenge * tiefe, "Farbe:", farbe)

volumen(4, 6, 2, "Rot")
volumen(laenge=2, farbe="Gelb", tiefe=7, breite=3)
volumen(5, tiefe=2, laenge=8, farbe="Blau")
# volumen(3, tiefe=4, laenge=5, "Schwarz")
```

Listing 5.19 Datei »parameter_benannt.py«

Die Ausgabe lautet:

```
Werte: 4 6 2 Rot
Volumen: 48 Farbe: Rot
Werte: 3 2 7 Gelb
Volumen: 42 Farbe: Gelb
Werte: 5 8 2 Blau
Volumen: 80 Farbe: Blau
```

Der erste Aufruf findet in der bekannten Form statt. Es wird ausschließlich mit *positionalen Parametern* gearbeitet. Das heißt, die Zuordnung gelingt über die Position der Parameter.

Beim zweiten Aufruf werden vier benannte Parameter übergeben. In diesem Fall ist die Reihenfolge beim Aufruf nicht wichtig.

Beim dritten Aufruf werden ein positionaler und drei benannte Parameter übergeben. Es sind also auch Mischformen möglich.

Sobald allerdings der erste benannte Parameter beim Aufruf erscheint, müssen alle nachfolgenden Parameter auch benannt sein. Daher würde beim vierten Aufruf ein Fehler auftreten.

5.6.3 Optionale Parameter

Optionale Parameter ermöglichen ebenfalls eine variable Parameterzahl. Sie müssen einen Vorgabewert besitzen und am Ende der Parameterliste stehen. Zusätzlich können benannte Parameter eingesetzt werden.

Die Funktion zur Volumenberechnung des Quaders wird geändert. Es müssen nur noch zwei Parameter angegeben werden. Die anderen beiden Parameter sind optional, es werden gegebenenfalls die Vorgabewerte verwendet.

```
def volumen(breite, laenge, tiefe=1, farbe="Schwarz"):
    print("Werte:", breite, laenge, tiefe, farbe)
    print("Volumen:", breite * laenge * tiefe, "Farbe:", farbe)

volumen(4, 6, 2, "Rot")
volumen(2, 12, 7)
volumen(5, 8)
volumen(4, 7, farbe="Rot")
```

Listing 5.20 Datei »parameter_optional.py«

Das Programm erzeugt die Ausgabe:

```
Werte: 4 6 2 Rot
Volumen: 48 Farbe: Rot
Werte: 2 12 7 Schwarz
Volumen: 168 Farbe: Schwarz
Werte: 5 8 1 Schwarz
Volumen: 40 Farbe: Schwarz
Werte: 4 7 1 Rot
Volumen: 28 Farbe: Rot
```

Die beiden Parameter `tiefe` und `farbe` sind optional und stehen am Ende der Parameterliste. Es folgen die vier Aufrufe:

- Beim ersten Aufruf werden alle vier Parameter übergeben.
- Beim zweiten Aufruf wird nur der erste optionale Parameter übergeben. Der zweite optionale Parameter erhält daher den Vorgabewert.
- Beim dritten Aufruf werden beide optionalen Parameter nicht übergeben und erhalten ihren Vorgabewert.
- Beim vierten Aufruf wird nur der zweite optionale Parameter übergeben. Da dieser Parameter nicht positional zugeordnet werden kann, muss er benannt werden.

5.6.4 Mehrere Rückgabewerte

Funktionen können in Python ein Tupel von Rückgabewerten liefern. Im folgenden Beispiel werden in der Funktion `kreis()` die Fläche und der Umfang eines Kreises berechnet und als Tupel zurückgegeben.

```
import math
def kreis(radius):
    flaeche = math.pi * radius * radius
```

```
    umfang = 2 * math.pi * radius
    return flaeche, umfang

f, u = kreis(3)
print(f"Fläche: {f:.3f}, Umfang: {u:.3f}")
x = kreis(3)
print(f"Fläche: {x[0]:.3f}, Umfang: {x[1]:.3f}")
```

Listing 5.21 Datei »rueckgabe_tupel.py«

Die Ausgabe lautet:

```
Fläche: 28.274, Umfang: 18.850
Fläche: 28.274, Umfang: 18.850
```

Das Schlüsselwort `return` liefert ein Tupel, das entpackt werden kann. Das Tupel enthält die beiden Ergebnisse der Funktion.

An der Aufrufstelle kann ein Tupel der passenden Größe zum Empfang bereitstehen, wie beim ersten Aufruf. Es kann aber auch eine Variable bereitstehen, die damit zum Tupel wird, wie beim zweiten Aufruf.

5.6.5 Übergabe von Kopien und Referenzen

Werden Parameter, die an eine Funktion übergeben werden, innerhalb der Funktion verändert, wirkt sich dies unterschiedlich aus:

- Bei der Übergabe eines Objekts eines einfachen Typs, zum Beispiel einer Zahl oder einer Zeichenkette, wird eine Kopie des Objekts angelegt. Eine Veränderung der Kopie hat keine Auswirkungen auf das Original.
- Bei der Übergabe eines Objekts eines nicht einfachen Typs, zum Beispiel einer Liste, eines Dictionary oder eines Sets, wird mit einer Referenz auf das Originalobjekt gearbeitet. Eine Veränderung über die Referenz verändert auch das Original.

Zur Verdeutlichung dieses Zusammenhangs werden im folgenden Beispiel insgesamt fünf Parameter an eine Funktion übergeben: eine Zahl, eine Zeichenkette, eine Liste, ein Dictionary und ein Set. Die Objekte werden jeweils dreimal ausgegeben:

- vor dem Aufruf der Funktion
- nach einer Veränderung innerhalb der Funktion
- nach der Rückkehr aus der Funktion

```
def aendern(za, tx, li, di, st):
    za = 8
    tx = "ciao "
    li[0] = 7
    di["x"] = 7
    st.discard(3)
    print(f"Funktion: {za} {tx} {li} {di} {st}")

hza = 3
htx = "hallo"
hli = [3,"abc"]
hdi = {"x":3, "y":"abc"}
hst = set([3, "abc"])

print(f"Vorher:   {hza} {htx} {hli} {hdi} {hst}")
aendern(hza, htx, hli, hdi, hst)
print(f"Nachher:  {hza} {htx} {hli} {hdi} {hst}")
```

Listing 5.22 Datei »parameter_uebergabe.py«

Die Ausgabe lautet:

```
Vorher:   3 hallo [3, 'abc'] {'x': 3, 'y': 'abc'} {'abc', 3}
Funktion: 8 ciao  [7, 'abc'] {'x': 7, 'y': 'abc'} {'abc'}
Nachher:  3 hallo [7, 'abc'] {'x': 7, 'y': 'abc'} {'abc'}
```

Es zeigt sich, dass nur bei der Liste, dem Dictionary und dem Set eine dauerhafte Veränderung durch die Funktion erfolgte. Dies ist je nach Problemstellung ein erwünschter oder ein unerwünschter Effekt. Im nachfolgenden Programm wird auch die Veränderung von einfachen Objekten durch eine Funktion dauerhaft gemacht. Dabei wird die Tatsache genutzt, dass Python-Funktionen mehr als einen Rückgabewert haben können.

Die Funktion im Beispielprogramm dient zur aufsteigenden Sortierung von zwei Variablen. Sie werden als Tupel zurückgeliefert:

```
def sortieren(eins, zwei):
    if eins > zwei:
        return zwei, eins
    else:
        return eins, zwei


x = 12
y = 7
```

```
print(f"x: {x}, y: {y}")
x, y = sortieren(x, y)
print(f"x: {x}, y: {y}")
```

Listing 5.23 Datei »werte_aendern.py«

Die Ausgabe lautet:

```
x: 12, y: 7
x: 7, y: 12
```

An die Funktion werden zwei Zahlenwerte übergeben. Es wird geprüft, ob der erste Wert größer als der zweite Wert ist:

- Trifft das zu, werden beide Werte in umgekehrter Reihenfolge an die aufrufende Stelle zurückgeliefert.
- Trifft das nicht zu, werden die beiden Werte in unveränderter Reihenfolge an die aufrufende Stelle zurückgeliefert.

5.6.6 Namensräume

Die Definition einer Funktion in Python erzeugt einen lokalen Namensraum. In diesem lokalen Namensraum stehen alle Namen der Variablen, denen innerhalb der Funktion ein Wert zugewiesen wird, und die Namen der Variablen aus der Parameterliste.

Wird bei der Ausführung der Funktion auf eine Variable zugegriffen, so wird diese Variable zunächst im lokalen Namensraum gesucht. Wird der Name der Variablen dort nicht gefunden, wird in dem bisher bekannten globalen Namensraum gesucht, also in den bisher ausgeführten Programmzeilen außerhalb der Funktion. Wird die Variable auch dort nicht gefunden, tritt ein Fehler auf. Ein erstes Beispiel:

```
def func():
    try:
        print(x)
    except:
        print("Fehler")

# Programm
func()
x = 42
func()
```

Listing 5.24 Datei »global_ohne.py«

Die Ausgabe lautet:

```
Fehler
42
```

Der erste Aufruf von `func()` führt zu einem Fehler, da in der Funktion der Wert der Variablen `x` ausgegeben werden soll. Sie ist nicht im lokalen Namensraum vorhanden, aber auch nicht in den bisher bearbeiteten Programmzeilen außerhalb der Funktion.

Der zweite Aufruf von `func()` führt nicht zu einem Fehler, denn die Variable `x` hat vorher außerhalb der Funktion einen Wert erhalten und ist somit im globalen Namensraum bekannt.

Das Schlüsselwort `global` dient dazu, eine Variable direkt dem globalen Namensraum zuzuordnen. Das ist im nachfolgenden Beispiel notwendig:

```
def eingabe():
    global x
    x = float(input("Zahl: "))

def ausgabe():
    print("Zahl:", x)

# Programm
eingabe()
ausgabe()
```

Listing 5.25 Datei »global_mit.py«

In der Funktion `eingabe()` wird ein Wert für die Variable `x` eingelesen und in eine Zahl umgewandelt. Sie wird mithilfe des Schlüsselworts `global` direkt dem globalen Namensraum zugeordnet. Ansonsten wäre sie nur im lokalen Namensraum bekannt und würde daher in der Funktion `ausgabe()` weder im lokalen noch im globalen Namensraum gefunden. Die Zuordnung muss vor der Nutzung der Variablen erfolgen.

Testen Sie das Verhalten, indem Sie die Zeile mit dem Schlüsselwort `global` einmal kurzfristig als Kommentar setzen.

5.6.7 Rekursive Funktionen

Bestimmte Abläufe lassen sich am besten rekursiv programmieren. Eine rekursive Funktion ruft sich immer wieder selbst auf. Damit dies nicht zu einer endlosen Anzahl an Funktionsaufrufen führt, muss es eine Bedingung geben, die der Rekursion ein Ende setzt. Zudem wird ein erster Aufruf benötigt, der die Rekursion einleitet.

Das Prinzip der Rekursion lässt sich bereits anhand des folgenden einfachen Programms verdeutlichen. Sie finden darin die rekursive Funktion `halbieren()`, die bei jedem Aufruf den ihr übergebenen Wert halbiert. Anschließend ruft sie sich selbst wieder auf, und zwar mit dem halbierten Wert. Die Rekursion endet, nachdem der Wert, der ständig halbiert wird, eine bestimmte Grenze unterschritten hat. Der erste Aufruf der rekursiven Funktion erfolgt mit einem Startwert aus dem Hauptprogramm heraus.

Das Programm:

```
def halbieren(wert):
   print(wert)
   wert = wert / 2
   if wert > 0.05:
      halbieren(wert)

# Programm
halbieren(3)
```

Listing 5.26 Datei »rekursion.py«

Die Ausgabe des Programms:

```
3
1.5
0.75
0.375
0.1875
0.09375
```

Der rekursive Aufruf erfolgt gemäß der Bedingung `wert > 0.05`. Ohne diese Bedingung würde die Rekursion endlos weiterlaufen.

5.6.8 Lambda-Funktionen

Lambda-Funktionen werden mithilfe das Schlüsselworts `lambda` erstellt. Sie werden auch *anonyme Funktionen* genannt, im Gegensatz zu den bisher genutzten *benannten Funktionen*.

Eine Lambda-Funktion liefert ihr Ergebnis mithilfe eines Ausdrucks zurück, der in der gleichen Zeile stehen muss. Darin dürfen keine Mehrfachanweisungen, Ausgaben oder Schleifen vorkommen.

Lambda-Funktionen:

- haben im Vergleich zu einer benannten Funktion eine kürzere Definition,
- können Parameter besitzen,
- können einer Variablen zugewiesen werden, über die sie aufgerufen werden können, und
- können als Parameter beim Aufruf einer anderen Funktion übergeben werden, siehe Abschnitt 5.6.9,
- sind nach dem nachfolgenden Muster aufgebaut: `[Ergebnis] = lambda [Parameterliste] : [Ausdruck]`.

Ein Beispielprogramm sieht wie folgt aus:

```
mal = lambda x,y: x*y
plus = lambda x,y: x+y

print(mal(5,3))
print(plus(4,7))
```

Listing 5.27 Datei »funktion_lambda.py«

Das Programm erzeugt die folgende Ausgabe:

```
15
11
```

Im vorliegenden Fall haben beide Lambda-Funktionen zwei Parameter. Die erste Lambda-Funktion wird der Variablen `mal` zugewiesen und liefert das Produkt der beiden Parameter. Die zweite Lambda-Funktion wird der Variablen `plus` zugewiesen und liefert die Summe der beiden Parameter.

5.6.9 Funktion als Parameter

Sie können einer Funktion nicht nur Werte übergeben, sondern auch den Namen einer benannten Funktion oder eine anonyme Funktion. Eine solche Funktion, die als Parameter eingesetzt wird, wird *Callback* genannt. Damit wird die erstgenannte Funktion flexibler. Ein Beispiel:

```
def hochzwei(x):
    return x * x

def hochdrei(x):
    return x * x * x

def ausgabe(unten, oben, schritt, f):
    for x in range(unten, oben, schritt):
        print(x, ":", f(x), sep="", end=" ")
    print()

# Programm
ausgabe(1, 5, 1, hochzwei)
ausgabe(1, 5, 1, hochdrei)
ausgabe(1, 5, 1, lambda x: x * x * x * x)
```

Listing 5.28 Datei »parameter_funktion.py«

Es wird diese Ausgabe erzeugt:

```
1:1 2:4 3:9 4:16
1:1 2:8 3:27 4:64
1:1 2:16 3:81 4:256
```

Zunächst werden die beiden benannten Funktionen hochzwei() und hochdrei() definiert. Sie liefern als Ergebnis einen einzelnen Wert zurück.

Die Funktion ausgabe() dient zur Ausgabe von mehreren Werten und den zugehörigen Funktionswerten. Sie erwartet insgesamt vier Parameter. Die ersten drei Parameter dienen zur Steuerung der for-Schleife.

Als vierter Parameter wird der Name einer benannten Funktion (ohne runde Klammern) oder eine anonyme Funktion erwartet. Diese Funktion wird zur Berechnung des Funktionswerts verwendet.

5.7 Eingebaute Funktionen

Bereits ohne Einbindung eines zusätzlichen Moduls können Sie eine ganze Reihe von eingebauten Funktionen verwenden. In Tabelle 5.1 folgt eine Übersicht über die eingebauten Funktionen, die im Buch behandelt werden.

Name	Liefert ...	Beispiel in ...
`abs()`	Betrag einer Zahl	Abschnitt 4.1.10
`bin()`	binäre (duale) Zahl	Abschnitt 4.1.9
`bytes()`	Objekt des Typs `bytes`	Abschnitt 4.2.9
`chr()`	Zeichen zu Unicode-Zahl	Abschnitt 5.7.2
`filter()`	Iterable mit gefilterten Werten	Abschnitt 5.3.3
`float()`	Zahl mit Nachkommastellen	Abschnitt 3.2.4
`frozenset()`	unveränderliches Set	Abschnitt 4.6.1
`hex()`	hexadezimale Zahl	Abschnitt 4.1.1
`input()`	Eingabe von Werten	Abschnitt 3.2.3
`int()`	ganze Zahl	Abschnitt 3.2.4
`len()`	Anzahl der Elemente	Abschnitt 4.2.1
`map()`	Iterable mit Ergebnissen mehrerer Aufrufe	Abschnitt 5.3.2
`max()`	größtes Element	Abschnitt 5.7.1
`min()`	kleinstes Element	Abschnitt 5.7.1
`oct()`	oktale Zahl	Abschnitt 4.1.1
`open()`	Verweis auf geöffnete Datei	Abschnitt 8.1
`ord()`	Unicode-Zahl zu Zeichen	Abschnitt 5.7.2
`print()`	Ausgabe	Abschnitt 5.2.1
`range()`	Iterable über Bereich	Abschnitt 3.4.6
`reversed()`	Liste in umgekehrter Reihenfolge	Abschnitt 5.7.3
`round()`	gerundete Zahl	Abschnitt 4.1.4
`set()`	Set	Abschnitt 4.6
`slice()`	Bereich einer Sequenz	Abschnitt 4.2.3
`sorted()`	sortierte Liste	Abschnitt 5.7.3
`str()`	Zeichenkette	Abschnitt 4.2.1
`sum()`	Summe der Elemente	Abschnitt 5.7.1
`type()`	Typ eines Objekts	Abschnitt 3.2.8
`zip()`	Verbindung von Iterables	Abschnitt 5.3.1

Tabelle 5.1 Einige eingebaute Funktionen

5.7.1 Funktionen »max()«, »min()« und »sum()«

Die eingebauten Funktionen max() und min() liefern den größten bzw. kleinsten Wert eines Iterables. Die Funktion sum() liefert die Summe der Elemente eines Iterables und wird nur mit einem Parameter aufgerufen.

Ein Beispiel zu den drei Funktionen:

```
print("Max. Wert eines Tupels:", max(3, 2, -7))
print("Min. Wert eines Sets:", min(set([3, 2, 3])))
print("Summe eines Tupels:", sum((3, 2, -7)))
```

Listing 5.29 Datei »max_min_sum.py«

Die Ausgabe lautet:

```
Max. Wert eines Tupels: 3
Min. Wert eines Sets: 2
Summe eines Tupels: -2
```

Die Funktion max() wird hier mit mehreren Parametern aufgerufen. Sie bilden ein Tupel von Werten, dessen größtes Element bestimmt wird. Die Funktion min() wird hier für ein Set aufgerufen. Der einzelne Parameter der Funktion sum() ist hier ein Tupel, das vor dem Funktionsaufruf mithilfe von runden Klammern gebildet werden muss.

5.7.2 Funktionen »chr()« und »ord()«

Die eingebaute Funktion chr() liefert das zugehörige Zeichen zu einer Unicode-Zahl. Umgekehrt erhalten Sie mithilfe der eingebauten Funktion ord() die Unicode-Zahl zu einem Zeichen. Ein Beispiel:

```
for i in range(48,58):
    print(chr(i), end="")
print()

for i in range(65,91):
    print(chr(i), end="")
print()

for i in range(97,123):
    print(chr(i), end="")
print()
```

```
for z in "abcde":
    print(ord(z), end=" ")
print()

for z in "abcde":
    print(chr(ord(z)+1), end="")
```

Listing 5.30 Datei »chr_ord.py«

Es wird diese Ausgabe erzeugt:

```
0123456789
ABCDEFGHIJKLMNOPQRSTUVWXYZ
abcdefghijklmnopqrstuvwxyz
97 98 99 100 101
bcdef
```

An den Positionen 48 bis 57 stehen im Unicode die Ziffern 0 bis 9. An den Positionen 65 bis 90 bzw. 97 bis 122 stehen im Unicode die großen und die kleinen Buchstaben.

Im letzten Teil des Programms wird jedes Zeichen einer Zeichenkette in das codemäßig nachfolgende Zeichen umgewandelt. Dies wäre ein Beispiel für eine sehr einfache Verschlüsselung.

5.7.3 Funktionen »reversed()« und »sorted()«

Die eingebaute Funktion `reversed()` liefert die Elemente einer Sequenz in umgekehrter Reihenfolge. Mithilfe der eingebauten Funktion `sorted()` wird eine sortierte Liste der Elemente einer Sequenz erstellt und geliefert.

Es folgt ein Beispiel, in dem die beiden Funktionen auf ein Tupel und die Werte-View eines Dictionarys angewendet werden:

```
t = 4, 12, 6, -2
print("Tupel:", t)
print("Umgedreht: ", end="")
for i in reversed(t):
    print(i, end=" ")
print()
print("Sortiert:", sorted(t))
print()
```

```
dc = {"Peter":31, "Julia":28, "Werner":35}
print("Dictionary:", dc)
va = dc.values()
print("Werte-View:", va)
print("Umgedreht: ", end="")
for i in reversed(va):
    print(i, end=" ")
print()
print("Sortiert:", sorted(va))
```

Listing 5.31 Datei »reversed_sorted.py«

Die Ausgabe lautet:

```
Tupel: (4, 12, 6, -2)
Umgedreht: -2 6 12 4
Sortiert: [-2, 4, 6, 12]

Dictionary: {'Peter': 31, 'Julia': 28, 'Werner': 35}
Werte-View: dict_values([31, 28, 35])
Umgedreht: 35 28 31
Sortiert: [28, 31, 35]
```

Die Funktion `reversed()` liefert eine Sequenz, die die Elemente in umgekehrter Reihenfolge enthält. Sie können mithilfe einer `for`-Schleife ausgegeben werden. Im Falle des umgekehrten Tupels handelt es sich um ein Objekt des Typs `reversed`, im Falle der Werte-View des Dictionarys um ein Objekt des Typs `dict_reversevalueiterator`.

Die Funktion `sorted()` liefert eine Liste, die die Elemente der Sequenz in sortierter Reihenfolge enthält. Bei Zahlen ist die Sortierung aufsteigend nach Wert, bei Zeichen aufsteigend nach der Codenummer.

5.8 Weitere mathematische Module

Bei den mathematisch orientierten Modulen aus diesem Abschnitt handelt es sich um spezielle Themen. Sie können sie zunächst übergehen und bei Bedarf nachschlagen.

5.8.1 Funktionsgraphen zeichnen

Mithilfe der Bibliothek `matplotlib` können Sie mathematische Darstellungen erzeugen, zum Beispiel den Graphen einer Funktion zeichnen.

Zunächst muss das zusätzliche Modul matplotlib wie folgt installiert werden, siehe auch Abschnitt A.1:

- unter Windows und macOS: pip install matplotlib
- unter Ubuntu Linux: sudo apt install python3-matplotlib

Es folgt ein erstes Programm, mit dessen Hilfe ich einige der zahlreichen Möglichkeiten der Bibliothek zeige. Es werden die beiden mathematischen Funktionen $y1(x) = x^2$ und $y2(x) = 0.5x^2$ im Bereich von x = -5 bis x = 5 gezeichnet, siehe Abbildung 5.12:

```
import matplotlib.pyplot as plt

x = []
y1 = []
y2 = []
i = -5
while i < 5.05:
    x.append(i)
    y1.append(i * i)
    y2.append(0.5 * i * i)
    i += 0.1

plt.plot(x, y1, label="y1(x) = x * x")
plt.plot(x, y2, label="y2(x) = 0.5 * x * x")
plt.title("Funktionen")
plt.legend()
plt.xlabel("x")
plt.ylabel("y(x)")
plt.axis([-5, 5, 0, 25])
plt.grid(axis="both")
plt.axhline(9, color="red")
plt.axvline(3, color="green")
plt.show()
```

Listing 5.32 Datei »matplotlib_graph.py«

Zunächst wird das Modul pyplot aus dem Modul matplotlib importiert. Für die Aufrufe im Programm wird mithilfe des Schlüsselworts as der Alias plt erstellt. Darüber ist das Modul in verkürzter Schreibweise erreichbar.

Es werden drei leere Listen erstellt, die in einer Schleife gefüllt werden: Die Liste x mit den x-Werten von -5 bis 5 im Abstand 0.1 und die beiden Listen y1 und y2 mit den jeweiligen Funktionswerten.

Bei jedem Aufruf der Funktion `plot()` wird ein einzelner Graph für die Werte aus zwei Listen erzeugt. Hier wird die Methode zweimal aufgerufen, einmal für die Werte aus den beiden Listen `x` und `y1` und einmal für die Werte aus den beiden Listen `x` und `y2`. Der optionale Parameter `label` kann zusammen mit der Funktion `legend()` zur Gestaltung der Legende verwendet werden. Die Funktion `show()` zeichnet die erzeugten Graphen in einem Anwendungsfenster auf dem Bildschirm.

Es können weitere Funktionen zur Gestaltung der Zeichnung genutzt werden:

- `title()` zum Setzen eines Titels oberhalb der Zeichnung
- `legend()` zur Darstellung einer Legende, zusammen mit dem benannten Parameter `label` der Funktion `plot()`
- `xlabel()` und `ylabel()` zum Beschriften der beiden Achsen
- `axis()` zum Festlegen der Grenzwerte für die beiden Achsen mithilfe einer Liste aus vier Werten
- `grid()` zur Darstellung eines Gitternetzes parallel zu den Achsen; mögliche Werte für den benannten Parameter `axis` sind `x`, `y` oder der Standardwert `both`
- `axhline()` zur Darstellung einer horizontalen Linie an einem bestimmten y-Wert in einer bestimmten Farbe
- `axvline()` zur Darstellung einer vertikalen Linie an einem bestimmten x-Wert in einer bestimmten Farbe

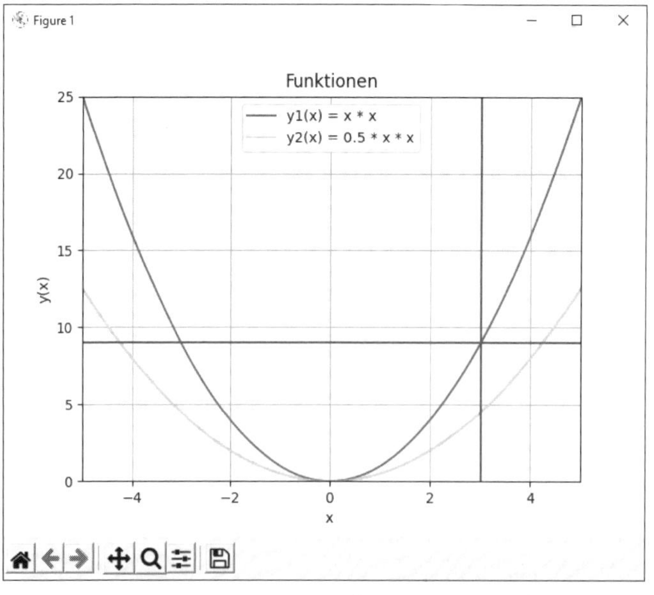

Abbildung 5.12 Funktionen $y1(x) = x^2$ und $y2(x) = 0.5x^2$

5.8.2 Mehrere Teilzeichnungen

Mit einem weiteren Programm wird gezeigt, wie mithilfe der Bibliothek `matplotlib` verschiedene Graphen in mehreren Teilzeichnungen dargestellt werden können. Hier handelt es sich um die beiden Funktionen `y1(x) = sin(x)` und `y2(x) = cos(x)` im Bereich von 0 bis 360 Grad, siehe Abbildung 5.13:


```
import matplotlib.pyplot as plt
import math

x = []
y1 = []
y2 = []
i = 0
for i in range(0, 361):
    x.append(i)
    bm = math.radians(i)
    y1.append(math.sin(bm))
    y2.append(math.cos(bm))

figur, (py1, py2) = plt.subplots(2, 1)

py1.plot(x, y1)
py1.set_title("Sinus")
py1.set_xlabel("x")
py1.set_ylabel("sin(x)")
py1.axis([0, 360, -1, 1])
py1.grid(axis="both")

py2.plot(x, y2)
py2.set_title("Kosinus")
py2.set_xlabel("x")
py2.set_ylabel("cos(x)")
py2.axis([0, 360, -1, 1])
py2.grid(axis="both")

plt.show()
```

Listing 5.33 Datei »matplotlib_subplot.py«

Es werden insgesamt drei leere Listen erstellt, die in einer Schleife gefüllt werden: Die Liste `x` mit den x-Werten von 0 bis 360 im Abstand 1 und die beiden Listen `y1` und `y2` mit den zugehörigen Funktionswerten, die mithilfe der Funktionen `math.sin()` und `math.cos()` ermittelt werden. Die Gradwerte werden zuvor mithilfe der Funktion `math.radians()` in Bogenmaßwerte umgerechnet.

Die Funktion `subplots()` dient zur Unterteilung einer Zeichnung in mehrere Teilzeichnungen. Diese werden mithilfe der Parameter in einem Raster aus Zeilen und Spalten angeordnet. Hier sind es zwei Zeilen und eine Spalte. Es gibt also zwei Teilzeichnungen. Zurückgeliefert werden eine Referenz auf die gesamte Zeichnung und eine passende Anzahl (hier: zwei) von Referenzen auf die Teilzeichnungen.

Für die Teilzeichnungen werden jeweils einige Funktionen aufgerufen:

- `set_title()` zum Setzen eines Titels oberhalb der Teilzeichnung
- `set_xlabel()` und `set_ylabel()` zum Beschriften der beiden Achsen
- `axis()` zum Festlegen der Grenzwerte für die beiden Achsen
- `grid()` zur Erstellung eines Gitternetzes parallel zu den Achsen

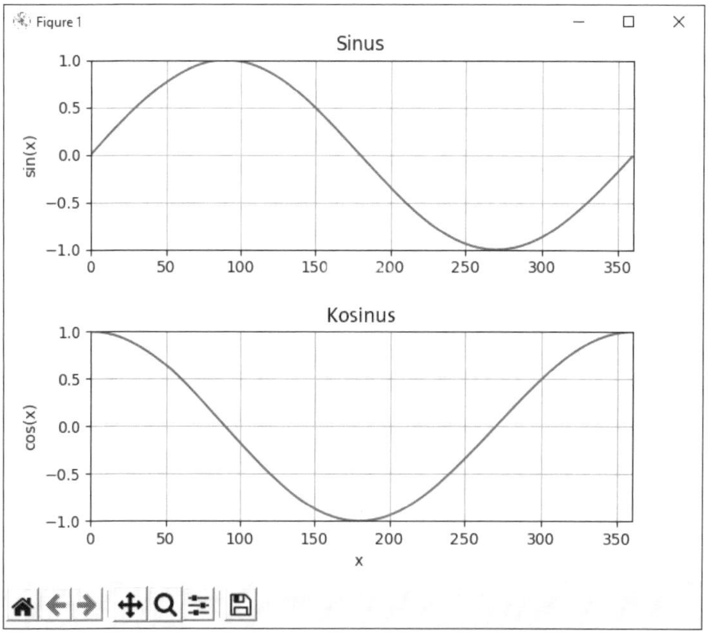

Abbildung 5.13 Funktionen y1(x) = sin(x) und y2(x) = cos(x)

5.8.3 Eindimensionale Arrays und Vektoren

Die Bibliothek `numpy` bietet numerische Funktionen, die zum Beispiel für mathematische Näherungslösungen benötigt werden. Sie erleichtert zudem die Arbeit mit großen, mehrdimensionalen Datenstrukturen, wie sie bei der Rechnung mit Vektoren und Matrizen zum Einsatz kommen.

Nach der Installation des Moduls `matplotlib` ist das Modul `numpy` bereits installiert, da es dort intern benötigt wird. Ansonsten können Sie es wie folgt installieren, siehe auch Abschnitt A.1:

- unter Windows und macOS: `pip install numpy`
- unter Ubuntu Linux: `sudo apt install python3-numpy`

In einem ersten Programm wird mit eindimensionalen Datenstrukturen gearbeitet, um einige Aufgaben aus der *Vektorrechnung* zu lösen:

```
import numpy as np

a = np.array([5, 8, -4])
print("Eindimensionaler Array = Vektor:", a)

b = a * 2
print("Rechenoperation mit Skalar:", b)

c = np.linspace(0, 30, 4)
print("Array mit äquidistanten Werten:", c)

d = np.sin(np.radians(c))
print("Funktion auf Array anwenden:", d)

e = np.array([2, 8, 3])
f = np.array([3, 7, -4])
g = e + f
print("Vektoraddition:", g)

h = e @ f
print("Skalarprodukt:", h)

i = np.cross(e, f)
print("Kreuzprodukt:", i)
```

Listing 5.34 Datei »numpy_eindim.py«

Das Modul `numpy` wird importiert und gemäß Konvention über den Alias `np` erreichbar gemacht. Mithilfe der Funktion `array()` wird aus einer Liste ein eindimensionaler Array erstellt und ausgegeben. Der Array besitzt drei Elemente und kann daher auch als ein Vektor im dreidimensionalen Raum betrachtet werden.

Rechenoperationen mit Skalaren werden für den gesamten Array ausgeführt. Als Beispiel dient hier die Multiplikation des Vektors mit dem Wert 2. Wie bei der Vektorrechnung werden diese Operationen Element für Element angewendet. Die mathematischen Grundlagen zum Verständnis der Vektorrechnung sind nicht Thema dieses Buchs. Sie finden sie über:

https://de.wikipedia.org/wiki/Vektor#Rechenoperationen

Die Funktion `linspace()` erstellt einen Array, der äquidistante Werte enthält, wie sie zum Beispiel für die x-Achse einer Zeichnung mit `matplotlib` benötigt werden. Mit den beiden ersten Parametern werden der erste und der letzte Wert des Arrays festgelegt, mit dem dritten Parameter die Anzahl der Werte im Array.

Das Modul `numpy` bietet Winkelfunktionen, die effektiver und genauer arbeiten als die entsprechenden Funktionen aus dem Modul `math`. Diese Funktionen aus dem Modul `numpy` werden ebenfalls für den gesamten Array ausgeführt, Element für Element. Als Beispiel dienen hier die Funktionen `radians()` und `sin()`, zur Umrechnung in das Bogenmaß bzw. zur Berechnung des Sinus.

Die folgenden Berechnungen mit Vektoren werden gemäß den Regeln der Vektorrechnung für Vektoren derselben Größe ausgeführt:

- *Vektoraddition*, mithilfe des Operators `+`
- *Skalarprodukt*, mithilfe des Operators `@`
- *Kreuzprodukt*, mithilfe der Funktion `cross()`

Die Ausgabe des Programms:

```
Eindimensionaler Array = Vektor: [ 5 8 -4]
Rechenoperation mit Skalar: [10 16 -8]
Array mit äquidistanten Werten: [ 0. 10. 20. 30.]
Funktion auf Array anwenden: [0. 0.17364818 0.34202014 0.5]
Vektoraddition: [ 5 15 -1]
Skalarprodukt: 50
Kreuzprodukt: [-53  17 -10]
```

5.8.4 Mehrdimensionale Arrays und Matrizen

In diesem Abschnitt geht es um mehrdimensionale Arrays und Matrizen, die mithilfe der Bibliothek `numpy` erstellt und bearbeitet werden:

- Arrays können eine beliebige Anzahl von Dimensionen besitzen. Als Beispiel wird ein dreidimensionaler Array erzeugt.
- Matrizen können nur zweidimensional sein. Mit ihnen werden hier einige Aufgaben aus der *Matrizenrechnung* gelöst.

Zunächst das Programm:


```
import numpy as np

a = np.array([[[2, 8],[3, 7]], [[5, 4],[9, 1]]])
b = a * 2
print("Operator und Skalar auf mehrdimensionalen Array anwenden:")
print(b)
print("Form des Arrays:", b.shape)
print()

c = np.matrix([[5, 2, 3],[8, 4, 5]])
print("Matrix c:")
print(c)
print("Form der Matrix:", c.shape)
print()

d = c * 2
print("Rechenoperation mit Skalar:")
print(d)
print()

e = np.matrix([[2, -4, 7],[-1, 9, 3]])
print("Matrix e:")
print(e)
print("Form der Matrix:", e.shape)
print()

f = c + e
print("Matrizenaddition c + e:")
print(f)
print()

g = np.matrix([[2, 3],[4, 5],[2, 6]])
print("Matrix g:")
```

```
print(g)
print("Form der Matrix:", g.shape)
print()

h = c * g
print("Matrizenmultiplikation c * g:")
print(h)
```

Listing 5.35 Datei »numpy_mehrdim.py«

Als Erstes wird mithilfe der Funktion array() ein dreidimensionaler Array aus einer dreidimensionalen Liste erstellt und ausgegeben. Auf dem Bildschirm können nur zwei Dimensionen anschaulich dargestellt werden. Zur Verdeutlichung der nächsthöheren Dimension werden daher automatisch Leerzeilen eingefügt.

Mit dem gesamten dreidimensionalen Array wird eine Rechenoperation mit einem Skalar ausgeführt, wiederum Element für Element.

Die Eigenschaft shape liefert ein Tupel mit der Größe eines Arrays in den einzelnen Dimensionen. Der vorliegende Array hat 2 × 2 × 2 Elemente.

Es folgt die Erstellung der Matrix c mit zwei Zeilen und drei Spalten mithilfe der Funktion matrix(). Sie besitzt ebenso die Eigenschaft shape.

Rechenoperationen mit Skalaren werden für die gesamte Matrix ausgeführt. Wie bei der Matrizenrechnung werden auch diese Operationen Element für Element angewendet. Die mathematischen Grundlagen zum Verständnis der Matrizenrechnung sind nicht Thema dieses Buchs. Sie finden sie über:

https://de.wikipedia.org/wiki/Matrix_(Mathematik)

Es wird die Matrix e erzeugt. Sie hat mit zwei Zeilen und drei Spalten dieselbe Form wie die Matrix c. Daher können diese beiden Matrizen gemäß den Regeln der *Matrizenaddition* addiert werden.

Anschließend wird die Matrix g mit drei Zeilen und zwei Spalten erstellt. Damit hat sie die passende Form, um mit der Matrix c gemäß den Regeln der *Matrizenmultiplikation* multipliziert werden zu können.

Die Ausgabe des Programms:

```
Operator und Skalar auf mehrdimensionalen Array anwenden:
[[[ 4 16]
  [ 6 14]]
```

```
 [[10  8]
  [18  2]]]
Form des Arrays: (2, 2, 2)

Matrix c:
[[5 2 3]
 [8 4 5]]
Form der Matrix: (2, 3)

Rechenoperation mit Skalar:
[[10  4  6]
 [16  8 10]]

Matrix e:
[[ 2 -4  7]
 [-1  9  3]]
Form der Matrix: (2, 3)

Matrizenaddition c + e:
[[ 7 -2 10]
 [ 7 13  8]]

Matrix g:
[[2 3]
 [4 5]
 [2 6]]
Form der Matrix: (3, 2)

Matrizenmultiplikation c * g:
[[24 43]
 [42 74]]
```

5.8.5 Signalverarbeitung

Die Bibliothek `scipy` bietet zahlreiche Funktionen für wissenschaftliche Berechnungen. Sie basiert auf der Bibliothek `numpy` und enthält unter anderem das Modul `io` zum Lesen und Schreiben von Werten aus Dateien. Darin befindet sich wiederum das Modul `wavfile` mit den Funktionen `read()` und `write()` zum Lesen und Schreiben von digitalen Signalen aus WAV-Dateien.

Sie installieren das Modul scipy wie folgt, siehe auch Abschnitt A.1:

- unter Windows und macOS: pip install scipy
- unter Ubuntu Linux: sudo apt install python3-scipy

Im nachfolgenden Programm werden die digitalen Audiosignale aus einer WAV-Datei gelesen und, nach linkem und rechtem Kanal getrennt, in einer Zeichnung dargestellt, siehe Abbildung 5.14. Zusätzlich werden einige Informationen zu der WAV-Datei ausgegeben:

```
import scipy.io.wavfile as wf
import matplotlib.pyplot as plt
import numpy as np

abtastrate, werte = wf.read("tada.wav")
print(f"Abtastrate: {abtastrate} Werte / sec.")
print("Anzahl Werte:", werte.shape[0])
length = werte.shape[0] / abtastrate
print(f"Länge: {round(length,2)} sec.")

zeit = np.linspace(0, length, werte.shape[0])
plt.plot(zeit, werte[:, 0], label="Links")
plt.plot(zeit, werte[:, 1], label="Rechts")
plt.legend()
plt.xlabel("sec.")
plt.ylabel("Amplitude")
plt.show()
```

Listing 5.36 Datei »scipy_wav.py«

Die zusätzliche Ausgabe sieht wie folgt aus:

```
Abtastrate: 44100 Werte / sec.
Anzahl Werte: 71296
Länge: 1.62 sec.
```

Die Funktion read() liefert ein Tupel mit zwei Elementen:

- Das erste Element enthält die Abtastrate der WAV-Datei. Sie entspricht der Frequenz, mit der das ursprünglich analoge Audiosignal digital abgetastet wurde. Sie wird in der Einheit »Hz« oder »Werte pro Sekunde« gemessen. Eine übliche Abtastrate ist 44.1 KHz, also 44100 Werte pro Sekunde.

- Das zweite Element enthält einen zweidimensionalen numpy-Array mit den gespeicherten Werten aus der WAV-Datei für die Amplituden der beiden Kanäle.

Die Anzahl der gespeicherten Werte lässt sich mithilfe der Eigenschaft shape ermitteln. Aus der Abtastrate und der Anzahl der Werte lässt sich die zeitliche Länge des Audiosignals in Sekunden berechnen.

Mithilfe der Funktion linspace() wird eine Liste der Werte für die x-Achse der Zeichnung erstellt. Auf der x-Achse wird die zeitliche Länge des Audiosignals aufgetragen. Für jeden Kanal des Audiosignals wird die Funktion plot() aufgerufen. Zusätzlich werden ein Titel, eine Legende und die Achsenbeschriftungen erstellt.

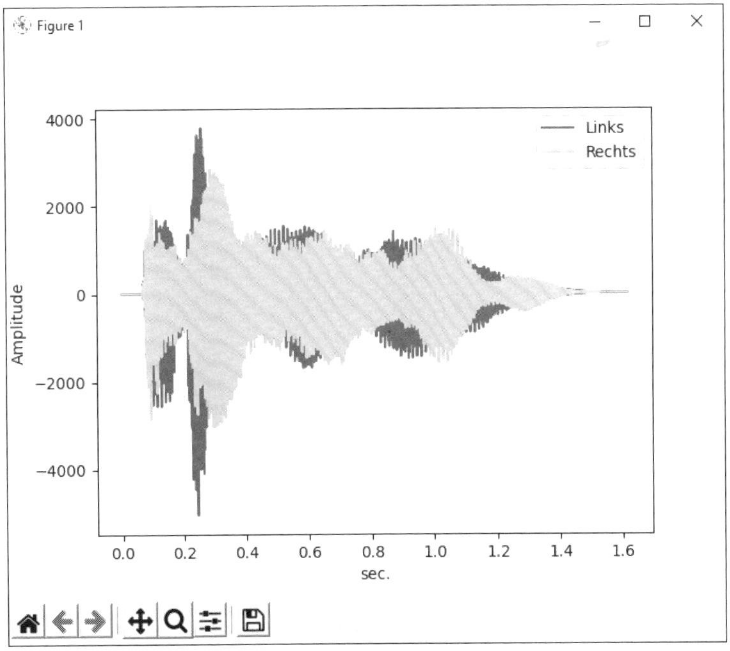

Abbildung 5.14 Darstellung von digitalen Audiosignalen

5.8.6 Statistikfunktionen

Statistische Methoden dienen dazu, große Mengen von Werten zu analysieren und bestimmte repräsentative Informationen über diese Werte zu ermitteln. Dabei kann es sich zum Beispiel um Werte von Umfragen oder anderen Stichproben handeln. Python bietet seit Version 3.4 im Modul statistics einige hilfreiche Funktionen für Iterables aus diesen Werten. Mit Python 3.6 und Python 3.8 sind noch einige Funktionen hinzugekommen.

Ein Beispielprogramm:

```
import statistics as sta

pa = [5, 2, 4, 17]
print("Liste:", pa)
print("Arithmetischer Mittelwert:", sta.mean(pa))
print("Geometrischer Mittelwert:", sta.geometric_mean(pa))
print("Harmonischer Mittelwert:", sta.harmonic_mean(pa))
print("Median:", sta.median(pa))
print("Unterer Median:", sta.median_low(pa))
print("Oberer Median:", sta.median_high(pa))
print()

pb = [5, 2, 4, 17, 3]
print("Liste:", pb)
print("Median:", sta.median(pb))
print("Unterer Median:", sta.median_low(pb))
print("Oberer Median:", sta.median_high(pb))
print()

pc = [3, 5, 5, 12, 17, 17]
print("Modus:", sta.mode(pc))
print("Multimodus:", sta.multimode(pc))
print()

print("Arithm. Mittelwert aus Tupel:", sta.mean((5, 2, 4, 17)))
pe = {'D':5, 'NL':2, 'CH':4, 'F':17}
print("Arithm. Mittelwert aus Dictionary:", sta.mean(pe.values()))
```

Listing 5.37 Datei »statistik.py«

Es wird die folgende Ausgabe erzeugt:

```
Liste: [5, 2, 4, 17]
Arithmetischer Mittelwert: 7
Geometrischer Mittelwert: 5.1065457621381
Harmonischer Mittelwert: 3.9650145772594754
Median: 4.5
Unterer Median: 4
Oberer Median: 5
```

```
Liste: [5, 2, 4, 17, 3]
Median: 4
Unterer Median: 4
Oberer Median: 4

Modus: 5
Multimodus: [5, 17]

Arithm. Mittelwert aus Tupel: 7
Arithm. Mittelwert aus Dictionary: 7
```


Zunächst wird das Modul `statistics` importiert. Für die Aufrufe im Programm wird es mithilfe des Schlüsselworts `as` kurz als `sta` erreichbar.

Die Funktion `mean()` liefert den arithmetischen Mittelwert, also die Summe der Werte, geteilt durch ihre Anzahl. Hier entspricht das: (5 + 2 + 4 + 17) / 4.

Seit Python 3.8 gibt es die Funktion `geometric_mean()`. Sie liefert den geometrischen Mittelwert. Er entspricht der n-ten Wurzel des Produkts von n Werten. Hier wäre dies die vierte Wurzel aus (5 × 2 × 4 × 17).

Seit Python 3.6 gibt es die Funktion `harmonic_mean()`. Sie liefert den harmonischen Mittelwert. Er entspricht der Anzahl der Werte, geteilt durch die Summe ihrer Kehrwerte. Hier wäre dies: 4 / (1/5 + 1/2 + 1/4 + 1/17).

Weitere Anwendungsbeispiele für die verschiedenen Mittelwerte finden Sie unter *https://de.wikipedia.org/wiki/Mittelwert*.

Die Funktion `median()` liefert den Median. Dieser wird auch Zentralwert genannt, da er im Zentrum der Zahlenmenge steht: Es gibt genauso viele Werte, die größer sind als der Median, wie Werte, die kleiner sind als der Median. Bei einer ungeraden Menge von Werten handelt es sich beim Median um das Element in der Mitte der Zahlenmenge. Bei einer geraden Menge von Werten handelt es sich um den arithmetischen Mittelwert der beiden Elemente in der Mitte der Zahlenmenge.

Die Funktionen `median_low()` und `median_high()` liefern den unteren bzw. oberen Median. Dabei handelt es sich in jedem Fall um Elemente aus der Zahlenmenge. Bei einer ungeraden Menge von Werten ist es das Element in der Mitte der Zahlenmenge. Bei einer geraden Menge von Werten handelt es sich um die beiden Elemente in der Mitte der Zahlenmenge.

Die Funktion `mode()` liefert denjenigen Wert, der in der Zahlenmenge am häufigsten vorkommt. Besitzen mehrere Werte die größte Häufigkeit, wird derjenige Wert genannt, der als erster vorkommt. Seit Python 3.8 gibt es die Funktion multimode(). Sie liefert eine Liste mit allen Werten, die die größte Häufigkeit besitzen.

Die untersuchte Zahlenmenge kann auch aus einem Tupel oder, mithilfe der Methode values(), aus der Werte-View eines Dictionarys stammen.

5.9 Eigene Module

Wir haben bereits mit Funktionen aus Standardmodulen wie zum Beispiel random, math, fractions, copy und statistics oder zusätzlich installierten Modulen wie matplotlib, numpy und scipy gearbeitet.

Darüber hinaus können Sie eigene Module definieren und importieren. Das ist nützlich, falls bestimmte eigene Funktionen (bzw. Klassen, siehe Kapitel 6, »Objektorientierte Programmierung«) von verschiedenen Programmen benötigt werden. Die Erstellung und Nutzung von eigenen Modulen ist in Python sehr einfach und ist Thema dieses Abschnitts .

5.9.1 Eigene Module erzeugen

Zur Erzeugung eines Moduls speichern Sie die gewünschte Funktion (bzw. Klasse) einfach in einer eigenen Datei. Der Name der Datei ist zugleich der Name des Moduls. Die Funktion erstellen Sie wie gewohnt:

```
def quadrat(x):
    return x * x
```

Listing 5.38 Datei »modul_neu.py«

Anschließend können Sie die Funktion nach einem Import in jedem Programm nutzen. Dazu gibt es verschiedene Möglichkeiten, die ich im Folgenden beschreibe.

5.9.2 Standardimport eines Moduls

Sie importieren das Modul wie gewohnt:

```
import modul_neu
print("Quadrat:", modul_neu.quadrat(3))
```

Listing 5.39 Datei »modul_verwenden.py«

Alle Funktionen (oder Klassen) des Moduls `modul_neu`, also der Datei *modul_neu.py*, werden mit der Anweisung `import` zugänglich gemacht. Die Funktion `quadrat()` wird wie folgt aufgerufen:

```
[Modulname].[Funktionsname]
```

5.9.3 Import eines Moduls mit Umbenennung

Hat ein Standardmodul oder ein eigenes Modul einen langen, unhandlichen Namen, können Sie ihm mithilfe von `as` einen Alias geben:

```
import modul_neu as mneu
print("Quadrat:", mneu.quadrat(3))
```

Listing 5.40 Datei »modul_as.py«

Sie können hier auf das Modul `modul_neu` mithilfe von `mneu` zugreifen.

5.9.4 Import von Funktionen

Mithilfe des Schlüsselworts `from` können Sie bestimmte oder alle Funktionen (bzw. Klassen) aus einem Modul importieren:

```
from modul_neu import quadrat
print("Quadrat:", quadrat(3))
```

Listing 5.41 Datei »modul_from.py«

Die Funktion `quadrat()` wird mithilfe der Anweisung `from` aus dem Modul `modul_neu` importiert. Sie können sie anschließend ohne den Modulnamen aufrufen, so als ob sie in der gleichen Datei definiert wäre. Die anderen Funktionen des Moduls stehen nicht zur Verfügung.

Im Unterschied dazu können Sie auch alle Funktionen aus dem Modul `modul_neu` auf einmal importieren. Die Anweisung lautet dann:

```
from modul_neu import *
```

Den Import mithilfe des Schlüsselworts `from` erwähne ich nur der Vollständigkeit halber. Diese Möglichkeit wird nicht mehr empfohlen und sollte auch nur außerhalb von Funktionen genutzt werden. Sie erweist sich außerdem als ungünstig, falls Sie mehrere Funktionen mit gleichem Namen aus unterschiedlichen Modulen importieren möchten.

Hinweis

In den genannten Beispielen wird davon ausgegangen, dass sich die Module im selben Verzeichnis wie die Programme befinden, die sie nutzen.

5.9.5 Übungsaufgabe

Übung »u_modul«

Schreiben Sie das Programm aus Übung »u_rueckgabe_wert« um: Die Funktion `steuer()` soll in die Datei *u_modul_finanz.py* ausgelagert werden. Das Hauptprogramm in der Datei *u_modul.py* soll die Funktion aus dieser Datei importieren und nutzen.

5.10 Parameter der Kommandozeile

Ein Python-Programm kann bekanntlich von der Kommandozeile des Betriebssystems aus aufgerufen werden. In Abschnitt 2.3.2 und in Abschnitt 2.3.3 habe ich beschrieben, wie Sie zur Kommandozeile bzw. zum Terminal gelangen.

Der Aufruf ähnelt dem Aufruf einer Funktion mit Parametern. Die einzelnen Parameter werden durch Leerzeichen voneinander getrennt. Sie stehen innerhalb des Programms in der Liste `argv` aus dem Modul `sys` zur Verfügung. Die Anzahl der Parameter lässt sich mithilfe der eingebauten Funktion `len()` ermitteln.

Das nachfolgende Programm kann mit einer beliebigen Anzahl von Parametern aufgerufen werden. Im Programm wird die Summe derjenigen Parameter ermittelt, die gültige Zahlenwerte enthalten:

```
import sys
print("Parameter:", sys.argv)
print("Anzahl:", len(sys.argv))

summe = 0
for p in sys.argv[1:]:
    try:
        summe += float(p)
    except:
        print(f"Fehler bei Parameter {p}")
print("Summe:", summe)
```

Listing 5.42 Datei »kommando.py«

Nach dem folgenden Aufruf von der Kommandozeile aus:

```
python kommando.py 12 abc -3.5
```

ergibt sich die Ausgabe:

```
Parameter: ['kommando.py', '12', 'abc', '-3.5']
Anzahl: 4
Fehler bei Parameter abc
Summe: 8.5
```

Zunächst wird die Liste der Parameter zusammen mit deren Anzahl ausgegeben. Das erste Element der Liste `sys.argv` ist der Name des Programms. Die weiteren Elemente sind die Nutz-Parameter. Sie können mithilfe des Slice `sys.argv[1:]` und einer `for`-Schleife durchlaufen werden. Kann einer der Nutz-Parameter nicht umgewandelt werden, erfolgt eine Fehlermeldung.

Unterschiede unter Ubuntu Linux und macOS

Der obige Aufruf lautet: `python3 kommando.py 12 abc -3.5`.

5.11 Programm »Bruchtraining«

Das Programm in diesem Abschnitt enthält ein Trainingsprogramm zur Bruchrechnung mit drei Schwierigkeitsgraden. Sowohl der Zähler als auch der Nenner der vorkommenden Brüche können positiv oder negativ sein.

Es handelt sich um ein größeres Beispiel und kann zunächst übergangen werden. Es verdeutlicht das Zusammenspiel vieler bekannter Elemente, wie zum Beispiel mehrfache Verzweigungen, Schleifen, Ausnahmebehandlung, Tupel und Funktionen mit mehreren Rückgabewerten.

5.11.1 Der Ablauf des Programms

Zur Verdeutlichung erläutere ich zunächst den Ablauf des Programms mithilfe von einigen Beispieleingaben:

```
Ihre Wahl: 1 = Leicht, 2 = Mittel, 3 = Schwer, 0 = Ende
1
Ganze Zahl berechnen: -63 / 9
Ergebnis: -7
Ihre Wahl: 1 = Leicht, 2 = Mittel, 3 = Schwer, 0 = Ende
2
```

```
Bruch kürzen: -30 / -70
Ergebnis: 3 / 7
Ihre Wahl: 1 = Leicht, 2 = Mittel, 3 = Schwer, 0 = Ende
3
Ergebnisbruch berechnen: -21/14 / -15/25
Ergebnis: 5 / 2
Ihre Wahl: 1 = Leicht, 2 = Mittel, 3 = Schwer, 0 = Ende
0
```

Nach dem Start des Programms erscheint ein Menü, mit dem eine leichte Aufgabe (Eingabe: »1«), eine mittelschwere Aufgabe (Eingabe: »2«) oder eine schwere Aufgabe (Eingabe: »3«) ausgewählt werden kann. Nach dem Bearbeiten einer Aufgabe erscheint wiederum das Menü. Hier kann entweder eine weitere Aufgabe ausgewählt oder das Programm beendet werden (Eingabe: »0«).

Nach der Auswahl einer leichten Aufgabe wird ein Bruch angezeigt, der eine ganze Zahl ergibt. Der Bruchstrich wird durch einen Divisionsstrich zwischen Zähler und Nenner dargestellt. Im Kopf oder auf dem Papier soll nun die ganze Zahl ausgerechnet werden, die das Ergebnis der Aufgabe darstellt. Nach dem Betätigen der Taste [↵] erscheint das richtige Ergebnis, mit dem das eigene Ergebnis verglichen werden kann. Nach der richtigen Lösung von (zum Beispiel) 20 leichten Aufgaben kann als Nächstes eine mittelschwere Aufgabe ausgewählt werden.

Nach der Auswahl einer mittelschweren Aufgabe wird ein Bruch angezeigt, der auf den kleinstmöglichen Bruch gekürzt werden soll. Im Kopf oder auf dem Papier soll nun der Bruch ausgerechnet werden, der das Ergebnis der Aufgabe darstellt. Nach dem Betätigen der Taste [↵] erscheint wiederum das richtige Ergebnis, mit dem das eigene Ergebnis verglichen werden kann. Nach der richtigen Lösung von (zum Beispiel) 20 mittelschweren Aufgaben kann als Nächstes eine schwere Aufgabe ausgewählt werden.

Nach der Auswahl einer schweren Aufgabe werden zwei Brüche angezeigt, die addiert, subtrahiert, dividiert oder multipliziert werden sollen. Anschließend soll wiederum auf den kleinstmöglichen Bruch gekürzt werden. Nach dem Betätigen der Taste [↵] erscheint auch hier das richtige Ergebnis, mit dem das eigene Ergebnis verglichen werden kann.

5.11.2 Hauptprogramm

Ich werde das Programm in einzelnen Teilen erläutern. Zunächst folgt das Hauptprogramm, das am Ende der Datei steht:

```
# Programm
while True:
    while True:
        print("Ihre Wahl: 1 = Leicht, 2 = Mittel, 3 = Schwer, 0 = Ende")
        try:
            wahl = int(input())
            if wahl < 0 or wahl > 3:
                raise
            else:
                break
        except:
            print("Bitte nur 0, 1, 2 oder 3 eingeben")

    if wahl == 0:
        break
    elif wahl == 1:
        leicht()
    elif wahl == 2:
        mittel()
    else:
        schwer()
```

Listing 5.43 Datei »bruchtraining.py«, Hauptprogramm

Das Menü und die Eingabe sind in eine äußere Endlosschleife eingebettet, die nur mit der Eingabe von »0« verlassen werden kann.

Die Anzeige des Menüs ist in eine innere Endlosschleife eingebettet. Wird eine Eingabe vorgenommen, die nicht in eine ganze Zahl umgewandelt werden kann, tritt eine Ausnahme auf. Wird eine Zahl eingegeben, die keinem Wert im Menü entspricht, wird mithilfe des Schlüsselworts `raise` eine eigene Ausnahme erzeugt. Nach einer Ausnahme erscheint eine Fehlermeldung, und es wird wiederum das Menü angezeigt

Wird eine gültige Zahl eingegeben, wird eine der drei Funktionen `leicht()`, `mittel()` oder `schwer()` aufgerufen, oder es wird die äußere Endlosschleife verlassen.

5.11.3 Eine leichte Aufgabe

Es folgt die Funktion `leicht()` zur Erstellung einer leichten Aufgabe. Das gesamte Programm benötigt zudem einen initialisierten Zufallsgenerator:

```
import random
random.seed
...
def leicht():
    faktor = random.randint(-10, 10)
    n = 0
    while n == 0:
        n = random.randint(-10, 10)
    z = faktor * n
    print(f"Ganze Zahl berechnen: {z}/{n}")
    input()
    print("Ergebnis:", faktor)
```

Listing 5.44 Datei »bruchtraining.py«, Funktion »leicht()«

Der Zufallsgenerator liefert ganze Zahlen für einen Faktor und für den Nenner des Bruchs. Der Zähler des Bruchs entspricht dem Nenner, multipliziert mit dem Faktor. Ein Beispiel: Der Faktor 3 und der Nenner 5 ergeben den Zähler 15. Es wird also die Aufgabe 15 / 5 ermittelt und ausgegeben. Als Ergebnis soll (der Faktor) 3 berechnet werden.

Aufgrund des Bereichs von –10 bis 10 kann der Zufallsgenerator den Wert 0 liefern. Mithilfe der `while`-Schleife wird dafür gesorgt, dass ein neuer Nenner ermittelt wird, da eine Division durch 0 mathematisch nicht erlaubt ist.

5.11.4 Eine mittelschwere Aufgabe

Es folgt die Funktion `mittel()` zur Erstellung einer mittelschweren Aufgabe. Sie benötigt das Tupel `prob` und die Funktionen `produkt()` und `ausgabe()`:

```
...
prob = 2, 2, 2, 2, 3, 3, 3, 5, 5, 7
...
def produkt(anzahl):
    wert = 1
    for i in range(anzahl):
        wert *= random.choice(prob)
    if random.randint(0,1) == 0:
        return wert
    else:
        return -wert
```

```
def ausgabe(z, n):
    ggT = math.gcd(z, n)
    z = int(z / ggT)
    n = int(n / ggT)
    if n < 0:
        z *= -1
        n *= -1
    print("Ergebnis:", z if n == 1 else f"{z}/{n}")
...
def mittel():
    z = produkt(3)
    n = produkt(3)
    print(f"Bruch kürzen: {z}/{n}")
    input()
    ausgabe(z, n)
```

Listing 5.45 Datei »bruchtraining.py«, Funktion »mittel()«

In der Funktion `mittel()` enthalten die Variablen `z` und `n` den Zähler und den Nenner des Bruchs. Sie werden jeweils mithilfe eines Aufrufs der Funktion `produkt()` erzeugt.

Die Funktion `produkt()` erstellt und liefert einen Wert, der mithilfe des Zufallsgenerators erzeugt wird. Zu diesem Zweck wird zunächst die `for`-Schleife dreimal durchlaufen. Bei jedem Durchlauf liefert die Funktion `choice()` aus dem Modul `random` einen zufälligen Wert aus dem Tupel `prob`. Es enthält in unterschiedlicher Wahrscheinlichkeit (englisch: *probability*) die Werte 2, 3, 5 und 7. Damit wird dafür gesorgt, dass die Aufgaben eher kleinere als größere Zahlen enthalten. Die drei Werte werden miteinander multipliziert.

Anschließend wird, wiederum mithilfe des Zufallsgenerators, das Vorzeichen des ermittelten Produkts gesetzt. Liefert der Zufallsgenerator eine 0, bleibt das Produkt positiv. Liefert er eine 1, wird das Produkt mit –1 multipliziert.

Zur Anzeige des Ergebnisses wird die Funktion `ausgabe()` aufgerufen. Darin werden Zähler und Nenner zunächst gekürzt, indem sie jeweils durch ihren größten gemeinsamen Teiler dividiert werden.

Ist das Ergebnis ein negativer Bruch, soll das Vorzeichen im Zähler stehen. Sind sowohl Zähler als auch Nenner negativ, soll der Bruch in den entsprechenden positiven Bruch umgewandelt werden. Ist also der Nenner negativ, werden Zähler und Nenner mit –1 multipliziert. Zwei Beispiele: Aus 4 / –3 wird –4 / 3, aus –4 / –3 wird 4 / 3.

Hat der Nenner den Wert 1, wird nur der Zähler ausgegeben.

Mit dem gekürzten und gegebenenfalls umgewandelten Bruch wird das Ergebnis der eigenen Berechnung verglichen.

5.11.5 Eine schwere Aufgabe

Es folgt die Funktion `schwer()` zum Erstellen einer schweren Aufgabe. Sie benötigt zusätzlich das Tupel `ops`:

```
...
ops = '+', '-', '*', '/'
...
def schwer():
    az = produkt(2)
    an = produkt(2)
    bz = produkt(2)
    bn = produkt(2)
    op = random.choice(ops)
    print(f"Ergebnisbruch berechnen: {az}/{an} {op} {bz}/{bn}")

    if op == "+":
        z = az * bn + an * bz
        n = an * bn
    elif op == "-":
        z = az * bn - an * bz
        n = an * bn
    elif op == "*":
        z = az * bz
        n = an * bn
    else:
        z = az * bn
        n = an * bz

    input()
    ausgabe(z, n)
```

Listing 5.46 Datei »bruchtraining.py«, Funktion »schwer()«

Das Tupel `ops` enthält als Elemente vier Zeichen, und zwar die Operatoren für die vier verschiedenen Berechnungen.

Der Zähler und Nenner der beiden Brüche – nennen wir die Brüche A und B – werden mithilfe der Funktion `produkt()` erzeugt. Der Bruch A hat den Zähler `az` und den Nenner `an`, der Bruch B den Zähler `bz` und den Nenner `bn`. Die vier Werte sind jeweils das Produkt aus zwei zufälligen Zahlen.

Der Operator für die Aufgabe wird ebenfalls per Zufallsgenerator erzeugt. Anschließend wird die Aufgabe in der Form `A <Operator> B` angezeigt.

Mithilfe einer mehrfachen Verzweigung wird das Ergebnis in Abhängigkeit vom Operator gemäß den Regeln der Bruchrechnung ermittelt. Auch hier enthalten die Variablen `z` und `n` den Zähler und den Nenner des Ergebnisses. Zur Anzeige des Ergebnisses wird die Funktion `ausgabe()` aufgerufen.

Kapitel 6
Objektorientierte Programmierung

Dieses Kapitel bietet Ihnen eine Einführung in die objektorientierte Programmierung (OOP). Es erläutert die Möglichkeiten zur Erzeugung einer Klassenhierarchie, mit der Sie große Softwareprojekte anhand von Klassen, Objekten, Eigenschaften, Methoden und des Prinzips der Vererbung bearbeiten können.

6.1 Grundlagen

Die *objektorientierte Programmierung* (OOP) bietet zusätzliche Möglichkeiten zum verbesserten Aufbau und zur vereinfachten Wartung und Erweiterung von Programmen. Diese Vorteile erschließen sich besonders in großen Programmierprojekten.

6.1.1 Was ist OOP?

Bei der objektorientierten Programmierung werden Klassen erzeugt, in denen die Eigenschaften und Methoden von Objekten festgelegt werden. Methoden sind Funktionen, die nur auf Objekte der betreffenden Klasse angewendet werden können. Die Eigenschaften und die Methoden bilden zusammen die *Member* einer Klasse.

Sie können verschiedene Objekte dieser Klassen erzeugen, den Eigenschaften unterschiedliche Werte zuweisen und die Methoden auf die Objekte anwenden. Häufig dienen Methoden zum Ändern der Werte der Eigenschaften eines Objekts. Die Definitionen aus der Klasse und die zugewiesenen Werte begleiten die Objekte über ihren gesamten *Lebensweg* während der Dauer des Programms.

Ein Beispiel: Es wird die eigene Klasse `Fahrzeug` erschaffen, in der die Eigenschaften und die Methoden von Fahrzeugen bestimmt werden. Ein Fahrzeug hat unter anderem die Eigenschaften `bezeichnung`, `geschwindigkeit` und `fahrtrichtung`. Außerdem kann man ein Fahrzeug *beschleunigen* und *lenken*. Die Methode `beschleunigen()` dient dabei zum Ändern des Werts der Eigenschaft `Geschwindigkeit` eines Objekts. Innerhalb des Programms können viele unterschiedliche Fahrzeuge erschaffen und eingesetzt werden.

Klassen können ihre Eigenschaften und Methoden vererben. Eine solche Klasse fungiert als *Basisklasse*, ihre Erben nennt man *abgeleitete Klassen*. Damit kann die Definition von ähnlichen Objekten, die über eine Reihe von gemeinsamen Eigenschaften und Methoden verfügen, vereinfacht werden.

Ein Beispiel: Es werden die Klassen `PKW` und `LKW` geschaffen. Beide Klassen sind von der Basisklasse `Fahrzeug` abgeleitet und erben alle Eigenschaften und Methoden dieser Klasse. Zusätzlich verfügen sie über eigene Eigenschaften und Methoden, die bei der jeweiligen Klasse besonders wichtig sind. Ein `PKW` hat etwa eine bestimmte Anzahl von `Insassen`, und man kann *einsteigen* und *aussteigen*. Ein `LKW` hat eine `Ladung`, man kann ihn *beladen* und *entladen*.

> **Hinweis**
>
> Die in diesem Kapitel dargestellten Programme sind ein Kompromiss, denn die Vorteile der objektorientierten Programmierung (OOP) kommen erst bei größeren Programmierprojekten zum Tragen.
>
> Bei einem kleineren Projekt ist die Frage berechtigt, warum für dieses einfache Ergebnis ein komplexes Programm geschrieben werden sollte. Anhand der hier vorgestellten Programme können Sie sich aber die Prinzipien der OOP erschließen, ohne den Überblick zu verlieren.

6.1.2 Klassen, Objekte und eigene Methoden

Als Beispiel wird die eigene Klasse `Fahrzeug` definiert. Zunächst verfügt ein Objekt dieser Klasse nur über die Eigenschaft `geschwindigkeit` und die Methoden `beschleunigen()` und `ausgabe()`. Die Methode `ausgabe()` gibt den aktuellen Zustand des jeweiligen Fahrzeug-Objekts aus.

Die Definition der eigenen Klasse sieht wie folgt aus:

```
class Fahrzeug:
    geschwindigkeit = 0
    def beschleunigen(self, wert):
        self.geschwindigkeit += wert
    def ausgabe(self):
        print("Geschwindigkeit:", self.geschwindigkeit)
```

Listing 6.1 Datei »oop_klasse.py«, Klassendefinition

Die Definition der eigenen Klasse wird eingeleitet vom Schlüsselwort `class`, gefolgt von dem Namen der Klasse und einem Doppelpunkt. Der Name einer eigenen Klasse sollte gemäß Konvention mit einem großen Buchstaben beginnen. Die weiteren Zeilen der

Definition werden eingerückt. Die Eigenschaft `geschwindigkeit` wird definiert und auf den Wert `0` gesetzt.

Methoden werden wie Funktionen mithilfe des Schlüsselworts `def` definiert. Sie haben mindestens einen Parameter, nämlich eine Referenz auf das Objekt selbst. Gemäß Konvention wird diese Referenz `self` genannt – Sie können aber auch einen anderen Namen wählen.

Die Methode `beschleunigen()` hat insgesamt zwei Parameter: Der erste Parameter ist das Objekt selbst. Der zweite Parameter ist der Wert für die Änderung der Geschwindigkeit. Innerhalb der Methode wird dieser Wert genutzt, um den Wert der Eigenschaft des Objekts zu ändern. Die Methode `ausgabe()` hat nur einen Parameter: das Objekt selbst. Sie dient zur Ausgabe der Eigenschaft(en) des Objekts.

Bisher enthielt das Programm nur eine Klassendefinition, es führte noch nichts aus. Das Hauptprogramm hat folgendes Aussehen:

```
volvo = Fahrzeug()
opel = Fahrzeug()

volvo.ausgabe()
volvo.beschleunigen(20)
volvo.ausgabe()

opel.ausgabe()
```

Listing 6.2 Datei »oop_klasse.py«, Hauptprogramm

Das Programm erzeugt die Ausgabe:

```
Geschwindigkeit: 0
Geschwindigkeit: 20
Geschwindigkeit: 0
```

Im Hauptprogramm werden zunächst zwei Objekte der Klasse `Fahrzeug` erzeugt, hier mit den Namen `volvo` und `opel`. Diesen Vorgang nennt man auch: *Instanzen einer Klasse erzeugen*.

Beim anschließenden Aufruf der Methoden ist zu beachten, dass das Objekt selbst nicht als Parameter angegeben wird. Eine Methode bekommt also beim Aufruf immer einen Parameter weniger übermittelt, als in der Definition angegeben ist. Dies liegt daran, dass die Methode *für* ein bestimmtes Objekt aufgerufen wird. Innerhalb der Methode ist daher bekannt, um welches Objekt es sich handelt, meist mithilfe von `self`.

Die Geschwindigkeit des Objekts `volvo` wird ausgegeben, einmal vor und einmal nach der Beschleunigung. Die Geschwindigkeit des Objekts `opel` wird nur einmal ausgegeben. Zu Beginn, also nach ihrer Erzeugung, haben die Objekte laut der Klassendefinition die Geschwindigkeit 0.

Hinweis

In den meisten objektorientierten Sprachen gibt es die Möglichkeit, Member innerhalb einer Klasse zu kapseln. Diese Member werden *private Member* genannt. Sie sind nur innerhalb der betreffenden Klasse erreichbar. Damit soll zum Beispiel eine versehentliche Änderung des Werts einer Eigenschaft vermieden werden.

Im Unterschied dazu gibt es die *öffentlichen Member*, die auch von außerhalb der betreffenden Klasse erreichbar sind.

In Python können die Eigenschaften einer Klasse nicht gekapselt werden. Sie könnten allerdings einer Konvention folgen und den Namen der Eigenschaft mit einem _ (Unterstrich) beginnen lassen (Beispiel: `_geschwindigkeit = 0` und `self._geschwindigkeit += wert`). Damit dokumentieren Sie, dass diese Eigenschaft geschützt sein soll.

6.1.3 Besondere Member

Es gibt einige besondere Member, die häufig im Zusammenhang mit einer Klasse definiert bzw. genutzt werden können. Sie sind leicht erkennbar, da ihr Name mit einem doppelten Unterstrich beginnt und endet:

- Sie können eine besondere Methode mit dem festgelegten Namen `__init__()` als *Konstruktormethode* definieren, die ein Objekt zu Beginn seiner *Lebensdauer* mit Anfangswerten initialisiert. Dabei kann mit optionalen (siehe Abschnitt 5.6.3) und benannten Parametern (siehe Abschnitt 5.6.2) gearbeitet werden, damit Objekte ihre Anfangswerte auf unterschiedliche Art und Weise erhalten können.
- Sie können eine besondere Methode mit dem festgelegten Namen `__str__()` definieren, die die Eigenschaften eines Objekts ausgibt.
- Die Eigenschaft `__dict__` stellt ein Dictionary mit den Namen und Werten der Eigenschaften bereit.
- Sie können eine besondere Methode mit dem festgelegten Namen `__del__()` als Destruktormethode definieren, die am Ende der *Lebensdauer* eines Objekts Aktionen auslöst, zum Beispiel das Schließen einer offenen Datei.

Die Klasse `Fahrzeug` wird wie folgt verändert: Ein Fahrzeug erhält neben der Eigenschaft `geschwindigkeit` die Eigenschaft `bezeichnung`, eine Konstruktormethode, eine Ausgabemethode und eine Destruktormethode.

Das Programm sieht in seiner veränderten Form wie folgt aus:

```
class Fahrzeug:
    def __init__(self, bez="(leer)", ge=0):
        self.bezeichnung = bez
        self.geschwindigkeit = ge
    def __str__(self):
        return f"{self.bezeichnung} {self.geschwindigkeit} km/h"
    def __del__(self):
        print(f"Entfernt: {self}")
    def beschleunigen(self, wert):
        self.geschwindigkeit += wert

opel = Fahrzeug("Opel Admiral", 40)
renault = Fahrzeug("Renault Alpine")
fiat = Fahrzeug(ge=60)
mercedes = Fahrzeug()

print(opel)
print(renault)
print(fiat)
print(mercedes)

opel.beschleunigen(20)
print(opel.__dict__)
del opel
# print(opel)
```

Listing 6.3 Datei »oop_besondere.py«

Die Ausgabe des Programms lautet:

```
Opel Admiral 40 km/h
Renault Alpine 0 km/h
(leer) 60 km/h
(leer) 0 km/h
{'bezeichnung': 'Opel Admiral', 'geschwindigkeit': 60}
Entfernt: Opel Admiral 60 km/h
```

Die Konstruktormethode besitzt zwei Parameter, die dazu genutzt werden, die beiden Eigenschaften zu erzeugen und ihnen Anfangswerte zuzuweisen. Beide Parameter sind im vorliegenden Fall optional.

Fehlt der zweite Parameter, wird sein Vorgabewert genutzt. Ist kein Wert für den ersten Parameter verfügbar, kann der zweite Parameter als benannter Parameter übergeben werden. Fehlen beide Parameter, werden beide Vorgabewerte verwendet.

Die Ausgabemethode liefert eine Zeichenkette mit den Werten der Eigenschaften eines Objekts.

Die Eigenschaft `__dict__` können Sie zum Beispiel für den Datenaustausch mithilfe von JSON nutzen, siehe Abschnitt 8.5.

In der hier definierten Destruktormethode wird nur eine Information ausgegeben. Sie wird mithilfe des Schlüsselworts `del` aufgerufen. Anschließend existiert das Objekt nicht mehr.

Beachten Sie (hier in der Destruktormethode) den Aufruf der Ausgabemethode mithilfe von `self`.

Hinweis

Sollten Sie bereits mit anderen Programmiersprachen gearbeitet haben: Methoden und Funktionen können in Python nicht überladen werden. Definieren Sie eine Methode mehrfach, gegebenenfalls mit unterschiedlichen Parametern, so gilt nur die jeweils letzte Definition. Methoden können allerdings in abgeleiteten Klassen überschrieben werden, siehe Abschnitt 6.2.1, »Vererbung«.

6.1.4 Übungsaufgabe

Übung »u_oop_punkt«

In dieser und einigen weiteren Übungen dieses Kapitels geht es um das Thema zweidimensionale *Geometrie*. Entwickeln Sie in einer Python-Datei, deren Inhalte importiert werden sollen, eine Klasse für Punkte. Ein Punkt verfügt über eine x- und eine y-Koordinate, die seine Lage in einem zweidimensionalen Koordinatensystem kennzeichnen.

Die Klasse soll das Python-Programm in Listing 6.4 ermöglichen, das wiederum die darunter stehende Ausgabe erzeugt. Alle weiteren Informationen zur Lösung können Sie dem Programm und der Ausgabe entnehmen.

```
from u_oop_geometrie import *
punkt1 = Punkt()
print(punkt1)
punkt2 = Punkt(3.5, 2.5)
print(punkt2)
```

```
punkt3 = Punkt(4.0)
print(punkt3)
punkt4 = Punkt(yk=1.5)
print(punkt4)
punkt4.verschieben(4.5, 2)
print(punkt4)
```

Listing 6.4 Die Datei »u_oop_punkt.py«

Die geplante Ausgabe:

```
(0.0 / 0.0)
(3.5 / 2.5)
(4.0 / 0.0)
(0.0 / 1.5)
(4.5 / 3.5)
```


6.1.5 Operatormethoden

Operatormethoden sind besondere Methoden, die für Objekte mithilfe von Operatoren aufgerufen werden. Sie sind für die eingebauten Datentypen bereits vordefiniert. Für Ihre eigenen Datentypen, also Ihre Klassen, können Sie sie selbst definieren.

Es folgt ein Programm, in dem einige Berechnungen mit Brüchen gemäß den Regeln der mathematischen Bruchrechnung durchgeführt werden, siehe *https://de.wikipedia.org/wiki/Bruchrechnung*. Am Ende folgen einige Vergleiche zwischen Brüchen. Anders als in Abschnitt 4.1.10 werden die Methoden in einer eigenen Klasse `Bruch` definiert.

Zunächst das Hauptprogramm:

```
...
b1 = Bruch(3, -2)
b2 = Bruch(1, 4)

b3 = b1 * b2
print(f"{b1} * {b2} = {b3}")
print(f"{b1} / {b2} = {b1 / b2}")
print(f"{b1} + {b2} = {b1 + b2}")
print(f"{b1} - {b2} = {b1 - b2}")
print(f"{b1} + {b2} * {b3}= {b1 + b2 * b3}")
print(f"({b1} + {b2}) * {b3}= {(b1 + b2) * b3}")
```

```
b4 = Bruch(-30, 20)
print(f"{b1} == {b4}: {b1 == b4}")
print(f"{b2} > {b4}: {b2 > b4}")
print(f"{b2} < {b4}: {b2 < b4}")
```

Listing 6.5 Datei »oop_operator.py«, Hauptprogramm

Es werden zwei Objekte der eigenen Klasse Bruch erzeugt. Die Operatoren *, /, + und - werden zur Durchführung von Berechnungen genutzt. Anschließend wird gezeigt, dass auch hier der Einsatz von Klammern die Reihenfolge der Berechnung beeinflusst. Zuletzt werden zwei Brüche mithilfe der Operatoren ==, > und < miteinander verglichen.

Die Ausgabe des Programms:

```
-3/2 * 1/4 = -3/8
-3/2 / 1/4 = -6
-3/2 + 1/4 = -5/4
-3/2 - 1/4 = -7/4
-3/2 + 1/4 * -3/8= -51/32
(-3/2 + 1/4) * -3/8= 15/32
-3/2 == -3/2: True
1/4 > -3/2: True
1/4 < -3/2: False
```

Es folgt der erste Teil der Definition der Klasse Bruch:

```
import math

class Bruch:
    def __init__(self, zaehler=1, nenner=1):
        self.z = zaehler
        self.n = nenner if nenner != 0 else 1
    def kuerzen(self):
        g = math.gcd(self.z, self.n)
        self.z = int(self.z / g)
        self.n = int(self.n / g)
        if self.n < 0:
            self.z *= -1
            self.n *= -1
    def wert(self):
        return self.z / self.n
    def __str__(self):
```

```
        self.kuerzen()
        return f"{self.z}/{self.n}" if self.n != 1 else f"{self.z}"
...
```

Listing 6.6 Datei »oop_operator.py«, Klasse »Bruch«, Teil 1 von 2

Zähler und Nenner erhalten im Konstruktor jeweils den Vorgabewert 1. Wird ein Bruch mit dem Nenner 0 erstellt, wird der Nenner auf 1 gesetzt.

In verschiedenen Situationen, zum Beispiel vor der Ausgabe, wird der Bruch gekürzt. Zu diesem Zweck wird in der Methode kuerzen() zunächst der größte gemeinsame Teiler von Zähler und Nenner mithilfe der Funktion gcd() berechnet. Anschließend werden Zähler und Nenner durch diesen Wert geteilt.

Ist der Nenner negativ, werden Zähler und Nenner mit –1 multipliziert. Besitzt der Bruch genau ein negatives Vorzeichen im Zähler und im Nenner, wird das negative Vorzeichen damit vor den Zähler gesetzt. Besitzt der Bruch zwei negative Vorzeichen, verschwinden damit beide negativen Vorzeichen.

Die Methode wert() berechnet den mathematischen Wert eines Bruchs als float-Zahl. Der Wert wird zum Beispiel für Vergleiche benötigt.

Bei der Ausgabe wird untersucht, ob der Nenner den Wert 1 besitzt. Ist das der Fall, wird nur der Zähler ausgegeben. Ansonsten werden Zähler und Nenner ausgegeben, getrennt durch einen Forwardslash.

Die Operatormethoden der Klasse Bruch:

```
    def __mul__(self, anderer):
        return Bruch(self.z * anderer.z, self.n * anderer.n)
    def __truediv__(self, anderer):
        return Bruch(self.z * anderer.n, self.n * anderer.z)
    def __add__(self, anderer):
        return Bruch(self.z * anderer.n + self.n * anderer.z,
                     self.n * anderer.n)
    def __sub__(self, anderer):
        return Bruch(self.z * anderer.n - self.n * anderer.z,
                     self.n * anderer.n)
    def __eq__(self, anderer):
        self.kuerzen()
        anderer.kuerzen()
        return self.z == anderer.z and self.n == anderer.n
    def __gt__(self, anderer):
        return self.wert() > anderer.wert()
```

```
    def __lt__(self, anderer):
        return self.wert() < anderer.wert()
```

Listing 6.7 Datei »oop_operator.py«, Klasse »Bruch«, Teil 2 von 2

Die Anweisung `b3 = b1 * b2` ruft für das Objekt `b1` die besondere Methode `__mul__()` auf, übergibt dabei den Parameter `b2` und weist das Ergebnis der Variablen `b3` zu. Sie entspricht also der Anweisung `b3 = b1.__mul__(b2)`. Entsprechend wird für die mathematisch richtige Division `b1 / b2` die Methode `__truediv__()` aufgerufen, für `b1 + b2` die Methode `__add__()` und für `b1 - b2` die Methode `__sub__()`.

In den Methoden werden die verschiedenen Berechnungen durchgeführt. Die Variable `anderer` verweist auf den übergebenen Parameter, hier also das `Bruch`-Objekt `b2`. Es wird ein Verweis auf ein neu erstelltes `Bruch`-Objekt an die aufrufende Stelle zurückgeliefert. Das `Bruch`-Objekt enthält das Ergebnis der jeweiligen Methode, das gemäß den Regeln der mathematischen Bruchrechnung ermittelt wurde.

Für `b1 == b4` wird die Methode `__eq__()` aufgerufen. In der Methode werden zunächst beide `Bruch`-Objekte gekürzt. Anschließend wird untersucht, ob sowohl der Zähler als auch der Nenner übereinstimmen.

Für `b1 > b4` wird die Methode `__gt__()` aufgerufen, für `b1 < b4` die Methode `__lt__()`. In beiden Methoden wird der mathematische Wert der beiden `Bruch`-Objekte miteinander verglichen.

6.1.6 Referenz, Identität und Kopie

Wie Sie bereits in Abschnitt 4.8 erfahren haben, ist der Name eines Objekts lediglich eine Referenz auf das Objekt. Auch bei Objekten von eigenen Klassen erzeugt die Zuweisung dieser Referenz an einen anderen Namen lediglich eine zweite Referenz auf dasselbe Objekt.

Echte Kopien von Objekten eigener Klassen können Sie durch Erzeugung eines neuen Objekts erstellen, dem Sie die Werte eines anderen Objekts derselben Klasse zuweisen.

Für die Kopie von umfangreichen Objekten können Sie sich ebenfalls der Funktion `deepcopy()` aus dem Modul `copy` bedienen, siehe auch Abschnitt 4.8.3. Im folgenden Programm sehen Sie dazu Beispiele:

```
import copy

class Fahrzeug:
    def __init__(self, bez, ge):
```

```
        self.bezeichnung = bez
        self.geschwindigkeit = ge
    def beschleunigen(self, wert):
        self.geschwindigkeit += wert
    def __str__(self):
        return f"{self.bezeichnung} {self.geschwindigkeit} km/h"

opel = Fahrzeug("Opel Admiral", 40)
print("Original:", opel)
print()

opel2 = Fahrzeug(opel.bezeichnung, opel.geschwindigkeit)
opel2.beschleunigen(30)
print("Kopie:", opel2)
print("Identität", opel is opel2)
print()

opel3 = copy.deepcopy(opel)
opel3.beschleunigen(35)
print("Kopie:", opel3)
print("Identität:", opel is opel3)
print()

opel4 = opel
opel4.beschleunigen(40)
print("Referenz:", opel4)
print("Identität:", opel is opel4)
```

Listing 6.8 Datei »oop_kopieren.py«

Die Ausgabe des Programms:

```
Original: Opel Admiral 40 km/h

Kopie: Opel Admiral 70 km/h
Identität False

Kopie: Opel Admiral 75 km/h
Identität: False

Referenz: Opel Admiral 80 km/h
Identität: True
```

Das Objekt opel ist das Original. Das Objekt opel2 ist eine Kopie. Es handelt sich um ein neues Objekt, das mithilfe der Daten des Originalobjekts erzeugt wird. Das Objekt opel3 ist ebenfalls eine Kopie. Es wird mithilfe der Funktion copy.deepcopy() erzeugt.

Bei opel4 handelt es sich um eine zusätzliche Referenz auf das Originalobjekt opel. Die Änderung einer Eigenschaft über diese Referenz ändert das Originalobjekt, wie die Ausgabe zeigt.

Die Vergleiche auf Identität mithilfe des Operators is zeigen, dass nur die Objekte opel und opel4 identisch sind.

6.1.7 Verkettung

Eine Methode kann die Referenz self zurückliefern, also eine Referenz auf das aktuelle Objekt. Das ist notwendig, falls die Verkettung von Methoden ermöglicht werden soll. Dabei handelt es sich um eine anschauliche Schreibweise für aufeinanderfolgende Methodenaufrufe.

Als Beispiel wird nachfolgend eine Klasse für geometrische Rechtecke definiert, die sich innerhalb einer Zeichnungsfläche befinden. Rechtecke haben eine Farbe, eine Position und eine Größe. Die Position wird mithilfe der x- und y-Koordinaten der linken oberen Ecke des Rechtecks festgelegt. Diese werden vom linken bzw. oberen Rand der Zeichnungsfläche gemessen.

```
class Rechteck:
    def __init__(self, f, x, y, b, h):
        self.farbe = f
        self.xpos = x
        self.ypos = y
        self.breite = b
        self.hoehe = h
    def __str__(self):
        return f"Farbe: {self.farbe}, Ort: {self.xpos}/{self.ypos}" \
               f", Größe: {int(self.breite)}/{int(self.hoehe)}"
    def faerben(self, f):
        self.farbe = f
        return self
    def verschieben(self, xDelta, yDelta):
        self.xpos += xDelta
        self.ypos += yDelta
        return self
    def skalieren(self, xFaktor, yFaktor):
```

```
        self.breite *= xFaktor
        self.hoehe *= yFaktor
        return self

r = Rechteck("Blau", 50, 10, 30, 50)
print(r)

r.faerben("Gelb")
r.verschieben(20, 50)
r.skalieren(2, 2.5)
print(r)

r.faerben("Blau").verschieben(-20, -50).skalieren(0.5, 0.4)
print(r)
```

Listing 6.9 Datei »oop_verkettung.py«

Bei Erstellung eines Rechteck-Objekts werden alle Eigenschaften mit Werten versorgt. Mithilfe der Methoden `faerben()`, `verschieben()` und `skalieren()` können die Werte der Eigenschaften geändert werden. Die Methode `verschieben()` erhält zwei Werte, mit denen das Rechteck in x- und y-Richtung verschoben wird. Die Methode `skalieren()` erhält zwei Werte, mit denen die Breite und die Höhe multipliziert werden.

Diese drei Methoden würden ohne `return self` den Wert `None` zurückliefern. In diesem Fall könnten sie nur einzeln nacheinander aufgerufen werden.

Mit `return self` liefern sie eine Referenz auf das aktuelle Objekt zurück. Das ermöglicht den verketteten Aufruf von Methoden: Das gefärbte Objekt wird verschoben, und das verschobene Objekt wird skaliert.

Die Ausgabe des Programms:

```
Farbe: Blau, Ort: 50/10, Größe: 30/50
Farbe: Gelb, Ort: 70/60, Größe: 60/125
Farbe: Blau, Ort: 50/10, Größe: 30/50
```

6.1.8 Verschachtelung

Die Eigenschaft eines Objekts einer Klasse kann wiederum ein Objekt einer anderen Klasse sein. Zur Verdeutlichung dieses Zusammenhangs wird die Klasse `Fahrzeug` geändert. Sie wird unter anderem um die Eigenschaft `antrieb` der Klasse `Motor` erweitert. Das Beispielprogramm:

```
class Motor:
    def __init__(self, l, z, k):
        self.leistung = l
        self.zylinder = z
        self.kraftstoff = k

    def tunen(self, x):
        self.leistung += x

    def __str__(self):
        return f"{self.leistung} / {self.zylinder} / {self.kraftstoff}"

class Fahrzeug:
    def __init__(self, b, g, a):
        self.bezeichnung = b
        self.geschwindigkeit = g
        self.antrieb = a

    def __str__(self):
        return f"{self.bezeichnung} / {self.geschwindigkeit}," \
            f" Antrieb: {self.antrieb}"

ford = Fahrzeug("Ford Focus", 70, Motor(50, 4, "Diesel"))
ford.antrieb.tunen(10)
print(ford)

ford.antrieb.leistung = 80
ford.antrieb.zylinder = 6
ford.antrieb.kraftstoff = "Benzin"
print(ford)
```

Listing 6.10 Datei »oop_verschachtelung.py«

Ein Objekt der Klasse `Motor` hat die Eigenschaften `leistung`, `zylinder` und `kraftstoff`. Außerdem gibt es die Methode `tunen()` zur Veränderung der Leistung und eine Ausgabemethode.

In der Klasse `Fahrzeug` ist die Eigenschaft `antrieb` hinzugekommen. Die Ausgabemethode der Klasse `Fahrzeug` ruft intern die Ausgabemethode der Klasse `Motor` auf. Auf diese Weise wird die Ausgabe zusammengesetzt:

```
Ford Focus / 70, Antrieb: 60 / 4 / Diesel
Ford Focus / 70, Antrieb: 80 / 6 / Benzin
```

Im Programm wird ein Objekt der Klasse Fahrzeug erzeugt. Der dritte Parameter der Konstruktormethode ist ein Objekt der Klasse Motor.

Mit dem ersten Punkt nach dem Namen des Objekts ford wird die Eigenschaft antrieb des Fahrzeug-Objekts angesprochen, der zweite Punkt führt zur Untereigenschaft des Motor-Objekts.

6.1.9 Übungsaufgaben

Übung »u_oop_linie«

Die Übung »u_oop_punkt« aus Abschnitt 6.1.4 soll weiterentwickelt werden. Erstellen Sie in der bereits vorhandenen Python-Datei, deren Inhalte eingebunden werden sollen, eine Klasse für Linien. Eine Linie wird durch zwei Punkte gekennzeichnet. In einer grafischen Darstellung wären diese beiden Punkte mithilfe einer geraden Linie miteinander verbunden. Die Klasse soll das Python-Programm in Listing 6.11 ermöglichen, das wiederum die darunter stehende Ausgabe erzeugt. Alle weiteren Informationen zur Lösung können Sie dem Programm und der Ausgabe entnehmen.

```
from u_oop_geometrie import *
linie1 = Linie()
print(linie1)
punkt1 = Punkt(3.5, 2.5)
linie2 = Linie(Punkt(1.5, 4.0), punkt1)
print(linie2)
linie3 = Linie(Punkt(-2, 5.5))
print(linie3)
linie4 = Linie(e=Punkt(2.5, 1.0))
print(linie4)
linie4.verschieben(-2.0, 1.5)
print(linie4)
```

Listing 6.11 Die Datei »u_oop_linie.py«

Die geplante Ausgabe:

```
(0.0 / 0.0) / (0.0 / 0.0)
(1.5 / 4.0) / (3.5 / 2.5)
(-2 / 5.5) / (0.0 / 0.0)
(0.0 / 0.0) / (2.5 / 1.0)
(-2.0 / 1.5) / (0.5 / 2.5)
```

Übung »u_oop_polygon«

Auch hier soll die Übung »u_oop_punkt« aus Abschnitt 6.1.4 weiterentwickelt werden. Erstellen Sie in der bereits vorhandenen Python-Datei, deren Inhalte eingebunden werden sollen, eine Klasse für Polygone. Ein Polygon wird durch eine beliebige Menge von Punkten gekennzeichnet.

In einer grafischen Darstellung wäre jeder Punkt mit dem nächsten Punkt mithilfe einer geraden Linie verbunden. Der letzte Punkt wäre wiederum mit dem ersten Punkt mithilfe einer geraden Linie verbunden.

Die Klasse soll das Python-Programm in Listing 6.12 ermöglichen, das wiederum die darunter stehende Ausgabe erzeugt. Alle weiteren Informationen zur Lösung können Sie dem Programm und der Ausgabe entnehmen.

```
from u_oop_geometrie import *
polygon1 = Polygon()
print(polygon1)
punkt1 = Punkt(3.5, 2.5)
punkt2 = Punkt(-2.0, 8.5)
polygon2 = Polygon([punkt1, Punkt(3.0), punkt2])
print(polygon2)
polygon2.verschieben(1.0, 2.5)
print(polygon2)
```

Listing 6.12 Die Datei »u_oop_polygon.py«

```
(Keine Punkte)
(3.5 / 2.5) / (3.0 / 0.0) / (-2.0 / 8.5)
(4.5 / 5.0) / (4.0 / 2.5) / (-1.0 / 11.0)
```

6.2 Fortgeschrittene Themen

Eine Klasse kann ihre Eigenschaften und Methoden an eine andere Klasse vererben. Dieser Mechanismus wird häufig angewendet. Damit erzeugt man eine Hierarchie von Klassen, die die Darstellung von Objekten ermöglicht, die ähnliche Merkmale aufweisen.

6.2.1 Vererbung

Im folgenden Beispiel wird eine Klasse `PKW` auf Basis der bereits existierenden Klasse `Fahrzeug` definiert. Bei der Klasse `PKW` kommen noch einige Eigenschaften und Methoden hinzu. Diese Klasse ist spezialisiert, bezogen auf die allgemeine Klasse Fahrzeug. Von der Klasse PKW aus gesehen ist die Klasse Fahrzeug eine Basisklasse. Von der Klasse Fahrzeug aus gesehen ist die Klasse PKW eine abgeleitete Klasse.

Zunächst die Definition der Basisklasse Fahrzeug. Sie enthält drei Methoden und zwei Eigenschaften:

```
class Fahrzeug:
    def __init__(self, bez, ge):
        self.bezeichnung = bez
        self.geschwindigkeit = ge
    def beschleunigen(self, wert):
        self.geschwindigkeit += wert
    def __str__(self):
        return f"{self.bezeichnung} {self.geschwindigkeit} km/h"
```

Listing 6.13 Datei »oop_vererbung.py«, Basisklasse »Fahrzeug«

Es folgt die Definition der abgeleiteten Klasse PKW:

```
class PKW(Fahrzeug):
    def __init__(self, bez, ge, ins):
        super().__init__(bez, ge)
        self.insassen = ins
    def __str__(self):
        return f"{super().__str__()} {self.insassen} Insassen"
    def einsteigen(self, anzahl):
        self.insassen += anzahl
    def aussteigen(self, anzahl):
        self.insassen -= anzahl
```

Listing 6.14 Datei »oop_vererbung.py«, abgeleitete Klasse »PKW«

Bei der Definition der abgeleiteten Klasse folgt nach ihrem eigenen Namen der Name der Basisklasse in runden Klammern.

Die Klasse PKW erbt von der Klasse Fahrzeug und enthält fünf Methoden und drei Eigenschaften:

- eine eigene Konstruktormethode und eine eigene Ausgabemethode, die jeweils die gleichnamige Methode der Basisklasse überschreiben
- die eigenen Methoden einsteigen() und aussteigen()
- die von der Klasse Fahrzeug geerbte Methode beschleunigen()

- die eigene Eigenschaft `insassen`
- die geerbten Eigenschaften `bezeichnung` und `geschwindigkeit`

Eine Methode einer Basisklasse kann in einer abgeleiteten Klasse überschrieben werden. Der Aufruf einer überschriebenen Methode führt zu der betreffenden Methode in der abgeleiteten Klasse. Möchte man dagegen explizit die Methode der nächsten übergeordneten Klasse aufrufen, wird die Referenz `super()` benötigt.

Es folgt das Hauptprogramm, in dem ein Objekt der Klasse `PKW` erzeugt, verändert und ausgegeben wird:

```
fiat = PKW("Fiat Marea", 50, 0)
fiat.einsteigen(3)
fiat.aussteigen(1)
fiat.beschleunigen(10)
print(fiat)
```

Listing 6.15 Datei »oop_vererbung.py«, Hauptprogramm

Die Ausgabe des Programms:

```
Fiat Marea 60 km/h 2 Insassen
```

Allgemein gilt: Eigenschaften und Methoden werden zunächst in der Klasse des Objekts gesucht. Sind sie dort nicht vorhanden, wird die Suche in der nächsten übergeordneten Klasse fortgesetzt.

Es wird das Objekt `fiat` erzeugt, dabei wird der Konstruktor aufgerufen. Er wird in der abgeleiteten Klasse gefunden. Er gibt diejenigen Eigenschaften, die nicht in der abgeleiteten Klasse definiert wurden, über einen Aufruf des Konstruktors der übergeordneten Klasse weiter. Die Methode `super()` liefert dazu eine Referenz auf das aktuelle Objekt in der übergeordneten Klasse. Diese abgestufte Vorgehensweise ist nicht zwingend vorgeschrieben, aber empfehlenswert. Anschließend wird die verbliebene Eigenschaft der abgeleiteten Klasse initialisiert.

Es werden die Methoden `einsteigen()` und `aussteigen()` aufgerufen. Sie werden in der abgeleiteten Klasse gefunden und verändern die Eigenschaft `insassen`.

Anschließend wird die Methode `beschleunigen()` aufgerufen. Sie wird in der abgeleiteten Klasse nicht gefunden, daher wird in der Basisklasse weitergesucht. Dort wird die Methode gefunden und dient zur Veränderung der Eigenschaft `geschwindigkeit`.

Es wird die Ausgabemethode aufgerufen. Sie wird in der abgeleiteten Klasse gefunden. Sie ruft zunächst mithilfe von `super()` die gleichnamige Methode der übergeordneten

Klasse auf, damit deren Eigenschaften ausgegeben werden können. Das Ergebnis dieses Aufrufs wird mit der Ausgabe der Eigenschaften der abgeleiteten Klasse zusammengesetzt. Dies führt zur Ausgabe aller Daten des Objekts.

6.2.2 Übungsaufgabe

Übung »u_oop_polygon_gefuellt«

Die Übung »u_oop_polygon« aus Abschnitt 6.1.9 soll weiterentwickelt werden. Erstellen Sie in der bereits vorhandenen Python-Datei, deren Inhalte eingebunden werden sollen, eine Klasse für gefüllte Polygone. Ein gefülltes Polygon entspricht einem Polygon, das zusätzlich mit einer Farbe gefüllt ist.

Die Klasse soll das Python-Programm in Listing 6.16 ermöglichen, das wiederum die darunter stehende Ausgabe erzeugt. Alle weiteren Informationen zur Lösung können Sie dem Programm und der Ausgabe entnehmen.

```
from u_oop_geometrie import *
polygonGefuellt1 = PolygonGefuellt([Punkt(3.5, 1.0),
    Punkt(-2.0, 6.5), Punkt(1.5, -3.5)], "Rot")
print(polygonGefuellt1)
polygonGefuellt1.verschieben(0.5, 2.5)
print(polygonGefuellt1)
polygonGefuellt1.faerben("Blau")
print(polygonGefuellt1)
```

Listing 6.16 Die Datei »u_oop_polygon_gefuellt.py«

Die geplante Ausgabe:

```
(3.5 / 1.0) / (-2.0 / 6.5) / (1.5 / -3.5) Rot
(4.0 / 3.5) / (-1.5 / 9.0) / (2.0 / -1.0) Rot
(4.0 / 3.5) / (-1.5 / 9.0) / (2.0 / -1.0) Blau
```

6.2.3 Mehrfachvererbung

Eine abgeleitete Klasse kann wiederum Basisklasse für eine weitere Klasse sein. Dadurch ergibt sich eine Vererbung über mehrere Ebenen.

Bei der Mehrfachvererbung kann eine Klasse außerdem von mehr als einer Klasse erben. Sie übernimmt in diesem Fall die Eigenschaften und Methoden aller Basisklassen.

Im folgenden Beispiel werden drei Klassen definiert:

1. die Klasse `Datum` mit den Eigenschaften `tag`, `monat` und `jahr`
2. die Klasse `Uhrzeit` mit den Eigenschaften `stunde`, `minute` und `sekunde`
3. die Klasse `Zeit`, die von diesen beiden Klassen erbt

Anschließend wird jeweils ein Objekt erzeugt und ausgegeben:

```
class Datum:
    def __init__(self, d, m, y):
        self.tag = d
        self.monat = m
        self.jahr = y
    def __str__(self):
        return f"{self.tag:02d}.{self.monat:02d}.{self.jahr:d}"

class Uhrzeit:
    def __init__(self, h, m, s):
        self.stunde = h
        self.minute = m
        self.sekunde = s
    def __str__(self):
        return f"{self.stunde:02d}:{self.minute:02d}:{self.sekunde:02d}"

class Zeit(Datum, Uhrzeit):
    def __init__(self, d, mo, y, h, mi, s):
        Datum.__init__(self, d, mo, y)
        Uhrzeit.__init__(self, h, mi, s)
    def __str__(self):
        return f"{Datum.__str__(self)} {Uhrzeit.__str__(self)}"

d = Datum(12, 8, 2024)
print(d)
u = Uhrzeit(16, 5, 20)
print(u)
z = Zeit(5, 11, 2024, 9, 35, 8)
print(z)
```

Listing 6.17 Datei »oop_mehrfach.py«

Die Ausgabe des Programms:

```
12.08.2024
16:05:20
05.11.2024 09:35:08
```

Die beiden Klassen, von denen die Klasse `Zeit` erbt, werden in den runden Klammern nach dem Namen der Klasse notiert, durch Komma getrennt.

In der Klasse `Zeit` kann der Aufruf der Konstruktoren bzw. Ausgabemethoden der übergeordneten Klassen nicht mehr mithilfe von `super()` erfolgen, da diese Referenz hier mehrdeutig ist.

Der Name der übergeordneten Klasse kann allerdings auch explizit angegeben werden. Damit wird die Zuordnung eindeutig. Es muss zusätzlich die Referenz `self` auf das aktuelle Objekt als erster Parameter notiert werden.

Hinweis
Nicht alle objektorientierten Programmiersprachen bieten das Konzept der Mehrfachvererbung an, da es den Entwurf von Klassenbibliotheken komplex und unübersichtlich machen kann.

6.2.4 Datenklassen

Seit Python 3.7 haben Sie die Möglichkeit, zusammengehörige Werte auf einfache Weise mithilfe von *Datenklassen* gemeinsam zu speichern.

Dabei handelt es sich um vereinfachte Klassen. Einige der besonderen Methoden sind für diese Klassen bereits vordefiniert, wie zum Beispiel eine Konstruktormethode, eine Ausgabemethode und eine Methode für den Operator `==`.

Im nachfolgenden Beispiel wird eine Datenklasse für zweidimensionale Vektoren definiert und genutzt:

```
import dataclasses, math
@dataclasses.dataclass
class Vektor:
    x:float = 0.0
    y:float = 0.0

    def betrag(self):
        return math.sqrt(self.x * self.x + self.y * self.y)
```

```
va = Vektor(3.0, 4.0)
print(va)
print("Betrag:", va.betrag())

vb = Vektor(3.0, 4.0)
print(vb)

if va == vb:
    print("Vektoren sind gleich")

vc = Vektor(1.8)
print(vc)

vd = Vektor(y=9.1)
print(vd)
```

Listing 6.18 Datei »oop_datenklasse.py«

Die Klasse `Vektor` wird mithilfe des Dekorators `@dataclass` aus dem Modul `dataclasses` als Datenklasse gekennzeichnet. Ein Objekt der Klasse `Vektor` besitzt die beiden Eigenschaften `x` und `y`. Sie stehen für die beiden Komponenten eines zweidimensionalen Vektors.

Die Eigenschaften müssen mithilfe von Typhinweisen (siehe Abschnitt 3.8) angegeben werden und können Vorgabewerte besitzen. Der intern vordefinierte Konstruktor nutzt die beiden Eigenschaften als optionale Parameter.

Die Methode `betrag()` berechnet den Betrag eines zweidimensionalen Vektors nach der folgenden mathematischen Regel: Der Betrag entspricht der Quadratwurzel der Summe der Quadrate der Komponenten.

Zwei Objekte der Klasse `Vektor` werden mit Werten für beide Eigenschaften initialisiert. Die Methode für den Operator `==` ist ebenfalls vordefiniert und vergleicht die Werte aller Eigenschaften.

Das Objekt `vc` erhält den Wert für die Eigenschaft `y` über den Vorgabewert. Das trifft bei Objekt `vd` für die Eigenschaft `x` zu. Der Wert für die Eigenschaft `y` wird hier über einen benannten Parameter übergeben.

Die Ausgabe des Programms:

```
Vektor(x=3.0, y=4.0)
Betrag: 5.0
Vektor(x=3.0, y=4.0)
Vektoren sind gleich
```

```
Vektor(x=1.8, y=0.0)
Vektor(x=0.0, y=9.1)
```

Eine Ausgabemethode ist bei Datenklassen ebenfalls bereits vordefiniert. Sie führt zu einer Ausgabe des Namens der Klasse, gefolgt von den Namen der Eigenschaften des Objekts mit ihren jeweiligen Werten.

6.2.5 Enumerationen

Enumerationen sind Aufzählungen von Konstanten. Der Programmcode wird durch die Nutzung der Elemente einer Enumeration besser lesbar. Die Elemente sind einem Wert eindeutig zugeordnet. Die Zuordnung eines bestimmten Werts zu einem zweiten Element ist nicht sinnvoll.

Python bietet seit der Version 3.4 innerhalb des Moduls `enum` unter anderem die Klasse `IntEnum` zur Erstellung einer Enumeration, deren Elemente als Konstanten für ganze Zahlen stehen.

Seit Python 3.11 steht auch die Klasse `StrEnum` zur Verfügung. Die Elemente dieser Enumeration stehen als Konstanten für Zeichenketten. In Python 3.11 und Python 3.12 kamen bei Enumerationen viele Erweiterungen hinzu, weitere sind bereits für die Version 3.13 angekündigt.

Zunächst Teil 1 eines Beispielprogramms:

```
import enum
class Farbe(enum.IntEnum):
    ROT = 5
    GELB = 2
    BLAU = 4

print("Enumeration 'Farbe', Anzahl:", len(Farbe))
for f in Farbe:
    print("Name:", f.name, "Wert:", f.value)
f = 2
if f == Farbe.GELB:
    print("Das ist die Konstante GELB mit dem Wert 2")
print(Farbe.GELB)
print(Farbe.GELB * 10)
if 2 in Farbe:
    print("Wert 2 in 'Farbe'")
print()
```

Listing 6.19 Datei »enumeration.py«, Teil 1 von 2

Es wird die folgende Ausgabe erzeugt:

```
Enumeration 'Farbe', Anzahl: 3
Name: ROT Wert: 5
Name: GELB Wert: 2
Name: BLAU Wert: 4
Das ist die Konstante GELB mit dem Wert 2
2
20
Wert 2 in 'Farbe'
```

Nach Import des Moduls `enum` wird die Enumeration `Farbe` erzeugt. Dabei handelt es sich um eine Klasse, die von der Klasse `IntEnum` erbt. Sie dient zur Zuordnung von ganzzahligen Werten zu Farben. Die Elemente müssen unmittelbar mit Werten versehen werden. Die Werte müssen nicht in aufsteigender Reihenfolge sein.

Die eingebaute Funktion `len()` liefert die Anzahl der Elemente. Eine Enumeration ist iterierbar und kann daher mit einer `for`-Schleife durchlaufen werden. Die Eigenschaften `name` und `value` eines Elements liefern seinen Namen und seinen Wert.

Der Vergleich eines Werts mit anderen Werten wird durch die Elemente erleichtert. Dies verbessert die Lesbarkeit des Programmcodes.

Sie können den repräsentierten Wert auch in Berechnungen einbauen. Zudem können Sie prüfen, ob ein bestimmter Wert einem der Elemente entspricht.

Es folgt Teil 2 des Beispielprogramms:

```
class Figur(enum.IntEnum):
    KREIS = 3
    QUADRAT = enum.auto()
    LINIE = enum.auto()
    POLYGON = enum.auto()

print("Enumeration 'Figur', Anzahl:", len(Figur))
for f in Figur:
    print("Name:", f.name, "Wert:", f.value)
print()

class Wochentag(enum.StrEnum):
    MONTAG = "Montag"
    DIENSTAG = "Dienstag"
    MITTWOCH = "Mittwoch"
```

```
print("Enumeration 'Wochentag', Anzahl:", len(Wochentag))
for w in Wochentag:
    print("Name:", w.name, "Wert:", w.value)
```

Listing 6.20 Datei »enumeration.py«, Teil 2 von 2

Dieser Teil erzeugt die folgende Ausgabe:

```
Enumeration 'Figur', Anzahl: 4
Name: KREIS Wert: 3
Name: QUADRAT Wert: 4
Name: LINIE Wert: 5
Name: POLYGON Wert: 6

Enumeration 'Wochentag', Anzahl: 3
Name: MONTAG Wert: Montag
Name: DIENSTAG Wert: Dienstag
Name: MITTWOCH Wert: Mittwoch
```


Die Enumeration `Figur` dient zur Zuordnung von ganzzahligen Werten zu geometrischen Figuren. Im Modul `enum` steht die Klasse `auto` zur Verfügung. Ihr Konstruktor liefert automatisch ganzzahlige, immer um 1 aufsteigende Werte für die Elemente. Würde bereits das erste Element mithilfe von `auto()` erzeugt, hätte es den Wert 1.

Die Enumeration `Wochentag` dient zur Zuordnung von Zeichenketten zu den Namen von Wochentagen. Es handelt sich um eine Klasse, die von der Klasse `StrEnum` erbt. Die Eigenschaften und Funktionen der Klasse `StrEnum` gleichen denen der Klasse `IntEnum`.

6.2.6 Spiel, objektorientierte Version

In diesem Abschnitt stelle ich Ihnen eine objektorientierte Version des Kopfrechenspiels vor. In der Anwendung gibt es ein Objekt der Klasse `Spiel`. Während der Lebensdauer dieses Objekts werden mehrere Objekte der Klasse `Aufgabe` erzeugt und genutzt.

Zunächst die Importanweisung und das kurze Hauptprogramm:

```
import random
...
s = Spiel()
s.spielen()
print(s)
```

Listing 6.21 Datei »spiel_oop.py«, Hauptprogramm

Das Modul random wird für den Zufallsgenerator benötigt. Im Hauptprogramm wird das Objekt s der Klasse Spiel erzeugt. Damit wird ein Spiel initialisiert. Für dieses Objekt wird zum Start des Vorgangs die Methode spielen() ausgeführt. Am Ende wird das Ergebnis ausgegeben.

Es folgt die Definition der Klasse Spiel:

```
class Spiel:
    def __init__(self):
        random.seed()
        self.richtig = 0
        self.anzahl = -1
        while self.anzahl<1 or self.anzahl>10:
            try:
                print("Wie viele Aufgaben (1 bis 10):")
                self.anzahl = int(input())
            except:
                continue

    def spielen(self):
        for i in range(self.anzahl):
            a = Aufgabe(i+1, self.anzahl)
            print(a)
            self.richtig += a.beantworten()

    def __str__(self):
        return f"Richtig: {self.richtig} von {self.anzahl}"
```

Listing 6.22 Datei »spiel_oop.py«, Klasse »Spiel«

Im Konstruktor der Klasse Spiel wird der Zufallsgenerator initialisiert. Es werden zwei Eigenschaften der Klasse Spiel erstellt: richtig und anzahl. Der Zähler für die richtig gelösten Aufgaben wird zunächst auf 0 gesetzt. Es wird die Anzahl der zu lösenden Aufgaben ermittelt.

In der Methode spielen() wird die gewünschte Anzahl von Aufgaben erzeugt. Jede Aufgabe ist ein Objekt der Klasse Aufgabe und wird ausgegeben. Anschließend wird die Methode beantworten() aufgerufen, also die Eingabe verarbeitet. Rückgabewert der Methode beantworten() ist 1 oder 0. Entsprechend wird der Zähler von richtig verändert.

In der Ausgabemethode wird das Ergebnis des Spiels veröffentlicht.

Es folgt die Definition der Klasse Aufgabe:

```
class Aufgabe:
    def __init__(self, i, anzahl):
        self.nr = i
        self.anzahl = anzahl

    def __str__(self):
        a = random.randint(10,30)
        b = random.randint(10,30)
        self.ergebnis = a + b
        return f"Aufgabe {self.nr} von {self.anzahl}: {a} + {b}"

    def beantworten(self):
        try:
            if self.ergebnis == int(input()):
                print(f"{self.nr}: *** Richtig ***")
                return 1
            else:
                raise
        except:
            print(f"{self.nr}: *** Falsch ***")
            return 0
```

Listing 6.23 Datei »spiel_oop.py«, Klasse »Aufgabe«

Der Konstruktor der Klasse Aufgabe wird mit der individuellen Nummer der Aufgabe und der Gesamtanzahl der Aufgaben aufgerufen. Dabei werden zwei Eigenschaften der Klasse Aufgabe gesetzt: nr und anzahl.

In der Ausgabemethode wird die Aufgabe erstellt und veröffentlicht. Das richtige Ergebnis der Aufgabe ist eine Eigenschaft der Klasse Aufgabe.

In der Methode beantworten() wird dazu aufgefordert, das eigene Ergebnis einzugeben. Anschließend wird es mit dem richtigen Ergebnis der Aufgabe verglichen. Eine falsche oder ungültige Eingabe erzeugt eine Ausnahme; dies führt zur Rückgabe einer 0. Eine richtige Eingabe führt zur Rückgabe einer 1.

Kapitel 7
Verschiedene Module

In diesem Kapitel erläutere ich Programmiertechniken zur Arbeit mit Zeitangaben, Warteschlangen, Collections, parallel ablaufenden Programmteilen (Multithreading) sowie regulären Ausdrücken.

7

7.1 Datum und Uhrzeit

Auf vielen Betriebssystemen gilt der 1. Januar 1970 00:00 Uhr als Nullpunkt für die Verarbeitung von Zeitangaben. Diese werden in Sekunden ab diesem Zeitpunkt gerechnet.

7.1.1 Modul »time«

Das Modul `time` enthält Funktionen zur Speicherung, Bearbeitung und Ausgabe von Zeitangaben für Datum und Uhrzeit. Wichtige Funktionen sind zum Beispiel `time()`, `localtime()`, `strftime()` und `mktime()`.

Als Alternative zu diesen klassischen und häufig genutzten Funktionen steht die Klasse `datetime` aus dem Modul `datetime` zur Verfügung, siehe Abschnitt 7.1.4.

Im folgenden Programm werden die klassischen Möglichkeiten verdeutlicht:

```
import time
print("time():", time.time())

lt = time.localtime()
print("localtime():", f"{lt[2]:02d}.{lt[1]:02d}.{lt[0]} "
                      f"{lt[3]:02d}:{lt[4]:02d}:{lt[5]:02d}")
s = 1_720_000_000
lt = time.localtime(s)
print("localtime():", f"{lt[2]:02d}.{lt[1]:02d}.{lt[0]} "
                      f"{lt[3]:02d}:{lt[4]:02d}:{lt[5]:02d}")

tu = 2024, 8, 24, 12, 35, 20, 0, 0, 0
```

```
print("strftime():", time.strftime("%d.%m.%Y %H:%M:%S"))
print("strftime():", time.strftime("%d.%m.%Y %H:%M:%S", tu))
print("strftime():", time.strftime("%d.%m.%Y %H:%M:%S", lt))

print("mktime():", time.mktime(tu))
print("mktime():", time.mktime(lt))
```

Listing 7.1 Datei »zeit_klassisch.py«

Die Funktion `time()` liefert die Anzahl der Sekunden, die seit dem Nullpunkt verstrichen sind, bezogen auf die aktuelle Systemzeit des Rechners. Die Funktion `localtime()` hat einen optionalen Parameter und liefert eine Zeitangabe als Variable des Typs `struct_time`:

- Wird sie ohne Parameter aufgerufen, wird eine Zeitangabe mit der aktuellen Systemzeit des Rechners ermittelt.
- Wird sie mit einer Zahl als Parameter aufgerufen, wird diese als Anzahl der Sekunden zum Nullpunkt hinzuaddiert. Aus diesem Zeitpunkt wird eine Zeitangabe ermittelt.

Eine Variable des Typs `struct_time` enthält insgesamt neun Elemente einer Zeitangabe, auf die einzeln zugegriffen werden kann. Die Elemente 0 bis 5 enthalten nacheinander die Werte für Jahr, Monat, Tag, Stunde, Minute und Sekunde. Element 6 enthält die Nummer des Wochentags, von Montag = 0 bis Sonntag = 6. Die laufende Nummer des Tages im Jahr wird von Element 7 bereitgestellt. Element 8 enthält den Status der Sommerzeit: 1 = Sommerzeit ist aktiv, 0 = Sommerzeit ist nicht aktiv.

Die Ausgabe des ersten Programmteils:

```
time(): 1700034169.35702
localtime(): 15.11.2023 08:42:49
localtime(): 03.07.2024 11:46:40
```

Die Funktion `strftime()` dient zur Ausgabe einer formatierten Zeitangabe. Sie benötigt als ersten Parameter eine Zeichenkette mit Angaben zur Formatierung und besitzt einen zweiten, optionalen Parameter:

- Wird sie mit nur einem Parameter aufgerufen, enthält die formatierte Zeitangabe die aktuelle Systemzeit des Rechners.
- Bei dem zweiten Parameter muss es sich um eine Variable des Typs `struct_time` oder um ein Tupel handeln, das denselben Aufbau wie eine solche Variable hat. Aus den Elementen ergibt sich die formatierte Zeitangabe. Die Angaben für Wochentag, Tag des Jahres und Sommerzeit sind häufig zunächst unbekannt. Wird hier einfach jeweils eine `0` gesetzt, werden die richtigen Werte automatisch ermittelt.

- Es gibt unter anderem folgende Formatierungsangaben: `%d` = Tag, `%m` = Monat, `%Y` = Jahr, `%H` = Stunde, `%M` = Minute, `%S` = Sekunde. Alle Ausgaben erfolgen zweistellig und gegebenenfalls mit führender Null. Eine Ausnahme bildet die vierstellige Ausgabe für das Jahr.

Die Funktion `mktime()` liefert zu einer Zeitangabe die Anzahl der Sekunden seit dem Nullpunkt. Sie benötigt einen Parameter, bei dem es sich wiederum um ein Tupel aus neun Elementen oder eine Variable des Typs `struct_time` handeln muss. Die Anzahl der Sekunden kann zum Rechnen mit Zeitangaben genutzt werden.

Die Ausgabe des zweiten Programmteils:

```
strftime(): 15.11.2023 08:42:49
strftime(): 24.08.2024 12:35:20
strftime(): 03.07.2024 11:46:40
mktime(): 1724499320.0
mktime(): 1720000000.0
```

7.1.2 Programm anhalten

Die Funktion `sleep()` aus dem Modul `time` ermöglicht das Anhalten eines Programms für einen bestimmten Zeitraum.

Im folgenden Beispielprogramm wird innerhalb einer Schleife mehrmals die aktuelle Zeit ausgegeben. Nach jeder Ausgabe wird das Programm für zwei Sekunden mithilfe der Funktion `sleep()` angehalten. Am Ende wird die Zeitdifferenz zwischen Start und Ende berechnet.

```
import time

startzeit = time.time()
print("Start:", startzeit)
for i in range(5):
    time.sleep(2)
    print(time.time())
endzeit = time.time()
print("Ende:", endzeit)

differenz = endzeit - startzeit
print("Differenz:", differenz)
```

Listing 7.2 Datei »zeit_anhalten.py«

Es wird die folgende Ausgabe erzeugt:

```
Start: 1700800664.3575678
1700800666.378053
1700800668.381017
1700800670.3839557
1700800672.3874018
1700800674.4216182
Ende: 1700800674.4216182
Differenz: 10.064050436019897
```

Wie die Ausgabe der Differenz zeigt, lässt sich die Funktion `sleep()` nur für eine zeitliche Steuerung von begrenzter Genauigkeit einsetzen, und zwar aus den folgenden Gründen:

- Zum einen benötigen die einzelnen Programmschritte eine eigene, wenn auch kurze Laufzeit, abhängig von der Geschwindigkeit und der Auslastung des Rechners.
- Zum anderen unterscheiden sich die Zeitabstände geringfügig.

Dennoch können Sie die Funktion `sleep()` für viele Anwendungen sinnvoll einsetzen, unter anderem im Bereich von grafischen Animationen, Simulationen oder der Spieleprogrammierung.

7.1.3 Klasse »timedelta«

Die Klasse `timedelta` aus dem Modul `datetime` ermöglicht die Bearbeitung einer zeitlichen Dauer, also der Differenz zwischen zwei Zeitpunkten. Es können Berechnungen und Vergleiche mithilfe von Operatoren durchgeführt werden. Nachfolgend ein Beispielprogramm:

```
import datetime

d1 = datetime.timedelta(5)
print("Nur Tage:", d1)

d2 = datetime.timedelta(5, 8, 0, 0, 10, 2, 1)
print("Alle Parameter:", d2)

d3 = datetime.timedelta(days=1, hours=30, minutes=-20, seconds=80)
print("Benannte Parameter, Umrechnung:", d3)
print(f"Eigenschaften: {d3.days} Tage, {d3.seconds} Sekunden")

sk = d3.total_seconds()
```

```
mi = sk / 60
st = mi / 60
print(f"Methode, Umrechnung: {sk:.0f} Sek. = {mi:.3f} Min. = {st:.3f} Std.")
print()

print("Operatoren:")
a = datetime.timedelta(days=5, hours=10)
print("Zeitdifferenz a:", a)
b = datetime.timedelta(days=2, hours=4)
print("Zeitdifferenz b:", b)

print("a + b:", a + b)
print("a - b:", a - b)
print("b * 2.5:", b * 2.5)
print("a / 2:", a / 2)
print("a / b:", a / b)
print("a % b:", a % b)
print("a == b:", a == b)
print("a > b:", a > b)
```

Listing 7.3 Datei »zeit_timedelta.py«

Der Konstruktor der Klasse `timedelta` besitzt insgesamt sieben optionale Parameter, hier mit ihren Namen in Reihenfolge: `days`, `seconds`, `microseconds`, `milliseconds`, `minutes`, `hours` und `weeks`.

Das erste `timedelta`-Objekt wird nur mit dem Wert `5` erstellt. Daher hat es den Wert 5 Tage. Das zweite `timedelta`-Objekt wird mit allen Werten in der richtigen Reihenfolge erzeugt. Bei der Erstellung des dritten `timedelta`-Objekts wird mit benannten Parametern gearbeitet.

Wird bei der Objekterzeugung der Zahlenbereich einer Zeitangabe über- oder unterschritten, wird der Wert entsprechend umgerechnet:

- Aus einem Tag und 30 Stunden werden 2 Tage und 6 Stunden.
- Aus 6 Stunden und -20 Minuten werden 5 Stunden und 40 Minuten.
- Aus 40 Minuten und 80 Sekunden werden 41 Minuten und 20 Sekunden.

Es folgen zwei Eigenschaften und eine Methode des `timedelta`-Objekts:

- `days`: enthält nur die Tage
- `seconds`: enthält nur die Sekunden am Tag, ohne die Tage selbst
- `total_seconds()`: liefert die Gesamtzahl an Sekunden

Im Programm wird der letztgenannte Wert in Minuten bzw. in Stunden umgerechnet und formatiert ausgegeben.

Zwei Zeitdifferenzen können miteinander addiert und voneinander subtrahiert werden. Eine Zeitdifferenz kann mit einem Zahlenwert multipliziert oder durch einen Zahlenwert geteilt werden.

Die Division von zwei Zeitdifferenzen ergibt einen Zahlenwert. Der Rest einer Ganzzahldivision von zwei Zeitdifferenzen ergibt eine Zeitdifferenz.

Zwei Zeitdifferenzen können miteinander verglichen werden.

Folgende Ausgabe wird erzeugt:

```
Nur Tage: 5 days, 0:00:00
Alle Parameter: 12 days, 2:10:08
Benannte Parameter, Umrechnung: 2 days, 5:41:20
Eigenschaften: 2 Tage, 20480 Sekunden
Methode, Umrechnung: 193280 Sek. = 3221.333 Min. = 53.689 Std.

Operatoren:
Zeitdifferenz a: 5 days, 10:00:00
Zeitdifferenz b: 2 days, 4:00:00
a + b: 7 days, 14:00:00
a - b: 3 days, 6:00:00
b * 2.5: 5 days, 10:00:00
a / 2: 2 days, 17:00:00
a / b: 2.5
a % b: 1 day, 2:00:00
a == b: False
a > b: True
```

7.1.4 Klasse »datetime«

Die Klasse `datetime` aus dem Modul `datetime` dient zur Speicherung, Bearbeitung und Darstellung von Zeitangaben für Datum und Uhrzeit. Nachfolgend ein Beispielprogramm:

```
import datetime

dt1 = datetime.datetime(2024, 7, 23, 9, 28, 7, 500000)
print("Zeit:", dt1)
```

```
dt2 = datetime.datetime.fromisoformat("2024-07-23T09:28:07")
print("Aus ISO-Format:", dt2)
print("Formatiert:", dt2.strftime("%d.%m.%Y %H:%M:%S"))
print(f"Tag: {dt2.day}, Monat: {dt2.month}, Jahr: {dt2.year}, " \
      f"Stunde: {dt2.hour}, Minute: {dt2.minute}, Sekunde: {dt2.second}")
print()

dt2 = dt2.replace(month=9, day=14, minute=35, second=40)
print("Ersetzen:", dt2)
print()

print("dt1 == dt2:", dt1 == dt2)
print("dt1 < dt2:", dt1 < dt2)
print()

td1 = datetime.timedelta(days=3, hours=17)
dt3 = dt2 + td1
print("Zeitdifferenz addieren:", dt3)
td2 = dt3 - dt2
print("Zeitdifferenz:", td2)
print()

dt4 = datetime.datetime.now()
print("Jetzt:", dt4)
wtage = ["", "Montag", "Dienstag", "Mittwoch",
         "Donnerstag", "Freitag", "Samstag", "Sonntag"]
wd = dt4.isoweekday()
print(f"Wochentag: {wd} = {wtage[wd]}")
```

Listing 7.4 Datei »zeit_datetime.py«

Der Konstruktor der Klasse `datetime` besitzt insgesamt zehn Parameter. Die ersten drei sind vorgeschrieben, die restlichen optional. Hier die Namen der ersten sieben Parameter in Reihenfolge: `year`, `month`, `day`, `hour`, `minute`, `second` und `microsecond`. Die wichtigsten Eigenschaften eines `datetime`-Objekts haben dieselben Namen.

Mithilfe der statischen Methode `fromisoformat()` erstellen Sie ein `datetime`-Objekt aus einer Zeichenkette, die dem Format ISO 8601 folgt. Die Anzahl der möglichen Formate wurde mit Python 3.11 erweitert.

Die Methode `strftime()` dient zur individuellen Formatierung der Zeitangabe, siehe auch Abschnitt 7.1.1.

Die Methode `replace()` kann zum Ersetzen einzelner Teile einer Zeitangabe durch neue Werte genutzt werden. Die Namen der benannten Parameter entsprechen wiederum den Eigenschaften eines `datetime`-Objekts.

Zwei `datetime`-Objekte können mithilfe von Operatoren verglichen werden.

Ein `timedelta`-Objekt kann zu einem `datetime`-Objekt hinzuaddiert oder von diesem subtrahiert werden. Das Ergebnis ist erneut ein `datetime`-Objekt. Subtrahiert man ein `datetime`-Objekt von einem anderen `datetime`-Objekt, erhält man ein `timedelta`-Objekt.

Die statische Methode `now()` erstellt ein `datetime`-Objekt mit den aktuellen Zeitangaben. Die Methode `isoweekday()` liefert die Nummer des Wochentags eines `datetime`-Objekts. Dabei werden die Wochentage von Montag = 1 bis Sonntag = 7 gezählt.

Es folgt die Ausgabe des Programms:

```
Zeit: 2024-07-23 09:28:07.500000
Aus ISO-Format: 2024-07-23 09:28:07
Formatiert: 23.07.2024 09:28:07
Tag: 23, Monat: 7, Jahr: 2024, Stunde: 9, Minute: 28, Sekunde: 7

Ersetzen: 2024-09-14 09:35:40

dt1 == dt2: False
dt1 < dt2: True

Zeitdifferenz addieren: 2024-09-18 02:35:40
Zeitdifferenz: 3 days, 17:00:00

Jetzt: 2023-11-20 15:44:54.613547
Wochentag: 1 = Montag
```

7.1.5 Klasse »calendar«

Die Klasse `calendar` aus dem Modul `calendar` bietet nützliche Funktionen im Zusammenhang mit Kalenderdaten. Es folgt ein Beispielprogramm mit einigen der zahlreichen Methoden:

```
import calendar, datetime

print("Schaltjahr:", calendar.isleap(2024))
print("Anzahl Schaltjahre:", calendar.leapdays(2020, 2030))
print()
```

```
calendar.prmonth(2024, 2)
print()

print("Volle Wochen:")
cal = calendar.Calendar()
it = cal.itermonthdates(2024, 2)
for datum in it:
    print(datum.strftime("%d.%m."), end=" ")
    if datum.isoweekday() == 7:
        print()
print()

print("Enumeration über Wochentage:")
for tag in calendar.Day:
    print(tag, end=" ")
print()

if calendar.weekday(2024,2,1) == calendar.THURSDAY:
    print("01.02.2024 ist ein Donnerstag")
print()

print("Enumeration über Monate:")
for monat in calendar.Month:
    print(monat, end=" ")
print()

d = datetime.datetime(2024,2,1)
if d.month == calendar.FEBRUARY:
    print("Monat ist Februar")
```

Listing 7.5 Datei »zeit_calendar.py«

Die statische Methode `isleap()` ermittelt, ob das betreffende Jahr ein Schaltjahr ist. Die statische Methode `leapdays()` gibt die Anzahl der Schaltjahre für einen Zeitraum zurück, der mithilfe von zwei Jahreszahlen angegeben wird.

Die statische Methode `prmonth()` gibt einen Kalender für einen bestimmten Monat tabellarisch aus. Die Tabelle hat eine Überschrift. Über den einzelnen Spalten stehen die Namen der Wochentage in abgekürzter Form. Jede Zeile enthält die Tage einer Woche, beginnend mit dem Montag. Es werden alle Wochen angezeigt, in denen Tage des betreffenden Monats liegen.

Für ein Objekt der Klasse calendar kann die Methode itermonthdates() aufgerufen werden. Als Parameter werden Jahr und Monat eines bestimmten Monats übergeben. Die Methode liefert einen Iterator über alle Tage der vollen Wochen, in denen Tage des betreffenden Monats liegen.

Der Iterator kann zur Steuerung einer for-Schleife genutzt werden. Jedes Element, das mithilfe des Iterators durchlaufen wird, entspricht einem Objekt der Klasse date aus dem Modul datetime. Die Klasse date entspricht der Klasse datetime aus Abschnitt 7.1.4, beschränkt auf die Datumsangaben, also ohne die Uhrzeitangaben.

In der for-Schleife werden die einzelnen Elemente formatiert ausgegeben. Mithilfe der Methode isoweekday() wird die Nummer des Wochentags für ein datetime-Objekt ermittelt, mit Montag = 1 bis Sonntag = 7. Nach jedem Sonntag erfolgt ein Zeilenumbruch.

Die Enumeration calendar.Day gibt es seit Python 3.12. Sie enthält die Namen und Werte der Wochentage, mit MONDAY = 0 bis SUNDAY = 6. Auf die einzelnen Elemente kann auch direkt zugegriffen werden, über calendar.MONDAY bis calendar.SUNDAY.

Mithilfe der statischen Methode weekday() der Klasse calendar wird die Nummer des Wochentags für ein bestimmtes Datum ermittelt, mit Montag = 0 bis Sonntag = 6. Im Programm wird mithilfe der Konstanten calendar.THURSDAY festgestellt, ob es sich bei dem betreffenden Datum um einen Donnerstag handelt.

Die Enumeration calendar.Month gibt es ebenfalls seit Python 3.12. Sie enthält die Namen und Werte der Monate, mit JANUARY = 1 bis DECEMBER = 12. Auf die einzelnen Elemente kann auch direkt zugegriffen werden, über calendar.JANUARY bis calendar.DECEMBER.

Die Eigenschaft month der Klasse datetime liefert die Nummer des Monats für ein bestimmtes Datum, mit Januar = 1 bis Dezember = 12. Im Programm wird mithilfe der Konstanten calendar.FEBRUARY festgestellt, ob das betreffende Datum im Februar liegt.

Die Ausgabe des Programms:

```
Schaltjahr: True
Anzahl Schaltjahre: 3

   February 2024
Mo Tu We Th Fr Sa Su
          1  2  3  4
 5  6  7  8  9 10 11
12 13 14 15 16 17 18
19 20 21 22 23 24 25
26 27 28 29
```

```
Volle Wochen:
29.01. 30.01. 31.01. 01.02. 02.02. 03.02. 04.02.
05.02. 06.02. 07.02. 08.02. 09.02. 10.02. 11.02.
12.02. 13.02. 14.02. 15.02. 16.02. 17.02. 18.02.
19.02. 20.02. 21.02. 22.02. 23.02. 24.02. 25.02.
26.02. 27.02. 28.02. 29.02. 01.03. 02.03. 03.03.

Enumeration über Wochentage:
0 1 2 3 4 5 6
01.02.2024 ist ein Donnerstag

Enumeration über Monate:
1 2 3 4 5 6 7 8 9 10 11 12
Monat ist Februar
```

7.1.6 Spiel, Version mit Zeitmessung

Zeitangaben ermöglichen eine Erweiterung des Kopfrechenspiels. Wir können die Zeit messen, die für die Lösung einer oder aller Aufgaben benötigt wird. Wird eine Bestleistung erzielt, zum Beispiel eine hohe Anzahl von gelösten Aufgaben im ersten Versuch oder die Lösung der Aufgaben innerhalb besonders kurzer Zeit, können wir das mit Datum und Uhrzeit festhalten.

In dieser Version des Kopfrechenspiels werden fünf Additionsaufgaben mit Zahlen aus dem Bereich von 10 bis 30 gestellt. Es gibt nur einen Versuch pro Aufgabe. Ungültige Eingaben oder falsche Ergebnisse werden einfach mit dem Text `Falsch` kommentiert und bewertet. Am Ende wird die Gesamtzeit angegeben, die benötigt wurde.

```
import random, time

random.seed()
richtig = 0
startzeit = time.time()

for aufgabe in range(5):
    a = random.randint(10,30)
    b = random.randint(10,30)
    c = a + b
    print(f"Aufgabe {aufgabe+1} von 5: {a} + {b}")
    try:
        zahl = int(input("Bitte Lösungsvorschlag eingeben: "))
```

```
        if zahl == c:
            print("Richtig")
            richtig += 1
        else:
            raise
    except:
        print("Falsch")

differenz = time.time() - startzeit
print(f"Richtig: {richtig} von 5 in {differenz:.2f} Sekunden")
print("Ergebnis erzielt:", time.strftime("%d.%m.%Y %H:%M:%S"))
```

Listing 7.6 Datei »spiel_zeit.py«

Nachfolgend eine mögliche Ausgabe. Es werden auch einige ungültige oder falsche Ergebnisse eingegeben:

```
Aufgabe 1 von 5: 28 + 17
Bitte Lösungsvorschlag eingeben: 45
Richtig
Aufgabe 2 von 5: 22 + 23
Bitte Lösungsvorschlag eingeben: 45
Richtig
Aufgabe 3 von 5: 15 + 21
Bitte Lösungsvorschlag eingeben: 36
Richtig
Aufgabe 4 von 5: 26 + 18
Bitte Lösungsvorschlag eingeben: 12
Falsch
Aufgabe 5 von 5: 20 + 11
Bitte Lösungsvorschlag eingeben: 7
Falsch
Richtig: 3 von 5 in 11.44 Sekunden
Ergebnis erzielt: 15.11.2023 08:50:36
```

Am Anfang und am Ende wird die Zeit genommen und anschließend die Differenz berechnet. Die richtigen Ergebnisse werden mitgezählt. Im Fall einer ungültigen Eingabe oder eines falschen Ergebnisses wird eine Ausnahme erzeugt und dadurch der Text `Falsch` ausgegeben.

7.1.7 Spiel, objektorientierte Version mit Zeitmessung

Die objektorientierte Version des Kopfrechenspiels mit Zeitmessung basiert auf der objektorientierten Version ohne Zeitmessung, siehe Datei *spiel_oop.py* in Abschnitt 6.2.6. Hier stelle ich nur die Erweiterungen vor. Zunächst die Importanweisung und das kurze Hauptprogramm:

```
import random, time


# Hauptprogramm
s = Spiel()
s.messen(True)
s.spielen()
s.messen(False)
print(s)
```

Listing 7.7 Datei »spiel_zeit_oop.py«, Hauptprogramm

Im Hauptprogramm wird zusätzlich das Modul `time` für die Zeitmessung benötigt. Vor und nach dem Spielvorgang wird die Methode `messen()` zur Ermittlung der Spieldauer aufgerufen. Der Parameter des Typs `bool` gibt an, ob es sich um den Start des Spiels handelt.

Die Definition der Klasse `Aufgabe` wird nicht verändert. Es folgt die Definition der Klasse `Spiel`. Darin wird die Methode `messen()` hinzugefügt und die Ausgabemethode verändert:

```
class Spiel:
...
    def messen(self, start):
        if start:
            self.startzeit = time.time()
        else:
            self.zeit = time.time() - self.startzeit

    def __str__(self):
        datum = time.strftime("%d.%m.%Y")
        uhrzeit = time.strftime("%H:%M:%S")
        return f"Richtig: {self.richtig} von {self.anzahl} " \
               f"in {self.zeit:.2f} Sekunden\nam {datum} um {uhrzeit}"
```

Listing 7.8 Datei »spiel_zeit_oop.py«, Klasse »Spiel«, Ausschnitt

In der Methode `messen()` wird die Startzeit ermittelt, falls der Parameterwert `True` übermittelt wird. Anderenfalls werden die Endzeit und die Spieldauer ermittelt. Die Spieldauer ist eine Eigenschaft der Klasse `Spiel`. In der Ausgabemethode wird das Ergebnis des Spiels zusammen mit Spieldauer, Datum und Uhrzeit veröffentlicht.

7.2 Warteschlangen

Eine Warteschlange (englisch: *queue*) im allgemeinen Sinn entsteht immer dann, falls ein System innerhalb eines Zeitraums mehr Anforderungen erhält, als es verarbeiten kann. Dabei kann es sich um eine Warteschlange von Personen an einer Kinokasse oder um eine Warteschlange von gesendeten Daten in einem Netzwerk handeln.

Ziel ist es, eine Warteschlange möglichst schnell zu leeren. Abhängig von der Problemstellung kann dies auf unterschiedliche Weise geschehen:

- In einer *FIFO-Queue* wird diejenige Anforderung, die als Erste eingetroffen ist, auch als Erste behandelt. FIFO steht als Abkürzung für *First In, First Out*. Anforderungen können nur am Ende der Warteschlange eintreffen und nur am Anfang der Warteschlange behandelt werden.
- In einer *LIFO-Queue* wird diejenige Anforderung, die als Letzte eingetroffen ist, als Erste behandelt. LIFO steht für *Last In, First Out*. Anforderungen können nur am Ende der Warteschlange eintreffen und auch nur dort behandelt werden.
- Eine *Double-ended Queue* besitzt keinen Anfang, aber dafür zwei Enden. Anforderungen können an beiden Enden der Warteschlange eintreffen und auch an beiden Enden behandelt werden.

Die Module `queue` und `collections` bieten einige spezialisierte Datentypen zur Bearbeitung von Warteschlangen. Sie ähneln den eingebauten Datentypen (wie Dictionary, Liste, Set oder Tupel), haben aber zusätzliche Fähigkeiten und ermöglichen einen sehr schnellen Zugriff.

7.2.1 Klasse »SimpleQueue«

Seit Python 3.7 gibt es im Modul `queue` die Klasse `SimpleQueue` zur Bearbeitung einer FIFO-Queue. Nachfolgend ein Beispiel:

```
import queue
x = queue.SimpleQueue()
x.put(5)
x.put(19)
x.put(-2)
x.put(12)
print("Anzahl Elemente:", x.qsize())
```

```
while not x.empty():
    print(x.get())
print("Anzahl Elemente:", x.qsize())
```

Listing 7.9 Datei »queue_fifo.py«

Es wird das Objekt `x` der Klasse `SimpleQueue()` erzeugt. Die Methode `qsize()` liefert die Anzahl der Elemente. Die Methode `put()` fügt einzelne Elemente am Ende der Warteschlange hinzu. Die Methode `empty()` liefert die Information, ob die Warteschlange leer ist. Die Methode `get()` entfernt ein Element vom Anfang der Warteschlange und liefert gleichzeitig seinen Wert.

7

Die Ausgabe des Programms:

```
Anzahl Elemente: 4
5
19
-2
12
Anzahl Elemente: 0
```

Der Wert 5 wurde der Warteschlange als Erster hinzugefügt. Er wird auch als erster Wert wieder entnommen (FIFO).

7.2.2 Klasse »LifoQueue«

Zur Bearbeitung einer LIFO-Queue bietet das Modul `queue` die Klasse `LifoQueue`. Nachfolgend ein Beispiel:

```
import queue
x = queue.LifoQueue()
x.put(5)
x.put(19)
x.put(-2)
x.put(12)
print("Anzahl Elemente:", x.qsize())

while not x.empty():
    print(x.get())
print("Anzahl Elemente:", x.qsize())
```

Listing 7.10 Datei »queue_lifo.py«

Die Methode get() entfernt ein Element vom Ende der Warteschlange. Daher erfolgt die Ausgabe der Elemente in umgekehrter Reihenfolge:

```
Anzahl Elemente: 4
12
-2
19
5
Anzahl Elemente: 0
```

7.2.3 Klasse »PriorityQueue«

Die Klasse PriorityQueue aus dem Modul queue bietet eine Besonderheit. Die Elemente können der Warteschlange unsortiert hinzugefügt werden. Die Methode get() entfernt die Elemente aus der Warteschlange gemäß einer aufsteigenden Sortierung, entweder nach Zahlen oder nach Zeichen. Handelt es sich um Elemente unterschiedlichen Typs, tritt eine Ausnahme auf.

Nachfolgend ein Beispiel:

```
import queue
x = queue.PriorityQueue()
x.put(5)
x.put(19)
x.put(-2)
x.put(12)
print("Anzahl Elemente:", x.qsize())

while not x.empty():
    print(x.get())
print("Anzahl Elemente:", x.qsize())
```

Listing 7.11 Datei »queue_sortiert.py«

Die Ausgabe sieht wie folgt aus:

```
Anzahl Elemente: 4
-2
5
12
19
Anzahl Elemente: 0
```

7.2.4 Klasse »deque«

Zur Bearbeitung einer Double-ended Queue gibt es im Modul `collections` die Klasse `deque` (gesprochen: »deck«). Sie bietet weitaus mehr Möglichkeiten als die zuvor behandelten Queue-Klassen. Es folgt ein erstes Beispiel, in dem einige Operationen an einer Double-ended Queue vorgenommen werden:

```
import collections

d1 = collections.deque([8, 18, 28])
print("Erstellt:", d1)
d2 = d1.copy()
print("Kopie:", d2)

print("Elemente:")
for x in d1:
    print(x)
for i in range(len(d1)):
    print(f"{i}: {d1[i]}")

d3 = d1 * 2
print("Deque verdoppelt:", d3)
d4 = collections.deque([9, 19, 29])
d5 = d1 + d4
print("Andere deque addiert:", d5)

d1.clear()
print("Nach Leerung:", d1)
```

Listing 7.12 Datei »deque_operation.py«

Die Ausgabe lautet:

```
Erstellt: deque([8, 18, 28])
Kopie: deque([8, 18, 28])
Elemente:
8
18
28
0: 8
1: 18
2: 28
```

```
Deque verdoppelt: deque([8, 18, 28, 8, 18, 28])
Andere deque addiert: deque([8, 18, 28, 9, 19, 29])
Nach Leerung: deque([])
```

Die Funktion deque() liefert ein neues Objekt des Datentyps deque. Als Parameter wird ein Iterable benötigt. Seit Python 3.5 können Sie mithilfe der Methode copy() eine Kopie erstellen. Auf die einzelnen Elemente können Sie mithilfe einer for-Schleife zugreifen, mit oder ohne Index.

Ebenfalls seit Python 3.5 können Sie mithilfe des Operators * eine Double-ended Queue vervielfachen und mithilfe des Operators + andere Double-ended Queues addieren. Die Methode clear() löscht alle Elemente.

Es folgt ein weiteres Beispiel, in dem eine Double-ended Queue auf verschiedene Arten verändert wird:

```
import collections
d = collections.deque([8, 18, 28])
print("Erstellt:", d)

d.appendleft(5)
print("Element links angefügt:", d)
d.append(25)
print("Element rechts angefügt:", d)
d.insert(2, 11)
print("Element eingefügt:", d)
d.extendleft([7,9])
print("Elemente links angefügt:", d)
d.extend([17,19])
print("Elemente rechts angefügt:", d)

x = 5
if x in d:
    print(f"Position von {x}: {d.index(5)}")

for i in range(5):
    li = d.popleft()
    print("Element links entfernt:", li)
re = d.pop()
print("Element rechts entfernt:", re)
print("Danach:", d)
```

```
d.rotate()
print("Nach Rotation um +1:", d)
d.rotate(-1)
print("Nach Rotation um -1:", d)
```

Listing 7.13 Datei »deque_aendern.py«

Die Ausgabe lautet:

```
Erstellt: deque([8, 18, 28])
Element links angefügt: deque([5, 8, 18, 28])
Element rechts angefügt: deque([5, 8, 18, 28, 25])
Element eingefügt: deque([5, 8, 11, 18, 28, 25])
Elemente links angefügt: deque([9, 7, 5, 8, 11, 18, 28, 25])
Elemente rechts angefügt: deque([9, 7, 5, 8, 11, 18, 28, 25, 17, 19])
Position von 5: 2
Element links entfernt: 9
Element links entfernt: 7
Element links entfernt: 5
Element links entfernt: 8
Element links entfernt: 11
Element rechts entfernt: 19
Danach: deque([18, 28, 25, 17])
Nach Rotation um +1: deque([17, 18, 28, 25])
Nach Rotation um -1: deque([18, 28, 25, 17])
```

Mithilfe der Methoden `appendleft()` und `append()` fügen Sie einzelne Elemente am linken oder rechten Ende hinzu.

Die Methode `insert()` kann seit Python 3.5 zum Einfügen eines Elements an der genannten Position genutzt werden. Gibt es die Position nicht, wird das Element am rechten Ende angefügt.

Die Methoden `extendleft()` und `extend()` dienen zum Erweitern um mehrere Elemente, die aus einem Iterable stammen, am linken bzw. rechten Ende. Die Elemente werden nacheinander in der Reihenfolge des Iterables angefügt. Daher ändert sich die Reihenfolge für die angefügten Elemente bei der Methode `extendleft()`.

Mithilfe der Methode `index()` können Sie seit Python 3.5 nach der Position eines bestimmten Werts suchen. Gibt es kein Element mit diesem Wert, wird eine Ausnahme erzeugt.

Die Methoden `popleft()` und `pop()` entfernen ein Element am linken Ende oder am rechten Ende und liefern das entfernte Element als Rückgabewert.

Mithilfe der Methode `rotate()` lassen Sie die Elemente zirkular rotieren. Geben Sie keinen Parameter an, wird um ein Element nach rechts rotiert. Geben Sie negative Werte an, wird nach links rotiert. Ein Element, das bei der Rotation über den Rand geschoben wird, wird am anderen Ende wieder angefügt.

7.3 Multithreading

Der Begriff *Multithreading* bezeichnet die Eigenschaft eines Programms, mehrere Teile, die sogenannten *Threads*, parallel bearbeiten zu lassen. Die Programmiersprache Python bietet die entsprechenden Routinen.

7.3.1 Wozu dient Multithreading?

Es gibt eine Reihe von Problemstellungen, bei denen sich Multithreading als nützlich erweist, zum Beispiel bei Simulationen von realen Prozessen, bei denen eine Aktion eine weitere Aktion anstößt, danach aber selbst auch weiterläuft. Die angestoßene Aktion kann wiederum eine dritte Aktion anstoßen usw. Alle Aktionen greifen auf dieselben Daten zu und verändern sie gegebenenfalls. Sie enden zu verschiedenen Zeitpunkten und mit unterschiedlichen Ergebnissen.

Es kann sich auch um GUI-Anwendungen handeln, bei denen rechenintensive Programmteile im Hintergrund laufen (*ausgelagert werden*) oder parallel die Ergebnisse von Messwertauswertungen oder anderen Echtzeitprozessen dargestellt werden.

7.3.2 Erzeugung eines Threads

Das Modul `threading` bietet eine einfache Möglichkeit zum Multithreading.

Im nachfolgenden Programm wird ein Neben-Thread aus dem Hauptprogramm, dem Haupt-Thread, gestartet. Anschließend muss der Haupt-Thread zehn Sekunden warten und wird danach beendet. Beginn und Ende des Haupt-Threads werden angezeigt.

Im Neben-Thread läuft während der Wartezeit des Haupt-Threads die Funktion `thread_ablauf()`, in der insgesamt fünfmal die aktuelle Zeit angezeigt wird. Nach jeder Anzeige wird der Neben-Thread für 1,5 Sekunden angehalten. Beginn und Ende des Neben-Threads werden ebenfalls angezeigt.

```
import time, threading

def thread_ablauf():
    print("Start Neben-Thread")
    for i in range(5):
        print(i, time.time())
        time.sleep(1.5)
    print("Ende Neben-Thread")

print("Start Haupt-Thread")
t = threading.Thread(target=thread_ablauf)
t.start()
time.sleep(10)
print("Ende Haupt-Thread")
```

Listing 7.14 Datei »thread_erzeugen.py«

Es wird eine Ausgabe wie nachfolgend erzeugt:

```
Start Haupt-Thread
Start Neben-Thread
0 1700059974.0114496
1 1700059975.5260944
2 1700059977.0604992
3 1700059978.5782797
4 1700059980.095987
Ende Neben-Thread
Ende Haupt-Thread
```

Zur Erzeugung eines Neben-Threads wird im Haupt-Thread ein Objekt der Klasse `Thread` erstellt. Der Konstruktor erwartet mindestens den benannten Parameter `target`, der den Namen einer Callback-Funktion übermittelt, die beim Start des Neben-Threads durchlaufen wird. Der Neben-Thread wird durch den Aufruf der Funktion `thread_ablauf()` für das Thread-Objekt gestartet. Bei den vorliegenden Zeitangaben endet der Haupt-Thread erst, nachdem der Neben-Thread beendet ist.

7.3.3 Identifizierung eines Threads

Zur Unterscheidung der Auswirkungen unterschiedlicher Threads hat jeder Thread eine eindeutige Identifikationsnummer (*ID*), die Sie mithilfe der Funktion `get_ident()` ermitteln können. Da das Hauptprogramm ebenfalls ein Thread ist, hat er auch eine ID.

Das vorherige Programm wird erweitert. Aus dem Haupt-Thread werden, zeitlich versetzt, insgesamt zwei Neben-Threads mit der Funktion `thread_ablauf()` gestartet. Für jeden Thread wird die ID ermittelt und bei jeder Ausgabe zusätzlich angezeigt.

```
import time, threading

def thread_ablauf():
    id = threading.get_ident()
    print("Start Neben-Thread", id)
    for i in range(5):
        print(i, "Neben-Thread", id)
        time.sleep(1.5)
    print("Ende Neben-Thread", id)
    return

id = threading.get_ident()
print("Start Haupt-Thread", id)

t1 = threading.Thread(target=thread_ablauf)
t1.start()
time.sleep(0.5)
t2 = threading.Thread(target=thread_ablauf)
t2.start()

time.sleep(10)
print("Ende Haupt-Thread", id)
```

Listing 7.15 Datei »thread_ident.py«

Das Programm erzeugt zum Beispiel die Ausgabe:

```
Start Haupt-Thread 2520
Start Neben-Thread 5716
0 Neben-Thread 5716
Start Neben-Thread 8312
0 Neben-Thread 8312
1 Neben-Thread 5716
1 Neben-Thread 8312
2 Neben-Thread 5716
2 Neben-Thread 8312
3 Neben-Thread 5716
3 Neben-Thread 8312
```

```
4 Neben-Thread 5716
4 Neben-Thread 8312
Ende Neben-Thread 5716
Ende Neben-Thread 8312
Ende Haupt-Thread 2520
```

Der Haupt-Thread hat hier die ID 2520, der erste Neben-Thread die ID 5716, der zweite Neben-Thread die ID 8312. Den parallelen Ablauf der Threads können Sie anhand der IDs beobachten.

7.3.4 Gemeinsame Daten und Objekte

Alle Neben-Threads haben Zugriff auf alle globalen Daten und Objekte des Haupt-Threads. Im folgenden Beispiel wird gezeigt, wie eine bestimmte Variable vom Haupt-Thread und zwei Neben-Threads gemeinsam genutzt und verändert wird.

```
import time, threading

def thread_ablauf():
    global counter
    id = threading.get_ident()
    for i in range(5):
        counter += 1
        print(i, id, counter)
        time.sleep(1.5)
    return

id = threading.get_ident()
counter = 0
print(id, counter)

t1 = threading.Thread(target=thread_ablauf)
t1.start()
time.sleep(0.5)
t2 = threading.Thread(target=thread_ablauf)
t2.start()
time.sleep(10)

counter += 1
print(id, counter)
```

Listing 7.16 Datei »thread_gemeinsam.py«

Die Ausgabe lautet zum Beispiel:

```
12016 0
0 8032 1
0 12632 2
1 8032 3
1 12632 4
2 8032 5
2 12632 6
3 8032 7
3 12632 8
4 8032 9
4 12632 10
12016 11
```

Die Variable `counter` ist global im Haupt-Thread (hier: ID 12016) und wird dort mit `0` vorbesetzt. Sie wird mithilfe des Schlüsselworts `global` (siehe auch Abschnitt 5.6.6) in der Thread-Funktion bekannt gemacht, um 1 erhöht und angezeigt. In beiden Neben-Threads (hier: ID 8032 und ID 12632) ist die Variable bekannt und kann verändert werden. Am Ende wird sie auch im Haupt-Thread um 1 erhöht und angezeigt.

7.3.5 Threads und Exceptions

Tritt eine unbehandelte Ausnahme auf, betrifft das nur den Thread, in dem sie auftritt. Weder der aufrufende Haupt-Thread noch die anderen Neben-Threads werden dadurch gestört.

Das vorherige Programm wird erweitert. Hat die Variable `counter` den Wert 5, wird die unbehandelte Ausnahme `ZeroDivisionError` künstlich hervorgerufen. Der Neben-Thread, in dem das geschieht, wird unmittelbar beendet. Die anderen Threads – auch der Haupt-Thread – laufen unbeeinflusst zu Ende. Es folgt das geänderte Programm:

```
import time, threading

def thread_ablauf():
    global counter
    id = threading.get_ident()
    for i in range(5):
        counter += 1
        print(i, id, counter)
        if counter == 5:
```

```
            erg = 1/0
        time.sleep(1.5)
    return

id = threading.get_ident()
counter = 0
print(id, counter)

t1 = threading.Thread(target=thread_ablauf)
t1.start()
time.sleep(0.5)
t2 = threading.Thread(target=thread_ablauf)
t2.start()
time.sleep(10)

counter += 1
print(id, counter)
```

Listing 7.17 Datei »thread_ausnahme.py«

Es wird zum Beispiel die folgende Ausgabe erzeugt:

```
9508 0
0 9352 1
0 9876 2
1 9352 3
1 9876 4
2 9352 5
Exception in thread Thread-1 (thread_ablauf):
Traceback (most recent call last):
...
ZeroDivisionError: division by zero
2 9876 6
3 9876 7
4 9876 8
9508 9
```

Der Neben-Thread mit der ID 9352 endet aufgrund der unbehandelten Ausnahme. Der Neben-Thread mit der ID 9876 läuft regulär zu Ende, ebenso der Haupt-Thread mit der ID 9508.

7.4 Reguläre Ausdrücke

Hier erhalten Sie einen Einblick in die umfangreichen Möglichkeiten von regulären Ausdrücken (englisch: *regular expressions*). Sie dienen mithilfe von Suchmustern (englisch: *search patterns*) zum Durchsuchen und zum Ändern von Zeichenketten und werden in vielen Programmiersprachen genutzt, siehe auch:

https://de.wikipedia.org/wiki/Regul%C3%A4rer_Ausdruck

Sie kommen häufig bei der Kontrolle und Auswertung von Eingaben oder bei der Suche nach Dateien zum Einsatz. Wird festgestellt, dass eine falsche oder unvollständige Eingabe vorgenommen wurde, kann dies zu einer Hilfestellung und einer erneuten Eingabeaufforderung führen.

In Python ermöglicht das Modul `re` das Arbeiten mit regulären Ausdrücken. Zwei Programme zeigen einen Teil der umfangreichen Möglichkeiten.

7.4.1 Suchen von Teiltexten

Zum Suchen von Teiltexten wird im folgenden Programm die Funktion `findall()` eingesetzt. Sie findet alle Teiltexte, die zum regulären Ausdruck passen, und liefert eine Liste dieser Teiltexte zur weiteren Auswertung zurück. Zur besseren Übersicht ist das Programm unterteilt. Außerdem sind die einzelnen Blöcke des Programms und die zugehörigen Ausgaben nummeriert.

Es folgt Teil 1 des Programms:

```
import re

tx = "Haus und Maus und Laus"
print(tx)
print("1:", re.findall("Maus",tx))
print("2:", re.findall("[HM]aus",tx))
print("3:", re.findall("[L-M]aus",tx))
print("4:", re.findall("[^L-M]aus",tx))
print("5:", re.findall(".aus",tx))
print("6:", re.findall("^.aus",tx))
print("7:", re.findall(".aus$",tx))
print()
...
```

Listing 7.18 Datei »regexp_suchen.py«, Teil 1

Die Ausgabe des ersten Teils des Programms inklusive der Nummern:

```
Haus und Maus und Laus
1: ['Maus']
2: ['Haus', 'Maus']
3: ['Maus', 'Laus']
4: ['Haus']
5: ['Haus', 'Maus', 'Laus']
6: ['Haus']
7: ['Laus']
```


Die ersten sieben regulären Ausdrücke beziehen sich auf den Text `Haus und Maus und Laus`.

1. Es wird die Zeichenfolge `Maus` gesucht. Alle Vorkommen dieser Zeichenfolge werden geliefert.
2. Es werden die Teiltexte gesucht, die mit einem `H` oder einem `M` beginnen und mit `aus` enden. In den rechteckigen Klammern steht: Suche `H` oder `M`.
3. Es werden die Teiltexte gesucht, die mit einem der Zeichen von `L` bis `M` beginnen und mit `aus` enden. In den rechteckigen Klammern wird mithilfe des Bindestrichs ein Bereich angegeben.
4. Es werden die Teiltexte gesucht, die *nicht* mit einem der Zeichen von `L` bis `M` beginnen, aber mit `aus` enden. Das Zeichen `^` bedeutet im Zusammenhang mit einem Bereich eine logische Verneinung.
5. Es werden die Teiltexte gesucht, die mit einem beliebigen Zeichen beginnen und mit `aus` enden. Das Zeichen `.` bedeutet: beliebiges Zeichen.
6. Wie zuvor, aber nur gültig für Teiltexte, die *zu Beginn* des untersuchten Texts stehen. Das Zeichen `^` bedeutet: zu Beginn.
7. Wie zuvor, aber nur gültig für Teiltexte, die *am Ende* des untersuchten Texts stehen. Das Zeichen `$` bedeutet: am Ende.

Es folgt der zweite Teil des Programms:

```
...
tx = "0172-445633"
print(tx)
print("8:", re.findall("[0-2]",tx))
print("9:", re.findall("[^0-2]",tx))
print("10:", re.findall("[047-]",tx))
print()
...
```

Listing 7.19 Datei »regexp_suchen.py«, Teil 2

Die Ausgabe des zweiten Teils des Programms:

```
0172-445633
8: ['0', '1', '2']
9: ['7', '-', '4', '4', '5', '6', '3', '3']
10: ['0', '7', '-', '4', '4']
```

Die nächsten drei Ausdrücke beziehen sich auf den Text `0172-445633`.

1. Es wird als Teiltext eine der Ziffern von 0 bis 2 gesucht. Der Bereich umfasst diesmal Ziffern.
2. Es wird als Teiltext ein Zeichen gesucht, das *nicht* im Ziffernbereich von 0 bis 2 liegt. Gefunden werden alle Ziffern ab 3 sowie alle Nichtziffern.
3. Es wird als Teiltext eines der Zeichen aus der angegebenen Menge von Zeichen gesucht. Gefunden werden alle genannten Zeichen oder Ziffern.

Es folgt der letzte Teil des Programms:

```
...
tx = "aa und aba und abba und abbba und aca"
print(tx)
print("11:", re.findall("ab*a",tx))
print("12:", re.findall("ab+a",tx))
print("13:", re.findall("ab?a",tx))
print("14:", re.findall("ab{2,3}a",tx))
```

Listing 7.20 Datei »regexp_suchen.py«, Teil 3

Die Ausgabe des letzten Teils des Programms:

```
aa und aba und abba und abbba und aca
11: ['aa', 'aba', 'abba', 'abbba']
12: ['aba', 'abba', 'abbba']
13: ['aa', 'aba']
14: ['abba', 'abbba']
```

Die letzten vier regulären Ausdrücke beziehen sich auf den Text `aa und aba und abba und abbba und aca`. An diesem Text wird das Verhalten bezüglich der Anzahl der Vorkommen bestimmter Zeichen verdeutlicht.

1. Gefunden werden alle Teiltexte, die wie folgt aussehen: ein `a`, eine beliebige Anzahl (auch 0 möglich) des Zeichens `b`, wiederum ein `a`. Das Zeichen `*` (Stern) bedeutet: beliebige Anzahl der Vorkommen des bestimmten Zeichens.

2. Gefunden werden alle Teiltexte, die wie folgt aussehen: ein a, mindestens ein b, wiederum ein a. Das Zeichen + (plus) bedeutet: Anzahl der Vorkommen des bestimmten Zeichens ist 1 oder größer.
3. Gefunden werden alle Teiltexte, die wie folgt aussehen: ein a, kein oder ein b, wiederum ein a. Das Fragezeichen ? bedeutet in diesem Zusammenhang: Anzahl der Vorkommen des bestimmten Zeichens ist 0 oder 1.
4. Gefunden werden alle Teiltexte, die wie folgt aussehen: ein a, zweimal oder dreimal das Zeichen b, wiederum ein a. Die geschweiften Klammern bieten die Möglichkeit, die gewünschte Anzahl der Vorkommen anzugeben.

7.4.2 Ersetzen von Teiltexten

Die Funktion sub() ersetzt alle Teiltexte, die zum regulären Ausdruck passen, durch einen anderen Text. Zum leichteren Verständnis werden in diesem Programm die gleichen Texte und die gleichen regulären Ausdrücke eingesetzt wie im vorherigen Programm.

```
import re

tx = "Haus und Maus und Laus"
print(tx)
print("1:", re.sub("Maus","x",tx))
print("2:", re.sub("[H|M]aus","x",tx))
print("3:", re.sub("[L-M]aus","x",tx))
print("4:", re.sub("[^L-M]aus","x",tx))
print("5:", re.sub(".aus","x",tx))
print("6:", re.sub("^.aus","x",tx))
print("7:", re.sub(".aus$","x",tx))
print()

tx = "0172-445633"
print(tx)
print("8:", re.sub("[0-2]","x",tx))
print("9:", re.sub("[^0-2]","x",tx))
print("10:", re.sub("[047-]","x",tx))
print()

tx = "aa und aba und abba und abbba und aca"
print(tx)
print("11:", re.sub("ab*a","x",tx))
```

```
print("12:", re.sub("ab+a","x",tx))
print("13:", re.sub("ab?a","x",tx))
print("14:", re.sub("ab{2,3}a","x",tx))
```

Listing 7.21 Datei »regexp_ersetzen.py«

Die Ausgabe dieses Programms sieht wie folgt aus:

```
Haus und Maus und Laus
1: Haus und x und Laus
2: x und x und Laus
3: Haus und x und x
4: x und Maus und Laus
5: x und x und x
6: x und Maus und Laus
7: Haus und Maus und x

0172-445633
8: xx7x-445633
9: 01x2xxxxxxx
10: x1x2xxx5633

aa und aba und abba und abbba und aca
11: x und x und x und x und aca
12: aa und x und x und x und aca
13: x und x und abba und abbba und aca
14: aa und aba und x und x und aca
```

Alle gefundenen Teiltexte werden zur Verdeutlichung durch x ersetzt.

7.5 Audioausgabe

Das Modul winsound bietet unter Windows die Möglichkeit zur Ausgabe von Systemtönen und WAV-Dateien per Lautsprecher. Ein kleines Beispiel:

```
import winsound, time
for i in range(600, 1500, 200):
    winsound.Beep(i, 500)

time.sleep(3)
```

```
winsound.PlaySound("SystemQuestion", winsound.SND_ALIAS)
winsound.PlaySound("GAkkord.wav", winsound.SND_FILENAME)
print("Ende")
```

Listing 7.22 Datei »sound.py«

Die Funktion `Beep()` sendet ein Tonsignal. Der erste Parameter steht für die Frequenz, der zweite Parameter für die Dauer des Tonsignals.

Mithilfe der Funktion `PlaySound()` können Windows-Systemtöne oder WAV-Dateien abgespielt werden. Dabei steht der erste Parameter für den Namen des Systemtons oder den Namen der WAV-Datei. Beim zweiten Parameter handelt es sich um eine Konstante. Im Fall eines Systemtons muss `SND_ALIAS` angegeben werden. Bei einer WAV-Datei ist es `SND_FILENAME`.

In Abschnitt 8.9 sehen Sie ein weiteres Beispiel für die Nutzung des Moduls `winsound`. Dabei wird ein Text in Morsecode umgesetzt, der wiederum als Tonsignal per Lautsprecher ausgegeben wird.

Unterschiede unter Ubuntu Linux und macOS

Das Modul `winsound` steht nicht zur Verfügung.

Kapitel 8
Dateien

Die dauerhafte Speicherung von Daten kann in einfachen Dateien oder in Datenbanken erfolgen. In diesem Kapitel lernen Sie verschiedene Techniken zur Speicherung von Daten in Dateien kennen.

8

Abschließend stelle ich Ihnen das bereits bekannte Kopfrechenspiel in einer Version vor, die das dauerhafte Abspeichern des Namens des Spielers bzw. der Spielerin und der benötigten Zeit in einer Datei ermöglicht.

8.1 Das Öffnen und das Schließen einer Datei

Eine Datei, die bearbeitet werden soll, muss vorher geöffnet werden. Dies geschieht mithilfe der eingebauten Funktion `open()`. Dabei werden der Name der Datei (eventuell mit Pfadangabe) und der Öffnungsmodus angegeben. Rückgabewert ist ein Dateiobjekt, das für den weiteren Zugriff auf die Datei verwendet wird.

In den Programmen dieses Abschnitts wird davon ausgegangen, dass sich die zu öffnende Datei im gleichen Verzeichnis wie das Python-Programm befindet. Anderenfalls müssen Sie den absoluten oder relativen Pfad zur Datei gemäß Tabelle 8.1 angeben. Eine Datei kann in verschiedenen Modi geöffnet werden, siehe Tabelle 8.2.

Beschreibung	Pfadangabe
zur Datei *ein.txt* im Unterverzeichnis *unt*	`unt/ein.txt`
zur Datei *ein.txt* im übergeordneten Verzeichnis	`../ein.txt`
zur Datei *ein.txt* im parallelen Verzeichnis *neb*	`../neb/ein.txt`
zur Datei *ein.txt* im Verzeichnis *C:\Temp*	`C:/Temp/ein.txt`

Tabelle 8.1 Relative und absolute Pfadangaben

Hinweis

Bei Python unter Windows sind sowohl der Forwardslash / als auch der Backslash \ zum Verzeichniswechsel erlaubt. Ich nutze in diesem Buch meist die UNIX-freundliche Variante mit dem Forwardslash /.

Modus	Erläuterung
`r`	zum Lesen (Standardwert, kann auch weggelassen werden)
`w`	zum Schreiben
`a`	zum Anhängen am Ende der Datei
`r+`	zum Lesen und Schreiben; aktuelle Position am Anfang
`w+`	Zum Lesen und Schreiben; Datei wird geleert.
`a+`	zum Lesen und Schreiben; aktuelle Position am Ende
`b`	Zum Öffnen einer Datei im Binärmodus, die gelesen oder geschrieben werden soll. Es handelt sich um eine zusätzliche Angabe, siehe auch Abschnitt 8.4, »Serialisierung mit ›pickle‹«.

Tabelle 8.2 Öffnungsmodi

In jedem Dateiobjekt ist die aktuelle Zugriffsposition gespeichert. Dies ist die Position, an der aktuell gelesen oder geschrieben wird. Sie verändert sich mit jedem Lese- oder Schreibvorgang. Außerdem kann sie mit der Methode `seek()` verändert werden, ohne lesen und schreiben zu müssen.

Nach der Bearbeitung muss eine Datei mit der Methode `close()` geschlossen werden. Wird sie nicht geschlossen, ist sie eventuell für weitere Zugriffe gesperrt.

8.2 Textdateien

Textdateien können sequenziell beschrieben oder gelesen werden. Ihre Zeilen sind unterschiedlich lang und werden normalerweise mit einem Zeilenumbruch beendet. Der Inhalt der Textdatei kann mit einem einfachen Editor bearbeitet werden. Der direkte Zugriff auf eine bestimmte Zeile mithilfe eines Programms ist nicht möglich, da die Länge der Zeilen nicht bekannt ist.

8.2.1 Schreiben einer Textdatei

Zum Schreiben in eine Datei muss diese zunächst mit der Funktion open() und dem Öffnungsmodus "w" geöffnet werden. Existiert die Datei noch nicht, wird sie in diesem Moment erzeugt. Achtung: Existiert sie bereits, wird sie ohne Vorwarnung überschrieben!

Beim Öffnen einer Datei im Schreibmodus kann ein Laufzeitfehler auftreten (zum Beispiel beim Schreiben auf ein schreibgeschütztes Medium oder in ein nicht vorhandenes Verzeichnis). Daher sollten Sie eine Ausnahmebehandlung durchführen, die das Programm gegebenenfalls mithilfe der Funktion exit() aus dem Modul sys beendet.

War das Öffnen der Datei erfolgreich, können Sie mit der Methode write() einzelne Strings und mit der Methode writelines() ein Iterable mit Zeichenketten in die Datei schreiben. Das Zeichen \n (*new line*) für das Zeilenende müssen Sie jeweils hinzufügen.

```
import sys

try:
    d = open("schreiben.txt","w")
except:
    print("Datei nicht geöffnet")
    sys.exit(0)

d.write("Die erste Zeile\n")
for i in range(2,11,2):
    d.write(f"{i} ")
d.write("\n")

li = ["Hamburg", "Berlin", "München"]
d.writelines(li)
d.write("\n")
for i in li:
    d.write(f"{i}\n")

dc = {"Peter":31, "Julia":28, "Werner":35}
d.writelines(dc)
d.write("\n")
for k,v in dc.items():
    d.write(f"{k}:{v}\n")

d.close()
```

Listing 8.1 Datei »schreiben.py«

Die Datei *schreiben.txt* hat anschließend den folgenden Inhalt:

```
Die erste Zeile
2 4 6 8 10
HamburgBerlinMünchen
Hamburg
Berlin
München
PeterJuliaWerner
Peter:31
Julia:28
Werner:35
```

Listing 8.2 Datei »schreiben.txt«

Zunächst wird eine einzelne Textzeile mit der Methode `write()` in die Datei geschrieben. Anschließend werden die Zahlen der Zahlenfolge 2, 4, 6, 8, 10 mithilfe eines formatierten String-Literals in eine Zeile der Datei geschrieben. Nach beiden Zeilen wird zusätzlich ein Zeilenende ausgegeben.

Danach wird eine Liste von Zeichenketten zweimal in die Datei geschrieben:

1. Als Ganzes mithilfe der Methode `writelines()`, dabei erscheinen die Elemente in einer Zeile, ohne Trennung zwischen den Elementen.
2. Element für Element mithilfe einer `for`-Schleife, der Methode `write()` und mit jeweils einem Zeilenende

Als Letztes wird ein Dictionary, bei dem die Schlüssel Zeichenketten sind, zweimal in die Datei geschrieben:

1. Als Ganzes mithilfe der Methode `writelines()`, dabei erscheinen nur die Schlüssel in einer Zeile, wiederum ohne Trennung.
2. Element für Element mithilfe einer `for`-Schleife über die Items-View des Dictionarys, der Methode `write()` und mit jeweils einem Zeilenende

Hinweis

Verwenden Sie beim Öffnen der Datei den Öffnungsmodus `"a"` anstelle von `"w"` (`d = open("schreiben.txt","a")`), werden die Ausgaben an den bisherigen Dateiinhalt angehängt. Die Datei wird also immer größer.

Unterschiede unter Ubuntu Linux und macOS

Das Erzeugen von Dateien mithilfe eines Python-Programms kann misslingen, falls Sie nicht die notwendigen Rechte besitzen.

8.2.2 Lesen einer Textdatei

Die Zeilen einer Textdatei können Sie unter anderem mithilfe der folgenden Methoden lesen:

- `readlines()` liest alle Zeilen in eine Liste von Strings.
- `readline()` liest eine Zeile in einen String.
- `read()` liest alle Zeilen in einen String.

Nachfolgend wird der Inhalt der Datei *lesen.txt* zum besseren Vergleich mit den drei genannten Methoden gelesen. Die Datei enthält unter anderem einige Zahlen. Die Summe dieser Zahlen wird ermittelt und ausgegeben:

```
6
2.5
abc
-4
```

Listing 8.3 Datei »lesen.txt«

Es folgt das Programm:

```
import sys

def oeffnen():
    global d
    try:
        d = open("lesen.txt")
    except:
        print("Datei nicht geöffnet")
        sys.exit(0)

def wert(zeile):
    try:
        return float(zeile)
    except:
        return 0.0
```

```
oeffnen()
li = d.readlines()
summe = 0
for zeile in li:
    summe += wert(zeile)
print("Summe:", summe)
d.close()

oeffnen()
summe = 0
zeile = d.readline()
while zeile:
    summe += wert(zeile)
    zeile = d.readline()
print("Summe:", summe)
d.close()

oeffnen()
tx = d.read()
li = tx.split("\n")
summe = 0
for zeile in li:
    summe += wert(zeile)
print("Summe:", summe)
d.close()
```

Listing 8.4 Datei »lesen.py«

In der Funktion `oeffnen()` wird die Datei zum Lesen geöffnet. Die globale Variable `d` entspricht einer Referenz auf das Dateiobjekt, das zum Zugriff auf die Inhalte benötigt wird. Gelingt das Öffnen nicht, weil zum Beispiel die genannte Datei nicht im gewünschten Verzeichnis existiert, wird das Programm beendet.

In der Funktion `wert()` wird der Zahlenwert einer Zeichenkette ermittelt und zurückgeliefert. Ist die Umwandlung nicht erfolgreich, wird der Wert `0.0` zurückgeliefert, der die Summierung nicht beeinflusst.

Bei der Nutzung der drei Lesemethoden wird die Datei jeweils zu Beginn geöffnet und am Ende wieder geschlossen.

Die Liste von Zeichenketten, die die Methode `readlines()` liefert, wird mithilfe einer `for`-Schleife durchlaufen. Der Zahlenwert jeder Zeichenkette wird ermittelt und der Summe hinzugefügt.

Die Methode `readline()` wird zunächst einzeln, anschließend in einer `while`-Schleife aufgerufen. Bei jedem Aufruf liefert die Methode eine Zeichenkette, deren Zahlenwert ermittelt und der Summe hinzugefügt wird. Wird dabei das Dateiende erreicht, ist die Zeichenkette leer. Das führt zum Beenden der `while`-Schleife. Anmerkung: Eine (optisch) leere Zeile enthält das Zeichen für Zeilenende, ist also für die Methode nicht leer.

Die Zeichenkette, die die Methode `read()` liefert, wird mithilfe der Methode `split()` und des Zeichens für Zeilenende in eine Liste von Zeichenketten zerlegt. Diese Liste wird mithilfe einer `for`-Schleife durchlaufen. Der Zahlenwert jeder Zeichenkette wird ermittelt und der Summe hinzugefügt.

Die Ausgabe des Programms lautet:

```
Summe: 4.5
Summe: 4.5
Summe: 4.5
```

8.2.3 CSV-Datei schreiben

CSV-Dateien (CSV = *Comma-Separated Values*) sind Textdateien, in denen ein Datensatz pro Zeile steht. Die Daten des Datensatzes werden durch festgelegte Zeichen voneinander getrennt. Häufig handelt es sich dabei um ein Semikolon oder ein Komma. CSV-Dateien können von vielen Programmen (zum Beispiel MS Excel oder LibreOffice Calc) gelesen werden.

Neben den Beispielen in diesem Abschnitt finden Sie in Abschnitt 8.10, »Spiel, Version mit Highscore-Datei«, eine weitere Version des bereits bekannten Kopfrechenspiels. Darin werden der Name des Spielers bzw. der Spielerin und die benötigte Zeit in einer CSV-Datei gespeichert, die als Basis für eine Highscore-Liste dienen kann.

Es soll eine Tabelle mit Personendaten, die aus drei Datensätzen besteht, in einer CSV-Datei gespeichert werden. Jeder Datensatz enthält Name, Vorname, Personalnummer, Gehalt und Geburtstag einer Person. Die Tabelle wird im Programm in einer zweidimensionalen Liste gespeichert:

```
import sys
try:
    d = open("daten.csv","w")
except:
    print("Datei nicht geöffnet")
    sys.exit(0)
```

```
li = [["Maier", "Hans", 6714, 3500, "15.03.1962"],
      ["Schmitz","Peter", 81343, 3750, "12.04.1958"],
      ["Mertens", "Julia", 2297, 3621.5, "30.12.1959"]]
for ds in li:
    gh = str(ds[3]).replace('.',',')
    d.write(f"{ds[0]};{ds[1]};{ds[2]};{gh};{ds[4]}\n")
d.close()
```

Listing 8.5 Datei »schreiben_csv.py«

Die Ausgabedatei *daten.csv* hat anschließend den folgenden Inhalt:

```
Maier;Hans;6714;3500;15.03.1962
Schmitz;Peter;81343;3750;12.04.1958
Mertens;Julia;2297;3621,5;30.12.1959
```

Listing 8.6 Datei »daten.csv«

Nach dem Öffnen der Datei wird die mehrdimensionale Liste erstellt. Sie wird mithilfe einer `for`-Schleife durchlaufen. Bei jedem Durchlauf werden die Daten eines Datensatzes mithilfe der Methode `write()` in die Datei geschrieben. Zwischen den Elementen wird jeweils ein Semikolon eingefügt.

Handelt es sich bei dem Gehalt um eine Zahl mit Nachkommastellen, wird zuvor der Dezimalpunkt mithilfe der Methode `replace()` in ein Komma verwandelt. Damit können diese Zahlen problemlos von einer deutschen Version von MS Excel eingelesen werden.

Zur Gewährleistung eines erfolgreichen Exports muss die Struktur der Daten bekannt sein. Die Daten der verschiedenen Datentypen müssen individuell verarbeitet werden.

Ist MS Excel unter Windows installiert, genügt in der Standardeinstellung ein Doppelklick auf die Ausgabedatei *daten.csv*, um den Inhalt als Tabelle in MS Excel darzustellen, siehe Abbildung 8.1.

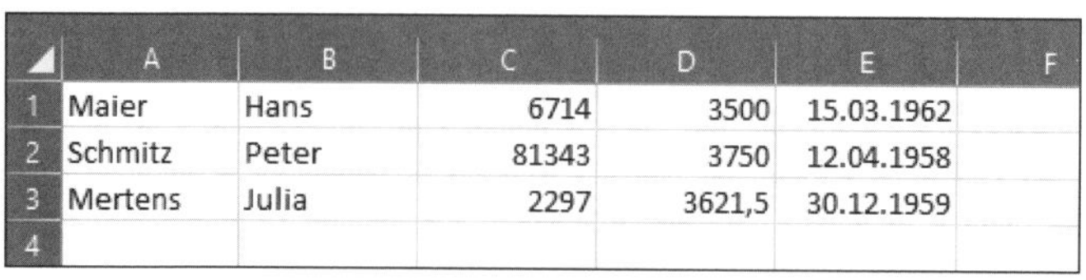

	A	B	C	D	E	F
1	Maier	Hans	6714	3500	15.03.1962	
2	Schmitz	Peter	81343	3750	12.04.1958	
3	Mertens	Julia	2297	3621,5	30.12.1959	
4						

Abbildung 8.1 CSV-Datei in MS Excel

Unterschiede unter Ubuntu Linux und macOS

Unter Ubuntu Linux und macOS können Sie die Datei mit LibreOffice Calc öffnen. Nach einem Doppelklick auf den Dateinamen in der Verzeichnisanzeige wird das Dialogfeld TEXTIMPORT geöffnet.

Achten Sie darauf, dass im Bereich TRENNOPTIONEN (englisch: SEPARATOR OPTIONS) nur die Optionen GETRENNT (englisch: SEPARATED BY) und SEMIKOLON (englisch: SEMICOLON) markiert sind. Würden Sie zusätzlich die Option KOMMA (englisch: COMMA) markieren, würden die Zahlen mit Nachkommastellen auf zwei Spalten aufgeteilt. Anschließend werden die Daten korrekt dargestellt wie in MS Excel unter Windows.

Gegebenenfalls müssen Sie in der Liste ZEICHENSATZ (englisch: CHARACTER SET) den Eintrag SYSTEM auswählen.

8.2.4 CSV-Datei lesen

Zum erfolgreichen Import einer CSV-Datei müssen die Struktur und die Datentypen der Daten bekannt sein. Vor Ablauf des nachfolgenden Beispiels wurde die CSV-Datei aus dem vorherigen Beispiel in MS Excel um einen Datensatz ergänzt, siehe Abbildung 8.2.

	A	B	C	D	E	F
1	Maier	Hans	6714	3500	15.03.1962	
2	Schmitz	Peter	81343	3750	12.04.1958	
3	Mertens	Julia	2297	3621,5	30.12.1959	
4	Weber	Jürgen	4711	2900	12.08.1976	
5						

Abbildung 8.2 CSV-Datei in MS Excel, ergänzt

Die Datei wird mit dem folgenden Programm gelesen. Die Daten der Datensätze werden einzeln ausgegeben.

```
import sys
try:
    d = open("daten.csv")
except:
    print("Datei nicht geöffnet")
    sys.exit(0)

tx = d.read()
d.close()
li = tx.split("\n")
```

```
for zeile in li:
    if zeile:
        ds = zeile.split(";")
        gh = str(ds[3]).replace(",", ".")
        print(f"{ds[0]} {ds[1]} {ds[2]} {gh} {ds[4]}")
```

Listing 8.7 Datei »lesen_csv.py«

Das Programm gibt alle vier Datensätze aus:

```
Maier Hans 6714 3500 15.03.1962
Schmitz Peter 81343 3750 12.04.1958
Mertens Julia 2297 3621.5 30.12.1959
Weber Jürgen 4711 2900 12.08.1976
```

Zunächst wird der gesamte Text der Datei mit der Methode `read()` in einer Zeichenkette gespeichert. Sie wird mithilfe der Methode `split()` anhand des Zeichens für Zeilenende in eine Liste von Zeichenketten zerlegt. Jede Zeichenkette enthält eine Zeile aus der Datei, also einen Datensatz. Die weitere Verarbeitung wird nur vorgenommen, falls die Zeile nicht leer ist.

Jede Zeile wird, wiederum mithilfe der Methode `split()`, anhand des Semikolons in eine Liste mit den einzelnen Daten des Datensatzes zerlegt.

Handelt es sich um eine Zahl mit Nachkommastellen, wird das Dezimalkomma mithilfe der Methode `replace()` in einen Punkt verwandelt. Zuletzt werden die Daten, durch Leerzeichen voneinander getrennt, ausgegeben.

8.3 Dateien mit festgelegter Struktur

Wird eine Datei *formatiert* beschrieben, liegt damit ihre Struktur fest. Die Datei enthält Datensätze mit definierter Länge und festgelegtem Aufbau. Zeilenumbrüche können, müssen aber nicht existieren.

Damit weiß man genau, welche Information an welcher Stelle steht. Die gewünschten Informationen können direkt aus der Datei gelesen werden, ohne die gesamte Datei Zeile für Zeile einlesen zu müssen.

Außerdem ist es möglich, bestimmte Informationen *punktuell* zu verändern, ohne den restlichen Inhalt der Datei zu beeinflussen. Beide Möglichkeiten werden in den folgenden Abschnitten vorgeführt.

8.3.1 Formatiertes Schreiben

Das formatierte Schreiben in eine Datei ähnelt einer formatierten Ausgabe auf dem Bildschirm. Es werden Datensätze mit gleicher Länge und gleichem Aufbau gebildet. Optional können Sie nach jedem Datensatz ein Zeilenende-Zeichen einfügen, um die Datei in einem Editor leichter lesbar zu machen. Sie können die Datei auch mithilfe eines Editors verändern, solange Sie sich an die festgelegte Struktur halten.

Im nachfolgenden Programm wird die Tabelle der Personen aus Abschnitt 8.2.3, »CSV-Datei schreiben«, formatiert in einer Datei gespeichert:

```
import sys
try:
    d = open("formatiert.txt","w")
except:
    print("Datei nicht geöffnet")
    sys.exit(0)

li = [["Maier", "Hans", 6714, 3500, "15.03.1962"],
      ["Schmitz","Peter", 81343, 3750, "12.04.1958"],
      ["Mertens", "Julia", 2297, 3621.5, "30.12.1959"]]
for ds in li:
    d.write(f"{ds[0]:12}ds[1]:12}{ds[2]:6}{ds[3]:8.2f}{ds[4]:>11}\n")
d.close()
```

Listing 8.8 Datei »schreiben_formatiert.py«

Anschließend sieht die Datei *formatiert.txt* aus wie in Abbildung 8.3.

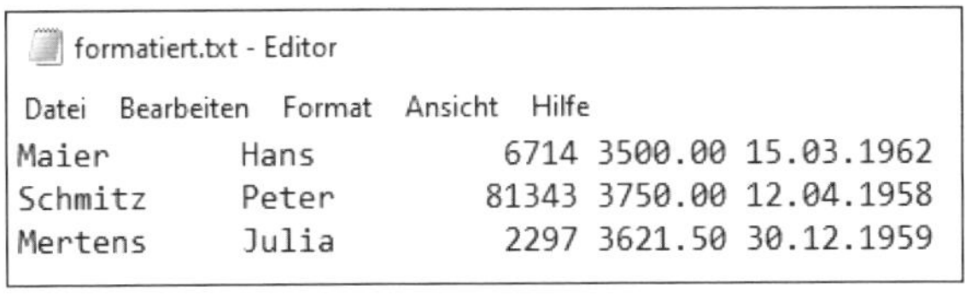

Abbildung 8.3 Datei »formatiert.txt«

Die Datei wird zum Schreiben geöffnet. Die Datensätze werden mithilfe von formatierten String-Literalen ausgegeben, wie in Abschnitt 5.2.2 beschrieben. Zusätzlich wird jeweils ein `\n` als Zeilenende angefügt.

Jeder Datensatz hat unter Windows dieselbe Größe von 51 Byte. Sie ergibt sich aus der Summe der einzelnen Formate und den zwei Byte für das Zeilenende: 12 + 12 + 6 + 8 + 11 + 2 = 51. Die gesamte Datei hat eine Größe von 51 × 3 = 153 Byte.

Unterschiede unter Ubuntu Linux oder macOS

Das Zeichen für das Zeilenende hat eine Größe von 1 Byte. Daher hat jeder Datensatz 50 Byte und die Datei 150 Byte.

8.3.2 Lesen an beliebiger Stelle

Die Methode seek() ermöglicht die Änderung der aktuellen Lese- oder Schreibposition innerhalb der Datei. Sie kann mit einem oder zwei Parametern aufgerufen werden. Wird sie mit einem Parameter aufgerufen, handelt es sich dabei um den Abstand in Byte, gemessen vom Dateianfang. Der Dateianfang entspricht dem Wert 0.

Eine gewünschte Position wird direkt erreicht, ohne Lesen der Informationen, die vor der betreffenden Position stehen. Ausgehend von der erreichten Position kann anschließend gelesen oder geschrieben werden.

Die Methode seek() wird hier zusammen mit einer Variante der Methode read() eingeführt. Diese Methode gestattet auch das Einlesen einer bestimmten Anzahl von Bytes. Ein Beispiel:

```
import sys
try:
    d = open("formatiert.txt")
except:
    print("Datei nicht geöffnet")
    sys.exit(0)

dslaenge = 51
for i in range(3):
    d.seek(dslaenge*i)
    name = d.read(12).strip()
    d.seek(30 + dslaenge*i)
    gehalt = float(d.read(8))
    print(name, gehalt)

d.close()
```

Listing 8.9 Datei »lesen_beliebig.py«

Die Ausgabe lautet:

```
Maier 3500.0
Schmitz 3750.0
Mertens 3621.5
```

Die Datei wird zunächst zum Lesen geöffnet. Anschließend werden mithilfe der Methode seek() nacheinander Positionen in allen Datensätzen erreicht:

- An den Positionen 0 × 51 = 0, 1 × 51 = 51 und 2 × 51 = 102 werden die nächsten 12 Byte mit dem Namen der Person gelesen. Mithilfe der Methode strip() werden die Leerzeichen nach dem Namen entfernt.
- An den Positionen (0 × 51 + 30) = 30, (1 × 51 + 30) = 81 und (2 × 51 + 30) = 132 werden die nächsten 8 Byte mit dem Gehalt der Person gelesen. Mithilfe der Funktion float() wird das Gelesene in eine Zahl umgewandelt.

Unterschiede unter Ubuntu Linux und macOS

Aufgrund der Größe von 1 Byte für das Zeilenende-Zeichen muss dslaenge den Wert 50 haben.

8.3.3 Schreiben an beliebiger Stelle

Sie können eine Datei im Modus r+ öffnen. Anschließend können Sie sie sowohl lesen als auch ändern. Im nachfolgenden Programm werden die Gehälter der Personen gelesen, geändert und neu gespeichert.

```
import sys
try:
    d = open("formatiert.txt", "r+")
except:
    print("Datei nicht geöffnet")
    sys.exit(0)

dslaenge = 51
for i in range(3):
    d.seek(30 + dslaenge*i)
    gehalt = float(d.read(8))
    gehalt = round(gehalt * 1.05, 2)
    #  gehalt = round(gehalt / 1.05, 2)
    d.seek(30 + dslaenge*i)
```

```
    d.write(f"{gehalt:8.2f}")

d.close()
```

Listing 8.10 Datei »schreiben_beliebig.py«

Anschließend sieht die Datei *formatiert.txt* aus wie in Abbildung 8.4.

```
formatiert.txt - Editor
Datei  Bearbeiten  Format  Ansicht  Hilfe
Maier      Hans         6714 3675.00 15.03.1962
Schmitz    Peter       81343 3937.50 12.04.1958
Mertens    Julia        2297 3802.58 30.12.1959
```

Abbildung 8.4 Datei »formatiert.txt«, nach Änderung

Das Gehalt jeder Person wird wie im vorherigen Programm gelesen. Anschließend wird es um 5 % erhöht. Mit der auskommentierten Zeile könnten Sie stattdessen die Gehälter um 5 % vermindern. Der Wert wird auf zwei Stellen nach dem Komma gerundet. Mithilfe von `seek()` wird erneut die Position erreicht, an der das Gehalt steht. Dann wird das geänderte Gehalt formatiert in die Datei geschrieben.

Unterschiede unter Ubuntu Linux und macOS

Aufgrund der Größe von 1 Byte für das Zeilenende-Zeichen muss `dslaenge` wiederum den Wert 50 haben.

8.4 Serialisierung mit »pickle«

Das Modul `pickle` dient zur Serialisierung und Deserialisierung von Objekten mithilfe von Python. Das können Objekte der eingebauten Datentypen oder Objekte eigener Klassen sein.

Bei der Serialisierung werden die Objekte als Bytefolge in einer Datei gespeichert. Bei der Deserialisierung werden die Objekte wieder aus einer Datei geladen. Beim Speichern wird der Typ des Objekts hinzugefügt, sodass er beim Laden bekannt ist.

Neben den Beispielen in diesem Abschnitt finden Sie in Abschnitt 8.10, »Spiel, Version mit Highscore-Datei«, eine weitere Version des bereits bekannten Kopfrechenspiels. Name und benötigte Zeit werden mithilfe der Serialisierung dauerhaft gespeichert, sodass eine Highscore-Liste geführt werden kann.

8.4.1 Objekte in Datei schreiben

Zum Serialisieren von Objekten dient die Funktion `dump()`. Im folgenden Beispiel werden mehrere Objekte nacheinander in einer Datei gespeichert:

```
import pickle, sys
class Fahrzeug:
    def __init__(self, bez, ge):
        self.bezeichnung = bez
        self.geschwindigkeit = ge
    def __str__(self):
        return f"{self.bezeichnung} {self.geschwindigkeit} km/h"

try:
    d = open("pickle_datei.bin", "wb")
except:
    print("Datei nicht geöffnet")
    sys.exit(0)

tu = [4,"abc",8], -12.5, {"a":1, "b":1}, set([8, 5, 2, 5])
pickle.dump(tu, d)

opel = Fahrzeug("Opel Admiral", 40)
pickle.dump(opel, d)

pickle.dump(3, d)
pickle.dump("Berlin", d)
pickle.dump("Hamburg", d)
pickle.dump("Dortmund", d)

d.close()
```

Listing 8.11 Datei »pickle_schreiben.py«

Das Programm beginnt mit der bekannten Definition der Klasse `Fahrzeug`. Die Datei wird im Modus `wb` geöffnet, also zum Schreiben im Binärmodus. Zusätzlich habe ich die Dateiendung *.bin* gewählt.

Es wird ein Tupel erstellt, das aus einer Liste, einer Zahl, einem Dictionary und einem Set besteht. Die Liste enthält unter anderem eine Zeichenkette. Das Tupel wird mithilfe der Funktion `dump()` binär in der Datei gespeichert. Der erste Parameter ist der Name des Objekts, der zweite Parameter ist das Dateiobjekt.

Anschließend wird ein Objekt der Klasse Fahrzeug erzeugt und ebenfalls binär in der Datei gespeichert.

Möchten Sie eine bestimmte Anzahl von Objekten speichern und später wiederherstellen, hier zum Beispiel drei Zeichenketten, so speichern Sie zunächst diese Anzahl binär in der Datei, anschließend die Objekte selbst. Auf diese Weise kann später die richtige Anzahl von Objekten wieder geladen werden (siehe auch den folgenden Abschnitt 8.4.2).

Hinweis

Ist die Datei bereits vorhanden, wird sie überschrieben. Zum Anhängen von Objekten können Sie die Datei im Modus ab öffnen. Die Datei kann nur mithilfe der genannten Methoden geschrieben oder gelesen werden.

8.4.2 Objekte aus Datei lesen

Objekte, die mit der Funktion dump() in einer Datei gespeichert wurden, können mit der Funktion load() wieder in der gleichen Reihenfolge aus der Datei übernommen werden. Handelt es sich um ein Objekt einer eigenen Klasse, muss deren Definition bekannt sein.

Nachfolgend werden die Objekte, die mithilfe des vorherigen Programms serialisiert wurden, wieder deserialisiert und damit übernommen.

```
import pickle, sys
class Fahrzeug:
    def __init__(self, bez, ge):
        self.bezeichnung = bez
        self.geschwindigkeit = ge
    def __str__(self):
        return f"{self.bezeichnung} {self.geschwindigkeit} km/h"

try:
    d = open("pickle_datei.bin", "rb")
except:
    print("Datei nicht geöffnet")
    sys.exit(0)

tu = pickle.load(d)
print(tu)
```

```
opel = pickle.load(d)
opel.geschwindigkeit += 20
print(opel)

anzahl = pickle.load(d)
for i in range(anzahl):
    print(pickle.load(d))

d.close()
```

Listing 8.12 Datei »pickle_lesen.py«

Es wird diese Ausgabe erzeugt:

```
([4, 'abc', 8], -12.5, {'a': 1, 'b': 1} , {8, 2, 5})
Opel Admiral 60 km/h
Berlin
Hamburg
Dortmund
```

Das Programm beginnt mit der Definition der eigenen Klasse `Fahrzeug`. Die Datei wird im Modus `rb` geöffnet, also zum Lesen im Binärmodus.

Mithilfe der Funktion `load()` aus dem Modul `pickle` wird zunächst das Tupel geladen. Alle Elemente des Tupels werden mitsamt ihren Datentypen richtig erkannt. Es folgt das Laden des Objekts der Klasse `Fahrzeug`. An der Veränderung sehen Sie, dass auch dieses Objekt mitsamt seiner Klasse richtig erkannt wurde.

Anschließend wird die Anzahl der nachfolgenden Objekte als Zahl geladen. Damit ist die Anzahl der zu ladenden Objekte für die `for`-Schleife bekannt. Alle Objekte werden zur Kontrolle auf dem Bildschirm ausgegeben.

8.5 Datenaustausch mit JSON

Bei JSON (*JavaScript Object Notation*) handelt es sich um ein weit verbreitetes Format zum Austausch von Daten, das sogenannte *JSON-Format*. Daten im JSON-Format sind in einem Texteditor lesbar. Sie können mithilfe unterschiedlicher Programmiersprachen bearbeitet werden.

Ein einzelnes Objekt von einem der nachfolgenden Datentypen kann direkt im JSON-Format gespeichert werden: Zahl, Zeichenkette, Liste, Tupel und Dictionary. Folgende Besonderheiten sind zu beachten:

- Ein Tupel wird als Liste gespeichert, kann aber anschließend wieder aus dieser Liste erzeugt werden.
- Ein Set kann nicht direkt im JSON-Format gespeichert werden, aber zum Beispiel mithilfe einer Liste.
- Ein Objekt eines eigenen Datentyps kann mithilfe der besonderen Eigenschaft `__dict__` im JSON-Format gespeichert und anschließend neu erzeugt werden.

8.5.1 Objekte in Datei schreiben

Im nachfolgenden Programm wird ein Tupel erstellt, das aus einer Liste, einer Zahl, einem Dictionary, einem Set und einem Objekt einer eigenen Klasse besteht. Die Liste enthält unter anderem eine Zeichenkette. Anschließend wird das Tupel im JSON-Format in einer Datei gespeichert:

```
import json, sys

class Fahrzeug:
    def __init__(self, bez, ge):
        self.bezeichnung = bez
        self.geschwindigkeit = ge
    def __str__(self):
        return f"{self.bezeichnung} {self.geschwindigkeit} km/h"

try:
    d = open("json_datei.json", "w")
except:
    print("Dateizugriff nicht erfolgreich")
    sys.exit(0)

s = set([8, 5, 2, 5])
ls = []
for element in s:
    ls.append(element)

opel = Fahrzeug("Opel Admiral", 40)

tu = [4,"abc",8], -12.5, {"a":1, "b":1}, ls, opel.__dict__
json.dump(tu, d)
d.close()
```

Listing 8.13 Datei »json_schreiben.py«

Die Elemente des Sets werden vor der Aufnahme in das Tupel in einer Liste gespeichert. Im Tupel wird statt des Objekts der eigenen Klasse seine besondere Eigenschaft `__dict__` gespeichert. Die Funktion `dump()` aus dem Modul `json` schreibt das Tupel als einzelnes Objekt im JSON-Format in eine Datei, die zuvor zum Schreiben geöffnet wurde. Als Letztes wird die Datei geschlossen. Sie hat das folgende lesbare Aussehen:

```
[[4, "abc", 8], -12.5, {"a": 1, "b": 1}, [8, 2, 5],
   {"bezeichnung": "Opel Admiral", "geschwindigkeit": 40}]
```

Listing 8.14 Datei »json_datei.json«

8.5.2 Objekte aus Datei lesen

Im nächsten Programm wird ein Tupel als einzelnes JSON-Objekt aus einer Datei gelesen und ausgegeben:

```
import json, sys

class Fahrzeug:
    def __init__(self, bez, ge):
        self.bezeichnung = bez
        self.geschwindigkeit = ge
    def __str__(self):
        return f"{self.bezeichnung} {self.geschwindigkeit} km/h"

try:
    d = open("json_datei.json", "r")
except:
    print("Dateizugriff nicht erfolgreich")
    sys.exit(0)

li = json.load(d)
d.close()

s = set()
for element in li[3]:
    s.add(element)

opel = Fahrzeug(li[4]["bezeichnung"], li[4]["geschwindigkeit"])

tu = li[0], li[1], li[2], s, opel.__str__()
print(tu)
```

Listing 8.15 Datei »json_lesen.py«

Die Funktion `load()` aus dem Modul `json` liest ein JSON-Objekt aus einer Datei, die zuvor zum Lesen geöffnet wurde. Als Nächstes wird die Datei geschlossen. Das JSON-Objekt enthält eine Liste, aus deren Elementen das ursprüngliche Tupel aus dem vorherigen Programm erstellt wird.

Das Set ist zunächst leer. Ihm werden die Elemente der Unter-Liste hinzugefügt, die aus dem ursprünglichen Set erzeugt wurde. Das Objekt der eigenen Klasse wird mithilfe des Konstruktors aus dem Dictionary erzeugt, das mithilfe der besonderen Eigenschaft `__dict__` erzeugt wurde. Es folgt die Ausgabe des Tupels:

```
([4, 'abc', 8], -12.5, {'a': 1, 'b': 1}, {8, 2, 5}, 'Opel Admiral 40 km/h')
```

8.6 Bearbeitung mehrerer Dateien

Bisher wurde immer nur eine einzelne Datei bearbeitet, deren Name bekannt war. Stehen Sie vor der Aufgabe, mehrere Dateien aus einem bestimmten Verzeichnis zu bearbeiten, deren Anzahl und Namen unbekannt sind, können Sie sich der Funktion `glob()` aus dem Modul `glob` und der Funktion `scandir()` aus dem Modul `os` bedienen. Sie liefern jeweils eine Liste, die einen Zugriff auf die einzelnen Dateien ermöglicht.

8.6.1 Funktion »glob.glob()«

Im folgenden Beispiel werden zunächst die Namen bestimmter Dateien aus dem aktuellen Verzeichnis mithilfe der Funktion `glob()` in einer Liste gespeichert. Diese Dateien werden der Reihe nach geöffnet und durchsucht. Wird in einer der Dateien ein bestimmter Suchtext gefunden, so wird ihr Name jeweils ausgegeben.

```
import glob
dateiliste = glob.glob("schr*.py")
for datei in dateiliste:
    try:
        d = open(datei)
    except:
        print("Datei nicht geöffnet")
        continue
    gesamtertext = d.read()
    d.close()
    if gesamtertext.find("Schmitz") != -1:
        print(datei)
```

Listing 8.16 Datei »datei_liste.py«

Die Ausgabe lautet:

```
schreiben_csv.py
schreiben_formatiert.py
```

Der Parameter der Funktion `glob()` ist eine Zeichenkette, die als Filter für die Dateisuche dient. Die Zeichenkette kann auch einen der Platzhalter * (für mehrere beliebige Zeichen) oder ? (für ein einzelnes beliebiges Zeichen) enthalten. Hier wird nach Dateien gesucht, deren Name mit `schr` beginnt und mit `.py` endet.

Jedes Element der erzeugten Liste entspricht einem Dateinamen. Jede dieser Dateien wird geöffnet. War das Öffnen nicht erfolgreich, wird mit der nächsten Datei fortgefahren. War das Öffnen erfolgreich, wird der vollständige Inhalt der jeweiligen Datei mithilfe der Methode `read()` in eine Zeichenkette eingelesen. Anschließend wird die Datei wieder geschlossen.

Die Zeichenkette wird mithilfe der Methode `find()` durchsucht. Wird der Suchtext gefunden, so wird der Dateiname ausgegeben.

Seit Python 3.5 können Sie mit der Funktion `glob.glob()` und der Zeichenfolge ** auch rekursiv einen gesamten Verzeichnisbaum durchsuchen. In den folgenden Vergleichsbeispielen wird eine Liste aller Dateien mit der Endung *.py* geliefert, deren Name mit `c` beginnt:

- `glob.glob("c*.py")` durchläuft nur das aktuelle Verzeichnis.
- `glob.glob("**/c*.py")` durchläuft nur direkte Unterverzeichnisse.
- `glob.glob("**/c*.py", recursive=True)` durchläuft das aktuelle Verzeichnis, direkte Unterverzeichnisse, deren Unterverzeichnisse usw., also den gesamten Verzeichnisbaum.

8.6.2 Funktion »os.scandir()«

Seit Python 3.5 gibt es mit der Funktion `scandir()` aus dem Modul `os` eine Alternative zum Durchlaufen eines Verzeichnisses. Das nachfolgende Programm liefert dasselbe Ergebnis wie oben:

```
import os
eintrag_iterator = os.scandir(".")
for eintrag in eintrag_iterator:
    if eintrag.name.startswith("schr") and eintrag.name.endswith(".py"):
        try:
            d = open(eintrag)
        except:
```

```
            print("Datei nicht geöffnet")
            continue

        gesamtertext = d.read()
        d.close()
        if gesamtertext.find("Schmitz") != -1:
            print(eintrag.name)
eintrag_iterator.close()
```

Listing 8.17 Datei »datei_liste_scandir.py«

Die Funktion `scandir()` erwartet den Namen eines Pfads als Parameter. Mit `.` geben Sie das aktuelle Verzeichnis an. Die Funktion liefert einen Iterator des Typs `nt.ScandirIterator`, mit dessen Hilfe alle Einträge des Verzeichnisses durchlaufen werden.

Ein einzelner Eintrag im Verzeichnis hat den Typ `nt.DirEntry`. Seine Eigenschaft `name` enthält seinen Namen. Beginnt dieser mit `schr` und endet er mit `.py`, wird die betreffende Datei wie oben weiterbearbeitet.

Seit Python 3.6 haben Sie die Möglichkeit, den Iterator mithilfe von `close()` zu schließen und die genutzten Ressourcen wieder freizugeben.

8.7 Informationen über Dateien

Die Funktion `stat()` aus dem Modul `os` liefert eine Reihe von Informationen über eine einzelne Datei. Ein Beispiel:

```
import os, time
info = os.stat("formatiert.txt")
print("Größe in Byte:", info.st_size)
aus = "%d.%m.%Y %H:%M:%S"
print("Letzter Zugriff:", time.strftime(aus, time.localtime(info.st_atime)))
print("Letzte Modifikation:", time.strftime(aus, time.localtime(info.st_mtime)))
print("Erste Erstellung:", time.strftime(aus, time.localtime(info.st_birthtime))
```

Listing 8.18 Datei »datei_info.py«

Die Ausgabe lautet:

```
Größe in Byte: 153
Letzter Zugriff: 21.11.2023 12:55:28
Letzte Modifikation: 16.11.2023 06:40:39
Erste Erstellung: 08.11.2023 15:15:03
```

Der Rückgabewert der Funktion `stat()` ist ein Objekt des Typs `stat_result`. Es hat unter anderem die folgenden Eigenschaften:

- `st_size`: Größe in Byte
- `st_atime`: Zeitpunkt des letzten Zugriffs
- `st_mtime`: Zeitpunkt der letzten Änderung
- `st_birthtime`: Zeitpunkt der ersten Erstellung, neu in Python 3.12

Die Zeitangaben werden mithilfe der Funktion `localtime()` umgewandelt und mithilfe der Funktion `strftime()` formatiert ausgegeben. Da das Format mehrfach genutzt wird, sollte es in einer Variablen gespeichert werden.

Unterschiede unter Ubuntu Linux und macOS

Die Datensätze haben nur eine Länge von 50 statt 51 Zeichen. Damit ergibt sich eine Dateigröße von 150 Byte.

8.8 Dateien und Verzeichnisse verwalten

Die Module `os` und `shutil` halten weitere Funktionen zur Verwaltung von Dateien und Verzeichnissen bereit. Im folgenden Beispiel werden Dateien kopiert, umbenannt und gelöscht.

```
import sys, shutil, os, glob
print(glob.glob("le*.txt"))

if not os.path.exists("lesen.txt"):
    print("Datei nicht vorhanden")
    sys.exit(0)

shutil.copy("lesen.txt","lesen_kopie.txt")
print(glob.glob("le*.txt"))

try:
    shutil.move("lesen_kopie.txt","lesen_neu.txt")
except:
    print("Fehler beim Umbenennen")
print(glob.glob("le*.txt"))
```

```
try:
    os.remove("lesen_neu.txt")
except:
    print("Fehler beim Entfernen")
print(glob.glob("le*.txt"))
```

Listing 8.19 Datei »datei_verwalten.py«

Unter Windows sieht die Ausgabe wie folgt aus:

```
['lesen.txt']
['lesen.txt', 'lesen_kopie.txt']
['lesen.txt', 'lesen_neu.txt']
['lesen.txt']
```

Die erste Zeile der Ausgabe liefert die ursprüngliche Liste derjenigen Dateien, die mit `le` beginnen und mit `.txt` enden.

Mithilfe der Funktion `exists()` aus dem Modul `os.path` wird geprüft, ob eine bestimmte Datei existiert, die kopiert werden soll. Existiert sie nicht, wird das Programm vorzeitig beendet.

Anschließend wird die Datei *lesen.txt* mithilfe der Funktion `copy()` aus dem Modul `shutil` kopiert. Die Kopie heißt *lesen_kopie.txt*. Die zweite Zeile der Ausgabe liefert die geänderte Liste der Dateien.

Nun wird die Datei *lesen_kopie.txt* mithilfe der Funktion `move()` aus dem Modul `shutil` in *lesen_neu.txt* umbenannt. Die nächste Zeile der Ausgabe liefert wiederum die geänderte Liste der Dateien. Die Funktion `move()` kann auch zum Verschieben einer Datei in ein anderes Verzeichnis genutzt werden.

Als Letztes wird die Datei *lesen_kopie.txt* mithilfe der Funktion `remove()` aus dem Modul `os` wieder gelöscht. Die letzte Zeile der Ausgabe liefert die letzte Liste der Dateien.

8.9 Beispielprojekt Morsezeichen

In diesem Abschnitt sehen Sie ein Beispielprojekt, in dem auf Dateien, externe Module, Zeichenketten, Dictionarys, einige Funktionen und das Modul `winsound` zur Ausgabe von Tönen (siehe Abschnitt 7.5) zugegriffen wird.

Ein Beispieltext wird in Morsecode umgesetzt. Er besteht aus einzelnen Morsezeichen und Pausen. Ein Morsezeichen steht für ein einzelnes Zeichen eines Texts und setzt sich aus einer Folge von kurzen und langen Signalen zusammen. Damit werden bereits seit langer Zeit Texte als eine Folge von Ton-, Funk- oder Lichtsignalen übermittelt.

8.9.1 Morsezeichen aus Datei lesen

Zunächst werden die verschiedenen Zeichen und das jeweils zugehörige Morsezeichen aus der Datei *morsen.txt* in ein Dictionary gelesen. In der Datei wird ein kurzes Signal durch einen Punkt dargestellt, ein langes Signal durch einen Strich. Die einzelnen Zeichen und das dazugehörige Morsezeichen sind jeweils durch ein Leerzeichen getrennt:


```
A .-
B -...
C -.-.
D -..
E .
```

Listing 8.20 Datei »morsen.txt«, Ausschnitt

Zum Lesen dient eine Funktion im nachfolgenden Modul `morsen`, die anderen Python-Programmen zur Verfügung gestellt werden kann:

```
import sys
def leseCode():
    try:
        d = open("morsen.txt")
    except:
        print("Datei nicht geöffnet")
        sys.exit(0)
    allezeilen = d.readlines()
    d.close()
    code = {}
    for zeile in allezeilen:
        worte = zeile.split()
        code[worte[0]] = worte[1]
    for i in range(97,123):
        code[chr(i)] = code[chr(i-32)]
    return code
```

Listing 8.21 Datei »morsen.py«

In der Funktion `leseCode()` werden zuerst alle Zeilen der Datei *morsen.txt* gelesen. Anschließend wird ein leeres Dictionary erzeugt.

Jede Zeile wird anhand des Leerzeichens in zwei Zeichenketten zerlegt. Die erste Zeichenkette enthält ein Unicode-Zeichen, die zweite Zeichenkette das zugehörige Morsezeichen. Das Unicode-Zeichen wird als Schlüssel für den Eintrag des Morsezeichens im Dictionary genutzt.

Beim Morsen wird nicht zwischen Groß- und Kleinschreibung unterschieden. Daher wird den Dictionary-Elementen für die Kleinbuchstaben das gleiche Morsezeichen zugewiesen wie den entsprechenden Elementen für die Großbuchstaben.

Als Ergebnis der Funktion wird das Dictionary zurückgeliefert.

8.9.2 Ausgabe auf dem Bildschirm

In diesem Abschnitt werden die Morsezeichen eines Beispieltexts auf dem Bildschirm ausgegeben. Die einzelnen Morsezeichen werden jeweils durch ein Leerzeichen getrennt. Es folgt das Programm:

```
import sys, morsen
def schreibeCode(text, code):
    for zeichen in text:
        try:
            print(code[zeichen], end=" ")
        except KeyError:
            print(" ", end=" ")
    print()

code = morsen.leseCode()
schreibeCode("Hallo Welt", code)
```

Listing 8.22 Datei »morsen_bildschirm.py«

Die Ausgabe des Beispieltexts `"Hallo Welt"` in Morsezeichen:

```
.... .- .-.. .-.. ---   .-- . .-.. -
```

Im Hauptprogramm wird die Funktion `leseCode()` aus dem oben beschriebenen Modul `morsen` aufgerufen. Sie liefert ein Dictionary zurück. Anschließend wird die Funktion `schreibeCode()` mit einem Beispieltext und diesem Dictionary aufgerufen.

In der Funktion `schreibeCode()` wird ein übergebener Beispieltext in Morsezeichen codiert und ausgegeben. Gibt es zu einem Zeichen keine Entsprechung im Dictionary, tritt ein `KeyError` auf. In diesem Fall wird ein Leerzeichen ausgegeben.

8.9.3 Ausgabe mit Tonsignalen

In diesem Abschnitt werden die Morsezeichen eines Beispieltexts als Tonsignale ausgegeben. Bevor Sie das nachfolgende Programm starten, sollten Sie den Lautsprecher Ihres Windows-PCs einschalten:

```
import sys, morsen, time, winsound
def tonCode(text, code):
    signalDauer = {".":200, "-":600}
    signalPause = 0.2
    zeichenPause = 0.6
    wortPause = 1.4

    alleWorte = text.split()
    for w in range(len(alleWorte)):
        wort = alleWorte[w]
        for z in range(len(wort)):
            zeichen = wort[z]
            print(zeichen, end="")
            try:
                alleSignale = code[zeichen]
                for s in range(len(alleSignale)):
                    signal = alleSignale[s]
                    winsound.Beep(800, signalDauer[signal])
                    if s < len(alleSignale)-1:
                        time.sleep(signalPause)
                if z < len(wort)-1:
                    time.sleep(zeichenPause)
            except KeyError:
                pass
        if w < len(alleWorte)-1:
            print(" ", end="")
            time.sleep(wortPause)

code = morsen.leseCode()
tonCode("Hallo Welt", code)
```

Listing 8.23 Datei »morsen_ton.py«

In der Funktion tonCode() wird ein übergebener Beispieltext in Morsezeichen codiert und als Folge von Tonsignalen ausgegeben. Dazu wird zunächst ein weiteres Dictionary angelegt. Darin wird die Signaldauer für ein kurzes Signal mit 200 Millisekunden festgelegt. Ein langes Signal muss dreimal so lang sein. Daher bekommt es eine Länge von 600 Millisekunden.

Nach jedem Signal folgt eine Signalpause in der Dauer eines kurzen Signals, nach jedem Zeichen eine Zeichenpause in der Dauer eines langen Signals und nach jedem Wort eine Wortpause in einer Dauer von sieben kurzen Signalen.

Der gesamte Text wird anhand der Leerzeichen in einzelne Wörter zerlegt. Jedes Wort wird in einzelne Zeichen zerlegt. Zu jedem Zeichen wird der zugehörige Eintrag im Dictionary der Morsezeichen gesucht. Jedes gefundene Morsezeichen wird in einzelne Signale zerlegt. Jedes Signal wird mithilfe der Funktion `Beep()` aus dem Modul `winsound` als Ton ausgegeben.

Gibt es zu einem Zeichen keine Entsprechung im Dictionary, tritt ein `KeyError` auf. In diesem Fall wird das Zeichen ignoriert.

Die Funktion `sleep()` aus dem Modul `time` sorgt für die Signal-, Zeichen- und Wortpausen.

Im Hauptprogramm wird die Funktion `leseCode()` aus dem Modul `morsen` aufgerufen. Sie liefert ein Dictionary zurück. Anschließend wird die Funktion `tonCode()` mit einem Beispieltext und diesem Dictionary aufgerufen.

Unterschiede unter Ubuntu Linux und macOS

Das Modul `winsound` steht nicht zur Verfügung.

8.10 Spiel, Version mit Highscore-Datei

Es folgt eine weitere Version des bereits bekannten Kopfrechenspiels, in der Datei *spiel_datei.py*. Name und benötigte Zeit werden mithilfe der Serialisierung (siehe Abschnitt 8.4, »Serialisierung mit ›pickle‹«) dauerhaft gespeichert, sodass eine Highscore-Liste geführt werden kann.

Es wird zunächst nach dem Namen des Spielers bzw. der Spielerin gefragt. Anschließend werden fünf Additionsaufgaben mit Zahlen aus dem Bereich von 10 bis 30 gestellt. Pro Aufgabe steht nur ein Versuch zur Verfügung. Ungültige Eingaben oder falsche Ergebnisse werden mit dem Text `Falsch` kommentiert. Zuletzt wird die Gesamtzeit angegeben, die für die Lösungsversuche benötigt wurde.

Werden alle fünf Aufgaben richtig gelöst, werden Name und benötigte Zeit in eine Highscore-Liste aufgenommen, die in einer Datei abgespeichert wird.

8.10.1 Eingabebeispiel

In Abbildung 8.5 sehen Sie einen typischen Durchlauf des Programms.

Zunächst werden die Highscores betrachtet. Dort gibt es bereits einige Einträge. Anschließend wird eine Runde gespielt, bei der alle fünf Aufgaben richtig gelöst werden. Damit verändert sich der Highscore. Als Letztes wird das Programm verlassen.

```
Bitte eingeben (0: Ende, 1: Highscores, 2: Spielen): 1
 P. Name           Zeit
 1. Ole         8.03 sec
 2. Rudi        8.36 sec
 3. Gerd        9.36 sec
 4. Ben        12.42 sec
 5. Tom        12.75 sec
Bitte eingeben (0: Ende, 1: Highscores, 2: Spielen): 2
Bitte geben Sie Ihren Namen ein (max. 10 Zeichen): Paul
Aufgabe 1 von 5: 20 + 30 : 50
*** Richtig ***
Aufgabe 2 von 5: 29 + 29 : 58
*** Richtig ***
Aufgabe 3 von 5: 23 + 21 : 44
*** Richtig ***
Aufgabe 4 von 5: 29 + 10 : 39
*** Richtig ***
Aufgabe 5 von 5: 27 + 30 : 57
*** Richtig ***
Ergebnis: 5 von 5 in 9.48 Sekunden, Highscore
 P. Name           Zeit
 1. Ole         8.03 sec
 2. Rudi        8.36 sec
 3. Gerd        9.36 sec
 4. Paul        9.48 sec
 5. Ben        12.42 sec
 6. Tom        12.75 sec
Bitte eingeben (0: Ende, 1: Highscores, 2: Spielen): 0
```

Abbildung 8.5 Eingabebeispiel

8.10.2 Aufbau des Programms

Das Programm enthält ein Hauptprogramm und vier Funktionen. Im Hauptprogramm wird innerhalb einer Endlosschleife ein Hauptmenü aufgerufen. Darüber können die Highscores angezeigt werden, oder es kann gespielt werden, oder das Programm kann beendet werden.

Es folgen die vier Funktionen des Programms:

- `hs_lesen()`: Lesen der Highscores aus der Datei in eine Liste
- `hs_anzeigen()`: Anzeigen der Highscore-Liste auf dem Bildschirm

- `hs_schreiben()`: Schreiben der Highscore-Liste in die Datei
- `spiel()`: Stellen der Aufgaben, Lösen der Aufgaben, Einfügen der ermittelten Zeit in die Highscore-Liste

8.10.3 Code des Programms

Im nachfolgenden Listing sehen Sie den Beginn des Programms mit der Funktion zum Lesen der Highscore-Daten aus der Datei:

```
import random, time, glob, pickle

def hs_lesen():
    global hs_liste
    if not glob.glob("highscore.bin"):
        hs_liste = []
        return
    d = open("highscore.bin", "rb")
    hs_liste = pickle.load(d)
    d.close()
```

Listing 8.24 Datei »spiel_datei.py«, Teil 1 von 5

Es werden die Module `random` (zur Erzeugung der Zufallszahlen), `time` (zur Zeitmessung), `glob` (zur Prüfung der Datei) und `pickle` (zum Zugriff auf die Datei) benötigt.

Nach dem Einlesen aus der Datei stehen in der Liste `hs_liste` die Namen und die benötigten Zeiten. Da die Liste in dieser Funktion erstmalig benutzt, aber im gesamten Programm benötigt wird, wird sie hier mit `global` im globalen Namensraum bekannt gemacht.

Ist die Datei nicht vorhanden, wird eine leere Liste erzeugt. Ist die Datei vorhanden, wird der gesamte Inhalt mithilfe der Funktion `load()` aus dem Modul `pickle` in die Liste `hs_liste` gelesen.

Es folgt die Funktion zum Anzeigen des Highscores:

```
def hs_anzeigen():
    if not hs_liste:
        print("Keine Highscores vorhanden")
        return
    print(" P. Name            Zeit")
    for i in range(len(hs_liste)):
```

```
        print(f"{i+1:2d}. {hs_liste[i][0]:10} {hs_liste[i][1]:5.2f} sec")
        if i >= 9:
            break
```

Listing 8.25 Datei »spiel_datei.py«, Teil 2 von 5

Ist die Highscore-Liste leer, wird eine entsprechende Meldung angezeigt. Ist die Liste nicht leer, werden nach einer Überschrift maximal zehn Highscores mit den Informationen *Platzierung, Name, Zeit* formatiert ausgegeben.

Es folgt die Funktion zum Schreiben der Highscore-Liste in die Datei:

```
def hs_schreiben():
    d = open("highscore.bin","wb")
    pickle.dump(hs_liste,d)
    d.close()
```

Listing 8.26 Datei »spiel_datei.py«, Teil 3 von 5

Die gesamte Liste wird mithilfe der Funktion `dump()` aus dem Modul `pickle` in die Datei geschrieben.

Es folgt die Funktion zum Spielen:

```
def spiel():
    name = input("Bitte geben Sie Ihren Namen ein (max. 10 Zeichen): ")
    name = name[0:10]
    richtig = 0
    startzeit = time.time()

    for aufgabe in range(5):
        a = random.randint(10,30)
        b = random.randint(10,30)
        c = a + b

        try:
            zahl = int(input(f"Aufgabe {aufgabe+1} von 5: {a} + {b} : "))
            if zahl == c:
                print("*** Richtig ***")
                richtig += 1
            else:
                raise
        except:
```

```
            print("* Falsch *")

    differenz = time.time() - startzeit
    print(f"Ergebnis: {richtig:d} von 5 in {differenz:.2f} Sekunden", end = "")
    if richtig == 5:
        print(", Highscore")
    else:
        print(", leider kein Highscore")
        return

    gefunden = False
    for i in range(len(hs_liste)):
        if differenz < hs_liste[i][1]:
            hs_liste.insert(i, [name, differenz])
            gefunden = True
            break
    if not gefunden:
        hs_liste.append([name, differenz])
    hs_anzeigen()
```

Listing 8.27 Datei »spiel_datei.py«, Teil 4 von 5

Nach der Eingabe des Namens wird dieser zur einheitlichen Ausgabe auf maximal zehn Zeichen verkürzt. Es folgen einige Programmteile, die bereits aus früheren Versionen des Spiels bekannt sind: Stellen der fünf Aufgaben, Eingabe der Lösungen, Bewertung der Lösungen, Messung der Zeit.

Werden nicht alle fünf Aufgaben richtig gelöst, kann kein Eintrag in die Highscore-Liste erfolgen.

Die Highscore-Liste wird Element für Element durchsucht. Wird ein Element gefunden, in dem eine größere als die neue Ergebniszeit eingetragen ist, so wird die neue Ergebniszeit mithilfe der Methode `insert()` an dieser Stelle in die Highscore-Liste eingefügt.

Erfolgte kein Eintrag durch Einfügen, wird die neue Ergebniszeit mithilfe der Methode `append()` ans Ende der Liste angehängt. Auf diese Weise ist dafür gesorgt, dass die Highscore-Liste immer aufsteigend nach Ergebniszeit sortiert ist. Die Liste wird nach jeder Änderung angezeigt.

Es folgt das Hauptprogramm mit dem Menü:

```
# Programm
random.seed()
hs_lesen()

while True:
    try:
        menu = int(input("Bitte eingeben "
            "(0: Ende, 1: Highscores, 2: Spielen): "))
    except:
        print("Falsche Eingabe")
        continue

    if menu == 0:
        break
    elif menu == 1:
        hs_anzeigen()
    elif menu == 2:
        spiel()
    else:
        print("Falsche Eingabe")

hs_schreiben()
```

Listing 8.28 Datei »spiel_datei.py«, Teil 5 von 5

Nach der Initialisierung des Zufallsgenerators wird die Highscore-Datei eingelesen. Es beginnt die Endlosschleife mit dem Hauptmenü. Es kann »0«, »1« oder »2« eingegeben werden; alle anderen Eingaben sind falsch.

- Nach der Eingabe von »1« wird die Highscore-Liste angezeigt, anschließend erscheint wieder das Hauptmenü.
- Nach der Eingabe von »2« beginnt das Spiel, anschließend erscheint wieder das Hauptmenü.
- Nach der Eingabe von »0« wird die Endlosschleife verlassen. Die Highscore-Liste wird in die Datei geschrieben. Das Programm endet.

8.11 Spiel, objektorientierte Version mit Highscore-Datei

Es folgt eine weitere objektorientierte Version des Kopfrechenspiels, in der Datei *spiel_datei_oop.py*. Diesmal werden Name und benötigte Zeit in einer CSV-Datei gespeichert, die Sie sich mithilfe von MS Excel unter Windows oder mit LibreOffice Calc unter Ubuntu Linux und macOS ansehen können.

Neben den beiden Klassen `Spiel` und `Aufgabe` benötigen Sie die Klasse `Highscore`. Die Klasse `Aufgabe` hat sich gegenüber der Version in der Datei *spiel_oop.py* nicht verändert.

Zunächst die Importanweisung und das Hauptprogramm:

```
import random, time, glob
...
# Programm
while True:
    try:
        menu = int(input("Bitte eingeben "
            "(0: Ende, 1: Highscores, 2: Spielen): "))
    except:
        print("Falsche Eingabe")
        continue

    if menu == 0:
        break
    elif menu == 1:
        hs = Highscore()
        print(hs)
    elif menu == 2:
        s = Spiel()
        s.messen(True)
        s.spielen()
        s.messen(False)
        print(s)
    else:
        print("Falsche Eingabe")
```

Listing 8.29 Datei »spiel_datei_oop.py«, Hauptprogramm

Es werden die Module `random` (zur Erzeugung der Zufallszahlen), `time` (zur Zeitmessung) und `glob` (zur Prüfung der Datei) benötigt.

Zur Betrachtung des Highscores wird ein Objekt der Klasse `Highscore` erzeugt und ausgegeben. Wird gespielt, wird ein Objekt der Klasse `Spiel` erzeugt. Nach der Messung der Zeit und dem Spielvorgang werden die Ergebnisse ausgegeben.

Es folgt die Klasse Spiel:

```
class Spiel:
    def __init__(self):
        random.seed()
        self.richtig = 0
        self.anzahl = 5
        s = input("Bitte geben Sie Ihren Namen ein (max. 10 Zeichen): ")
        self.name = s[0:10]

    def spielen(self):
        for i in range(1,self.anzahl+1):
            a = Aufgabe(i, self.anzahl)
            print(a)
            self.richtig += a.beantworten()

    def messen(self, start):
        if start:
            self.startzeit = time.time()
        else:
            self.zeit = round(time.time() - self.startzeit, 2)

    def __str__(self):
        ausgabe = f"Richtig: {self.richtig} von" \
                  f" {self.anzahl} in {self.zeit} Sekunden"
        if self.richtig == self.anzahl:
            ausgabe += ", Highscore"
            hs = Highscore()
            hs.speichern(self.name, self.zeit)
            print(hs)
        else:
            ausgabe += ", leider kein Highscore"
        return ausgabe
```

Listing 8.30 Datei »spiel_datei_oop.py«, Klasse »Spiel«

Im Konstruktor der Klasse wird der Zufallsgenerator initialisiert. Der Zähler für die richtig gelösten Aufgaben wird auf 0, die Anzahl der Aufgaben auf 5 gesetzt. Der Name des Spielers bzw. der Spielerin wird ermittelt. Zudem werden drei Eigenschaften der Klasse Spiel gesetzt: richtig, anzahl und name.

In der Methode spielen() werden insgesamt fünf Aufgaben gestellt und beantwortet. Die Methode messen() dient zur Zeitmessung. Es wird die Eigenschaft zeit der Klasse Spiel gesetzt.

Werden alle Aufgaben richtig gelöst, wird in der Ausgabemethode ein Objekt der Klasse Highscore erzeugt und gespeichert. Anschließend wird die Highscore-Liste ausgegeben.

Die neue Klasse Highscore sieht wie folgt aus:

```
class Highscore:
    def __init__(self):
        self.liste = []
        if not glob.glob("highscore.csv"):
            return
        d = open("highscore.csv")
        zeile = d.readline()
        while zeile:
            teil = zeile.split(";")
            name = teil[0]
            zeit = teil[1]
            zeit = zeit.replace(",", ".")
            self.liste.append([name, float(zeit)])
            zeile = d.readline()
        d.close()

    def aendern(self, name, zeit):
        gefunden = False
        for i in range(len(self.liste)):
            if zeit < self.liste[i][1]:
                self.liste.insert(i, [name, zeit])
                gefunden = True
                break
        if not gefunden:
            self.liste.append([name, zeit])

    def speichern(self, name, zeit):
        self.aendern(name, zeit)
        d = open("highscore.csv", "w")
        for element in self.liste:
            name = element[0]
            zeit = str(element[1]).replace(".", ",")
            d.write(f"{name};{zeit}\n")
```

```
        d.close()

    def __str__(self):
        if not self.liste:
            return "Keine Highscores vorhanden"

        ausgabe = " P. Name           Zeit\n"
        for i in range(len(self.liste)):
            ausgabe += f"{i+1:2d}. {self.liste[i][0]:10}" \
                       f"{self.liste[i][1]:6.2f} sec\n"
            if i >= 9:
                break
        return ausgabe
```

Listing 8.31 Datei »spiel_datei_oop.py«, Klasse »Highscore«

Im Konstruktor der Klasse wird die wichtigste Eigenschaft gesetzt: die Highscore-Liste mit dem Namen `liste`. Sie ist zunächst leer. Gibt es keine CSV-Datei, bleibt die Liste leer. Gibt es dagegen eine CSV-Datei, werden alle Zeilen daraus gelesen. Anschließend werden die Zeilen zerlegt. Aus dem Dezimalkomma (für MS Excel oder LibreOffice Calc) wird ein Dezimalpunkt. Die beiden Bestandteile einer Zeile werden der Highscore-Liste jeweils als Unter-Liste angehängt.

Die Methode `aendern()` wird klassenintern von der Methode `speichern()` benötigt. Ein neu ermittelter Highscore wird entweder in die Liste eingefügt oder an die Liste angehängt.

In der Methode `speichern()` wird zunächst die Highscore-Liste geändert. Anschließend wird aus dem Dezimalpunkt ein Dezimalkomma für MS Excel oder LibreOffice Calc. Die gesamte Liste wird in der CSV-Datei gespeichert. Zudem wird sie in der Ausgabemethode veröffentlicht, falls sie nicht leer ist.

Kapitel 9
Datenbanken

Eine Datenbank dient zur Speicherung größerer Datenmengen, zur Bearbeitung ausgewählter Daten und zur übersichtlichen Darstellung von Daten. Mithilfe eines Datenbanksystems und der Sprache SQL (*Structured Query Language*) haben Sie Zugriff auf Datenbanken. In diesem Buch arbeiten wir mit zwei verschiedenen SQL-basierten Datenbanksystemen:

- SQLite: Dieses System basiert auf Textdateien und ist für kleinere Datenmengen geeignet.
- MySQL: Dabei handelt es sich um ein komplexes Datenbanksystem, das auch für große Datenmengen geeignet ist.

9.1 Aufbau von Datenbanken

Innerhalb einer Datenbank befinden sich verschiedene Tabellen. In Tabelle 9.1 sehen Sie eine einfache Tabelle mit den Daten von Personen.

Name	Vorname	Personalnummer	Gehalt	Geburtstag
Maier	Hans	6714	3.500,00	15.03.1962
Schmitz	Peter	81343	3.750,00	12.04.1958
Mertens	Julia	2297	3.621,50	30.12.1959

Tabelle 9.1 Beispiel mit Daten von Personen

Die Begriffe in der ersten Zeile bezeichnet man als die *Felder* der Tabelle. Es folgen die einzelnen *Datensätze* der Tabelle, hier sind es drei.

Niemand legt für drei Datensätze eine Datenbank mit einer Tabelle an. Die vorliegende Struktur könnte aber auch für mehrere Tausend Datensätze verwendet werden. Die Felder haben jeweils einen bestimmten Datentyp. In diesem Fall gibt es die Datentypen *Text*, *ganze Zahl*, *Zahl mit Nachkommastellen* und *Datumsangabe*.

Eine Datenbank wird in den folgenden Schritten erzeugt:

1. Anlegen der Datenbank
2. Anlegen von Tabellen durch Angabe der Struktur
3. Eingeben der Datensätze in die Tabellen

Sie können die Struktur einer Datenbank auch noch verändern, nachdem bereits Daten in ihr gespeichert wurden. Allerdings kann es dabei leicht zu Datenverlusten kommen. Daher sollten Sie die Struktur besser vorher gründlich planen.

Sie werden mit SQL-Anweisungen arbeiten. Diese dienen zur Erzeugung der Struktur von Datenbanken und Tabellen und zum Bearbeiten der Datensätze (Erzeugen, Anzeigen, Ändern, Löschen).

9.2 SQLite

Bei SQLite handelt es sich um ein kleines und einfach zu nutzendes Datenbanksystem. Es wird über das Modul `sqlite3` direkt in Python eingebunden, arbeitet auf der Basis von Textdateien und kann für kleinere Datenmengen genutzt werden. Es erfordert keine zusätzlichen Installationen.

Die Datentypen in SQLite sind nicht so festgelegt wie in anderen Datenbanksystemen. Sie sind eher als Empfehlungen zu verstehen. Es gibt standardmäßig die folgenden Datentypen:

- `TEXT` – für Zeichenketten
- `INTEGER` – für ganze Zahlen
- `REAL` – für Zahlen mit Nachkommastellen
- `BLOB` – für *binary large objects*, also große binäre Datenmengen
- `NULL` – entspricht `None` in Python

Für die Kontrolle und die richtige Konvertierung von Werten anderer Datentypen von SQLite nach Python, zum Beispiel für die Umwandlung einer SQLite-Zeichenkette in eine Python-Variable für eine Datumsangabe, müssen Sie selbst sorgen.

Hinweis

Die oben genannten Datentypen und andere SQL-spezifische Angaben werden in Großbuchstaben notiert. Das ist für SQL nicht notwendig, dient aber zur deutlicheren Darstellung.

9.2.1 Datenbank, Tabelle und Datensätze

Im folgenden Programm wird zunächst eine SQLite-Datenbank erzeugt und eine Tabelle mit einem eindeutigen Index angelegt. Anschließend werden drei Datensätze in der Tabelle erzeugt. Dazu werden die Struktur und die Daten aus Tabelle 9.1 am Anfang dieses Kapitels genutzt.

Der eindeutige Index dient zur eindeutigen Identifizierung von einzelnen Datensätzen. In der Tabelle mit den Daten von Personen ist dazu das Feld `personalnummer` geeignet. Das Programm lautet:

```
import os, sys, sqlite3
if os.path.exists("firma.db"):
    print("Datenbank bereits vorhanden")
    sys.exit(0)

connection = sqlite3.connect("firma.db")
cursor = connection.cursor()
sql = "CREATE TABLE personen(" \
      "name TEXT, " \
      "vorname TEXT, " \
      "personalnummer INTEGER PRIMARY KEY, " \
      "gehalt REAL, " \
      "geburtstag TEXT)"
cursor.execute(sql)

sql = "INSERT INTO personen VALUES('Maier', " \
      "'Hans', 6714, 3500, '15.03.1962')"
cursor.execute(sql)
connection.commit()
sql = "INSERT INTO personen VALUES('Schmitz', " \
      "'Peter', 81343, 3750, '12.04.1958')"
cursor.execute(sql)
connection.commit()
sql = "INSERT INTO personen VALUES('Mertens', " \
      "'Julia', 2297, 3621.5, '30.12.1959')"
cursor.execute(sql)
connection.commit()

connection.close()
```

Listing 9.1 Datei »sqlite_erzeugen.py«

Zunächst wird geprüft, ob die Datenbankdatei *firma.db* bereits existiert.

Ist das der Fall, wird das Programm mit einer entsprechenden Meldung beendet. Ansonsten würde der weitere Verlauf des Programms zu einem Fehler führen. Möchten Sie die Datenbank neu anlegen, müssen Sie die Datenbankdatei *firma.db* zunächst löschen.

Mithilfe der Funktion `connect()` aus dem Modul `sqlite3` wird eine Verbindung zur Datenbank hergestellt. Existiert die Datenbank noch nicht, wird sie erzeugt. Der Rückgabewert der Funktion `connect()` ist ein Objekt der Klasse `sqlite3.connection`. Über diese Verbindung kann jetzt auf die Datenbank zugegriffen werden.

Für das Verbindungsobjekt wird die Methode `cursor()` aufgerufen. Sie liefert als Rückgabewert ein Objekt der Klasse `sqlite3.cursor`. Über dieses `cursor`-Objekt können SQL-Befehle an die Datenbank gesendet und die Ergebnisse empfangen werden.

Es wird eine Zeichenkette zusammengesetzt, die einen SQL-Befehl enthält. SQL-Befehle werden mithilfe der Methode `execute()` des `cursor`-Objekts an die Datenbank gesendet.

Die SQL-Anweisung `CREATE TABLE` erzeugt eine Tabelle in einer Datenbank. Nach dem Namen der Tabelle (hier: `personen`) werden in Klammern die Namen der einzelnen Felder der Tabelle mit ihrem jeweiligen Datentyp angegeben. Die Felder `name`, `vorname` und `geburtstag` sind vom Typ `TEXT`. Das Feld `gehalt` ist vom Typ `REAL`, das Feld `personalnummer` vom Typ `INTEGER`.

Auf dem Feld `personalnummer` wird mithilfe des Zusatzes `PRIMARY KEY` ein Primärschlüssel definiert. Dabei handelt es sich um einen eindeutigen ganzzahligen Index zur Identifikation von Datensätzen. Der Index sorgt außerdem dafür, dass es keine zwei Datensätze geben kann, die dieselbe Personalnummer besitzen.

Mithilfe der SQL-Anweisung `INSERT INTO` werden Datensätze eingefügt. Es handelt sich um eine Aktionsabfrage, die zu einer Änderung in der Tabelle führt. Nach dem Namen der Tabelle und dem Schlüsselwort `VALUES` werden die einzelnen Werte des Datensatzes für die Felder der Tabelle in Klammern angegeben. Dabei ist es wichtig, Zeichenketten in einfache Hochkommata zu setzen. Außerdem muss die Reihenfolge der Felder derjenigen bei der Erzeugung der Tabelle entsprechen.

Auf eine Aktionsabfrage sollte immer ein Aufruf der Methode `commit()` des Verbindungsobjekts folgen, damit die Änderungen unmittelbar ausgeführt werden.

Zuletzt wird die Verbindung zur Datenbank mithilfe der Methode `close()` wieder geschlossen.

9.2.2 Daten anzeigen

Alle Datensätze der Tabelle werden mit allen Inhalten angezeigt:

```
import os, sys, sqlite3
if not os.path.exists("firma.db"):
    print("Keine Datenbank")
    sys.exit(0)

connection = sqlite3.connect("firma.db")
cursor = connection.cursor()
sql = "SELECT * FROM personen"
cursor.execute(sql)

for dsatz in cursor:
    print(dsatz[0], dsatz[1], dsatz[2], dsatz[3], dsatz[4])
connection.close()
```

Listing 9.2 Datei »sqlite_anzeigen.py«

Das Programm erzeugt diese Ausgabe:

```
Mertens Julia 2297 3621.5 30.12.1959
Maier Hans 6714 3500.0 15.03.1962
Schmitz Peter 81343 3750.0 12.04.1958
```

Existiert die Datenbankdatei nicht, wird das Programm beendet.

Nach Erzeugung der Datenbankverbindung und des Datensatz-Cursors wird eine SQL-Abfrage mithilfe der Methode `execute()` gesendet.

Mit der SQL-Anweisung `SELECT` werden Auswahlabfragen zur Auswahl von Datenbankinhalten formuliert. Die Anweisung `SELECT * FROM personen` liefert alle Datensätze mit allen Feldern der Tabelle. Der Stern (*) steht für »alle Felder«.

Nach Ausführung der Methode `execute()` steht das Ergebnis der Abfrage im `cursor`-Objekt zur Verfügung. Dabei handelt es sich um die Datensätze, die zur Abfrage passen. Die Abfolge dieser Datensätze kann mithilfe einer Schleife durchlaufen werden. Jeder Datensatz entspricht einem Tupel, das aus den Werten für die einzelnen Felder in der gleichen Reihenfolge wie bei der Erzeugung der Tabelle besteht.

Da es sich bei `SELECT` nicht um eine Aktionsabfrage handelt (die eine Änderung in der Datenbank vornimmt), sondern nur um eine Auswahlabfrage (die Informationen ermittelt), muss hier die Methode `commit()` nicht aufgerufen werden.

Zuletzt wird die Verbindung zur Datenbank wieder beendet.

9.2.3 Daten auswählen, Operatoren

Mithilfe von SELECT und WHERE können Sie einen oder mehrere Datensätze herausfiltern. Es folgen einige Beispiele:

```
import os, sys, sqlite3
if not os.path.exists("firma.db"):
    print("Keine Datenbank")
    sys.exit(0)

connection = sqlite3.connect("firma.db")
cursor = connection.cursor()

cursor.execute("SELECT name, vorname FROM personen")
for dsatz in cursor:
    print(dsatz[0], dsatz[1])
print()

cursor.execute("SELECT * FROM personen WHERE gehalt > 3600")
for dsatz in cursor:
    print(dsatz[0], dsatz[3])
print()

cursor.execute("SELECT * FROM personen WHERE name = 'Schmitz'")
for dsatz in cursor:
    print(dsatz[0], dsatz[1])
print()

cursor.execute("SELECT * FROM personen WHERE gehalt >= 3600 AND gehalt <= 3650")
for dsatz in cursor:
    print(dsatz[0], dsatz[3])

connection.close()
```

Listing 9.3 Datei »sqlite_auswaehlen.py«

Erzeugt wird die Ausgabe:

```
Mertens Julia
Maier Hans
Schmitz Peter
```

```
Mertens 3621.5
Schmitz 3750.0

Schmitz Peter

Mertens 3621.5
```

Es werden vier voneinander unabhängige SQL-Abfragen ausgeführt.

Falls Sie nur die Werte bestimmter Felder sehen möchten, notieren Sie die Namen dieser Felder zwischen `SELECT` und `FROM`. Die Anweisung `SELECT name, vorname FROM personen` liefert nur die Inhalte der beiden genannten Felder aller Datensätze der Tabelle.

Mithilfe von `WHERE` können Sie die Auswahl der Datensätze einschränken, indem Sie eine Bedingung mit Vergleichsoperatoren erstellen.

Die Anweisung `SELECT * FROM personen WHERE gehalt > 3600` liefert die Inhalte aller Felder für die Datensätze, bei denen der Wert des Felds `gehalt` oberhalb der genannten Grenze liegt (siehe auch Tabelle 9.2).

Operator	Erläuterung
=	gleich
<>	ungleich
>	größer als
>=	größer als oder gleich
<	kleiner als
<=	kleiner als oder gleich

Tabelle 9.2 Vergleichsoperatoren in SQL

Bei Zeichenketten kann ebenfalls ein Vergleich stattfinden. Dabei ist auf die einfachen Hochkommata zu achten. Die SQL-Anweisung `SELECT * FROM personen WHERE name = 'Schmitz'` liefert nur die Datensätze, bei denen der Name gleich »Schmitz« ist.

Logische Operatoren ermöglichen die Verknüpfung mehrerer Bedingungen. Die Anweisung `SELECT * FROM personen WHERE gehalt >= 3600 AND gehalt <= 3650` liefert nur die Datensätze, bei denen der Wert des Felds `gehalt` innerhalb der genannten Grenzen liegt (siehe auch Tabelle 9.3).

Operator	Erläuterung
NOT	Logisches »Nicht«: Der Wahrheitswert einer Bedingung wird umgekehrt.
AND	Logisches »Und«: Beide Bedingungen müssen zutreffen.
OR	Logisches »Oder«: Nur eine der Bedingungen muss zutreffen.

Tabelle 9.3 Logische Operatoren in SQL

9.2.4 Operator »LIKE«

Der Operator LIKE dient zum Vergleich von Zeichenketten. Das kann zur Auswahl von Datensätzen eingesetzt werden. Dabei können auch Platzhalter verwendet werden. Sie können also Abfragen bilden wie:

- Suche alle Datensätze, die mit ... beginnen.
- Suche alle Datensätze, die mit ... enden.
- Suche alle Datensätze, die ... enthalten.

Einige Beispiele:

```
import os, sys, sqlite3
if not os.path.exists("firma.db"):
    print("Keine Datenbank")
    sys.exit(0)

connection = sqlite3.connect("firma.db")
cursor = connection.cursor()

cursor.execute("SELECT * FROM personen WHERE name LIKE 'm%'")
for dsatz in cursor:
    print(dsatz[0], dsatz[1])
print()

cursor.execute("SELECT * FROM personen WHERE name LIKE '%i%'")
for dsatz in cursor:
    print(dsatz[0], dsatz[1])
print()

cursor.execute("SELECT * FROM personen WHERE name LIKE 'M__er'")
for dsatz in cursor:
```

```
    print(dsatz[0], dsatz[1])

connection.close()
```

Listing 9.4 Datei »sqlite_like.py«

Es wird diese Ausgabe erzeugt:

```
Mertens Julia
Maier Hans

Maier Hans
Schmitz Peter

Maier Hans
```


Es werden drei voneinander unabhängige SQL-Abfragen ausgeführt.

Der Platzhalter `%` (Prozentzeichen) steht für eine unbestimmte Anzahl beliebiger Zeichen. Die Anweisung `SELECT * FROM personen WHERE name LIKE 'm%'` liefert nur die Datensätze, bei denen der Name mit dem Buchstaben »m« beginnt (unabhängig von Groß- und Kleinschreibung).

Steht das Prozentzeichen vor *und* nach einem bestimmten Zeichen, werden alle Datensätze gesucht, in denen dieses Zeichen vorkommt. Die Anweisung `SELECT * FROM personen WHERE name LIKE '%i%'` liefert nur die Datensätze, in denen der Buchstabe »i« (oder »I«) vorkommt.

Der Platzhalter `_` (Unterstrich) steht für ein einzelnes beliebiges Zeichen. Die Anweisung `SELECT * FROM personen WHERE name LIKE 'M__er'` liefert nur die Datensätze, bei denen der Name mit »M« beginnt und nach zwei weiteren Zeichen mit »er« endet. Dies trifft zum Beispiel auf »Maier«, »Mayer«, »Meier« und »Meyer« zu.

9.2.5 Sortierung der Ausgabe

Mithilfe von `ORDER BY` werden die Datensätze in sortierter Form geliefert. Es kann nach einem oder mehreren Feldern, aufsteigend oder absteigend sortiert werden. Ein Beispiel:

```
import os, sys, sqlite3
if not os.path.exists("firma.db"):
    print("Keine Datenbank")
    sys.exit(0)
```

```
connection = sqlite3.connect("firma.db")
cursor = connection.cursor()

cursor.execute("SELECT * FROM personen ORDER BY gehalt DESC")
for dsatz in cursor:
    print(dsatz[0], dsatz[1], dsatz[3])
print()

cursor.execute("SELECT * FROM personen ORDER BY name, vorname")
for dsatz in cursor:
    print(dsatz[0], dsatz[1])

connection.close()
```

Listing 9.5 Datei »sqlite_sortieren.py«

Nehmen wir an, für diese Abfrage wurde zuvor ein weiterer Datensatz hinzugefügt für die Person »Wolfgang Maier« mit einem Gehalt von 3.810 Euro. Dann lautet die Ausgabe:

```
Maier Wolfgang 3810.0
Schmitz Peter 3750.0
Mertens Julia 3621.5
Maier Hans 3500.0

Maier Hans
Maier Wolfgang
Mertens Julia
Schmitz Peter
```

Es werden zwei voneinander unabhängige SQL-Abfragen ausgeführt.

Die Anweisung `SELECT * FROM personen ORDER BY gehalt DESC` liefert alle Datensätze, absteigend nach Gehalt sortiert. Der Zusatz `DESC` steht für *descending* (deutsch: absteigend). Für eine aufsteigende Sortierung könnten Sie den Zusatz `ASC` (*ascending*, deutsch: aufsteigend) verwenden. Allerdings ist das die Standardsortierung, daher kann `ASC` weggelassen werden.

Die Anweisung `SELECT * FROM personen ORDER BY name, vorname` liefert alle Datensätze, aufsteigend nach Namen sortiert. Bei gleichem (Nach-)Namen wird nach Vornamen sortiert.

9.2.6 Auswahl nach Eingabe

Datensätze können auch nach einer Eingabe ausgewählt werden. Mit dem folgenden Programm werden nur die Datensätze angezeigt, die bestimmten Eingaben entsprechen:

```
import os, sys, sqlite3
if not os.path.exists("firma.db"):
    print("Keine Datenbank")
    sys.exit(0)

connection = sqlite3.connect("firma.db")
cursor = connection.cursor()

eingabeName = input("Bitte den gesuchten Nachnamen eingeben: ")
eingabeVorname = input("Bitte den gesuchten Vornamen eingeben: ")
sql = "SELECT * FROM personen WHERE name LIKE ? OR vorname LIKE ?"
cursor.execute(sql, (eingabeName, eingabeVorname))
for dsatz in cursor:
    print(dsatz[0], dsatz[1])
print()

eingabe = input("Bitte den gesuchten Namensteil eingeben: ")
sql = "SELECT * FROM personen WHERE name LIKE ?"
eingabe = "%" + eingabe + "%"
cursor.execute(sql, (eingabe,))
for dsatz in cursor:
    print(dsatz[0], dsatz[1])

connection.close()
```

Listing 9.6 Datei »sqlite_eingabe.py«

Die Ausgabe (mit einer Beispieleingabe) sieht wie folgt aus:

```
Bitte den gesuchten Nachnamen eingeben: Maier
Bitte den gesuchten Vornamen eingeben: Peter
Maier Hans
Schmitz Peter

Bitte den gesuchten Namensteil eingeben: r
Mertens Julia
Maier Hans
```

Im ersten Teil des Programms wird »Maier« und »Peter« eingegeben. Es wird ein SQL-Befehl gesendet, der diese beiden Eingaben nutzt. Zur Abwehr einer möglichen Einschleusung von schädlichem SQL-Code (*SQL-Injection*) wird die Parameter-Substitution der Datenbankschnittstelle von Python verwendet.

Dabei wird für jedes Fragezeichen im SQL-Code ein Element des Tupels verwendet, das als zweiter, optionaler Parameter der Methode `execute()` angegeben wird. Hier gibt es zwei Fragezeichen, daher enthält das Tupel zwei Elemente. Es werden alle Datensätze geliefert, bei denen der Nachname »Maier« lautet oder der Vorname »Peter«.

Im zweiten Teil des Programms wird das Zeichen »r« eingegeben. Diese Eingabe wird zwischen die Prozentzeichen gesetzt, die als Platzhalter dienen. Es werden alle Datensätze geliefert, deren Name ein »r« enthält.

Im SQL-Befehl steht nur ein Fragezeichen. Daher enthält das Tupel nur ein Element. In einem solchen Fall muss im Tupel ein Komma angehängt werden, ansonsten tritt ein Fehler auf.

9.2.7 Datensätze ändern

Die Anweisung `UPDATE` dient zur Änderung von Inhalten in einem oder mehreren Datensätzen. Sie ähnelt in ihrem Aufbau der Anweisung `SELECT`. Wählen Sie Ihre Auswahlkriterien sorgfältig, damit Sie nicht versehentlich die falschen Änderungen vornehmen. Ein Beispiel:

```
sql = "UPDATE personen SET gehalt = 3800"
```

Diese Anweisung würde bei sämtlichen Datensätzen der Tabelle `personen` den Wert für das Feld `gehalt` auf den Wert `3800` setzen – diese Aktion ist sicherlich nicht beabsichtigt.

Nehmen Sie daher eine Einschränkung vor, am besten wie folgt über das Feld mit dem eindeutigen Index, hier das Feld `personalnummer`:

```
sql = "UPDATE personen SET gehalt = 3780 WHERE personalnummer = 81343"
```

Das obige Beispiel sieht, mit einer Ausgabe vor der Änderung und einer Ausgabe nach der Änderung, wie folgt aus:

```
import os, sys, sqlite3
if not os.path.exists("firma.db"):
    print("Keine Datenbank")
    sys.exit(0)
```

```
def ausgabe():
    sql = "SELECT * FROM personen"
    cursor.execute(sql)
    for dsatz in cursor:
        print(dsatz[0], dsatz[1], dsatz[2], dsatz[3])
    print()

connection = sqlite3.connect("firma.db")
cursor = connection.cursor()
ausgabe()

sql = "UPDATE personen SET gehalt = 3780 WHERE personalnummer = 81343"
cursor.execute(sql)
connection.commit()

ausgabe()
connection.close()
```

Listing 9.7 Datei »sqlite_aendern.py«

Folgende Ausgabe wird erzeugt:

```
Mertens Julia 2297 3621.5
Maier Hans 6714 3500.0
Schmitz Peter 81343 3750.0

Mertens Julia 2297 3621.5
Maier Hans 6714 3500.0
Schmitz Peter 81343 3780.0
```

Wie Sie sehen, wird nur ein Datensatz verändert. Nachfolgend ein Beispiel für die Änderung mehrerer Feldinhalte eines ausgewählten Datensatzes:

```
sql = "UPDATE personen SET gehalt = 3780, vorname = 'Hans-Peter' " \
      "WHERE personalnummer = 81343"
```

Es darf keine Änderung durchgeführt werden, die dazu führt, dass zwei oder mehr Datensätze den gleichen Inhalt in dem Feld haben, auf dem der eindeutige Index liegt, hier das Feld `personalnummer`.

So würde die Anweisung ...

```
sql = "UPDATE personen SET personalnummer = 6714 " \
      "WHERE personalnummer = 81343"
```

... zur folgenden Fehlermeldung führen:

```
sqlite3.IntegrityError: UNIQUE constraint failed: personen.personalnummer
```

Die Einträge im Feld mit dem PRIMARY KEY müssen einzigartig sein.

9.2.8 Datensätze löschen

Mit der SQL-Anweisung DELETE löschen Sie Datensätze. Wählen Sie Ihre Auswahlkriterien besonders sorgfältig, damit Sie nicht versehentlich die falschen Datensätze oder alle Datensätze löschen. Ein Beispiel:

```
import os, sys, sqlite3
if not os.path.exists("firma.db"):
    print("Keine Datenbank")
    sys.exit(0)

def ausgabe():
    sql = "SELECT * FROM personen"
    cursor.execute(sql)
    for dsatz in cursor:
        print(dsatz[0], dsatz[1], dsatz[2], dsatz[3])
    print()

connection = sqlite3.connect("firma.db")
cursor = connection.cursor()
ausgabe()

sql = "DELETE FROM personen WHERE personalnummer = 8339"
cursor.execute(sql)
connection.commit()

ausgabe()
connection.close()
```

Listing 9.8 Datei »sqlite_loeschen.py«

Nehmen wir an, auch für diese Abfrage wurde zuvor ein weiterer Datensatz hinzugefügt für die Person »Wolfgang Maier« mit der Personalnummer 8339 und einem Gehalt von 3.810 Euro. Die Ausgabe lautet:

```
Mertens Julia 2297 3621.5
Maier Hans 6714 3500.0
Maier Wolfgang 8339 3810.0
Schmitz Peter 81343 3780.0

Mertens Julia 2297 3621.5
Maier Hans 6714 3500.0
Schmitz Peter 81343 3780.0
```

Der Datensatz mit der Personalnummer 8339 wird gelöscht. Das zeigt der Vergleich der Ausgaben vor dem Löschen und nach dem Löschen.

9.2.9 Übungsaufgabe

Übung »u_sqlite_vokabeln«

Erstellen Sie in der Datei *u_sqlite_vokabeln.py* ein einfaches Vokabel-Lern-Programm auf Basis einer SQLite-Datenbank. Nachfolgend sehen Sie ein Beispiel für den Ablauf des Programms:

```
Ihre Auswahl: 0 (= Ende), 1 (= Alle), 2 (= Lernen), 3 (= Test): 1
1 / Bedingung / condition
2 / suchen / to look for
3 / Werbeanzeige / advertisement
4 / abkürzen / to abbreviate
5 / nützlich / useful
6 / Wirkung / effect
7 / beraten / to advise
8 / übersetzen / to translate
9 / einfach / easy
10 / ankündigen / to announce
Ihre Auswahl: 0 (= Ende), 1 (= Alle), 2 (= Lernen), 3 (= Test): 4
Ihre Auswahl: 0 (= Ende), 1 (= Alle), 2 (= Lernen), 3 (= Test): 2
ankündigen / to announce
Ihre Auswahl: 0 (= Ende), 1 (= Alle), 2 (= Lernen), 3 (= Test): 2
beraten / to advise
Ihre Auswahl: 0 (= Ende), 1 (= Alle), 2 (= Lernen), 3 (= Test): 2
Bedingung / condition
Ihre Auswahl: 0 (= Ende), 1 (= Alle), 2 (= Lernen), 3 (= Test): 3
Bitte übersetzen: 'Bedingung' ==> condition
Richtig, Vokabel wird aus dem Test genommen
```

```
Bitte übersetzen: 'nützlich' ==> useful
Richtig, Vokabel wird aus dem Test genommen
Bitte übersetzen: 'abkürzen' ==> to abbreviate
Richtig, Vokabel wird aus dem Test genommen
Bitte übersetzen: 'Werbeanzeige' ==> advertment
Leider falsch, richtig wäre: advertisement
Bitte übersetzen: 'einfach' ==> easy
Richtig, Vokabel wird aus dem Test genommen
Bitte übersetzen: 'Wirkung' ==> effect
Richtig, Vokabel wird aus dem Test genommen
Bitte übersetzen: 'ankündigen' ==> to announce
Richtig, Vokabel wird aus dem Test genommen
Bitte übersetzen: 'beraten' ==> to advise
Richtig, Vokabel wird aus dem Test genommen
Bitte übersetzen: 'suchen' ==> to look for
Richtig, Vokabel wird aus dem Test genommen
Bitte übersetzen: 'Werbeanzeige' ==> advertisement
Richtig, Vokabel wird aus dem Test genommen
Bitte übersetzen: 'übersetzen' ==> to translate
Richtig, Vokabel wird aus dem Test genommen
Test erfolgreich beendet
Ihre Auswahl: 0 (= Ende), 1 (= Alle), 2 (= Lernen), 3 (= Test): 0
```

Nach dem Aufruf des Programms erscheint ein Menü. Zur Auswahl eines Menüpunkts können nur Werte von 0 bis 3 eingegeben werden. Wird ein anderer Wert eingegeben, erscheint das Menü erneut. Es gibt folgende Möglichkeiten:

- 0: Das Programm wird beendet.
- 1: Zur Übersicht werden alle zehn Vokabeln angezeigt, mit laufender Nummer, auf Deutsch und auf Englisch.
- 2: Zum Erlernen erscheint ein zufällig ausgewähltes Vokabelpaar.
- 3: Es beginnt ein Test. Dabei erscheinen nacheinander zufällig ausgewählte deutsche Vokabeln. Die zugehörige englische Vokabel muss jeweils eingegeben werden. Ist die Eingabe richtig, wird das Vokabelpaar aus der Liste entfernt. Ist die Eingabe falsch, erscheint die richtige Lösung und die Vokabel wird später noch einmal abgefragt. Wurden alle Vokabeln richtig übersetzt, ist die Liste leer, und der Test endet.

Sollte Ihnen noch der Einstieg in die Entwicklung des Programms fehlen, finden Sie in Abschnitt A.5 einige Tipps.

Hinweis
In Abschnitt 11.3 wird eine Benutzeroberfläche (GUI) mithilfe von *PyQt* erstellt. Bei PyQt handelt es sich um eine Schnittstelle zwischen Python und der weit verbreiteten *Qt*-Bibliothek. Die GUI dient zur Verwaltung der SQLite-Datenbank *firma.db*. In dieser umfangreichen Anwendung werden zwei wichtige Technologien und weitere Elemente der Python-Programmierung miteinander verknüpft.

9.3 MySQL

MySQL ist ein komplexes Datenbankmanagementsystem. In diesem Abschnitt lernen Sie es mithilfe einiger Programme kennen. Bezüglich der Beispiele in diesem Buch stellt es keinen Unterschied dar, ob mit MySQL oder mit seiner Abspaltung MariaDB gearbeitet wird.

Die verschiedenen SQL-Befehle zur Auswahl bzw. Änderung von Daten kennen Sie bereits aus Abschnitt 9.2, »SQLite«. Daher wird in diesem Abschnitt nur eine Datenbank mit einer Tabelle und Datensätzen erzeugt und auf einfache Weise abgefragt.

MySQL bietet eine ganze Reihe von Datentypen, unter anderem:

- `VARCHAR` – für Zeichenketten
- `INT` – für ganze Zahlen
- `DOUBLE` – für Zahlen mit Nachkommastellen
- `DATE` – für Datumsangaben

9.3.1 XAMPP und Connector/Python

Zum Testen der Programme wird ein lokaler MySQL-Datenbankserver benötigt. Diesen finden Sie im Paket *XAMPP*, das bereits vorkonfiguriert und einfach zu installieren ist. Die Installation von XAMPP und das Starten des Servers beschreibe ich in Abschnitt A.3.

Der Treiber *Connector/Python* bietet eine Schnittstelle zwischen Python und MySQL. Sie installieren ihn wie folgt, siehe auch Abschnitt A.1:

- unter Windows und macOS: `pip install mysql-connector-python`
- unter Ubuntu Linux: `sudo apt install python3-mysql.connector`

Beachten Sie den anderen Namen unter Ubuntu Linux.

9.3.2 Datenbank, Tabelle und Datensätze

Im folgenden Programm wird, ähnlich wie für SQLite in Abschnitt 9.2.1, zunächst eine MySQL-Datenbank erzeugt und eine Tabelle mit einem eindeutigen Index angelegt. Anschließend werden drei Datensätze in der Tabelle angelegt.

```
import sys, mysql.connector
try:
    connection = mysql.connector.connect \
        (host = "localhost", user = "root", passwd = "")
except:
    print("Keine Verbindung zum Server")
    sys.exit(0)

cursor = connection.cursor()

cursor.execute("CREATE DATABASE IF NOT EXISTS firma")
connection.commit()

cursor.execute("USE firma")
connection.commit()

cursor.execute("CREATE TABLE IF NOT EXISTS personen"
      "(name VARCHAR(30), vorname VARCHAR(25),"
      "personalnummer INT(11), gehalt DOUBLE, "
      "geburtstag DATE, PRIMARY KEY (personalnummer))"
      "ENGINE=InnoDB DEFAULT CHARSET=UTF8")
connection.commit()

try:
    cursor.execute("INSERT INTO personen VALUES('Maier', " \
        "'Hans', 6714, 3500, '1962-03-15')")
    connection.commit()
    cursor.execute("INSERT INTO personen VALUES('Schmitz', " \
        "'Peter', 81343, 3750, '1958-04-12')")
    connection.commit()
    cursor.execute("INSERT INTO personen VALUES('Mertens', " \
        "'Julia', 2297, 3621.5, '1959-12-30')")
    connection.commit()
except:
    print("Fehler beim Erstellen")
```

```
cursor.close()
connection.close()
```

Listing 9.9 Datei »mysql_erzeugen.py«

Nach dem Import des Moduls `mysql.connector` wird mithilfe der Funktion `connect()` eine Verbindung zum Datenbankserver hergestellt. Dabei werden der Name des Servers (hier: `localhost`), der Name des Benutzers bzw. der Benutzerin (hier: `root`) und das Passwort (hier: kein Passwort) angegeben. Läuft der MySQL-Datenbankserver nicht, schlägt die Verbindungsaufnahme fehl. Der Rückgabewert der Funktion `connect()` ist ein `connection`-Objekt. Über diese Verbindung kann auf die Datenbank zugegriffen werden.

Anschließend wird die Methode `cursor()` genutzt, um ein `cursor`-Objekt zu erstellen. Über diesen Cursor können SQL-Befehle an die Datenbank gesendet und die Ergebnisse empfangen werden.

Die Methode `execute()` dient zum Senden von SQL-Befehlen. Der SQL-Befehl `CREATE DATABASE firma` erzeugt eine neue Datenbank mit dem Namen `firma`. Der Zusatz `IF NOT EXISTS` sorgt dafür, dass sie nur erzeugt wird, falls sie noch nicht existiert.

Der Aufruf der Methode `commit()` des `connection`-Objekts führt dazu, dass die SQL-Anweisung unmittelbar ausgeführt wird.

Mithilfe des SQL-Befehls `USE firma` wird die Datenbank `firma` nach ihrer Erzeugung ausgewählt.

Die Tabelle `personen` wird mit fünf Feldern erzeugt. Die Felder `name` und `vorname` sind vom Typ `VARCHAR`. Es wird eine Länge von maximal 30 bzw. 25 Zeichen gewählt. Das Feld `personalnummer` ist vom Typ `INT`. Die Angabe 11 ist dabei der Standardwert. Das Feld `gehalt` ist vom Typ `DOUBLE` für Zahlen mit Nachkommastellen. Das Feld `geburtstag` ist vom Typ `DATE` für Datumsangaben. Der Zusatz `IF NOT EXISTS` bewirkt auch hier, dass die Tabelle nur erzeugt wird, falls sie noch nicht existiert.

Auf dem Feld `personalnummer` wird ein Primärschlüssel definiert. Damit wird dafür gesorgt, dass es keine zwei Einträge geben kann, die dieselbe Personalnummer haben.

Mithilfe des SQL-Befehls `INSERT INTO` werden drei Datensätze erzeugt. Die Daten werden in der Reihenfolge der Felder angegeben. Zeichenketten stehen in einfachen Hochkommata. Nachkommastellen werden mit einem Dezimalpunkt abgetrennt. Eine Datumsangabe erfolgt in der Form `JJJJ-MM-TT` und ebenfalls innerhalb von Hochkommata.

Ein zweiter Aufruf desselben Programms würde zu einer Fehlermeldung führen, da auf dem Feld `personalnummer` ein Primärschlüssel definiert ist. Es kann kein Eintrag erzeugt werden, der dieselbe Personalnummer wie ein bereits existierender Datensatz hat.

Am Ende dieser Aktionen werden das `cursor`-Objekt und das `connection`-Objekt jeweils mit der Methode `close()` wieder geschlossen.

Das Programm hat keine Ausgabe. XAMPP enthält das Programm *phpMyAdmin* zur Verwaltung der Datenbanken des MySQL-Servers. Mithilfe dieses Programms können Sie sich von der Existenz der neuen Datenbank, der Tabelle und der Datensätze überzeugen. Alternativ können Sie das Programm aus dem nächsten Abschnitt aufrufen.

9.3.3 Daten anzeigen

Mithilfe des nachfolgenden Programms werden alle Datensätze der Tabelle mit allen Inhalten angezeigt:

```
import sys, mysql.connector
try:
    connection = mysql.connector.connect(host = "localhost", \
        user = "root", passwd = "", db = "firma")
except:
    print("Keine Verbindung zum Server oder keine Datenbank")
    sys.exit(0)

cursor = connection.cursor()
cursor.execute("SELECT * FROM personen")
result = cursor.fetchall()
cursor.close()
connection.close()

for datensatz in result:
    for feld in datensatz:
        print(f"{feld} ", end="")
    print()
```

Listing 9.10 Datei »mysql_anzeigen.py«

Das Programm erzeugt die Ausgabe:

```
Mertens Julia 2297 3621.5 1959-12-30
Maier Hans 6714 3500.0 1962-03-15
Schmitz Peter 81343 3750.0 1958-04-12
```

Die Funktion `connect()` wird mit einem vierten Parameter aufgerufen. Auf diese Weise wird nicht nur eine Verbindung zum Datenbankserver hergestellt, sondern auch zu der Datenbank auf dem Server.

Mithilfe des SQL-Befehls SELECT werden alle Datensätze abgefragt. Da es sich nicht um eine Aktionsabfrage handelt, sondern nur um eine Auswahlabfrage, muss hier die Methode commit() nicht aufgerufen werden.

Die Methode fetchall() des cursor-Objekts liefert als Rückgabewert eine Liste, die das Ergebnis der Abfrage enthält. Die einzelnen Datensätze mit den Werten der Felder werden ausgegeben.

9.4 Spiel, Version mit Highscore-Datenbank

Es folgt eine weitere Version des Kopfrechenspiels. Darin werden Name und benötigte Zeit dauerhaft in einer SQLite-Datenbank gespeichert, sodass eine Highscore-Liste geführt werden kann.

Der Unterschied zur Version mit der Highscore-Datei (siehe Abschnitt 8.10) besteht darin, dass keine eigene Liste geführt werden muss. Stattdessen werden die neuen Werte direkt und »unsortiert« in die Datenbank geschrieben. Später werden die vorhandenen Werte direkt und in sortierter Form aus der Datenbank gelesen und auf dem Bildschirm ausgegeben.

Dies hat einige Vorteile:

- Es muss kein Austausch zwischen Liste und Datei stattfinden.
- Die Sortierung wird von SQL übernommen und muss nicht innerhalb des Python-Programms erfolgen.
- Bei einem vorzeitigen Abbruch des Programms gehen keine Daten verloren, da sie nach jedem Spiel gespeichert werden.

Es folgt der erste Teil des Programms:

```
import random, time, glob, sqlite3

def hs_anzeigen():
    if not glob.glob("highscore.db"):
        print("Keine Highscores vorhanden")
        return

    con = sqlite3.connect("highscore.db")
    cursor = con.cursor()
    sql = "SELECT * FROM daten ORDER BY zeit LIMIT 10"
    cursor.execute(sql)
```

```
    print(" P. Name            Zeit")
    i = 1
    for dsatz in cursor:
        print(f"{i:2d}. {dsatz[0]:10} {dsatz[1]:5.2f} sec")
        i = i+1
    con.close()
```

Listing 9.11 Datei »spiel_sqlite.py«, Teil 1 von 3

In der Funktion `hs_anzeigen()` wird festgestellt, ob die Datenbankdatei existiert. Ist dies der Fall, wird eine Verbindung aufgenommen.

Mithilfe der Anweisung `SELECT` werden die ersten zehn Datensätze ausgewählt, aufsteigend sortiert nach der Spieldauer. Der Zusatz `LIMIT` in der SQL-Abfrage begrenzt dabei die Anzahl. Nach der Ausgabe der Datensätze wird die Verbindung wieder beendet.

Der zweite Teil des Programms:

```
def spiel():
    ...
    if not glob.glob("highscore.db"):
        con = sqlite3.connect("highscore.db")
        cursor = con.cursor()
        sql = "CREATE TABLE daten(name TEXT, zeit REAL)"
        cursor.cxccute(sql)
        con.close()

    con = sqlite3.connect("highscore.db")
    cursor = con.cursor()
    sql = f"INSERT INTO daten VALUES('{name}', {differenz})"
    cursor.execute(sql)
    con.commit()
    con.close()

    hs_anzeigen()
```

Listing 9.12 Datei »spiel_sqlite.py«, Teil 2 von 3

Der Anfang der Funktion `spiel()` unterscheidet sich nicht von dem der Version mit der Highscore-Datei (siehe Abschnitt 8.10). Erst bei der Speicherung zeigen sich die Änderungen.

Es wird zunächst festgestellt, ob die Datenbankdatei existiert. Ist dies nicht der Fall, wird die Datenbank mit der Tabelle erzeugt.

Die neu ermittelten Werte werden als neuer Datensatz in die Datenbank geschrieben. Anschließend wird die Highscore-Liste angezeigt.

Das Hauptprogramm:

```
random.seed()

while True:
    try:
        menu = int(input("Bitte eingeben "
            "(0: Ende, 1: Highscores, 2: Spielen): "))
    except:
        print("Falsche Eingabe")
        continue

    if menu == 0:
        break
    elif menu == 1:
        hs_anzeigen()
    elif menu == 2:
        spiel()
    else:
        print("Falsche Eingabe")
```

Listing 9.13 Datei »spiel_sqlite.py«, Teil 3 von 3

Gegenüber der Version mit Highscore-Datei (siehe Abschnitt 8.10) fehlen die Aufrufe der beiden Funktionen zum Austausch der Daten zwischen Liste und Datei. Im Hauptprogramm läuft eine Endlosschleife. Wahlweise können die Highscores angezeigt werden, oder es kann gespielt werden, oder das Programm kann beendet werden.

9.5 Spiel, objektorientierte Version mit Highscore-Datenbank

Diese Version des Kopfrechenspiels ist auf der objektorientierten Version mit Highscore-Datei aus Abschnitt 8.11 aufgebaut. Nur die Klasse `Highscore` wurde verändert, und zwar so, dass die Vorteile einer Datenbank genutzt werden können:

```
import random, time, glob, sqlite3
...
class Highscore:
    def speichern(self, name, zeit):
        if not glob.glob("highscore.db"):
            con = sqlite3.connect("highscore.db")
            cursor = con.cursor()
            sql = "CREATE TABLE daten(name TEXT, zeit REAL)"
            cursor.execute(sql)
            con.close()

        con = sqlite3.connect("highscore.db")
        cursor = con.cursor()
        sql = f"INSERT INTO daten VALUES('{name}', {zeit})"
        cursor.execute(sql)
        con.commit()
        con.close()

    def __str__(self):
        if not glob.glob("highscore.db"):
            return "Keine Highscores vorhanden"

        con = sqlite3.connect("highscore.db")
        cursor = con.cursor()
        sql = "SELECT * FROM daten ORDER BY zeit LIMIT 10"
        cursor.execute(sql)

        ausgabe = " P. Name             Zeit\n"
        i = 1
        for dsatz in cursor:
            ausgabe += f"{i:2d}. {dsatz[0]:10} {dsatz[1]:5.2f} sec\n"
            i = i+1

        con.close()
        return ausgabe
```

Listing 9.14 Datei »spiel_sqlite_oop.py«

In der Klasse Highscore gibt es nur noch die beiden Methoden zum Speichern und zum Ausgeben des Highscores.

In der Methode `speichern()` wird geprüft, ob es eine Datenbankdatei gibt. Gibt es sie nicht, werden die Datenbank und die Tabelle erzeugt. Die neu ermittelten Daten werden hinzugefügt.

In der Ausgabemethode werden die Datensätze in sortierter Form ausgewählt und anschließend formatiert ausgegeben.

Kapitel 10
Benutzeroberflächen

Die bisher dargestellten Programme werden über Eingaben in IDLE oder der Kommandozeile bedient. Zur Erstellung einer komfortablen grafischen Benutzeroberfläche (GUI = *Graphical User Interface*) bieten sich die Bibliotheken *Tk* und *Qt* an. Beide können unter den verschiedenen Betriebssystemen weitgehend einheitlich genutzt werden. Bei der Arbeit mit GUIs rückt die ereignisorientierte Programmierung in den Vordergrund. 10

Das Modul *tkinter* stellt eine Schnittstelle (englisch: *interface*) zur Bibliothek *Tk* dar. Es steht nach der Installation von Python bereits zur Verfügung.

Das Modul *PyQt6* stellt eine Schnittstelle zur Bibliothek *Qt* dar. Es muss zusätzlich installiert werden.

10.1 Einführung

Die Erstellung einer GUI-Anwendung umfasst bei der Nutzung der Schnittstelle *tkinter* die folgenden Schritte:

- Erstellung eines Fensters mit den Elementen der Oberfläche.
- Erzeugung und Anordnung von Steuerelementen (hier *Widgets* genannt) innerhalb des Fensters zur Bedienung der Anwendung.
- Start einer Endlosschleife, in der die Bedienung der Widgets zu Ereignissen und damit zum Ablauf der Programmteile führt.

10.1.1 Erstes GUI-Programm

Das folgende Programm dient als Einstieg in die GUI-Programmierung:

```
import tkinter

def ende():
    fenster.destroy()
```

```
fenster = tkinter.Tk()
fenster.resizable(0, 0)

buEnde = tkinter.Button(fenster, text="Ende", command=ende, width=10)
buEnde.pack(padx=30, pady=30)

fenster.mainloop()
```

Listing 10.1 Datei »gui_erstes.py«

Die GUI ist dem jeweiligen Betriebssystem optisch angepasst und besitzt jeweils ein gewohntes Design.

Die Ergebnisse für Windows, Ubuntu Linux und macOS zeigen Abbildung 10.1 bis Abbildung 10.3. Im weiteren Verlauf dieses Kapitel werden die Oberflächen unter Windows angezeigt.

Wird der Button ENDE betätigt, wird die Anwendung beendet.

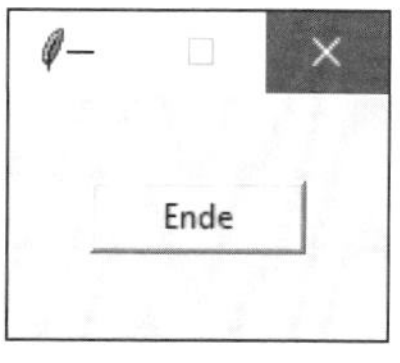

Abbildung 10.1 Erstes Programm unter Windows

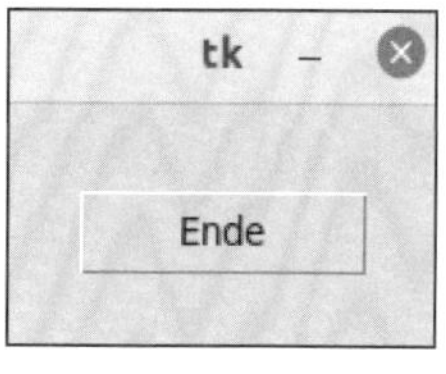

Abbildung 10.2 Erstes Programm unter Ubuntu Linux

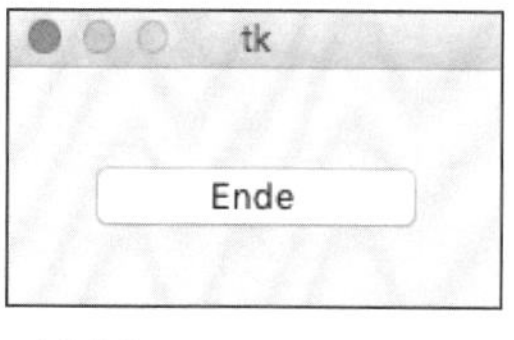

Abbildung 10.3 Erstes Programm unter macOS

Das importierte Modul `tkinter` wird mit seinen Klassen zur Erzeugung der Oberflächenelemente benötigt. Es wird die Funktion `ende()` definiert, in der das Anwendungsfenster mithilfe der Methode destroy() geschlossen und damit die gesamte Anwendung beendet wird.

Es wird ein Objekt der Klasse Tk erzeugt. Dieses Objekt entspricht einem Fenster – in diesem Fall dem Anwendungsfenster, das alle Widgets der Anwendung enthält. Der Konstruktor der Klasse Tk liefert eine Referenz auf das Tk-Objekt zurück, die in der Variablen fenster gespeichert wird. Über diese Variable können Sie auf das Anwendungsfenster zugreifen.

Rufen Sie die Methode resizable() mit den Werten 0, 0 auf, legen Sie damit fest, dass die Größe des Anwendungsfensters nicht geändert werden kann.

Es wird ein Objekt der Klasse Button erzeugt. Dieses Button-Widget dient als Schaltfläche zum Auslösen von Aktionen. Mithilfe der Parameter des Konstruktors werden die Eigenschaften eines Widgets festgelegt. Viele Eigenschaften eines Widgets können später noch verändert werden.

Der erste Parameter gibt an, in welches umgebende Element der Button eingebettet wird – in diesem Fall in das Anwendungsfenster. Sie können über die Variable buEnde auf den Button zugreifen.

Der benannte Parameter text legt die Aufschrift des Buttons fest. Der benannte Parameter command bestimmt den Namen der Callback-Funktion, die ausgeführt wird, falls der Button betätigt wird, siehe auch Abschnitt 5.6.9. Hier handelt es sich um die Funktion ende(). Mit dem benannten Parameter width legen Sie die Breite des Buttons fest. Der Konstruktor der Klasse Button liefert eine Referenz auf das Button-Objekt zurück, die in der Variablen buEnde gespeichert wird. Über diese Variable können Sie auf den Button zugreifen.

Ein Widget erscheint erst im Anwendungsfenster, nachdem es mithilfe eines Geometrie-Managers angeordnet wurde. Durch den Aufruf der Methode pack() wird der Geometrie-Manager *pack* aufgerufen. Er ordnet Widgets auf einfache Weise nacheinander im umgebenden Element an.

Mit den Parametern padx und pady können Sie einen Abstand in x-Richtung bzw. in y-Richtung zwischen dem Widget und dem Rand des umgebenden Elements erzeugen. »pad« steht abkürzend für *padding* (deutsch: Polsterung).

Die Größe des Anwendungsfensters richtet sich bei der Nutzung des Geometrie-Managers *pack* nach den enthaltenen Widgets, unter Beachtung des Abstands.

Am Ende wird mit der Methode mainloop() eine Endlosschleife für das Anwendungsfenster aufgerufen. Die Schleife sorgt dafür, dass das Fenster mit den Widgets dauerhaft angezeigt wird.

Hinweis

Wie bei anderen Python-Anwendungen gewohnt, können Sie die GUI-Anwendungen entweder aus IDLE heraus oder über die Kommandozeile starten.

10.1.2 Einrichtung und Anordnung

Mithilfe des nachfolgenden Programms wird eine GUI mit mehreren Widgets eingerichtet. Sie lernen mehr über die Darstellung und Anordnung von Widgets im Anwendungsfenster:

```
import tkinter

def hallo():
    lbAusgabe["text"] = "Hallo"

def ende():
    fenster.destroy()

fenster = tkinter.Tk()
fenster.title("GUI")
fenster.resizable(0, 0)

buHallo = tkinter.Button(fenster, text="Hallo", command=hallo, width=10)
buHallo.grid(row=0, column=0, sticky="w", padx=5, pady=5)

lbAusgabe = tkinter.Label(fenster, text="(leer)",
    anchor="w", relief="sunken", width=20)
lbAusgabe.grid(row=1, column=0, padx=5, pady=5)

buEnde = tkinter.Button(fenster, text="Ende", command=ende, width=10)
buEnde.grid(row=2, column=1, padx=5, pady=5)

fenster.mainloop()
```

Listing 10.2 Datei »gui_anordnung.py«

Die Ausgabe des Programms sehen Sie in Abbildung 10.4.

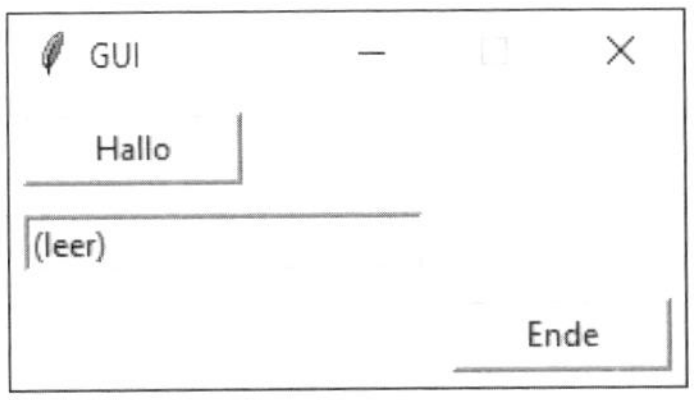

Abbildung 10.4 Anordnung von Widgets

Das Anwendungsfenster enthält drei Widgets, und zwar zwei Buttons und ein Label-Widget, also ein Objekt der Klasse `Label`. Es dient zur Ausgabe eines Texts oder zur Anzeige eines Bilds und kann hier mithilfe der Variablen `lbAusgabe` erreicht werden. Die Parameter `text` und `width` haben dieselbe Bedeutung wie bei einem Button.

Wird der Button HALLO betätigt, erscheint der Text »Hallo« im Ausgabefeld darunter. Dazu wird der Eigenschaft `text` des Labels in der Funktion `hallo()` ein neuer Wert zugewiesen. Die Variable `lbAusgabe` dient als Verweis auf ein Dictionary für die Eigenschaften des Widgets. Die Eigenschaft und ihre Werte bilden die Schlüssel-Wert-Paare.

Für das Anwendungsfenster wird die Methode `title()` aufgerufen. Sie dient zur Zuweisung des Titels, der in der Kopfzeile des Fensters zu sehen ist.

Für die drei Widgets wird die Methode `grid()` aufgerufen, zur Nutzung des Geometrie-Managers *grid* mit seinen vielfältigen Möglichkeiten. Dabei werden die Widgets in einem *grid* (deutsch: Gitter oder Raster) angeordnet, ähnlich wie in den Zellen einer Tabelle. Mit den Parametern `row` (deutsch: Zeile) und `column` (deutsch: Spalte) bestimmen Sie die Position der Zelle innerhalb des Rasters. Die Nummerierung beginnt jeweils bei 0.

Ist das umgebende Element (hier: die Zelle) größer als ein Widget, können Sie mithilfe des Parameters `sticky` (deutsch: klebend) festlegen, zu welchem Rand des umgebenden Elements das Widget orientiert ist.

Mögliche Werte sind:

- `w`: zum westlichen, also zum linken Rand
- `e`: zum östlichen, also zum rechten Rand
- `n`: zum nördlichen, also zum oberen Rand
- `s`: zum südlichen, also zum unteren Rand

Es können auch Kombinationen aus diesen Werten gebildet werden. Wird `sticky` nicht verwendet, wird das Widget im Zentrum der Zelle platziert.

Im vorliegenden Beispiel ist das Label breiter als der Button und bestimmt damit die Breite der linken Spalte. Der Button wird mithilfe des Parameters sticky am linken Rand der Zelle angeordnet.

Mit dem Parameter relief können Sie die Darstellung eines Widgets beeinflussen. Mit den möglichen Werten wird das Label wie folgt dargestellt:

- flat: flach, ohne erkennbaren Rand
- groove: mit einem dünnen vertieften Rahmen
- ridge: mit einem dünnen erhobenen Rahmen
- raised: als Ganzes erhoben, wie ein Button
- sunken: als Ganzes vertieft
- solid: mit einem deutlichen schwarzen Rahmen

Ist ein Widget größer als ein darin dargestellter Text, können Sie mithilfe des Parameters anchor (deutsch: Anker) festlegen, an welcher Seite des Widgets der Text verankert wird, wie also der Text ausgerichtet wird. Die möglichen Werte sind dieselben wie beim Parameter sticky, also w, e, n, s oder eine Kombination aus diesen Werten. Wird anchor nicht verwendet, wird der Text im Zentrum des Widgets platziert.

Im vorliegenden Beispiel ist das Label-Widget breiter als der Text. Dieser wird mithilfe des Parameters anchor am linken Rand des Labels angeordnet.

Die Größe des Anwendungsfensters richtet sich nach den enthaltenen Widgets, unter Beachtung des Abstands.

10.1.3 Ereignismethoden für mehrere Widgets

Standardmäßig können Sie bezüglich der Reaktion auf ein Widget-Ereignis nur den Namen einer Callback-Funktion angeben, keine Parameter.

Zur Abhilfe kann mit einer Lambda-Funktion (anonymen Funktion) gearbeitet werden, siehe Abschnitt 5.6.8. Im folgenden Beispiel wird von zwei Buttons dieselbe Funktion mit unterschiedlichen Parametern aufgerufen:

```
import tkinter

def aus(p):
    lbAusgabe["text"] = p

def ende():
    fenster.destroy()
```

```
fenster = tkinter.Tk()
fenster.title("GUI")
fenster.resizable(0, 0)

buEins = tkinter.Button(fenster, text="1", width=10, command=lambda:aus(1))
buEins.grid(row=0, column=0, padx=5, pady=5)

buZwei = tkinter.Button(fenster, text="2", width=10, command=lambda:aus(2))
buZwei.grid(row=1, column=0, padx=5, pady=5)

lbAusgabe = tkinter.Label(fenster, width=20)
lbAusgabe.grid(row=2, column=0, padx=5, pady=5)

fenster.mainloop()
```

Listing 10.3 Datei »gui_lambda.py«

Nach dem Betätigen eines der beiden Buttons wird eine anonyme Funktion aufgerufen. In der einzigen Anweisung dieser Funktion wird die Funktion `aus()` mit dem Parameter `1` bzw. `2` aufgerufen. Anschließend wird der Wert des Parameters im Label angezeigt, siehe Abbildung 10.5.

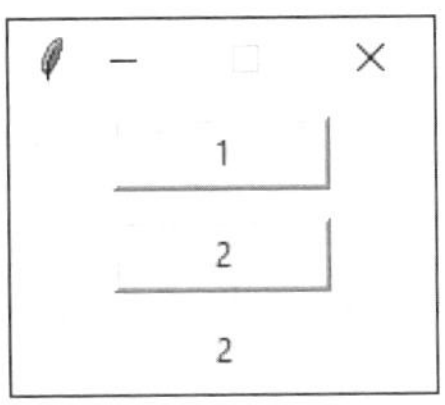

Abbildung 10.5 Nach Betätigung des Buttons »2«

10.2 Widget-Typen

In diesem Abschnitt lernen Sie weitere Widgets kennen: Entry, Text, Listbox, Spinbox, Radiobutton, Checkbutton und Scale.

10.2.1 Einzeiliges Eingabefeld

Ein Entry-Widget ist ein einzeiliges Eingabefeld und dient zur Eingabe von kurzen Texten oder Zahlen. Das folgende Beispiel verdeutlicht die Verarbeitung von eingegebenen Daten. Nach der Eingabe einer Zahl im Entry-Widget wird sie verdoppelt und ausgegeben:

```
import tkinter

def verdoppeln():
    try:
        zahl = float(etEingabe.get())
        lbAusgabe["text"] = zahl * 2
    except:
        lbAusgabe["text"] = "Keine Zahl"

def ende():
    fenster.destroy()

fenster = tkinter.Tk()
fenster.title("Einzeilig")
fenster.resizable(0, 0)

lbEingabe = tkinter.Label(fenster, text="Ihre Eingabe:")
lbEingabe.grid(row=0, column=0, sticky="w", padx=5, pady=5)

etEingabe = tkinter.Entry(fenster)
etEingabe.grid(row=1, column=0, padx=5, pady=5)

buVerdoppeln = tkinter.Button(fenster, text="Verdoppeln",
    command=verdoppeln, width=10)
buVerdoppeln.grid(row=2, column=0, sticky="w", padx=5, pady=5)

lbAusgabe = tkinter.Label(fenster, text="(leer)")
lbAusgabe.grid(row=3, column=0, sticky="w", padx=5, pady=5)

buEnde = tkinter.Button(fenster, text="Ende", command=ende, width=10)
buEnde.grid(row=4, column=1, padx=5, pady=5)

fenster.mainloop()
```

Listing 10.4 Datei »gui_eingabe.py«

Nach der Eingabe einer Zahl und der Betätigung des Buttons VERDOPPELN wird das Ergebnis angezeigt, siehe Abbildung 10.6.

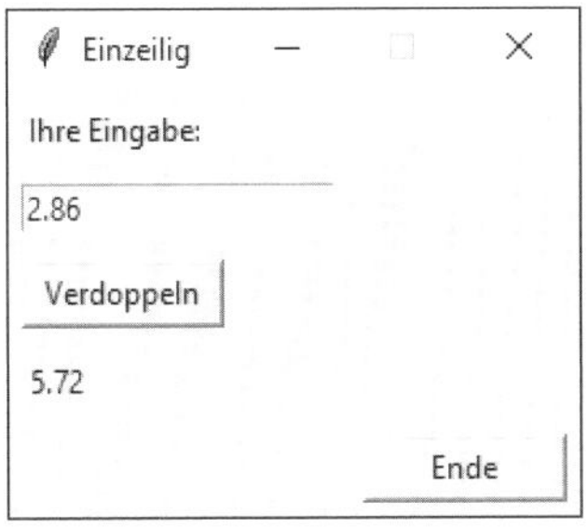

Abbildung 10.6 Einzeiliges Eingabefeld

Für die beiden Label wird keine Breite festgelegt. Daher sind sie nur so breit wie ihr Inhalt. Die Breite der linken Spalte wird von der Breite des Eingabefelds bestimmt. Die beiden Label und der Button werden mithilfe des Parameters `sticky` am linken Rand ihrer Zelle angeordnet.

Ein einzeiliges Eingabefeld ist ein Objekt der Klasse `Entry`. Es wird der Variablen `etEingabe` zugeordnet.

Bei Betätigung des Buttons VERDOPPELN wird die Funktion `verdoppeln()` aufgerufen. Die Methode `get()` liefert eine Zeichenkette, die den eingegebenen Text enthält. Kann der Text nicht mithilfe der Funktion `float()` in eine Zahl umgewandelt werden, tritt eine Ausnahme auf, und es erscheint eine Fehlermeldung. Ansonsten wird der Wert der Zahl verdoppelt und ausgegeben.

10.2.2 Versteckte Eingabe, Widget deaktivieren

Ein Entry-Widget kann auch die Eingabe von versteckten Informationen, zum Beispiel Passwörtern, unterstützen. Dazu dient der Parameter `show`, in dem festgelegt wird, welches Zeichen in einem Entry-Widget während der Eingabe angezeigt wird, siehe Abbildung 10.7.

Wird im folgenden Programm das richtige Passwort eingegeben, erscheint die Rückmeldung *Zugang erlaubt*, anderenfalls die Meldung *Zugang verweigert*.

Unabhängig davon können Sie die Bedienung des Programms vereinfachen, indem Sie ein Widget in Abhängigkeit vom Programmzustand aktivieren oder deaktivieren. Im nachfolgenden Programm ist der Button ENDE zunächst deaktiviert. Erst nach einer Prüfung des Passworts wird der Button aktiviert:

```
import tkinter

def pruefen():
```

```
    pw = etPasswort.get()
    if pw == "Bingo":
        lbAusgabe["text"] = "Zugang erlaubt"
    else:
        lbAusgabe["text"] = "Zugang nicht erlaubt"
    etPasswort.delete(0, "end")
    buEnde["state"] = "normal"

def ende():
    fenster.destroy()

fenster = tkinter.Tk()
fenster.title("Passwort")
fenster.resizable(0, 0)

lbPasswort = tkinter.Label(fenster, text="Ihr Passwort:")
lbPasswort.grid(row=0, column=0, sticky="w", padx=5, pady=5)

etPasswort = tkinter.Entry(fenster, show="*")
etPasswort.grid(row=1, column=0, padx=5, pady=5)

buPruefen = tkinter.Button(fenster, text="Prüfen",
    command-pruefen, width-10)
buPruefen.grid(row=2, column=0, sticky="w", padx=5, pady=5)

lbAusgabe = tkinter.Label(fenster, text="(leer)")
lbAusgabe.grid(row=3, column=0, sticky="w", padx=5, pady=5)

buEnde = tkinter.Button(fenster, text="Ende", command=ende,
                        width=10, state="disabled")
buEnde.grid(row=4, column=1, padx=5, pady=5)

fenster.mainloop()
```

Listing 10.5 Datei »gui_passwort.py«

Der Parameter `show` des Entry-Widgets erhält den Wert *. Daher wird für jedes eingegebene Zeichen ein Stern angezeigt, wie bei Passwörtern üblich.

Bei Betätigung des Buttons PRÜFEN wird die Funktion `pruefen()` aufgerufen. Die Methode `get()` liefert die Eingabe. Es wird geprüft, ob diese dem richtigen Passwort entspricht.

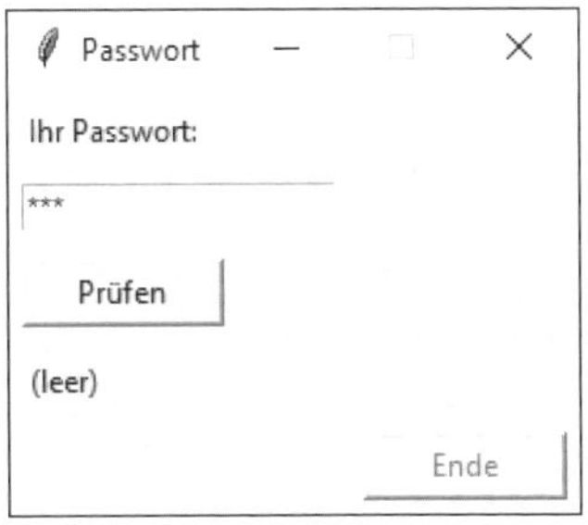

Abbildung 10.7 Versteckte Eingabe, deaktiviertes Widget

Die Methode `delete()` dient zum Löschen der Zeichenkette, die in einem Entry-Widget steht. Der zu löschende Bereich der Zeichenkette beginnt mit dem Index, der im ersten Parameter steht, und endet vor dem Index, der im zweiten Parameter steht. Wird als zweiter Parameter der Wert »end« angegeben, wird bis zum letzten Zeichen einschließlich gelöscht.

Der Button wird mit dem Wert `disabled` für den Parameter `state` erstellt. Damit ist er deaktiviert und kann nicht bedient werden. Weisen Sie der Eigenschaft `state` den Standardwert `normal` zu, wird der Button aktiviert.

10.2.3 Mehrzeiliges Eingabefeld

Ein Text-Widget ist ein mehrzeiliges Eingabefeld und dient zur Eingabe und Darstellung größerer Textmengen. Gegenüber dem Entry-Widget bietet es mehr Möglichkeiten zur Verarbeitung von Daten.

Das Modul `tkinter.scrolledtext` bietet mit dem ScrolledText-Widget eine Weiterentwicklung eines einfachen Text-Widgets. Es ermöglicht mit einem Scrollbalken das vertikale Scrollen des mehrzeiligen Eingabefelds.

Im folgenden Programm kann der Inhalt einer Textdatei in ein ScrolledText-Widget geladen werden. Außerdem kann der Inhalt des ScrolledText-Widgets in einer Textdatei gespeichert werden:

```
import tkinter, tkinter.scrolledtext

def laden():
    txText.delete(1.0, "end")
    try:
        d = open("gui_mehrzeilig.txt")
        txText.insert(1.0, d.read())
```

```
        d.close()
    except:
        txText.insert(1.0, "Datei nicht geöffnet")

def speichern():
    try:
        d = open("gui_mehrzeilig.txt", "w")
        d.write(txText.get(1.0, "end"))
        d.close()
    except:
        txText.insert(1.0, "Datei nicht geöffnet")

def loeschen():
    txText.delete(1.0, "end")

def ende():
    fenster.destroy()

fenster = tkinter.Tk()
fenster.title("Mehrzeilig")
fenster.resizable(0, 0)

lbText = tkinter.Label(fenster, text="Text:")
lbText.grid(row=0, column=0, sticky="w", padx=5, pady=5)

txText = tkinter.scrolledtext.ScrolledText(fenster, width=50, height=4)
txText.grid(row=1, column=0, columnspan=3, padx=5, pady=5)

buLaden = tkinter.Button(
    fenster, text="Aus Datei laden", command=laden, width=15)
buLaden.grid(row=2, column=0, sticky="w", padx=5, pady=5)

buSpeichern = tkinter.Button(
    fenster, text="In Datei speichern", command=speichern, width=15)
buSpeichern.grid(row=2, column=1, padx=5, pady=5)

buLoeschen = tkinter.Button(
    fenster, text="Text löschen", command=loeschen, width=15)
buLoeschen.grid(row=2, column=2, sticky="e", padx=5, pady=5)
```

```
buEnde = tkinter.Button(fenster, text="Ende", command=ende, width=10)
buEnde.grid(row=3, column=3, padx=5, pady=5)

fenster.mainloop()
```

Listing 10.6 Datei »gui_mehrzeilig.py«

Abbildung 10.8 zeigt die Darstellung nach Aufruf des Programms und Betätigung des Buttons Aus Datei laden.

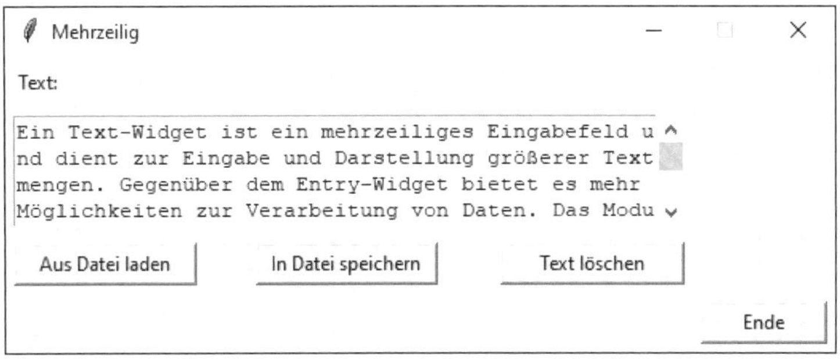

Abbildung 10.8 ScrolledText-Widget mit Inhalt

Die Betätigung des Buttons Text löschen führt zum Löschen der Zeichenkette im ScrolledText-Widget mithilfe der Methode `delete()`. Die Zeichenkette wird hier mithilfe der Parameter 1.0 und »end« vom ersten bis zum letzten Zeichen gelöscht.

Das ScrolledText-Widget erstreckt sich dank des Parameters `columnspan`, der hier den Wert 3 hat, über drei Spalten des Rasters, das mithilfe des Geometrie-Managers *pack* erstellt wird. Die beiden Buttons Aus Datei laden und Text löschen sind mithilfe des Parameters sticky zum linken bzw. rechten Rand ihrer jeweiligen Zelle orientiert.

Nach Betätigung des Buttons Aus Datei laden wird die Funktion `laden()` aufgerufen. Zunächst wird die Zeichenkette im ScrolledText-Widget gelöscht.

Anschließend wird versucht, die Textdatei zu öffnen:

- Gelingt das, wird ihr gesamter Inhalt mithilfe der Methode `read()` gelesen und mithilfe der Methode `insert()` im ScrolledText-Widget eingefügt. Der erste Parameter gibt den Einfügepunkt an. Mit dem Wert 1.0 wird hier wiederum der Beginn des ScrolledText-Widgets gewählt. Beachten Sie, dass die Textdatei, aus der gelesen wird, in ANSI-Kodierung vorliegen muss.
- Gelingt das Öffnen nicht, wird eine Fehlermeldung im ScrolledText-Widget angezeigt.

Nach Betätigung des Buttons In Datei speichern wird die Funktion `speichern()` aufgerufen. Die Textdatei wird zum Schreiben geöffnet. Der Inhalt des ScrolledText-Widgets wird mithilfe der Methode `get()` und der Parameter 1.0 und »end« vom ersten bis zum letzten Zeichen ermittelt und mithilfe der Methode `write()` in die Textdatei geschrieben.

So können Sie eine Textdatei unter Windows mithilfe des Standardeditors in ANSI-Kodierung speichern: Wählen Sie den Menüpunkt Datei • Speichern unter, klappen Sie die Liste Codierung auf, wählen Sie den Eintrag ANSI, und betätigen Sie den Button Speichern, siehe Abbildung 10.9.

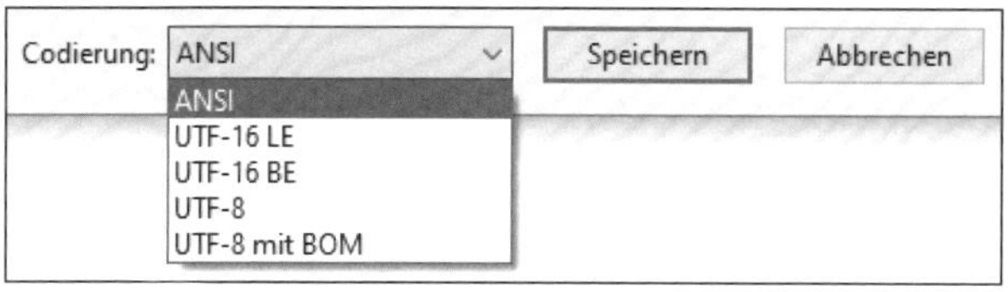

Abbildung 10.9 In ANSI-Kodierung speichern

10.2.4 Listbox mit einfacher Auswahl

Ein Listbox-Widget dient als Auswahlmenü für eine Reihe von Begriffen, aus denen einer oder mehrere ausgewählt werden können.

Im folgenden Programm wird eine Listbox mit insgesamt zehn Einträgen erstellt. Sie ist mit einer Scrollbar verbunden, mit der die Auswahl eines Eintrags erleichtert wird. Listbox und Scrollbar werden in einem Frame-Widget zusammengefasst, das eine gemeinsame Anordnung ermöglicht:

```
import tkinter

def ausgabe():
    lbAusgabe["text"] = liAuswahl.get("active")

def ende():
    fenster.destroy()

fenster = tkinter.Tk()
fenster.title("Einfach")
fenster.resizable(0, 0)

lbAuswahl = tkinter.Label(fenster, text="Ihre Auswahl:")
lbAuswahl.grid(row=0, column=0, sticky="w", padx=5, pady=5)
```

```
frAuswahl = tkinter.Frame(fenster)
frAuswahl.grid(row=1, column=0, padx=5, pady=5)

sbAuswahl = tkinter.Scrollbar(frAuswahl, orient="vertical")
liAuswahl = tkinter.Listbox(frAuswahl, height=4, yscrollcommand=sbAuswahl.set)
sbAuswahl["command"] = liAuswahl.yview

stadt = ["Hamburg", "Stuttgart", "Berlin", "Dortmund", "Trier",
         "Duisburg", "Potsdam", "Halle", "Flensburg", "Augsburg"]
for s in stadt:
    liAuswahl.insert("end", s)
liAuswahl.grid(row=0, column=0)
sbAuswahl.grid(row=0, column=1, sticky="sn")

buAusgabe = tkinter.Button(fenster, text="Ausgabe", command=ausgabe, width=10)
buAusgabe.grid(row=2, column=0, sticky="w", padx=5, pady=5)

lbAusgabe = tkinter.Label(fenster, text="(leer)")
lbAusgabe.grid(row=3, column=0, sticky="w", padx=5, pady=5)

buEnde = tkinter.Button(fenster, text="Ende", command=ende, width=10)
buEnde.grid(row=4, column=2, padx=5, pady=5)

fenster.mainloop()
```

Listing 10.7 Datei »gui_liste.py«

Nach der Auswahl eines Eintrags und der Betätigung des Buttons AUSGABE ergibt sich die in Abbildung 10.10 gezeigte Darstellung.

Abbildung 10.10 Liste mit einfacher Auswahl

Es wird ein Frame-Widget erzeugt und der Variablen `frAuswahl` zugewiesen. Es ist nicht sichtbar und dient nur zur Anordnung anderer Widgets.

Das Scrollbar-Widget wird dem Frame-Widget zugeordnet und der Variablen `sbAuswahl` zugewiesen. Mit dem Wert `vertical` für den Parameter `orient` handelt es sich um einen vertikalen Scrollbalken. Eine Scrollbar kann unterschiedlichen Widget-Typen zugeordnet werden.

Das Listbox-Widget wird ebenfalls dem Frame-Widget zugeordnet und der Variablen `liAuswahl` zugewiesen. Die Listbox hat eine Höhe von 4.

Es sind zwei Maßnahmen notwendig, um die Verbindung zwischen Listbox und Scrollbalken herzustellen:

1. Der Parameter `yscrollcommand` der Listbox erhält den Wert `sbAuswahl.set`.
2. Der Eigenschaft `command` der Scrollbar wird der Wert `liAuswahl.yview` zugewiesen.

Anschließend gilt: Wird der Scrollbalken betätigt, scrollt die Listbox.

Die Methode `insert()` fügt einem Listbox-Widget ein Element hinzu. Mit dem Wert `end` wird eine Einfügeposition am Ende der Liste gewählt. Die Listbox wird mit den zehn Elementen der Liste `stadt` gefüllt.

Für das Listbox-Widget und das Scrollbar-Widget wird die Methode `grid()` aufgerufen. Die Angaben für die Parameter `row` und `column` beziehen sich auf das umgebende Element, also das Frame-Widget. Mit dem Wert `sn` für den Parameter `sticky` wird erreicht, dass sich das Scrollbar-Widget zum oberen und zum unteren Rand des Frame-Widgets erstreckt, also über die gesamte Höhe der Listbox, die wiederum die Höhe des Frame-Widgets bestimmt.

Das Frame-Widget bestimmt die Breite der linken Spalte. Die beiden Label und der Button werden mithilfe des Parameters `sticky` am linken Rand ihrer Zelle angeordnet.

In der Funktion `ausgabe()` wird die Methode `get()` aufgerufen. Sie liefert das Listenelement zur angegebenen Nummer, beginnend bei 0. Mit der Angabe `active` wird das aktuell ausgewählte Element geliefert.

Hinweis

Sie können einer Listbox mithilfe einer Zahl für die Einfügeposition Einträge an beliebiger Stelle einfügen, beginnend bei 0. Ein Beispiel: Würden Sie bei allen Aufrufen der Methode `insert()` den Wert 0 angeben, so würde jedes Element der Liste zu Beginn der Listbox eingefügt werden. Die Einträge würden also in umgekehrter Reihenfolge erscheinen.

10.2.5 Listbox mit mehrfacher Auswahl

In einem Listbox-Widget können auch mehrere Elemente ausgewählt werden. Im nachfolgenden Programmausschnitt werden nur die Unterschiede zum vorherigen Programm gezeigt:

```
...
def ausgabe():
    ausgabe = ""
    for index in liAuswahl.curselection():
        ausgabe += f"{liAuswahl.get(index)}\n"
    lbAusgabe["text"] = ausgabe
...
liAuswahl = tkinter.Listbox(frAuswahl,
    height=4, yscrollcommand=sbAuswahl.set, selectmode="multiple")
...
lbAusgabe = tkinter.Label(fenster, text="(leer)", height=10, anchor="n")
lbAusgabe.grid(row=3, column=0, sticky="w", padx=5, pady=5)
...
```

Listing 10.8 Datei »gui_liste_mehrfach.py«

Nach der Auswahl mehrerer Einträge und der Betätigung des Buttons AUSGABE ergibt sich die in Abbildung 10.11 gezeigte Darstellung.

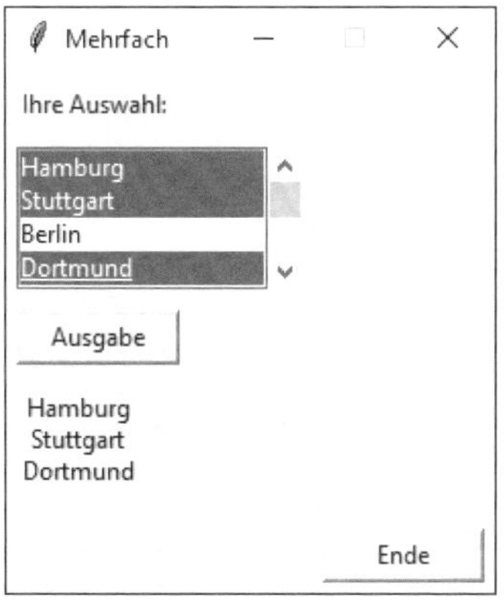

Abbildung 10.11 Liste mit mehrfacher Auswahl

Die Einträge werden zur Auswahl nacheinander angeklickt, ohne die gewohnte Betätigung der Sondertasten [Strg] oder [⇧]. Ein erneuter Klick auf einen ausgewählten Eintrag macht dessen Auswahl wieder rückgängig.

Die Listbox wird zusätzlich mit der Eigenschaft `selectmode` und dem Eigenschaftswert `multiple` versehen. Der Standardwert ist `single` und muss daher beim vorherigen Beispiel nicht angegeben werden.

Die Methode `curselection()` liefert die Indizes der aktuell ausgewählten Einträge in einem Tupel zurück. Die zugehörigen Einträge aus der Listbox werden ausgegeben.

Das Label-Widget hat eine Höhe, die zur Ausgabe aller Elemente ausreichen würde. Mithilfe des Parameters `anchor` wird der Text am oberen Rand des Label-Widgets angeordnet.

10.2.6 Spinbox

Seit Python 3.7 gibt es die Klasse `tkinter.ttk.Spinbox` zur Erzeugung eines Spinbox-Widgets. Es entspricht einer Combobox, also einem Kombinationsfeld, wie es von anderen GUIs bekannt ist.

In einer Spinbox können Sie:

- einen Wert eintragen wie in einem Entry-Widget
- einen Wert aus einem Zahlenbereich auswählen
- einen Eintrag aus einer Liste auswählen

Nachfolgend sehen Sie ein Programm, in dem die genannten Möglichkeiten umgesetzt werden:

```
import tkinter.ttk

def auswahlStadt():
    lbAusgabe["text"] = "Auswahl: " + spStadt.get()

def auswahlZahl():
    lbAusgabe["text"] = "Auswahl: " + spZahl.get()

def ausgabe():
    lbAusgabe["text"] = f"Ausgabe: {spStadt.get()}/{spZahl.get()}"

def ende():
    fenster.destroy()

fenster = tkinter.Tk()
fenster.title("Spinbox")
fenster.resizable(0, 0)
```

```
lbAuswahl = tkinter.Label(fenster, text="Ihre Eingabe oder Auswahl:")
lbAuswahl.grid(row=0, column=0, padx=5, pady=5)

stadt = ["Hamburg", "Stuttgart", "Berlin", "Dortmund", "Trier",
         "Duisburg", "Potsdam", "Halle", "Flensburg", "Augsburg"]
spStadt = tkinter.ttk.Spinbox(fenster, values=stadt, command=auswahlStadt)
spStadt.set("Hamburg")
spStadt.grid(row=1, column=0, sticky="w", padx=5, pady=5)

spZahl = tkinter.ttk.Spinbox(fenster,
    from_=10, to=20, width=15, command=auswahlZahl)
spZahl.set(12)
spZahl.grid(row=2, column=0, sticky="w", padx=5, pady=5)

buAusgabe = tkinter.Button(fenster, text="Ausgabe", command=ausgabe, width=10)
buAusgabe.grid(row=3, column=0, sticky="w", padx=5, pady=5)

lbAusgabe = tkinter.Label(fenster, text="(leer)")
lbAusgabe.grid(row=4, column=0, sticky="w", padx=5, pady=5)

buEnde = tkinter.Button(fenster, text="Ende", command=ende, width=10)
buEnde.grid(row=5, column=3, sticky="w", padx=5, pady=5)

fenster.mainloop()
```

Listing 10.9 Datei »gui_spinbox.py«

Nach der Auswahl eines Eintrags in der oberen Spinbox sieht es so aus wie in Abbildung 10.12.

Abbildung 10.12 Auswahl eines Eintrags in der oberen Spinbox

Nach der Auswahl eines Eintrags in der unteren Spinbox sieht es so aus wie in Abbildung 10.13.

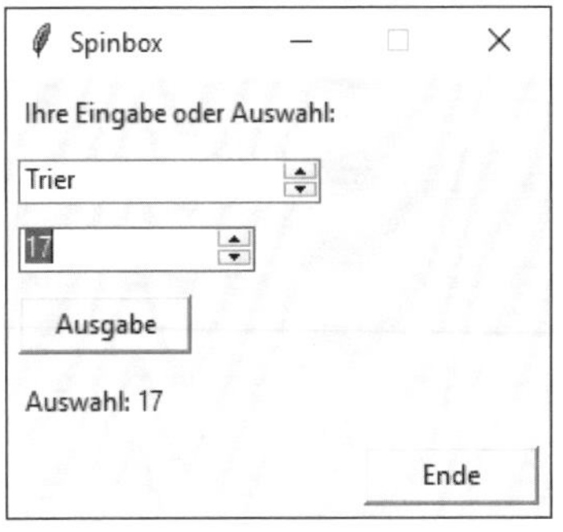

Abbildung 10.13 Auswahl eines Eintrags in der unteren Spinbox

Nach der Eingabe einer Zeichenkette in der oberen Spinbox und einer Zahl in der unteren Spinbox sowie der anschließenden Betätigung des Buttons AUSGABE sieht es aus wie in Abbildung 10.14.

Abbildung 10.14 Eingabe von neuen Einträgen

In der oberen Spinbox `spStadt` werden die Elemente der Liste `stadt` angezeigt. Sie wurden der Spinbox mithilfe des Parameters `values` hinzugefügt. In der unteren Spinbox werden die Zahlen von 10 bis 20 angezeigt. Sie wurden der Spinbox mithilfe der beiden Parameter `from_` und `to` hinzugefügt. Die Methode `set()` dient zum Setzen des Startwerts einer Spinbox.

Eine Spinbox kann mit einer Callback-Funktion verbunden werden. Diese Funktion wird aufgerufen, sobald eine Auswahl in der Spinbox vorgenommen wird. Diese Auswahl wird mithilfe der Methode `get()` ermittelt. Nach einer Eingabe in der Spinbox wird die Callback-Funktion allerdings nicht aufgerufen.

Nach Betätigung des Buttons AUSGABE werden die aktuellen Werte der beiden Spinboxen angezeigt. Das gilt sowohl für ausgewählte als auch für eingegebene Werte.

10.2.7 Radiobutton, Widget-Variable

Radiobuttons ermöglichen eine einfache Auswahl, ähnlich wie eine Listbox mit einfacher Auswahl. Radiobuttons sind einzelne Widgets, die zu einer Gruppe zusammengefügt werden, damit sie gemeinsam reagieren. Dazu müssen sie mit einer Widget-Variablen verbunden werden.

> **Hinweis**
>
> Sie können mehrere Widget-Typen mit Widget-Variablen verbinden. Eine Änderung des Widget-Zustands führt zu einer Änderung des Werts der Widget-Variablen und umgekehrt.

Im folgenden Beispiel kann mithilfe von drei Radiobuttons eine Farbe ausgewählt werden:

```
import tkinter

def auswahl():
    lbAusgabe["text"] = "Auswahl: " + farbe.get()

def ausgabe():
    lbAusgabe["text"] = "Ausgabe: " + farbe.get()

def ende():
    fenster.destroy()

fenster = tkinter.Tk()
fenster.title("Radiobuttons")
fenster.resizable(0, 0)

lbAuswahl = tkinter.Label(fenster, text="Farbe:", anchor="w", width=20)
lbAuswahl.grid(row=0, column=0, sticky="w", padx=5, pady=5)

farbe = tkinter.StringVar()
farbe.set("Rot")

frFarbe = tkinter.Frame(fenster)
```

```
frFarbe.grid(row=1, column=0, padx=5, pady=5)

rbRot = tkinter.Radiobutton(frFarbe, text="Rot", variable=farbe,
    value="Rot", command=auswahl)
rbRot.grid(row=0, column=0, padx=5, pady=5)

rbGelb = tkinter.Radiobutton(frFarbe, text="Gelb", variable=farbe,
    value="Gelb", command=auswahl)
rbGelb.grid(row=0, column=1, padx=5, pady=5)

rbBlau = tkinter.Radiobutton(frFarbe, text="Blau", variable=farbe,
    value="Blau", command=auswahl)
rbBlau.grid(row=0, column=2, padx=5, pady=5)

buAusgabe = tkinter.Button(fenster, text="Ausgabe", command=ausgabe, width=10)
buAusgabe.grid(row=2, column=0, sticky="w", padx=5, pady=5)

lbAusgabe = tkinter.Label(fenster, text="(leer)")
lbAusgabe.grid(row=3, column=0, sticky="w", padx=5, pady=5)

buEnde = tkinter.Button(fenster, text="Ende", command=ende, width=10)
buEnde.grid(row=4, column=1, padx=5, pady=5)

fenster.mainloop()
```

Listing 10.10 Datei »gui_radio.py«

Nach der Auswahl der Option GELB sieht es aus wie in Abbildung 10.15.

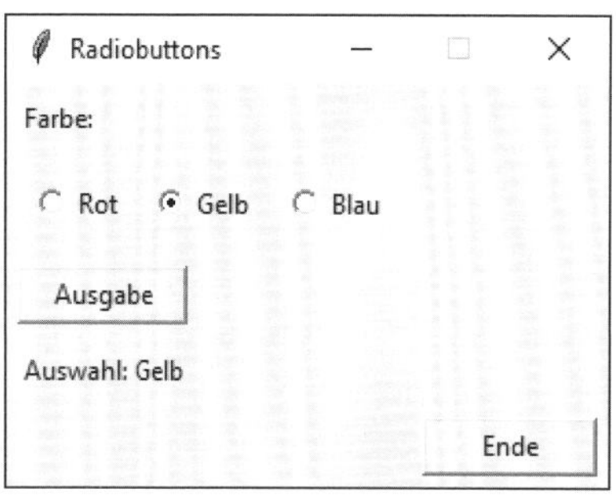

Abbildung 10.15 Gruppe von Radiobuttons

Eine Widget-Variable muss ein Objekt aus einer der folgenden Klassen sein:

- `StringVar` (für Zeichenketten)
- `IntVar` (für ganze Zahlen)
- `DoubleVar` (für Zahlen mit Nachkommastellen)

Hier wird die Widget-Variable `farbe` als Objekt der Klasse `StringVar` erzeugt. Mithilfe der Methode `set()` wird ihr der Startwert `Rot` zugewiesen.

Die drei Radiobuttons werden nebeneinander in ein Frame-Widget eingebettet. Sie besitzen den Wert `farbe` für die Eigenschaft `variable`. Damit sind sie miteinander und mit der Widget-Variablen `farbe` verbunden. Wird ein Radiobutton ausgewählt, wird der Widget-Variablen der zugehörige Wert der Eigenschaft `value` des Radiobuttons zugewiesen.

Die Widget-Variable `farbe` besitzt den Startwert `Rot`. Damit ist der zugehörige Radiobutton zu Beginn des Programms bereits ausgewählt. Eine solche Vorbelegung gehört zum guten Programmierstil und verhindert, dass gar keine Auswahl getroffen wird.

Die Funktion `auswahl()` wird aufgerufen, sobald einer der Radiobuttons ausgewählt wird. Die Funktion `ausgabe()` wird nach der Betätigung des Buttons AUSGABE aufgerufen. In beiden Funktionen wird mithilfe der Methode `get()` der Wert der Widget-Variablen und damit die aktuell getroffene Auswahl ermittelt.

Meist wird in einer Anwendung nur eine der beiden Funktionen benötigt: Entweder möchten Sie, dass durch die Auswahl eines Radiobuttons unmittelbar eine weitere Aktion ausgelöst wird, oder Sie möchten den Zustand der Gruppe von Radiobuttons erst nach der Bedienung aller Elemente einer Anwendung erfahren.

10.2.8 Checkbutton

Checkbuttons ermöglichen eine mehrfache Auswahl, ähnlich wie eine Listbox mit mehrfacher Auswahl. Den Zustand eines Checkbuttons können Sie, wie den Zustand einer Gruppe von Radiobuttons, entweder unmittelbar oder erst nach der Bedienung aller Elemente erfahren.

Nachfolgend wird eine Reservierung für ein Hotelzimmer durchgeführt. Mithilfe von zwei Checkbuttons kann entschieden werden, ob ein Zimmer mit oder ohne Dusche sowie mit oder ohne Minibar gewünscht wird:

```
import tkinter

def auswahl():
    lbAusgabe["text"] = f"Auswahl: {dusche.get()}, {minibar.get()}"
```

```
def ausgabe():
    lbAusgabe["text"] = f"Ausgabe: {dusche.get()}, {minibar.get()}"

def ende():
    fenster.destroy()

fenster = tkinter.Tk()
fenster.title("Checkbuttons")
fenster.resizable(0, 0)

lbAuswahl = tkinter.Label(fenster, text="Zimmer:", anchor="w", width=30)
lbAuswahl.grid(row=0, column=0, padx=5, pady=5)

dusche = tkinter.StringVar()
dusche.set("ohne Dusche")

minibar = tkinter.StringVar()
minibar.set("ohne Minibar")

ckDusche = tkinter.Checkbutton(fenster, text="Dusche", variable=dusche,
    onvalue="mit Dusche", offvalue="ohne Dusche", command=auswahl)
ckDusche.grid(row=1, column=0, sticky="w", padx=5, pady=5)

ckMinibar = tkinter.Checkbutton(fenster, text="Minibar", variable=minibar,
    onvalue="mit Minibar", offvalue="ohne Minibar", command=auswahl)
ckMinibar.grid(row=2, column=0, sticky="w", padx=5, pady=5)

buAusgabe = tkinter.Button(fenster, text="Ausgabe",
    command=ausgabe, width=10)
buAusgabe.grid(row=3, column=0, sticky="w", padx=5, pady=5)

lbAusgabe = tkinter.Label(fenster, text="(leer)")
lbAusgabe.grid(row=4, column=0, sticky="w", padx=5, pady=5)

buEnde = tkinter.Button(fenster, text="Ende", command=ende, width=10)
buEnde.grid(row=5, column=2, padx=5, pady=5)

fenster.mainloop()
```

Listing 10.11 Datei »gui_check.py«

Nach der Auswahl von beiden Zusatzoptionen sieht es so aus wie in Abbildung 10.16.

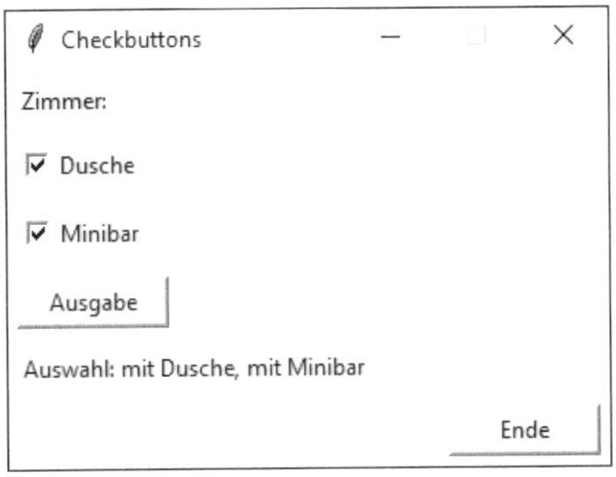

Abbildung 10.16 Nach der Auswahl beider Optionen

Die beiden Widget-Variablen `dusche` und `minibar` erhalten mithilfe der Methode `set()` die Startwerte »ohne Dusche« und »ohne Minibar«.

Die beiden Checkbuttons sind jeweils über die Eigenschaft `variable` mit der zugehörigen Variablen verbunden. Die beiden Eigenschaften `onvalue` und `offvalue` repräsentieren die beiden Zustände »Checkbutton ist markiert« bzw. »Checkbutton ist nicht markiert«.

Die Funktion `auswahl()` wird aufgerufen, sobald die Markierung eines Checkbuttons gesetzt oder entfernt wird. Die Funktion `ausgabe()` wird nach der Betätigung des Buttons AUSGABE aufgerufen. In beiden Funktionen wird mithilfe der Methode `get()` der Wert der beiden Widget-Variablen und damit die aktuell getroffene Auswahl ermittelt.

10.2.9 Schieberegler, Scale

Ein Scale-Widget entspricht einem Schieberegler, also der visuellen Anzeige eines Werts, der mithilfe der Maus verändert werden kann.

Im folgenden Beispiel wird ein Geschwindigkeitsmesser simuliert. Es können Geschwindigkeiten zwischen 0 und 200 km/h in Schritten von 5 km/h angezeigt und eingestellt werden. Der eingestellte Wert wird zusätzlich in einem Label angezeigt:

```
import tkinter

def aktion(self):
    lbWert["text"] = f"Aktion: {scWert.get()} km/h"

def ausgabe():
    lbWert["text"] = f"Ausgabe: {scWert.get()} km/h"
```

```
def ende():
    fenster.destroy()

fenster = tkinter.Tk()
fenster.title("Scale")
fenster.resizable(0, 0)

wert = tkinter.IntVar()
wert.set(100)

scWert = tkinter.Scale(fenster, length=300, orient="horizontal",
    from_=0, to=200, resolution=5, tickinterval=20, label="km/h",
    command=aktion, variable=wert)
scWert.grid(row=0, column=0, padx=5, pady=5)

buAusgabe = tkinter.Button(fenster, text="Ausgabe", command=ausgabe, width=10)
buAusgabe.grid(row=1, column=0, sticky="w", padx=5, pady=5)

lbWert = tkinter.Label(fenster, text="Start: 100 km/h")
lbWert.grid(row=2, column=0, sticky="w", padx=5, pady=5)

buEnde = tkinter.Button(fenster, text="Ende", command=ende, width=10)
buEnde.grid(row=3, column=1, padx=5, pady=5)

fenster.mainloop()
```

Listing 10.12 Datei »gui_scale.py«

Nach der Betätigung des Schiebereglers sieht es so aus wie in Abbildung 10.17.

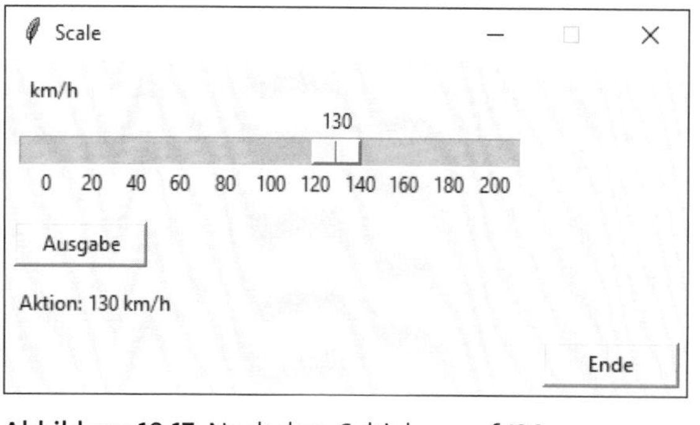

Abbildung 10.17 Nach dem Schieben auf 130

Die Widget-Variable wert wird mit dem Wert 100 vorbelegt.

Das Scale-Widget wird mithilfe der Eigenschaft orient horizontal ausgerichtet, besitzt dank der Eigenschaft label ein Bezeichnungsfeld mit dem Wert »km/h« und erhält über die Eigenschaft length eine Länge von 300. Es zeigt dank der Eigenschaften from_ und to Werte von 0 bis 200 an.

Der Wert für die Eigenschaft resolution (deutsch: Auflösung) kennzeichnet die Schrittweite beim Schieben. Mithilfe der Eigenschaft tickinterval wird der Abstand der angezeigten Werte festgelegt. Über die Eigenschaft variable ist der Schieberegler mit der Widget-Variablen wert verbunden.

Beim Betätigen des Schiebereglers wird die Funktion aktion() aufgerufen, nach der Betätigung des Buttons AUSGABE die Funktion ausgabe(). In beiden Funktionen wird mithilfe der Methode get() der aktuelle Wert des Schiebereglers ermittelt und angezeigt.

10.3 Bilder und Mausereignisse

In diesem Abschnitt erläutere ich, wie mit Bildern und Mausereignissen im Anwendungsfenster gearbeitet werden kann.

10.3.1 Bild einbetten und ändern

Auf einem Label kann der Inhalt einer Bilddatei dargestellt werden. Dazu wird ein Objekt der Klasse PhotoImage benötigt. Die Eigenschaften eines solchen Objekts können ermittelt und verändert werden.

Im nachfolgenden Beispiel werden die Breite und die Höhe eines Bilds ermittelt. Außerdem werden die Farbe und die Transparenz von einzelnen Bildpunkten ermittelt und geändert:

```
import tkinter

def schrift():
    for x in range(5, 94):
        for y in range(69, 80):
            imBild.put("#00549D", (x, y))

def transparent():
    for x in range(5, 94):
```

```
        for y in range(38, 46):
            imBild.transparency_set(x, y, True)
    if imBild.transparency_get(50, 40):
        print("Punkt ist transparent")

def ende():
    fenster.destroy()

fenster = tkinter.Tk()
fenster.title("Bild")
fenster.resizable(0, 0)

imBild = tkinter.PhotoImage(file="rheinwerk.png")
lbBild = tkinter.Label(fenster)
lbBild["image"] = imBild
lbBild.grid(row=0, column=0, padx=5, pady=5)

print("Breite:", imBild.width())
print("Höhe:", imBild.height())
print("Farbe x,y:", imBild.get(0, 0))
if not imBild.transparency_get(50, 40):
    print("Punkt ist nicht transparent")

buSchrift = tkinter.Button(fenster,
    text="Schrift blau", command=schrift, width=20)
buSchrift.grid(row=1, column=0, padx=5, pady=5)

buTransparent = tkinter.Button(fenster,
    text="Bereich transparent", command=transparent, width=20)
buTransparent.grid(row=2, column=0, padx=5, pady=5)

buEnde = tkinter.Button(fenster, text="Ende", command=ende, width=10)
buEnde.grid(row=3, column=1, padx=5, pady=5)

fenster.mainloop()
```

Listing 10.13 Datei »gui_bild.py«

Nach dem Aufruf des Programms sieht es aus wie in Abbildung 10.18.

Abbildung 10.18 Nach dem Aufruf des Programms

Nach der Betätigung des Buttons SCHRIFT IN BLAU wird der Schriftzug gelöscht, indem die Bildpunkte in diesem Bereich in Blau umgefärbt werden, siehe Abbildung 10.19.

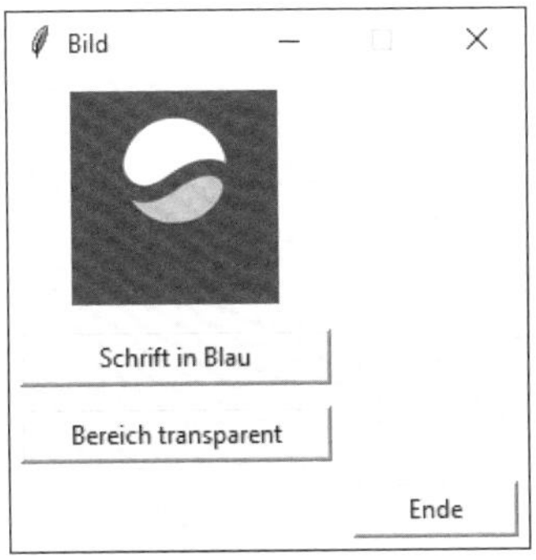

Abbildung 10.19 Nach dem Löschen des Schriftzugs

Nach der Betätigung des Buttons BEREICH TRANSPARENT werden die Bildpunkte in einem Bereich transparent, siehe Abbildung 10.20.

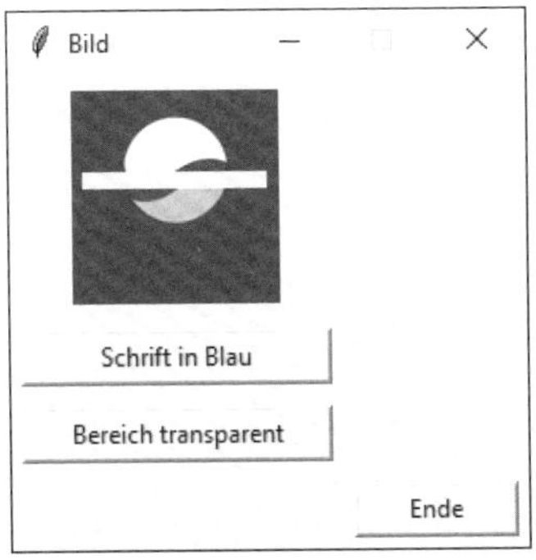

Abbildung 10.20 Nach dem Ändern der Transparenz

Zusätzlich erscheinen in der IDLE SHELL einige Informationen:

```
Breite: 100
Höhe: 100
Farbe x,y: (0, 84, 157)
Punkt ist nicht transparent
```

Das Bildobjekt wird als Objekt der Klasse `PhotoImage` in die Anwendung übernommen. Der Parameter `file` enthält den Namen der Bilddatei, deren Inhalt dargestellt wird. Die Darstellung erfolgt in einem Label. Dessen Eigenschaft `image` wird die Referenz auf das Bildobjekt zugewiesen.

Die Methoden `width()` und `height()` liefern die Breite und die Höhe des Bilds in Pixeln, die Methode `get()` die Farbe des angegebenen Bildpunkts als Tupel aus drei Werten zwischen 0 und 255 für die Farbanteile Rot, Grün und Blau des RGB-Farbmodells. Als Parameter werden die beiden Koordinaten (`x` und `y`) des Bildpunkts übergeben. Die Koordinaten 0, 0 befinden sich oben links.

Seit Python 3.8 gibt es die Methode `transparency_get()`. Sie liefert die Information, ob der betreffende Bildpunkt transparent ist.

Nach der Betätigung des Buttons SCHRIFT IN BLAU wird in der Funktion `schrift()` für alle Bildpunkte eines Bereichs die Methode `put()` aufgerufen. Sie dient zum Setzen der Farbe des Bildpunkts. Als erster Parameter wird die neue Farbe mithilfe einer HTML-Farbangabe im Format `#RRGGBB` notiert.

Dabei folgen nach dem Zeichen # jeweils zwei hexadezimale Ziffern für die Farbanteile Rot, Grün und Blau. Als zweiter Parameter folgt ein Tupel mit den beiden Koordinaten für `x` und `y`. Hexadezimale Ziffern sind (in aufsteigender Reihenfolge): 0, 1, 2, 3, 4, 5, 6, 7, 8, 9, A (entspricht dem Dezimalwert 10), B (= 11), C (= 12), D (= 13), E (= 14), F (= 15), siehe auch Abschnitt 4.1.1.

Im vorliegenden Beispiel wird mithilfe einer doppelten Schleife ein Streifen von Bildpunkten in der Farbe `#00549D` eingefärbt, dem Standard-Dunkelblau des Rheinwerk-Logos. Der Wert entspricht in dezimaler Form der Angabe 0, 84, 157. Anschließend ist der Schriftzug »Rheinwerk« nicht mehr sichtbar.

Nach der Betätigung des Buttons BEREICH TRANSPARENT wird in der Funktion `transparent()` die Methode `transparency_set()` aufgerufen, die es ebenfalls seit Python 3.8 gibt. Sie dient zum Setzen der Transparenz eines Bildpunkts. Die ersten beiden Parameter kennzeichnen die beiden Koordinaten für `x` und `y`. Der dritte Parameter gibt an, ob der Punkt transparent sein soll (`True`) oder nicht (`False`). Im vorliegenden Beispiel wird wiederum ein Streifen von Bildpunkten, der mitten im Bild liegt, transparent gemacht. Für einen Bildpunkt in diesem Streifen wird die entsprechende Information ausgegeben.

10.3.2 Mausereignisse

Die Widgets, die in den bisherigen Programmen zu Aktionen geführt haben, enthalten die Eigenschaft command. Über diese Eigenschaft wird das Widget mit einer Funktion verbunden, die nach dem meistgenutzten Ereignis des betreffenden Widgets aufgerufen wird. Häufig handelt es sich dabei um das Klickereignis.

Sie können Widgets auch mit anderen Mausereignissen verbinden. In der nachfolgenden Liste sehen Sie einige dieser Ereignisse. In Klammern dahinter steht die zugehörige Bezeichnung, wie sie für Ihr Programm benötigt wird:

- Herunterdrücken der linken oder rechten Maustaste (<Button1> bzw. <Button3>)
- Loslassen der linken oder rechten Maustaste (<ButtonRelease 1> bzw. <ButtonRelease 3>)
- Bewegung der Maus in ein Widget hinein (<Enter>)
- Bewegung der Maus innerhalb eines Widgets (Ereignis <Motion>)
- Bewegung der Maus aus einem Widget heraus (<Leave>)

10

Nachfolgend werden die genannten Möglichkeiten vorgeführt:

```
import tkinter

def bewegt(e):
    lbAusgabe["text"] = f"x={e.x}, y={e.y}"

def links(e):
    lbAusgabe["text"] = "Links gedrückt"

def linkslos(e):
    lbAusgabe["text"] = "Links losgelassen"

def rechts(e):
    lbAusgabe["text"] = "Rechts gedrückt"

def rechtslos(e):
    lbAusgabe["text"] = "Rechts losgelassen"

def verlassen(e):
    lbAusgabe["text"] = "Verlassen"

def betreten(e):
    lbAusgabe["text"] = "Betreten"
```

```
def ende():
    fenster.destroy()

fenster = tkinter.Tk()
fenster.title("Maus")
fenster.resizable(0, 0)

imBild = tkinter.PhotoImage(file="rheinwerk.png")
lbBild = tkinter.Label(fenster, image=imBild)
lbBild.bind("<Motion>", bewegt)
lbBild.bind("<Button 1>", links)
lbBild.bind("<ButtonRelease 1>", linkslos)
lbBild.bind("<Button 3>", rechts)
lbBild.bind("<ButtonRelease 3>", rechtslos)
lbBild.bind("<Leave>", verlassen)
lbBild.grid(row=0, column=0, padx=5, pady=5)

lbAusgabe = tkinter.Label(fenster, text="(leer)")
lbAusgabe.grid(row=1, column=0, sticky="w", padx=5, pady=5)

buEnde = tkinter.Button(fenster, text="Ende", command=ende, width=10)
buEnde.grid(row=2, column=1, padx=5, pady=5)
buEnde.bind("<Enter>", betreten)

fenster.mainloop()
```

Listing 10.14 Datei »gui_maus.py«

In Abbildung 10.21 befindet sich die Maus im Label mit dem Bild.

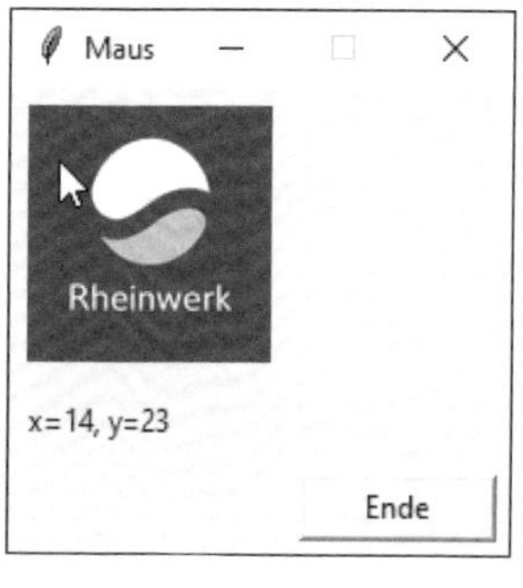

Abbildung 10.21 Maus im Bereich links oben

Wird die rechte Maustaste im Widget losgelassen, sieht es aus wie in Abbildung 10.22.

Abbildung 10.22 Rechte Maustaste losgelassen

Es werden insgesamt sieben Funktionen definiert, die mit bestimmten Ereignissen und Widgets verbunden sind. Hier ist das Ereignis »Enter« mit dem Button ENDE verbunden, die übrigen Ereignisse mit dem Label, in dem ein Bild dargestellt wird. In einem weiteren Label werden Informationen zu dem jeweiligen Ereignis angezeigt.

Zur Verbindung dient die Methode `bind()`. Der erste Parameter der Methode ist eine Zeichenkette mit dem Namen des Ereignisses. Der zweite Parameter ist der Name der Funktion, die aufgerufen wird, wenn das Ereignis eintritt.

Jede Ereignisfunktion übermittelt Informationen über das Ereignis mithilfe eines Event-Objekts (hier: `e`). Bei einem Mausereignis sind dabei die Objekteigenschaften `x` und `y` interessant. Sie liefern die aktuellen Koordinaten des Mauszeigers innerhalb des Widgets.

Unterschiede unter macOS
Unter macOS wird die rechte Maustaste anders abgefangen.

10.4 Geometrie-Manager »place«

Der Geometrie-Manager *place* ermöglicht die Anordnung von Widgets über Koordinaten. Die Größe des Anwendungsfensters richtet sich in diesem Fall nicht nach den enthaltenen Widgets und muss daher eingestellt werden.

10.4.1 Fenstergröße und absolute Position

Im nachfolgenden Beispiel wird die GUI aus Abschnitt 10.1.2 mithilfe des Geometrie-Managers *place* erstellt:

```
import tkinter

def hallo():
    lbAusgabe["text"] = "Hallo"

def ende():
    fenster.destroy()

fenster = tkinter.Tk()
fenster.title("GUI")
fenster.geometry("245x105+200+50")
fenster.resizable(0, 0)

buHallo = tkinter.Button(fenster, text="Hallo", command=hallo, width=10)
buHallo.place(x=5, y=5)

lbAusgabe = tkinter.Label(fenster, text="(leer)",
    anchor="w", relief="sunken", width=20)
lbAusgabe.place(x=5, y=40)

buEnde = tkinter.Button(fenster, text="Ende", command=ende, width=10)
buEnde.place(x=160, y=75)

fenster.mainloop()
```

Listing 10.15 Datei »gui_place.py«

Die Anwendung sieht nach der Betätigung des Buttons HALLO so aus wie in Abbildung 10.23.

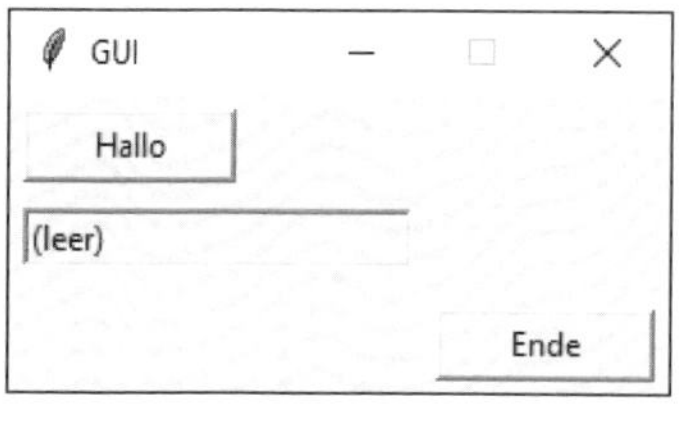

Abbildung 10.23 Fenstergröße und absolute Position

Mithilfe der Methode geometry() können Sie die Größe und die Position des Anwendungsfensters festlegen. Die ersten beiden Zahlen werden mit dem Zeichen »x« verbunden und geben die Breite und die Höhe des Fensters an. Die nächsten beiden Zahlen folgen jeweils nach dem Zeichen »+« und geben den Abstand der linken oberen Ecke des Fensters zur linken oberen Ecke des Bildschirms an. Geben Sie nur die Größe an, zum Beispiel mit fenster.geometry("245x105"), ist der Ort beliebig.

Beim Aufruf der Methode place() müssen Werte für die benannten Parameter x und y übergeben werden. Sie bestimmen den Abstand der linken oberen Ecke des Widgets zur linken oberen Ecke des Bereichs des Anwendungsfensters unterhalb der Titelzeile.

Da die Größe des Anwendungsfensters sich nicht nach den enthaltenen Widgets richtet, werden seine endgültige Größe und die Position der Widgets meist erst nach mehrfachem Ausprobieren erreicht.

10.4.2 Relative Position

Mit dem Geometrie-Manager *place* kann die Position eines Widgets auch in Relation zur Größe des Anwendungsfensters gewählt werden. Das hat Vorteile, falls diese veränderbar ist.

Im nachfolgenden Beispiel werden insgesamt neun Buttons mit den Aufschriften 1 bis 9 in den Ecken oder in der Mitte der Seiten des Anwendungsfensters positioniert. Die Buttons sind nicht mit einer Aktion verbunden und dienen nur als Beispiele für beliebige Widgets. Das Fenster kann innerhalb definierter Werte vergrößert oder verkleinert werden:

```
import tkinter

fenster = tkinter.Tk()
fenster.title("GUI")
fenster.geometry("300x225")
fenster.minsize(200, 150)
fenster.maxsize(400, 300)

bu1 = tkinter.Button(fenster, text="1", width=5)
bu1.place(relx=0.05, rely=0.05)

bu2 = tkinter.Button(fenster, text="2", width=5)
bu2.place(relx=0.5, rely=0.05, anchor="n")

bu3 = tkinter.Button(fenster, text="3", width=5)
```

```
bu3.place(relx=0.95, rely=0.05, anchor="ne")

bu4 = tkinter.Button(fenster, text="4", width=5)
bu4.place(relx=0.05, rely=0.5, anchor="w")

bu5 = tkinter.Button(fenster, text="5", width=5)
bu5.place(relx=0.5, rely=0.5, anchor="center")

bu6 = tkinter.Button(fenster, text="6", width=5)
bu6.place(relx=0.95, rely=0.5, anchor="e")

bu7 = tkinter.Button(fenster, text="7", width=5)
bu7.place(relx=0.05, rely=0.95, anchor="sw")

bu8 = tkinter.Button(fenster, text="8", width=5)
bu8.place(relx=0.5, rely=0.95, anchor="s")

bu9 = tkinter.Button(fenster, text="9", width=5)
bu9.place(relx=0.95, rely=0.95, anchor="se")

fenster.mainloop()
```

Listing 10.16 Datei »gui_relativ.py«

Nach dem Start des Programms sieht es aus wie in Abbildung 10.24.

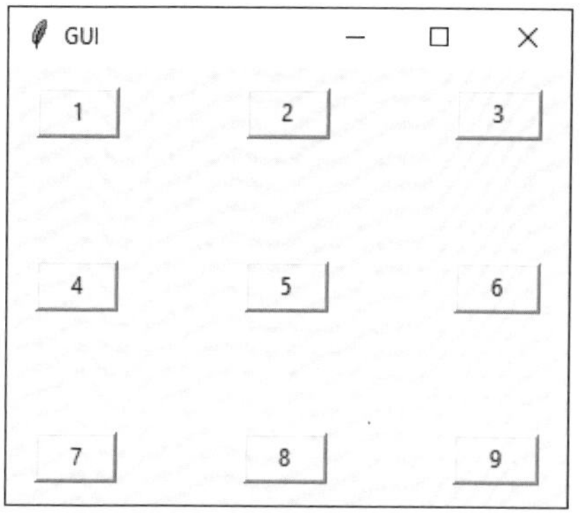

Abbildung 10.24 Relative Position nach dem Start

Das Fenster sieht in der kleinstmöglichen Größe aus wie in Abbildung 10.25.

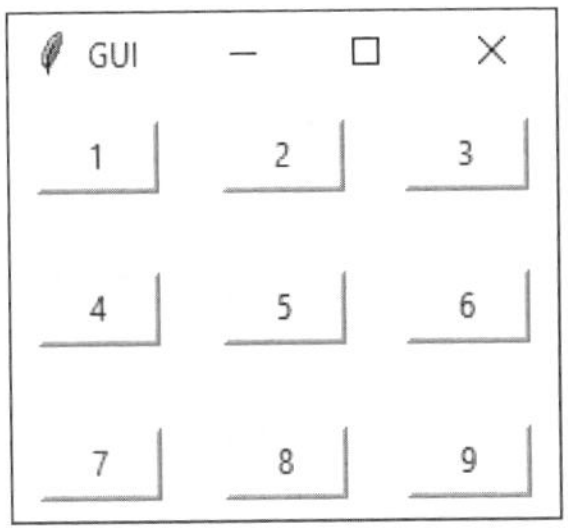

Abbildung 10.25 Relative Position nach Verkleinerung

Die Methoden `minsize()` und `maxsize()` dienen zur Festlegung der minimalen bzw. maximalen Größe des Anwendungsfensters.

Für die beiden Parameter `relx` und `rely` können Werte zwischen 0 (ganz links bzw. ganz oben) und 1 (ganz rechts bzw. ganz unten) gewählt werden. Ohne Angabe des Parameters `anchor` wird als Bezugspunkt für die relative Position die linke obere Ecke des Widgets gewählt. Weitere Bezugspunkte sind zum Beispiel:

- `n`: Mitte der oberen Seite des Widgets
- `ne`: obere rechte Ecke des Widgets
- `e`: Mitte der rechten Seite des Widgets
- `se`: untere rechte Ecke des Widgets
- `s`: Mitte der unteren Seite des Widgets
- `sw`: untere linke Ecke des Widgets
- `w`: Mitte der linken Seite des Widgets
- `center`: Zentrum des Widgets

10.4.3 Position ändern

Ein Aufruf eines der Geometrie-Manager zur Laufzeit der Anwendung ermöglicht die Änderung der Position eines Widgets.

Im nachfolgenden Beispiel kann ein Widget mithilfe von zwei Buttons und der Methode `place()` nach links oder rechts verschoben werden:

```
import tkinter, time

posx = 205

def links():
```

```
    global posx
    if posx > 80:
        posx -= 20
        buVerschieben.place(x=posx, y=5)

def rechts():
    global posx
    if posx < 340:
        posx += 20
        buVerschieben.place(x=posx, y=5)

fenster = tkinter.Tk()
fenster.title("Verschieben")
fenster.geometry("455x35")
fenster.resizable(0, 0)

buLinks = tkinter.Button(fenster, text="<<", command=links, width=5)
buLinks.place(x=5, y=5)

buVerschieben = tkinter.Button(fenster, text="xxx", width=5)
buVerschieben.place(x=205, y=5)

buRechts = tkinter.Button(fenster, text=">>", command=rechts, width=5)
buRechts.place(x=405, y=5)

fenster.mainloop()
```

Listing 10.17 Datei »gui_verschieben.py«

Nach mehrmaliger Betätigung des Buttons >> sieht es aus wie in Abbildung 10.26.

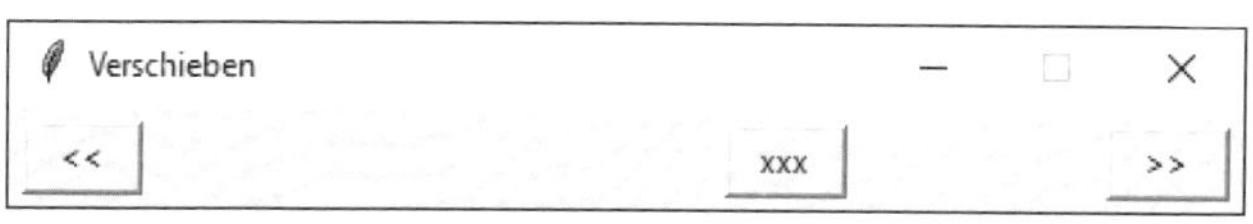

Abbildung 10.26 Position ändern

Die Variable posx dient zur Speicherung der aktuellen Position des Widgets mit der Aufschrift xxx in x-Richtung. Zu Beginn wird die Startposition 205 gespeichert.

Die Betätigung der beiden Buttons führt zu den Funktionen links() bzw. rechts(). Hier wird zunächst die Variable posx als global übernommen. Es wird geprüft, ob sich das

Widget bereits ganz links bzw. ganz rechts befindet. Ist das nicht der Fall, wird der Wert der Variablen `posx` geändert. Anschließend wird das Widget mithilfe der Methode `place()` auf die entsprechende Position gesetzt, die sich ein Stück weiter links bzw. rechts von der aktuellen Position befindet.

10.5 Menüs und Dialogfelder

In diesem Abschnitt stelle ich Menüs, Standard-Dialogfelder und eigene Dialogfelder vor. Viele GUIs verfügen zur Bedienung neben den Widgets innerhalb des Anwendungsfenster über:

- eine Menüleiste, die permanent am oberen Rand sichtbar ist
- Kontextmenüs, die einzelnen Widgets zugeordnet sind und nur bei Bedarf eingeblendet werden

In Python stehen zu diesem Zweck `Menu`-Widgets zur Verfügung.

10.5.1 Menüleisten

Die Erzeugung einer Menüleiste mit einzelnen Menüs und darin enthaltenen Menübefehlen erfordert grundsätzlich die folgenden Schritte:

- Erzeugung eines Objekts der Klasse `Menu` als Menüleiste
- Erzeugung weiterer Objekte der Klasse `Menu` als einzelne Menüs innerhalb der Menüleiste
- Erzeugung der Menüpunkte innerhalb eines Menüs
- Hinzufügen der Menüs zur Menüleiste und Bezeichnen der Menüs
- Hinzufügen der Menüleiste zum Fenster

Das folgende Programm enthält eine Menüleiste mit zwei Menüs, die jeweils mehrere Menüpunkte unterschiedlichen Typs enthalten:

```
import tkinter

def farbwechsel():
    lbHallo["bg"] = farbe.get()

def randwechsel():
    lbHallo["relief"] = rand.get()
```

```
def ende():
    fenster.destroy()

fenster = tkinter.Tk()
fenster.title("Menü")
fenster.resizable(0, 0)

lbHallo = tkinter.Label(fenster, text="Hallo", width=30, bg="#FAAC58")
lbHallo.grid(row=0, column=0, padx=20, pady=40)

mLeiste = tkinter.Menu(fenster)

mDatei = tkinter.Menu(mLeiste)
mDatei.add_command(label="Neu")
mDatei.add_command(label="Öffnen")
mDatei.add_separator()
mDatei.add_command(label="Beenden", command=ende)

mAnsicht = tkinter.Menu(mLeiste)
mAnsicht["tearoff"] = 0

farbe = tkinter.StringVar()
farbe.set("#FAAC58")
mAnsicht.add_radiobutton(label="Braun", variable=farbe,
   value="#FAAC58", underline=0, command=farbwechsel)
mAnsicht.add_radiobutton(label="Grün", variable=farbe,
   value="#ACFA58", underline=0, command=farbwechsel)
mAnsicht.add_separator()

rand = tkinter.StringVar()
rand.set("flat")
mAnsicht.add_checkbutton(label="Rand", variable=rand,
    onvalue="solid", offvalue="flat", underline=0, command=randwechsel)

mLeiste.add_cascade(label="Datei", menu=mDatei)
mLeiste.add_cascade(label="Ansicht", menu=mAnsicht)
fenster["menu"] = mLeiste

fenster.mainloop()
```

Listing 10.18 Datei »gui_menu.py«

Das Menü DATEI sieht aus wie in Abbildung 10.27. Nur der Menüpunkt BEENDEN ist mit einer Funktion belegt, die anderen Menüpunkte dienen ausschließlich der Darstellung.

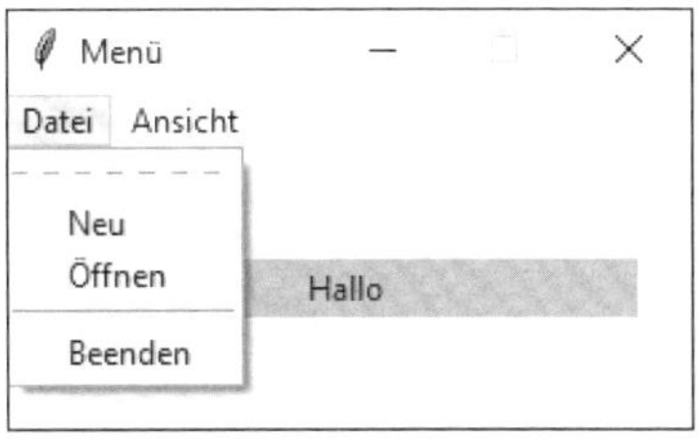

Abbildung 10.27 Menü »Datei«

Das Menü ANSICHT sieht aus wie in Abbildung 10.28. Die Betätigung eines der beiden Menüpunkte führt zu einer Änderung der Hintergrundfarbe bzw. des Rands des Labels.

Oberhalb jedes Menüs wird standardmäßig eine gestrichelte Linie angezeigt, wie im Menü DATEI. Ein Klick auf diese Linie bewirkt die Auslagerung (*Tear-off*) des betreffenden Menüs als eigenständiges Fenster. Beim Menü ANSICHT wird diese Möglichkeit unterdrückt.

Das Label erhält über die Eigenschaft `bg` (kurz für *background*) die Hintergrundfarbe `#FAAC58` für Hellbraun.

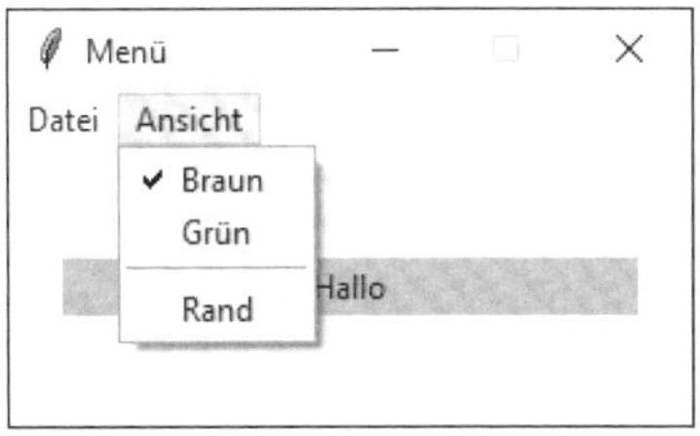

Abbildung 10.28 Menü »Ansicht«

Anschließend wird ein Objekt der Klasse `Menu` als Menüleiste für das Fenster erzeugt. Über die Variable `mLeiste` kann darauf zugegriffen werden. Innerhalb der Menüleiste wird das Menü DATEI erzeugt, auf das über die Variable `mDatei` zugegriffen werden kann.

Die Methode `add_command()` erstellt einen Standard-Menüpunkt, der zur Ausführung eines Befehls führt. Die Eigenschaft `label` dient der sichtbaren Darstellung des Menüpunkts. Die Methode `add_separator()` erzeugt eine optische Trennlinie zwischen thematisch getrennten Menüpunkten.

Innerhalb der Menüleiste wird das zweite Menü mit dem Namen ANSICHT erzeugt, auf das über die Variable mAnsicht zugegriffen werden kann. Die Eigenschaft tearoff wird mit 0 belegt, damit das Menü nicht abgetrennt werden kann.

Es wird die Widget-Variable farbe für die Auswahl der Hintergrundfarbe des Labels erstellt, mit dem passenden Startwert #FAAC58.

Mithilfe der Methode add_radiobutton() werden zwei Menüpunkte als zusammengehörige Gruppe erzeugt, die ähnlich wie Radiobuttons im Anwendungsfenster reagieren. Über den Parameter variable wird die gemeinsame Verbindung zur Widget-Variablen farbe erstellt. Der Wert der Eigenschaft value steht für die jeweilige Farbe. Nach Betätigung eines der Menüpunkte wird die Funktion farbwechsel() aufgerufen, in der der aktuell ausgewählte Farbwert mithilfe der Methode get() ermittelt und zur Einstellung der Hintergrundfarbe genutzt wird.

Die Eigenschaft underline legt den Index des unterstrichenen Buchstabens eines Menüpunkts fest. Nach Auswahl des Menüs mithilfe der Taste [Alt] genügt die Eingabe des entsprechenden Buchstabens zur Auswahl des Menüpunkts.

Es wird die Widget-Variable rand für die Auswahl des Rands des Labels erstellt, mit dem passenden Startwert flat.

Mithilfe der Methode add_checkbutton() wird ein Menüpunkt erzeugt, der ähnlich wie ein Checkbutton im Anwendungsfenster reagiert. Über den Parameter variable wird die Verbindung zur Widget-Variablen rand erstellt. Die Werte der beiden Eigenschaften onvalue und offvalue stehen für die jeweilige Einstellung des Rands. Nach Betätigung des Menüpunkts wird die Funktion randwechsel() aufgerufen, in der mithilfe der Methode get() ermittelt wird, ob der Menüpunkt ausgewählt ist oder nicht. Entsprechend wird der Rand eingestellt.

Die beiden zuvor erstellten Menüs DATEI und ANSICHT werden der Menüleiste mithilfe der Methode add_cascade() hinzugefügt. Die Eigenschaft menu enthält eine Referenz auf das jeweilige Menü-Objekt. Die Menüleiste wird dem Anwendungsfenster ebenfalls über die Eigenschaft menu hinzugefügt.

Unterschied unter macOS

Die Menüs erscheinen, wie beim Mac üblich, in der Mac-Menüleiste.

10.5.2 Kontextmenüs

Ein Kontextmenü erzeugen Sie auf ähnliche Weise wie eine Menüleiste. Folgende Schritte sind erforderlich:

- Erzeugung eines Objekts der Klasse `Menu` als Kontextmenü
- Erzeugung der Menüpunkte innerhalb des Kontextmenüs
- Verbindung eines Ereignisses mit einem Widget, meist: Herunterdrücken der rechten Maustaste
- als Folge dieses Ereignisses: Darstellung des Kontextmenüs in der Nähe des betreffenden Widgets

Im nachfolgenden Programm kann die Hintergrundfarbe eines Labels über ein Kontextmenü geändert werden:

```
import tkinter

def zeigeKontext(e):
    mKontext.tk_popup(e.x_root, e.y_root)

def farbwechsel():
    lbHallo["bg"] = farbe.get()

def ende():
    fenster.destroy()

fenster = tkinter.Tk()
fenster.title("Kontextmenü")
fenster.resizable(0, 0)

lbHallo = tkinter.Label(fenster, text="Hallo", width=20, bg="#FAAC58")
lbHallo.bind("<Button 3>", zeigeKontext)
lbHallo.grid(row=0, column=0, padx=20, pady=40)

farbe = tkinter.StringVar()
farbe.set("#FAAC58")

mKontext = tkinter.Menu(fenster)
mKontext["tearoff"] = 0
mKontext.add_radiobutton(label="Braun", variable=farbe,
   value="#FAAC58", command=farbwechsel)
```

```
mKontext.add_radiobutton(label="Grün", variable=farbe,
   value="#ACFA58", command=farbwechsel)

buEnde = tkinter.Button(fenster, text="Ende", command=ende, width=10)
buEnde.grid(row=0, column=1, padx=20, pady=20)

fenster.mainloop()
```

Listing 10.19 Datei »gui_kontext.py«

Nach Betätigung der rechten Maustaste innerhalb des Labels sieht es aus wie in Abbildung 10.29.

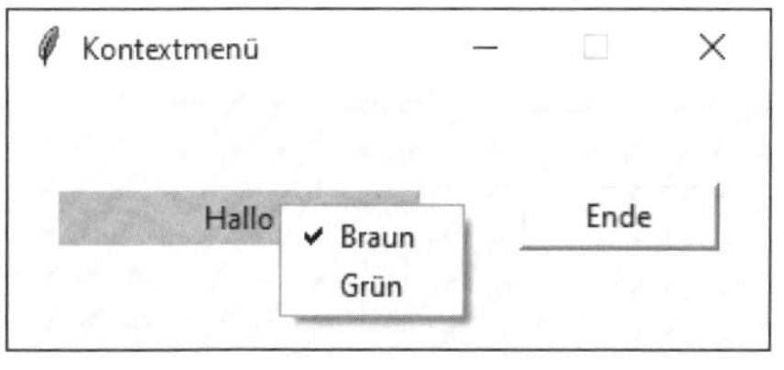

Abbildung 10.29 Kontextmenü für das Label

Das Kontextmenü wird wie ein Standardmenü auf die bekannte Art und Weise erzeugt, aber nicht angezeigt.

Nach dem Herunterdrücken der rechten Maustaste im Label wird die Funktion `zeigeKontext()` aufgerufen. Dabei wird ein Event-Objekt übergeben, das unter anderem in den beiden Eigenschaften `x_root` und `y_root` die Koordinaten des Mausklicks enthält, bezogen auf das Anwendungsfenster.

In der Funktion `zeigeKontext()` wird für das Kontextmenü die Methode `tk_popup()` aufgerufen, die zur Anzeige des Kontextmenüs führt. Dabei werden die Koordinaten des Mausklicks übergeben. Diese Position gilt anschließend für die linke obere Ecke des angezeigten Kontextmenüs.

Wird einer der beiden Menüpunkte des Kontextmenüs aufgerufen, wird die Farbe im Label mithilfe der Funktion `farbwechsel()` eingestellt.

Unterschiede unter macOS

Da die rechte Maustaste anders abgefangen wird, soll das Kontextmenü nach Betätigung der linken Maustaste erscheinen. Die Anweisung zur Bindung wird entsprechend geändert: `lbHallo.bind("<Button 1>", zeigeKontext)`.

10.5.3 Standard-Dialogfelder

Bei einer Messagebox handelt es sich um ein vorgefertigtes Standard-Dialogfeld zur Übermittlung von Nachrichten. Sie rufen es mithilfe einer der Funktionen des Moduls `tkinter.messagebox` auf. Die verschiedenen Typen von Messageboxen haben die folgenden Aufgaben:

- `showinfo()`: eine Information übermitteln
- `showwarning()`: eine Warnung aussprechen
- `showerror()`: einen Fehler melden
- `askyesno()`: die Antwort »Ja« oder »Nein« erfragen
- `askokcancel()`: die Antwort »OK« oder »Abbrechen« erfragen, im Beispielprogramm nicht abgebildet
- `askretrycancel()`: die Antwort »Wiederholen« oder »Abbrechen« erfragen, im Beispielprogramm nicht abgebildet
- `show()`: mit einer individuellen Auswahl von Buttons eine Antwort erfragen

Im folgenden Programm werden alle genannten Funktionen jeweils über einen eigenen Button aufgerufen. Ergibt die Bedienung der Messagebox eine Antwort, so erscheint eine entsprechende Ausgabe in einem Label des Anwendungsfensters:

```
import tkinter, tkinter.messagebox as mb

def info():
    mb.showinfo("Box","Info")

def warning():
    mb.showwarning("Box","Warnung")

def error():
    mb.showerror("Box","Fehler")

def yesno():
    antwort = mb.askyesno("Box","Ja oder Nein")
    lbAusgabe["text"] = "Ja" if antwort == 1 else "Nein"

def frage():
    msg_box = mb.Message(fenster, type=mb.ABORTRETRYIGNORE, icon=mb.QUESTION,
        title="Box", message="Abbrechen, Wiederholen oder Ignorieren")
    antwort = msg_box.show()
```

```
    if antwort == "abort":
        lbAusgabe["text"] = "Abbrechen"
    elif antwort == "retry":
        lbAusgabe["text"] = "Wiederholen"
    else:
        lbAusgabe["text"] = "Ignorieren"

def ende():
    fenster.destroy()

fenster = tkinter.Tk()

buInfo = tkinter.Button(fenster, text="Info", width=20, command=info)
buInfo.grid(row=0, column=0, padx=5, pady=5)

buWarning = tkinter.Button(fenster, text="Warnung", width=20, command=warning)
buWarning.grid(row=0, column=1, padx=5, pady=5)

buError = tkinter.Button(fenster, text="Fehler", width=20, command=error)
buError.grid(row=0, column=2, padx=5, pady=5)

buYesNo = tkinter.Button(fenster, text="Ja/Nein", width=20, command=yesno)
buYesNo.grid(row=1, column=0, padx=5, pady=5)

buFrage = tkinter.Button(fenster, text="Allgemeine Frage",
    width=20, command=frage)
buFrage.grid(row=1, column=1, padx=5, pady=5)

lbAusgabe = tkinter.Label(fenster, text="(leer)")
lbAusgabe.grid(row=1, column=2, padx=5, pady=5)

buEnde = tkinter.Button(fenster, text="Ende", width=20, command=ende)
buEnde.grid(row=2, column=2, padx=5, pady=5)

fenster.mainloop()
```

Listing 10.20 Datei »gui_nachricht.py«

In Abbildung 10.30 bis Abbildung 10.34 wird die Darstellung der verschiedenen Messageboxen unter Windows wiedergegeben.

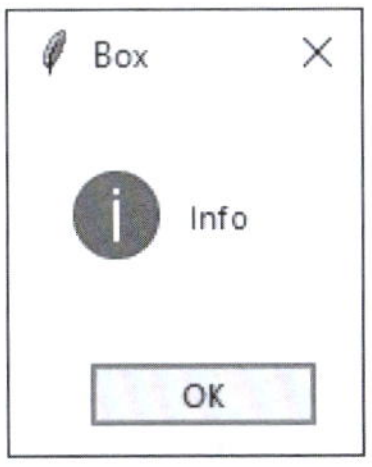

Abbildung 10.30 Information, mit Bestätigung

Abbildung 10.31 Warnung, mit Bestätigung

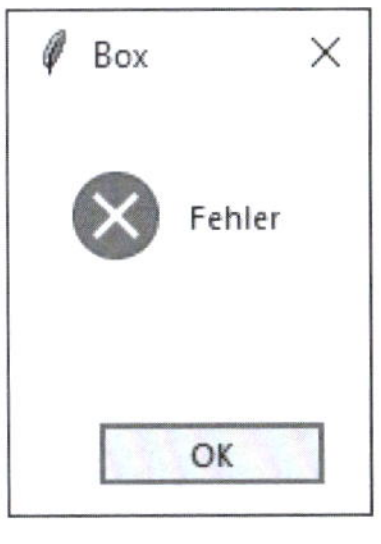

Abbildung 10.32 Fehler, mit Bestätigung

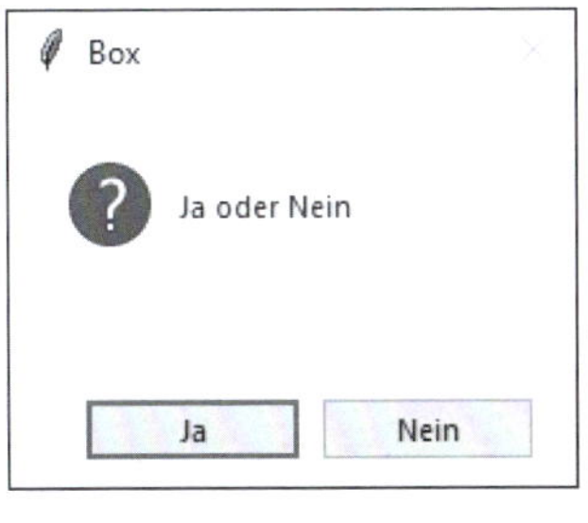

Abbildung 10.33 Mit »Ja« oder »Nein« antworten

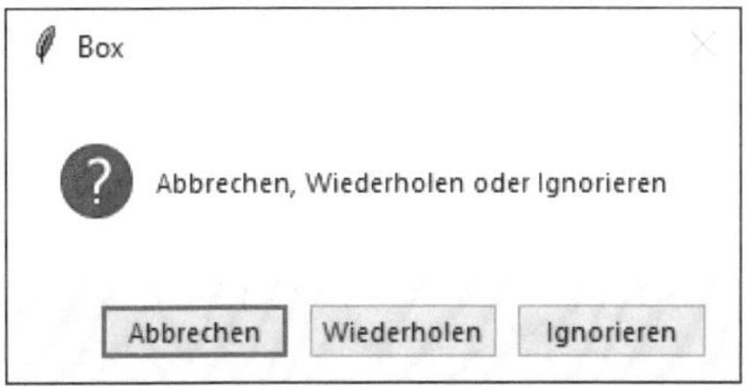

Abbildung 10.34 Eine allgemeine Frage beantworten

Die aufgerufenen Funktionen, deren Name mit `show` oder mit `ask` beginnt, haben jeweils zwei Parameter. Der erste Parameter enthält den Text für den Titel der Box. Der zweite Parameter enthält den Informationstext bzw. die Frage neben den Buttons. Zusätzlich werden passende Symbole (Icons) dargestellt, und gegebenenfalls wird der jeweilige Systemton ausgegeben.

Mithilfe der Funktionen, deren Name mit `ask` beginnt, erstellen Sie eine Frage und erhalten einen Rückgabewert: Nach dem Betätigen des linken Buttons den Wert `1`, nach dem Betätigen des rechten Buttons den Wert `0`.

Die allgemeine Funktion `show()` ist nicht so komfortabel wie die anderen Funktionen, bietet aber mehr Möglichkeiten bei der Gestaltung. Es wird zunächst ein Objekt der Klasse `Message` erzeugt, dessen Eigenschaften Werte zugewiesen werden: `type` (welche Buttons), `icon` (dargestelltes Symbol), `title` (Titel) und `message` (Informationstext neben den Buttons). Anschließend wird die Funktion `show()` für dieses Objekt aufgerufen. Sie liefert eine Zeichenkette, die zur Identifizierung des gedrückten Buttons dient.

10.5.4 Eigene Dialogfelder

Sie können auch zusätzliche Dialogfelder erzeugen und Ihre GUI-Anwendung damit vielfältiger und übersichtlicher gestalten. Dabei sollten Sie darauf achten, nur die gewünschten Fenster und Elemente bedienbar zu machen.

Im nachfolgenden Programm kann ein zweites Dialogfeld geöffnet werden. Dabei werden die Widgets des Hauptfensters deaktiviert; nach dem Schließen des zweiten Dialogfelds werden sie wieder aktiviert.

```
import tkinter

def erzeugeZwei():
    buZwei["state"] = "disabled"
    buEnde["state"] = "disabled"
    global fensterZwei
```

```
    fensterZwei = tkinter.Toplevel(fenster)
    fensterZwei.title("Zwei")
    lbHallo = tkinter.Label(fensterZwei, text="Hallo", width=10)
    lbHallo.grid(row=0, column=0, padx=20, pady=10)
    buEndeZwei = tkinter.Button(fensterZwei, text="Ende Zwei",
        width=10, command=endeZwei)
    buEndeZwei.grid(row=0, column=1, padx=20, pady=10)

def endeZwei():
    buZwei["state"] = "normal"
    buEnde["state"] = "normal"
    fensterZwei.destroy()

def ende():
    fenster.destroy()

fenster = tkinter.Tk()
fenster.title("Fenster")
fenster.resizable(0, 0)
status = "fenster"

buZwei = tkinter.Button(fenster, text="Zwei", width=10, command=erzeugeZwei)
buZwei.grid(row=0, column=0, padx=20, pady=10)

buEnde = tkinter.Button(fenster, text="Ende", width=10, command=ende)
buEnde.grid(row=0, column=1, padx=20, pady=10)

fenster.mainloop()
```

Listing 10.21 Datei »gui_fenster.py«

In Abbildung 10.35 sehen Sie das Anwendungsfenster und das zweite Dialogfeld.

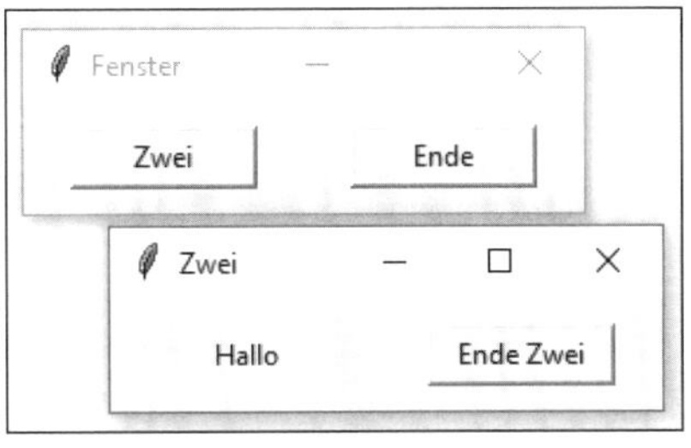

Abbildung 10.35 Anwendungsfenster und zweites Dialogfeld

Nach Betätigung des Buttons ZWEI wird die Funktion `erzeugeZwei()` aufgerufen. Die beiden Widgets des Hauptfensters werden deaktiviert. Mithilfe der Funktion `Toplevel()` wird das zweite Dialogfeld erzeugt. Eine Referenz darauf wird in der globalen Variablen `fensterZwei` gespeichert. Im zweiten Dialogfeld werden ein Label und ein Button erstellt.

Nach der Betätigung des Buttons ENDE ZWEI wird die Funktion `endeZwei()` aufgerufen. Darin werden die beiden Widgets des Hauptfensters wieder aktiviert, und das zweite Dialogfeld wird geschlossen.

10.6 Zeichnungen und Animationen

Zeichnungen können mithilfe eines Canvas-Objekts (deutsch: Leinwand) erstellt werden. Die einzelnen Objekte einer Zeichnung können auf dieser Leinwand abgebildet, bewegt und animiert werden.

10.6.1 Verschiedene Zeichnungsobjekte

Im nachfolgenden Programm werden verschiedene Objekte in einer Zeichnung abgebildet, siehe Abbildung 10.36:

```
import tkinter

fenster = tkinter.Tk()
fenster.title("Canvas, Objekte")
fenster.geometry("400x200")
fenster.resizable(0, 0)

cv = tkinter.Canvas(fenster, bg="#E0E0E0")
cv.pack(fill="both", expand=True)
cv.create_line((20, 50), (70, 50), (70, 150),
    fill="#A0A0A0", width=3, arrow="last")
cv.create_rectangle((90, 50), (140, 150),
    fill="#A0A0A0", outline="#FFFFFF", width=3)
cv.create_oval((160, 50), (210, 150), fill="#A0A0A0", width=0)
cv.create_polygon((230, 50), (280, 50), (280, 150), fill="#A0A0A0")
cv.create_text(300, 50, text="Hallo", anchor="nw")

fenster.mainloop()
```

Listing 10.22 Datei »canvas_objekte.py«

Abbildung 10.36 Zeichnungsobjekte

Der Variablen `cv` wird eine Referenz auf das neu erstellte Canvas-Objekt übergeben. Das Objekt hat als Hintergrund eine hellgraue Zeichnungsfläche.

Das Canvas-Objekt soll sich über die gesamte GUI erstrecken. Für den Parameter `fill` gibt es die folgenden Möglichkeiten:

- Mit dem Standardwert `none` wird ein Widget nicht ausgedehnt.
- Mit dem Wert `x` füllt es das umgebende Element horizontal aus, mit dem Wert `y` vertikal, mit dem Wert `both` wie hier in beiden Dimensionen.

Mit dem Wert `True` für den Parameter `expand` belegt ein Widget den gesamten Platz, der nicht von anderen Widgets belegt wird. Der Standardwert ist `False`.

Die Methode `create_line()` dient zur Erzeugung einer Linie. Sie besteht aus geraden Verbindungen zwischen einer beliebigen Anzahl von Punkten. Jeder Punkt wird mithilfe eines Paars von Koordinaten angegeben, dem x-Wert und dem y-Wert. Der x-Wert wird vom linken Rand des Canvas-Objekts gemessen, der y-Wert vom oberen Rand.

Seit Python 3.12 können die Koordinatenpaare zur besseren Lesbarkeit in runden Klammern zusammengefasst werden.

Es gibt unter anderem die folgenden optionalen Parameter:

- Mithilfe der Parameter `fill` und `width` werden Farbe und Dicke der Linie eingestellt. Die Standardwerte sind »Schwarz« bzw. `1`.
- Der Parameter `arrow` wird benötigt, falls eine Linie einen Pfeilkopf zu Beginn oder am Ende haben soll. Es gibt die Werte `first`, `last` und `both` für den Beginn der Linie, für das Ende der Linie oder für beide. Wird dieser Parameter weggelassen, besitzt die Linie keinen Pfeilkopf.

Mithilfe der Methode `create_rectangle()` wird ein Rechteck gezeichnet. Haben die Seiten des Rechtecks dieselbe Länge, handelt es sich um ein Quadrat. Zur Erstellung des Rechtecks werden die Koordinaten der linken oberen Ecke und der rechten unteren Ecke angegeben.

Es gibt unter anderem die folgenden optionalen Parameter:

- Der Parameter `fill` dient zur Einstellung der Füllfarbe des Rechtecks. Es ist standardmäßig nicht mit einer Farbe gefüllt.
- Mit den Parametern `outline` und `width` werden Farbe und Dicke der Rahmenlinie eingestellt. Die Standardwerte sind, wie bei einer Linie, »Schwarz« bzw. `1`. Mit `width=0` sorgen Sie dafür, dass das Rechteck keine Rahmenlinie besitzt.

Die Methode `create_oval()` erzeugt ein Oval innerhalb der Koordinaten eines umgebenden Rechtecks. Haben die Seiten des umgebenden Rechtecks dieselbe Länge, handelt es sich um einen Kreis. Die optionalen Parameter entsprechen denjenigen eines Rechtecks.

Mithilfe der Methode `create_polygon()` wird ein Vieleck gezeichnet, zum Beispiel ein Dreieck. Die Kanten des Polygons werden wie eine Linie mithilfe einer beliebigen Anzahl von Punkten aus x- und y-Koordinaten angegeben. Die optionalen Parameter entsprechen denjenigen eines Rechtecks. Allerdings ist ein Polygon standardmäßig mit einer Farbe gefüllt.

Die Methode `create_text()` erzeugt ein Textfeld an einem Punkt, der mithilfe der Koordinaten für x und y angegeben wird. Der Parameter `text` enthält den dargestellten Text. Der Bezugspunkt für die Koordinaten ist standardmäßig das Zentrum des Textfelds. Mit dem optionalen Parameter `anchor` stellen Sie einen anderen Bezugspunkt ein. Hier wird mit dem Wert `nw` die linke obere Ecke des Textfelds zum Bezugspunkt.

Die Methoden liefern jeweils eine Referenz auf das neu erstellte Objekt zurück. Diese wird hier nicht benötigt und daher nicht gespeichert.

10.6.2 Zeichnungsobjekte steuern

Die Methode `move()` dient zum Verschieben eines Zeichnungsobjekts, die Methode `coords()` liefert die aktuelle Position eines Zeichnungsobjekts. Die Methode `bind_all()` verbindet ein Tastaturereignis mit einem Widget.

Im nachfolgenden Programm kann ein Rechteck auf einem Canvas mithilfe der WASD-Tasten (Tasten [W], [A], [S] und [D]) verschoben werden. Die aktuelle Position des Rechtecks wird zu Beginn und nach jeder Tastenbetätigung in einem Textfeld ausgegeben, siehe Abbildung 10.37:

```
import tkinter

def position():
    x0, y0, x1, y1 = cv.coords(rechteck)
```

```
    tx = f"{int(x0)} {int(y0)} {int(x1)} {int(y1)}"
    cv.itemconfigure(ausgabe, text=tx)

def taste(e):
    if e.char == "w":
        cv.move(rechteck, 0, -10)
    elif e.char == "a":
        cv.move(rechteck, -10, 0)
    elif e.char == "s":
        cv.move(rechteck, 0, 10)
    elif e.char == "d":
        cv.move(rechteck, 10, 0)
    position()

fenster = tkinter.Tk()
fenster.title("Canvas, Tasten")
fenster.geometry("400x200")
fenster.resizable(0, 0)

cv = tkinter.Canvas(fenster, bg="#E0E0E0")
cv.bind_all("<Key>", taste)
cv.pack(fill="both", expand=True)
rechteck = cv.create_rectangle((180, 80), (230, 130),
    fill="#A0A0A0", outline="#A0A0A0")
ausgabe = cv.create_text((20, 20), text="", anchor="nw")
position()

fenster.mainloop()
```

Listing 10.23 Datei »canvas_tasten.py«

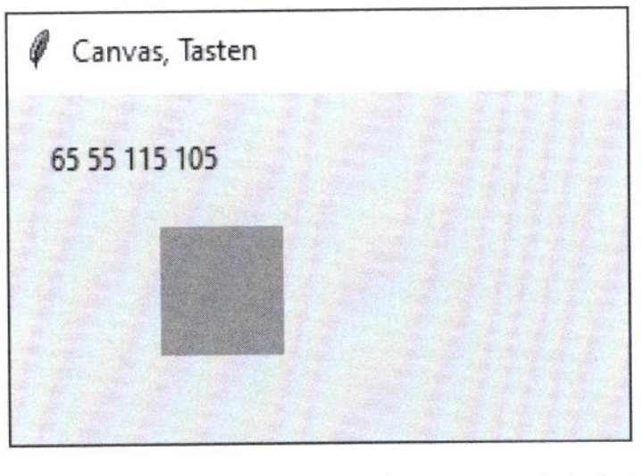

Abbildung 10.37 Zeichnungsobjekte bewegen, Position ausgeben

Das Ereignis »Taste wird in Canvas-Objekt betätigt« wird mithilfe der Methode `bind_all()` mit der Callback-Funktion `taste()` verbunden. Anschließend wird auf dem Canvas ein Rechteck erstellt. Eine Referenz auf das Rechteck wird in der Variablen `rechteck` gespeichert. Es folgt die Erstellung eines Textfelds auf dem Canvas. Eine Referenz darauf wird in der Variablen `ausgabe` gespeichert. Als Letztes wird die Startposition des Rechtecks mithilfe der Methode `position()` ausgegeben.

Der Funktion `taste()` wird ein Ereignis-Objekt übergeben, das Informationen über das Ereignis enthält. Die Eigenschaft `char` des Ereignis-Objekts enthält das Zeichen, das auf der Tastatur betätigt wurde.

Abhängig von diesem Zeichen wird die Methode `move()` für das Canvas-Objekt auf verschiedene Arten aufgerufen. Als erster Parameter wird die Referenz des Zeichnungsobjekts notiert, das verschoben wird. Es folgen zwei Werte für die Verschiebung in x-Richtung und in y-Richtung. Beachten Sie, dass der y-Wert für eine Verschiebung nach oben vermindert werden muss.

Als Letztes wird die neue Position des Rechtecks mithilfe der Funktion `position()` ausgegeben.

In der Funktion `position()` wird die Methode `coords()` für das Canvas-Objekt aufgerufen. Sie erwartet als Parameter eine Referenz auf das Zeichnungsobjekt, dessen Position ermittelt wird. Als Rückgabewert wird die aktuelle Position des Zeichnungsobjekts geliefert. Im Fall eines Rechtecks handelt es sich dabei um ein Tupel aus vier `float`-Werten. Die vier Werte entsprechen den Werten, die bei Erstellung eines Rechtecks benötigt werden. Sie werden hier in ganze Zahlen umgewandelt und zu einem Text verbunden.

Mithilfe des Aufrufs der Methode `itemconfigure()` für das Canvas-Objekt können Eigenschaften eines Zeichnungsobjekts geändert werden. Hier erhält die Eigenschaft `text` des Textfelds einen neuen Inhalt.

10.6.3 Zeichnungsobjekte animieren

Die Methode `after()` des Anwendungsfensters wird für den verzögerten Aufruf einer Funktion benötigt.

Im nachfolgenden Programm findet ein solcher Aufruf mehrmals statt. Damit wird die animierte Verschiebung eines Zeichnungsobjekts von einem Startpunkt bis zu einem Endpunkt ermöglicht. Zusätzlich wird die aktuelle Position des Rechtecks in einem Textfeld ausgegeben, siehe Abbildung 10.38.

```
import tkinter

def animieren():
    x0, y0, x1, y1 = cv.coords(rechteck)
    tx = f"{int(x0)}"
    cv.itemconfigure(ausgabe, text=tx)
    if x0 < 330:
        cv.move(rechteck, 2, 0)
        fenster.after(10, animieren)

fenster = tkinter.Tk()
fenster.title("Canvas, Animation")
fenster.geometry("400x150")
fenster.resizable(0, 0)

cv = tkinter.Canvas(fenster, bg="#E0E0E0")
cv.pack(fill="both", expand=True)

rechteck = cv.create_rectangle((20, 50), (70, 100),
    fill="#A0A0A0", outline="#A0A0A0")
ausgabe = cv.create_text((20, 20), text="", anchor="nw")

fenster.after(100, animieren)
fenster.mainloop()
```

Listing 10.24 Datei »canvas_animation.py«

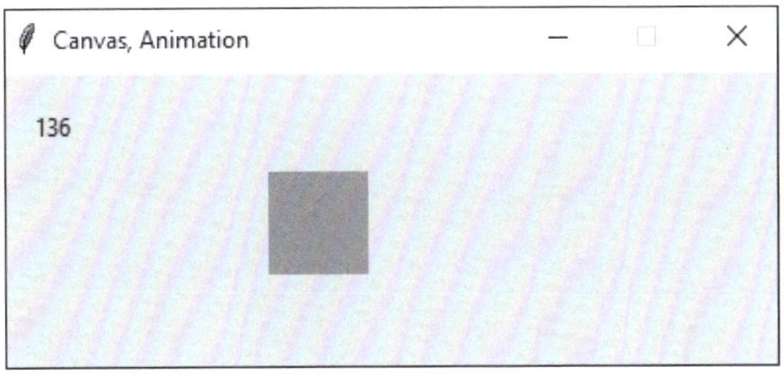

Abbildung 10.38 Animierte Verschiebung

Nach der Erstellung eines Rechtecks und eines Textfelds wird die Methode `after()` erstmals aufgerufen. Als erster Parameter wird die Verzögerung in Millisekunden notiert, als zweiter Parameter der Name der Funktion (`animieren`), deren Aufruf verzögert erfolgt.

In der Funktion animieren() wird mithilfe der Methode coords() die Position des Rechtecks ermittelt. Das zurückgelieferte Tupel wird in vier Variablen entpackt. Im Programm findet nur eine Verschiebung nach rechts statt, es ändern sich also nur die x-Werte der Position. Der x-Wert der linken oberen Ecke wird ausgegeben.

Ist der Endpunkt der Verschiebung noch nicht erreicht, wird das Rechteck um ein kleines Stück nach rechts verschoben. Anschließend wird die Funktion animieren() mithilfe der Methode after() nach 10 Millisekunden erneut aufgerufen.

10.6.4 Kollision von Zeichnungsobjekten

Mehrere Zeichnungsobjekte können teilweise oder ganz übereinanderliegen. Mithilfe von Animationen können sich Zeichnungsobjekte relativ zueinander bewegen. Bei Spielen kann es wichtig sein, die Kollision von zwei Zeichnungsobjekten, also den Beginn einer Überlappung, zu erkennen.

Im nachfolgenden Programm gibt es zwei Rechtecke. Das erste Rechteck bewegt sich animiert auf das zweite Rechteck zu. In dem Moment, in dem sich die Flächen der beiden Rechtecke überlappen, kommt es zu einer Kollision, und es findet eine weitere Aktion statt.

Zur Erkennung einer solchen Kollision (siehe Abbildung 10.39) kann die Methode find_overlapping() des Canvas-Objekts genutzt werden:

```
import tkinter

def animieren():
    x0, y0, x1, y1 = cv.coords(rechteck)
    treffer = cv.find_overlapping(x0, y0, x1, y1)
    if len(treffer) < 2:
        cv.move(rechteck, 2, 0)
        fenster.after(10, animieren)

fenster = tkinter.Tk()
fenster.title("Canvas, Treffer")
fenster.geometry("400x150")
fenster.resizable(0, 0)

cv = tkinter.Canvas(fenster, bg="#E0E0E0")
cv.pack(fill="both", expand=True)

rechteck = cv.create_rectangle((20, 50), (70, 100),
```

```
    fill="#A0A0A0", outline="#A0A0A0")
cv.create_rectangle((220, 50), (270, 100),
    fill="#606060", outline="#606060")

fenster.after(100, animieren)
fenster.mainloop()
```

Listing 10.25 Datei »canvas_kollision.py«

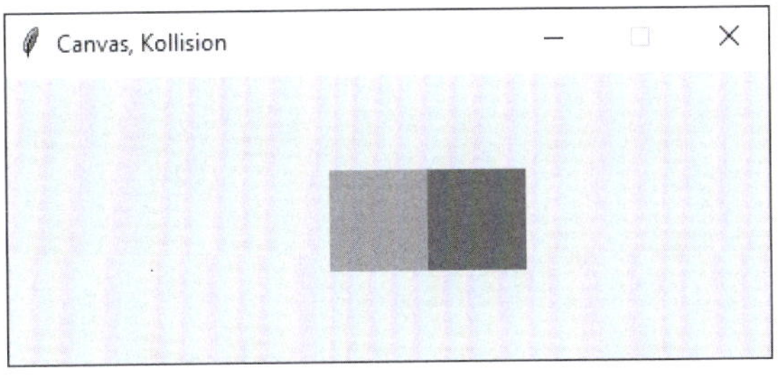

Abbildung 10.39 Kollision von zwei Zeichnungsobjekten

In der Funktion `animieren()` wird wiederum mithilfe der Methode `coords()` die Position des animierten Rechtecks ermittelt. Das zurückgelieferte Tupel wird in vier Variablen entpackt.

Die Methode `find_overlapping()` erstellt mithilfe von vier Parametern ein Such-Rechteck. Sie liefert ein Tupel, das Referenzen aller Zeichnungsobjekte enthält, die sich innerhalb des Such-Rechtecks befinden. Handelt es sich bei den vier Parametern um die Koordinaten des animierten Rechtecks, enthält das zurückgelieferte Tupel die Referenzen aller Zeichnungsobjekte, die mit dem animierten Rechteck kollidieren.

Ein Element des Tupels ist die Referenz auf das Such-Rechteck selbst. Ist also die Anzahl der Referenzen kleiner als 2, hat noch keine Kollision stattgefunden, und das animierte Rechteck kann weiter verschoben werden. Ist die Anzahl der Referenzen 2 oder höher, hat mindestens eine Kollision stattgefunden. Als Folge dieses Ereignisses wird das animierte Rechteck nicht weiter verschoben.

10.7 Spiel, GUI-Version

Das bekannte Kopfrechenspiel wird in diesem Abschnitt mithilfe einer GUI umgesetzt. Nach dem Start des Programms erscheint das Anwendungsfenster, siehe Abbildung 10.40. Tragen Sie Ihren Namen ein. Betätigen Sie anschließend den Button START.

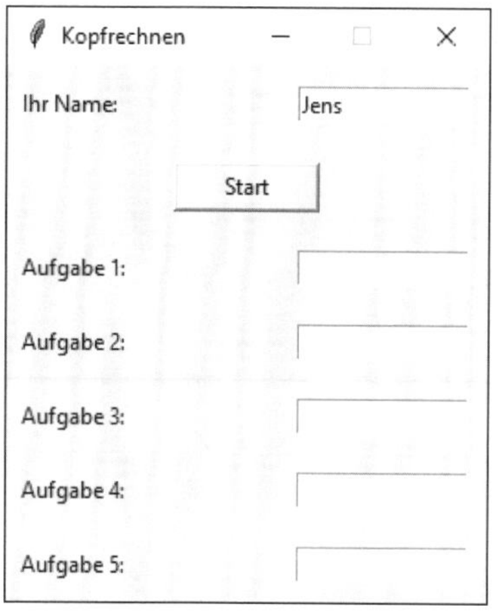

Abbildung 10.40 Nach dem Start

Anschließend erscheinen fünf Aufgaben, siehe Abbildung 10.41. Die Aufschrift des Buttons wechselt zu STOP. Ermitteln Sie die fünf Lösungen im Kopf und tragen Sie sie in den Eingabefeldern ein. Betätigen Sie anschließend den Button STOP.

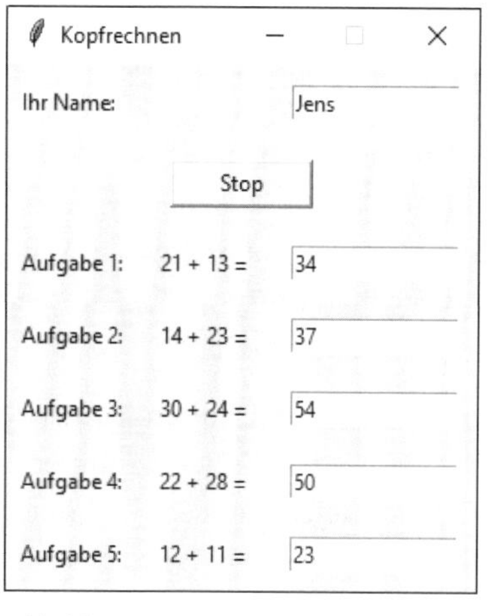

Abbildung 10.41 Aufgaben und Ergebnisse

Es folgt die Auswertung der Ergebnisse. Haben Sie alle Aufgaben richtig gelöst, wird eine Highscore-Liste angezeigt, siehe Abbildung 10.42. Die Speicherung der Namen und Zeiten erfolgt in einer SQLite-Datenbank.

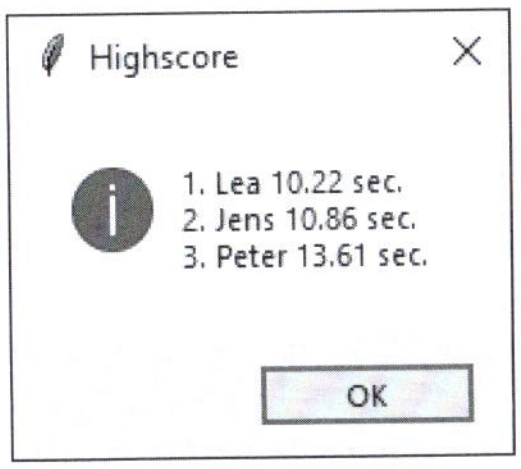

Abbildung 10.42 Highscore-Liste

Zunächst der Rahmen des GUI-Programms:

```
import time, random, glob, sqlite3, tkinter, tkinter.messagebox as mb
def auswertung():
    ...
def start():
    ...
def aktion():
    ...

# Programm
fenster = tkinter.Tk()
fenster.title("Kopfrechnen")
fenster.resizable(0, 0)

status = "Start"

lbName = tkinter.Label(fenster, text="Ihr Name:")
lbName.grid(row=0, column=0, sticky="w", padx=5, pady=10)
enName = tkinter.Entry(fenster, width=15)
enName.grid(row=0, column=2, pady=10)
buAktion = tkinter.Button(fenster, text="Start", width=10, command=aktion)
buAktion.grid(row=1, column=0, columnspan=3, pady=10)

aufgabeListe = []
eingabeListe = []
for i in range(5):
    lbTemp = tkinter.Label(fenster, text=f"Aufgabe {i+1}:")
    lbTemp.grid(row=i+2, column=0, padx=5, pady=5)
    lbTemp = tkinter.Label(fenster, width=10, pady=5)
    lbTemp.grid(row=i+2, column=1, pady=5)
    aufgabeListe.append(lbTemp)
```

```
    enTemp = tkinter.Entry(fenster, width=15)
    enTemp.grid(row=i+2, column=2, padx=10, pady=5)
    eingabeListe.append(enTemp)

fenster.mainloop()
```

Listing 10.26 Datei »spiel_gui.py«, Rahmen des Programms

Die drei Funktionen erläutere ich weiter unten. Zunächst erscheinen ein Label, das Eingabefeld für den Namen und der Button.

Der Button hat zunächst die Aufschrift START. Erst nach Eingabe des Namens und der Betätigung des Buttons erhält dieser die Aufschrift STOP. Auf diese Weise wird gesteuert, ob nach der Betätigung des Buttons die Aufgaben erscheinen oder die Auswertung erfolgt.

Anschließend werden zwei leere Listen angelegt, in denen nach dem Durchlauf der `for`-Schleife die Referenzen für die Aus- und Eingabefelder stehen. In der `for`-Schleife passiert bei jedem Durchlauf Folgendes:

- Es wird ein Label mit der Aufgabennummer erstellt. Die Referenz auf das Label wird nur temporär zur Erstellung und Platzierung benötigt.
- Es wird ein leeres Label erstellt, in dem später die Aufgabenstellung erscheint. Auch die Referenz auf dieses Label wird nur temporär benötigt. Sie wird der Liste `aufgabeListe` zugewiesen, die nach der `for`-Schleife die Referenzen auf die fünf leeren Label enthält.
- Es wird ein Eingabefeld erstellt, in dem die im Kopf ermittelte Lösung eingetragen werden soll. Auch die Referenz auf das Eingabefeld wird nur temporär benötigt. Sie wird der Liste `eingabeListe` zugewiesen, die nach der `for`-Schleife die Referenzen auf alle fünf Eingabefelder enthält.

Die Funktion `aktion()` wird nach der Betätigung des Buttons aufgerufen. Abhängig von der Aufschrift werden unterschiedliche Aktionen durchgeführt:

```
def aktion():
    if buAktion["text"] == "Start":
        if enName.get() == "":
            mb.showinfo("Name","Bitte einen Namen eintragen")
        else:
            start()
    else:
        auswertung()
```

Listing 10.27 Datei »spiel_gui.py«, Funktion »aktion()«

Hat der Button die Aufschrift START, wird geprüft, ob ein Name eingegeben wurde. Ist das der Fall, wird die Funktion `start()` aufgerufen, ansonsten erscheint eine Fehlermeldung. Hat der Button nicht die Aufschrift START, wird die Funktion `auswertung()` aufgerufen.

In der Funktion `start()` werden fünf Aufgaben erzeugt und angezeigt:

```
def start():
    global ergebnisListe, startzeit
    ergebnisListe = []
    for i in range(5):
        a = random.randint(10,30)
        b = random.randint(10,30)
        ergebnisListe.append(a + b)
        aufgabeListe[i]["text"] = f"{a} + {b} ="
    startzeit = time.time()
    buAktion["text"] = "Stop"
```

Listing 10.28 Datei »spiel_gui.py«, Funktion »start()«

Es wird eine weitere leere Liste erstellt, in der nach dem Durchlauf der `for`-Schleife die Ergebnisse stehen. In der `for`-Schleife werden zwei zufällige Werte für die Aufgabe ermittelt. Das richtige Ergebnis wird berechnet und der Liste hinzugefügt. Die Aufgabenstellung wird angezeigt, die Startzeit wird ermittelt, und die Aufschrift des Buttons wechselt zu STOP.

In der Funktion `auswertung()` werden die Eingaben ausgewertet. Wurden alle fünf Aufgaben richtig gelöst, werden Name und Lösungszeit in die SQLite-Datenbank eingetragen:

```
def auswertung():
    global ergebnisListe, startzeit

    differenz = time.time() - startzeit
    richtig = 0
    for i in range(5):
        try:
            if int(eingabeListe[i].get()) == ergebnisListe[i]:
                richtig += 1
        except:
            pass
```

```
    if richtig < 5:
        mb.showinfo("Kein Highscore", "Leider kein Highscore")
        fenster.destroy()
        return

    if not glob.glob("spiel_gui_highscore.db"):
        con = sqlite3.connect("spiel_gui_highscore.db")
        cursor = con.cursor()
        sql = "CREATE TABLE daten(name TEXT, zeit REAL)"
        cursor.execute(sql)
        con.close()

    con = sqlite3.connect("spiel_gui_highscore.db")
    cursor = con.cursor()
    sql = f"INSERT INTO daten VALUES(?,{differenz})"
    cursor.execute(sql, (enName.get(), ))
    con.commit()
    con.close()

    con = sqlite3.connect("spiel_gui_highscore.db")
    cursor = con.cursor()
    sql = "SELECT * FROM daten ORDER BY zeit LIMIT 10"
    cursor.execute(sql)
    ausgabe = ""
    i = 1
    for dsatz in cursor:
        ausgabe += f"{i}. {dsatz[0]} {round(dsatz[1],2)} sec.\n"
        i += 1
    mb.showinfo("Highscore", ausgabe)
    con.close()

    fenster.destroy()
```

Listing 10.29 Datei »spiel_gui.py«, Funktion »auswertung()«

Als Erstes wird die benötigte Zeit ermittelt. Anschließend werden die fünf Eingaben mit den fünf richtigen Ergebnissen verglichen. Sind nicht alle Ergebnisse richtig, erscheint ein Nachrichtenfenster mit einer entsprechenden Meldung, und das Programm endet.

Gibt es noch keine Highscore-Datenbank, wird sie neu erstellt. In der Datenbank wird ein Datensatz mit Name und Zeit eingetragen.

Mithilfe einer `SELECT`-Anweisung und des Schlüsselworts `LIMIT` werden die zehn Datensätze mit den geringsten Zeiten ermittelt und in einem Nachrichtenfenster angezeigt, auf zwei Stellen nach dem Komma gerundet. Anschließend endet das Programm.

10.8 Übungsaufgabe

Übung »u_gui_vokabeln«

Erstellen Sie mithilfe der Schnittstelle *tkinter* in der Datei *u_gui_vokabeln.py* ein einfaches Vokabel-Lern-Programm auf Basis einer SQLite-Datenbank. Die Logik ist dieselbe wie in der Übung »u_sqlite_vokabeln« aus Abschnitt 9.2.9. In Abbildung 10.43 sehen Sie die GUI nach dem Aufruf des Programms. Der Button PRÜFEN ist deaktiviert.

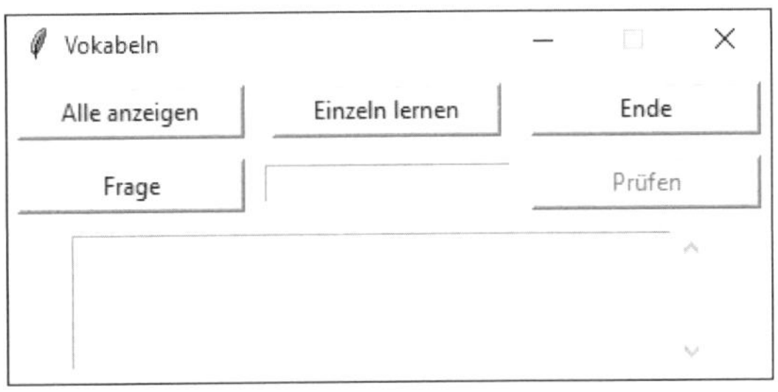

Abbildung 10.43 GUI nach dem Aufruf

Nach Betätigung des Buttons ALLE ANZEIGEN werden alle Datensätze in der Listbox angezeigt, siehe Abbildung 10.44.

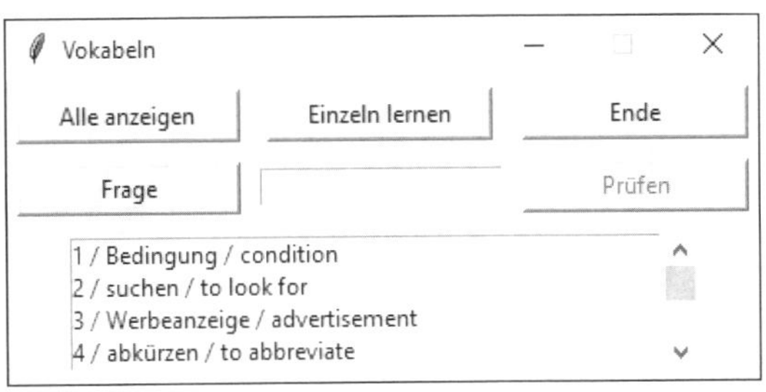

Abbildung 10.44 Anzeige aller Datensätze in der Listbox

Nach Betätigung des Buttons EINZELN LERNEN wird ein zufällig ausgewählter Datensatz in einer Messagebox zum Erlernen angezeigt, siehe Abbildung 10.45.

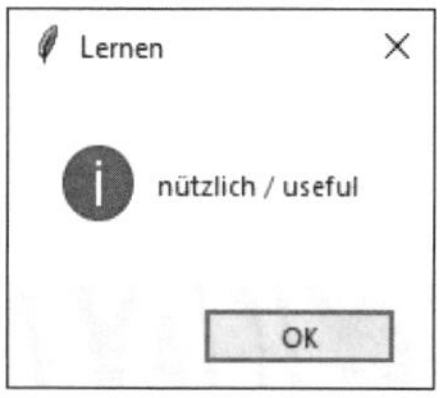

Abbildung 10.45 Anzeige eines zufällig ausgewählten Datensatzes

Nach Betätigung des Buttons FRAGE wird in einer Messagebox eine zufällig ausgewählte deutsche Vokabel angezeigt, siehe Abbildung 10.46.

Abbildung 10.46 Anzeige einer zufällig ausgewählten Vokabel

Nach Betätigung des Buttons OK wird der Button FRAGE automatisch deaktiviert, der Button PRÜFEN automatisch aktiviert. Im Eingabefeld soll nun die englische Übersetzung eingetragen werden.

Nach Betätigung des Buttons PRÜFEN erscheint eine von zwei möglichen Antworten in einer Messagebox, siehe Abbildung 10.47 und Abbildung 10.48. Der Button FRAGE wird automatisch wieder aktiviert, der Button PRÜFEN automatisch deaktiviert.

Abbildung 10.47 Reaktion bei falscher Antwort

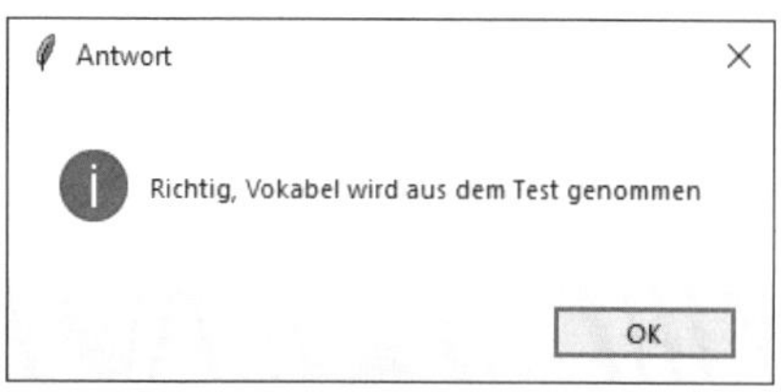

Abbildung 10.48 Reaktion bei richtiger Antwort

Wurde die Vokabel richtig übersetzt, wird sie aus der Liste genommen. Wurden alle Vokabeln richtig übersetzt, ist die Liste leer, und beim nächsten Betätigen des Buttons FRAGE erscheint die Messagebox aus Abbildung 10.49. Das Programm kann beendet werden.

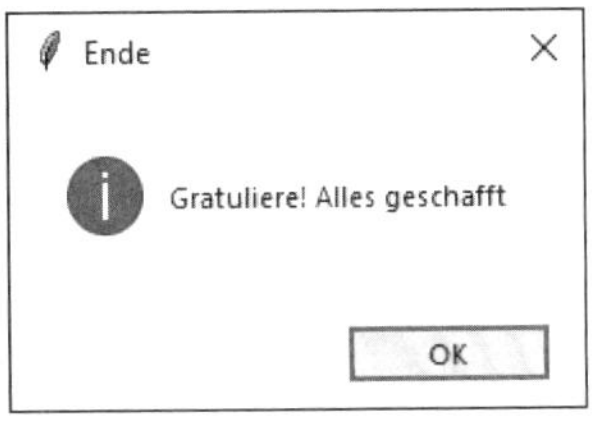

Abbildung 10.49 Alles richtig übersetzt

Wird das Programm beendet, bevor alle Vokabeln richtig übersetzt wurden, erscheint die Rückfrage aus Abbildung 10.50.

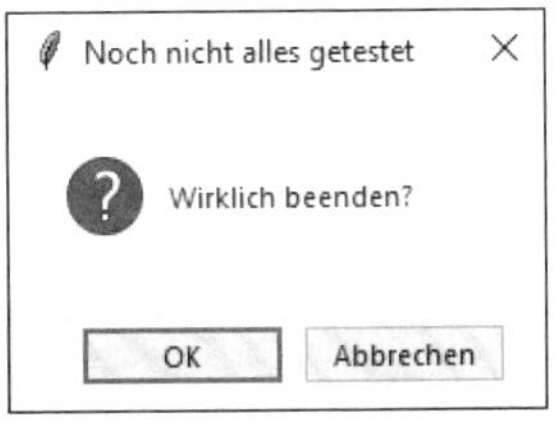

Abbildung 10.50 Soll das Programm wirklich beendet werden?

Nach Betätigung des Buttons ABBRECHEN wird der Vorgang des Beendens abgebrochen, und der Test kann weitergehen.

Sollte Ihnen noch der Einstieg in die Entwicklung des Programms fehlen, finden Sie in Abschnitt A.5 einige Tipps.

Neben vielen anderen Erweiterungsmöglichkeiten könnten während eines Tests noch die Buttons ALLE ANZEIGEN und EINZELN LERNEN deaktiviert und später wieder aktiviert werden.

Kapitel 11
Benutzeroberflächen mit PyQt

Die Bibliothek *Qt* ermöglicht wie die Bibliothek *Tk* die einheitliche Programmierung einer grafischen Benutzeroberfläche (GUI = *Graphical User Interface*) für verschiedene Betriebssysteme. Für Python gibt es *PyQt* als frei verfügbare Schnittstelle zu Qt. In diesem Kapitel folgt ein Einstieg in die aktuelle Version 6 von PyQt.

Sie installieren die Schnittstelle wie folgt, siehe auch Abschnitt A.1:

- unter Windows: `pip install PyQt6`
- unter Ubuntu Linux: `sudo apt install python3-pyqt6`
- unter macOS: `pip install PyQt5`

Beachten Sie die andere Schreibweise unter Ubuntu Linux. Unter macOS können Sie zurzeit (Dezember 2023) nur die Vorgängerversion nutzen, die aber für die meisten Programme dieser Einführung genügt. Daher muss die `import`-Anweisung in der ersten Programmzeile von `PyQt6` auf `PyQt5` angepasst werden.

11.1 Einführung

Die Erstellung einer GUI-Anwendung umfasst bei der Nutzung der Schnittstelle *PyQt* die folgenden Schritte:

- Erstellung einer eigenen Klasse, die von der Klasse `QWidget` erbt, für die Oberfläche
- Definition eines Konstruktors dieser Klasse, in dem die Elemente der Oberfläche der Anwendung erstellt werden
- Erstellung eines Objekts der Klasse `QApplication` für die Anwendung
- Erstellung eines Objekts der eigenen Klasse für die Oberfläche
- Start der Anwendung

11.1.1 Erstes GUI-Programm

Mithilfe eines ersten Programms wird eine Anwendung mit einer PyQt-GUI erstellt. Sie enthält ein einzelnes Widget, und zwar den Button ENDE, siehe Abbildung 11.1. Nach der Betätigung dieses Buttons wird die GUI geschlossen und die Anwendung beendet.

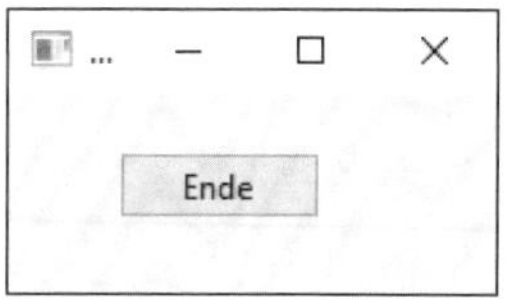

Abbildung 11.1 Erstes Programm mit PyQt

Zunächst das Programm:

```
import PyQt6.QtWidgets as wi
import sys

class Fenster(wi.QWidget):
    def __init__(self):
        super().__init__()

        buEnde = wi.QPushButton("Ende", self)
        buEnde.move(40, 20)
        instanz = wi.QApplication.instance()
        buEnde.clicked.connect(instanz.quit)

        self.setWindowTitle("...")
        self.show()

anwendung = wi.QApplication(sys.argv)
fenster = Fenster()
sys.exit(anwendung.exec())
```

Listing 11.1 Datei »pyqt_erstes.py«

Das Modul `PyQt6.QtWidgets` enthält die verschiedenen Klassen für die Widgets, also die Elemente des Anwendungsfensters. Es wird hier mit dem Alias `wi` importiert. Zum Start und zum Beenden der Anwendung wird das Modul `sys` benötigt.

Im Hauptprogramm wird ein Objekt der Klasse `QApplication` zur Steuerung der GUI-Anwendung erstellt. Die Parameter der Kommandozeile werden als Parameter für den Konstruktor weitergegeben.

Als Nächstes wird ein Objekt der eigenen Klasse `Fenster` erstellt, das zur Gestaltung des Anwendungsfensters dient. Diese Klasse erbt von der Klasse `QWidget`, der Basisklasse der verschiedenen Widget-Klassen.

Für das Objekt der Klasse `QApplication` wird die Methode `exec()` aufgerufen. Damit wird eine Endlosschleife gestartet, in der auf Ereignisse gewartet wird. Wird das Anwendungsfenster geschlossen, wird anschließend mithilfe der Methode `exit()` auch die Anwendung beendet.

Im Konstruktor der Klasse `Fenster` muss zunächst der Konstruktor der Basisklasse `QWidget` aufgerufen werden. Anschließend werden die Elemente des Anwendungsfensters erstellt.

Ein Objekt der Klasse `QPushButton` entspricht einer Standardschaltfläche, also einem Button. Hier erhält er die Aufschrift ENDE und wird mithilfe von `self` dem Fenster-Objekt zugeordnet. Die Methode `move()` verschiebt den Button von der Standardposition 0, 0 auf die gewünschte Position, jeweils gemessen von der linken oberen Ecke des Fensters.

Zum Bearbeiten von Ereignissen dienen in Qt *Signale* und *Slots*. Beim Eintritt eines Ereignisses, hier des Ereignisses `clicked` des Buttons, wird ein Signal gesendet. Dieses Signal wird mithilfe der Methode `connect()` mit einem Slot verbunden, standardmäßig einer Methode. Hier ist das die Methode `quit()` der Instanz der Anwendung. Ein Verweis auf die Instanz der Anwendung wird zuvor mithilfe der Methode `instance()` der Klasse `QApplication` angefordert. Nach einem Klick auf den Button wird also die Endlosschleife verlassen, die GUI geschlossen und die Anwendung beendet.

Die Methode `setWindowTitle()` sorgt für die Anzeige eines Texts in der Titelzeile. Die Methode `show()` zeigt das Anwendungsfenster an.

11.1.2 Einrichtung und Anordnung

PyQt bietet die Möglichkeit, die Widgets im Anwendungsfenster komfortabel in einem *Grid-Layout*, also einem Raster aus Zeilen und Spalten, anzuordnen. Im folgenden Beispiel werden zwei Buttons und ein Label in einem Grid-Layout angeordnet:

```
import PyQt6.QtWidgets as wi
import sys

class Fenster(wi.QWidget):
    def __init__(self):
        super().__init__()
        gr = wi.QGridLayout()
```

```
        buHallo = wi.QPushButton("Hallo")
        buHallo.clicked.connect(self.hallo)
        gr.addWidget(buHallo, 0, 0)

        self.lbAusgabe = wi.QLabel("(leer)")
        gr.addWidget(self.lbAusgabe, 1, 0)

        buEnde = wi.QPushButton("Ende")
        buEnde.clicked.connect(wi.QApplication.instance().quit)
        gr.addWidget(buEnde, 2, 1)

        self.setWindowTitle("...")
        self.setLayout(gr)
        self.show()

    def hallo(self):
        self.lbAusgabe.setText("Hallo")

anwendung = wi.QApplication(sys.argv)
fenster = Fenster()
sys.exit(anwendung.exec())
```

Listing 11.2 Datei »pyqt_anordnung.py«

Nach der Betätigung des Buttons HALLO erscheint der Text »Hallo« in einem Label, siehe Abbildung 11.2.

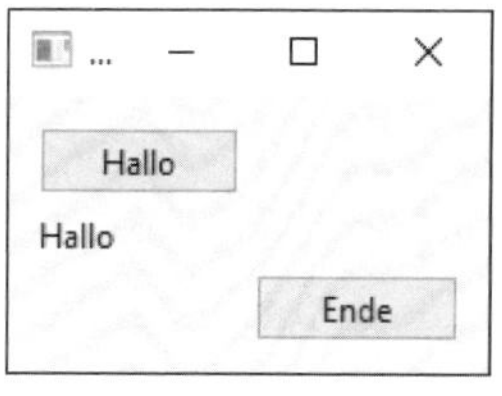

Abbildung 11.2 Anordnung der Widgets in einem Raster

Das Raster wird mithilfe eines Objekts der Klasse `QGridLayout` erstellt. Die einzelnen Widgets werden nicht mehr dem Fenster zugeordnet, sondern dem Raster. Die Zuordnung erfolgt durch den Aufruf der Methode `addWidget()` für das `QGridLayout`-Objekt. Als Parameter wird eine Referenz auf das jeweilige Widget angegeben, gefolgt von den Nummern für die Zeile und für die Spalte des Rasters. Die Nummerierung beginnt jeweils bei 0.

Beim Klick auf den Button `buHallo` wird für das Objekt der Klasse `Fenster` die Methode `hallo()` aufgerufen. Der Button wird mit den Parametern `0, 0` in der linken oberen Zelle des Rasters angezeigt.

In einem Label können Texte oder Bilder dargestellt werden. Es wird mithilfe der Klasse `QLabel` erzeugt. In der Methode `hallo()` soll der Inhalt des Labels geändert werden. Daher wird die Referenz auf das Label mithilfe von `self` als Eigenschaft der Klasse `Fenster` deklariert. Ansonsten würde es sich bei der Referenz nur um eine lokale Variable der Methode `__init__()` handeln, die in anderen Methoden nicht bekannt ist.

Durch den Aufruf der Methode `setLayout()` für das Objekt der Klasse `Fenster` wird das Layout der GUI zugeordnet.

In der Methode `hallo()` wird für das Label-Objekt die Methode `setText()` zur Änderung des Texts aufgerufen.

11.1.3 Größe des Anwendungsfensters

Die Größe des Anwendungsfensters richtet sich nach der Größe der enthaltenen Elemente. Die Größe eines Labels richtet sich wiederum nach dem Inhalt und bei einem Textinhalt nach der Schriftgröße. In den verschiedenen Betriebssystemen werden unterschiedliche Standardschriftgrößen genutzt. Daher kann es bei der Größe des Anwendungsfensters für dasselbe PyQt-Programm in den verschiedenen Betriebssystemen kleine Unterschiede geben.

Sie könnten die Größe des Anwendungsfensters mithilfe der Methode `setFixedSize()` unveränderlich festlegen. Das hätte aber aus den oben genannten Gründen die folgenden Nachteile:

- Wird während des Ablaufs des Programms in einem Label ein Text angezeigt, der zu lang ist, wird er abgeschnitten.
- Werden die Texte in einem anderen Betriebssystem standardmäßig mit einer größeren Schrift angezeigt, werden sie gegebenenfalls bereits beim Start des Programms abgeschnitten.

11.1.4 Ereignismethoden für mehrere Widgets

Mithilfe einer Lambda-Funktion (anonymen Funktion, siehe Abschnitt 5.6.8) können Sie von mehreren Widgets dieselbe Funktion aufrufen. Dabei können Sie Parameter übergeben. Ohne eine anonyme Funktion ist das nicht möglich.

Ein Beispiel mit zwei Buttons, die dieselbe Funktion aufrufen:

```
import PyQt6.QtWidgets as wi
import sys

class Fenster(wi.QWidget):
    def __init__(self):
        super().__init__()
        gr = wi.QGridLayout()

        buEins = wi.QPushButton("1")
        buEins.clicked.connect(lambda:self.aus(1))
        gr.addWidget(buEins, 0, 0)

        buZwei = wi.QPushButton("2")
        buZwei.clicked.connect(lambda:self.aus(2))
        gr.addWidget(buZwei, 1, 0)

        self.lbAusgabe = wi.QLabel()
        gr.addWidget(self.lbAusgabe, 2, 0)

        self.setWindowTitle("...")
        self.setLayout(gr)
        self.show()

    def aus(self, p):
        self.lbAusgabe.setText(str(p))

anwendung = wi.QApplication(sys.argv)
fenster = Fenster()
sys.exit(anwendung.exec())
```

Listing 11.3 Datei »pyqt_lambda.py«

Nach dem Betätigen eines der beiden Buttons wird eine anonyme Funktion aufgerufen. Darin wird die Funktion aus() mit dem Parameter 1 bzw. 2 aufgerufen. Anschließend erscheint der Wert des Parameters im Label, siehe Abbildung 11.3.

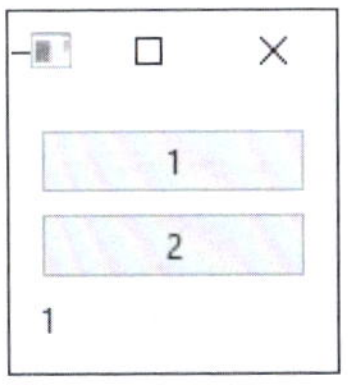

Abbildung 11.3 Nach Betätigung des Buttons »1«

11.2 Widget-Typen

In diesem Abschnitt lernen Sie weitere Widgets kennen: `QLineEdit`, `QTextEdit`, `QListWidget`, `QComboBox`, `QSpinBox`, `QRadioButton`, `QButtonGroup`, `QCheckBox` und `QSlider`. Zudem wird das `QLabel`-Widget zur Darstellung von Bildern, Farben und Hyperlinks eingesetzt.

11.2.1 Einzeiliges Eingabefeld

Die Inhalte vieler Widgets können sowohl während ihrer Bedienung als auch im Nachhinein ausgewertet werden.

Ein Objekt der Klasse `QLineEdit` dient als einzeiliges Eingabefeld. Das Signal `textChanged` kann genutzt werden, um unmittelbar bei der Änderung des Inhalts des Eingabefelds, also beim Hinzufügen oder Entfernen einzelner Zeichen, zu reagieren. Meist wird der Inhalt des Eingabefelds aber erst später, zum Beispiel nach der Betätigung eines Buttons, weiterverarbeitet.

Im nachfolgenden Programm werden beide Ereignisse genutzt:

```
import PyQt6.QtWidgets as wi
import sys

class Fenster(wi.QWidget):
    def __init__(self):
        super().__init__()
        gr = wi.QGridLayout()

        lbEingabe = wi.QLabel("Ihre Eingabe:")
        gr.addWidget(lbEingabe, 0, 0)

        self.leEingabe = wi.QLineEdit()
        self.leEingabe.textChanged.connect(self.eingabe)
        gr.addWidget(self.leEingabe, 1, 0)
```

```
        buVerdoppeln = wi.QPushButton("Verdoppeln")
        buVerdoppeln.clicked.connect(self.verdoppeln)
        gr.addWidget(buVerdoppeln, 2, 0)

        self.lbAusgabe = wi.QLabel("(leer)")
        gr.addWidget(self.lbAusgabe, 3, 0)

        buEnde = wi.QPushButton("Ende")
        buEnde.clicked.connect(wi.QApplication.instance().quit)
        gr.addWidget(buEnde, 4, 1)

        self.setWindowTitle("Eingabe")
        self.setLayout(gr)
        self.show()

    def eingabe(self, tx):
        self.lbAusgabe.setText(f"Eingabe: {tx}")

    def verdoppeln(self):
        try:
            zahl = float(self.leEingabe.text())
            self.lbAusgabe.setText(f"{zahl * 2}")
        except:
            self.lbAusgabe.setText("Keine Zahl")

anwendung = wi.QApplication(sys.argv)
fenster = Fenster()
sys.exit(anwendung.exec())
```

Listing 11.4 Datei »pyqt_eingabe.py«

Die Referenz `leEingabe` verweist auf das `QLineEdit`-Objekt. Das Signal `textChanged` dieses Objekts ist mit der Methode `eingabe()` verbunden. Dieser Methode wird automatisch der aktuelle Inhalt des Eingabefelds übergeben. Hier wird dieser Inhalt in einem Label ausgegeben, siehe Abbildung 11.4.

Die Betätigung des Buttons VERDOPPELN ist mit der Methode `verdoppeln()` verbunden. In dieser Methode wird der Inhalt des Eingabefelds mithilfe der Methode `text()` des `QLineEdit`-Objekts ermittelt. Kann dieser Inhalt mithilfe der Funktion `float()` in eine gültige Zahl umgewandelt werden, wird diese Zahl verdoppelt und in einem Label ausgegeben, siehe Abbildung 11.5. Ansonsten erscheint eine Fehlermeldung.

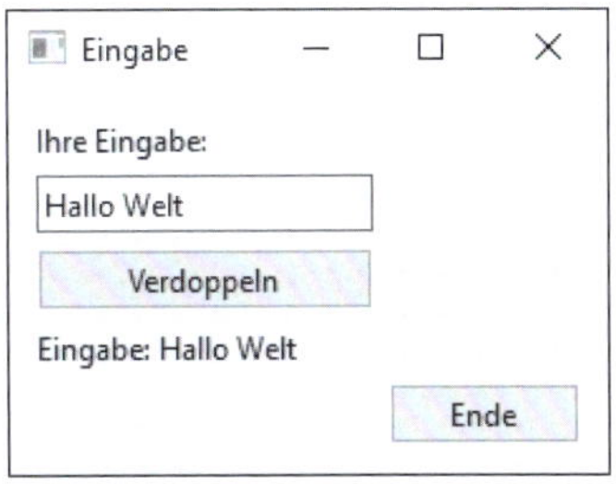

Abbildung 11.4 Ereignis »Änderung des Inhalts«

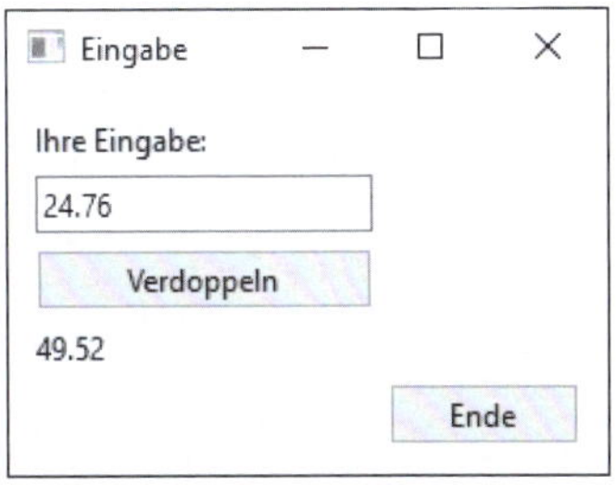

Abbildung 11.5 Betätigung des Buttons »Verdoppeln«

11.2.2 Versteckte Eingabe, Deaktivieren von Widgets

Ein `QLineEdit`-Objekt ermöglicht auch eine versteckte Eingabe, zum Beispiel für ein Passwort. Widgets können zur Vereinfachung der Bedienung aktiviert oder deaktiviert werden. Beides wird im folgenden Programm gezeigt:

```
import PyQt6.QtWidgets as wi
import sys

class Fenster(wi.QWidget):
    def __init__(self):
        super().__init__()
        gr = wi.QGridLayout()

        lbPasswort = wi.QLabel("Ihr Passwort:")
        gr.addWidget(lbPasswort, 0, 0)

        self.lePasswort = wi.QLineEdit()
        self.lePasswort.setEchoMode(wi.QLineEdit.EchoMode.Password)
        gr.addWidget(self.lePasswort, 1, 0)
```

```
        buPruefen = wi.QPushButton("Prüfen")
        buPruefen.clicked.connect(self.pruefen)
        gr.addWidget(buPruefen, 2, 0)

        self.lbAusgabe = wi.QLabel("(leer)")
        gr.addWidget(self.lbAusgabe, 3, 0)

        self.buEnde = wi.QPushButton("Ende")
        self.buEnde.setEnabled(False)
        self.buEnde.clicked.connect(wi.QApplication.instance().quit)
        gr.addWidget(self.buEnde, 4, 1)

        self.setWindowTitle("Passwort")
        self.setLayout(gr)
        self.show()

    def pruefen(self):
        pw = self.lePasswort.text()
        if pw == "Bingo":
            self.lbAusgabe.setText("Zugang erlaubt")
        else:
            self.lbAusgabe.setText("Zugang nicht erlaubt")
        self.lePasswort.setText("")
        self.buEnde.setEnabled(True)

anwendung = wi.QApplication(sys.argv)
fenster = Fenster()
sys.exit(anwendung.exec())
```

Listing 11.5 Datei »pyqt_passwort.py«

Die Referenz `lePasswort` verweist auf ein `QLineEdit`-Objekt. Für dieses Objekt wird die Methode `setEchoMode()` aufgerufen. Als Parameter muss ein Element der Enumeration `EchoMode` der Klasse `QLineEdit` übergeben werden. Wird das Element `Password` genutzt, erscheint für jedes eingegebene Zeichen ein neutrales Bullet-Zeichen, siehe Abbildung 11.6.

Der Button ENDE wurde zu Beginn durch den Aufruf der Methode `setEnabled()` mit dem Parameter `False` deaktiviert und ist nicht bedienbar.

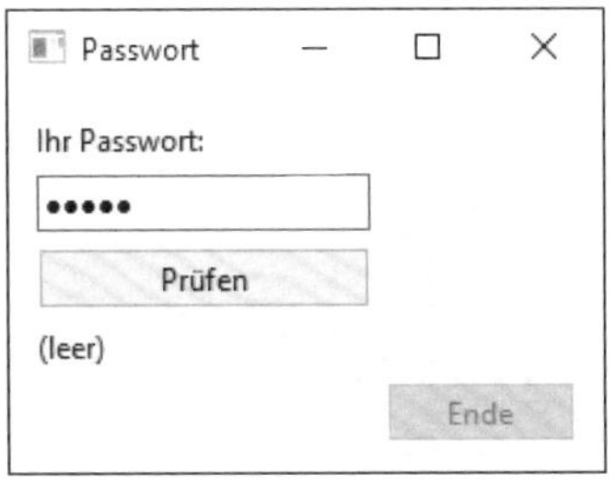

Abbildung 11.6 Versteckte Eingabe

Nach der Betätigung des Buttons PRÜFEN wird die Methode `pruefen()` aufgerufen. Der Inhalt des Eingabefelds wird ermittelt. Abhängig vom Inhalt erscheint eine von zwei verschiedenen Meldungen. Anschließend wird der Inhalt entfernt. Der Button ENDE wird durch den Aufruf der Methode `setEnabled()` mit dem Parameter `True` aktiviert und kann jetzt bedient werden, siehe Abbildung 11.7.

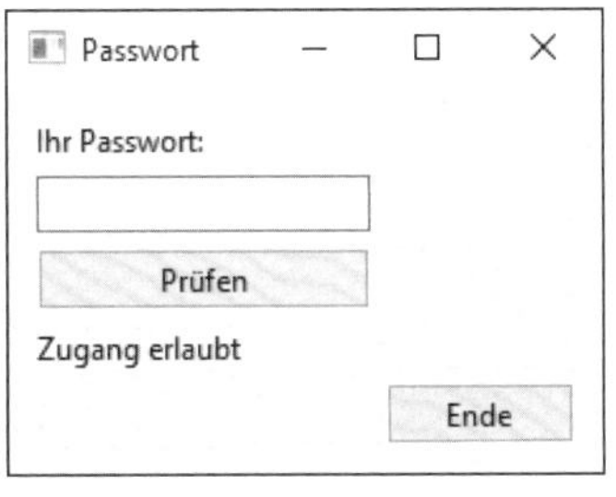

Abbildung 11.7 Aktivierung eines Widgets

11.2.3 Mehrzeiliges Eingabefeld

Ein Objekt der Klasse `QTextEdit` entspricht einem mehrzeiligen Eingabefeld zur Darstellung und Bearbeitung großer Datenmengen. Mithilfe von HTML bietet es vielfältige Möglichkeiten zur Formatierung und kann als WYSIWYG-Editor (*What you see is what you get*) dienen. Ist die Größe des Widgets nicht ausreichend, wird ein vertikaler Scrollbalken eingeblendet.

Im nachfolgenden Beispiel wird nur ein kleiner Ausschnitt der Fähigkeiten gezeigt. Ein `QTextEdit`-Objekt wird zur Darstellung von geladenen Daten aus einer Textdatei genutzt. Zudem besteht die Möglichkeit, den Inhalt des Eingabefelds in der Textdatei zu speichern:

```
import PyQt6.QtWidgets as wi
import sys
```

```
class Fenster(wi.QWidget):
    def __init__(self):
        super().__init__()
        gr = wi.QGridLayout()

        lbText = wi.QLabel("Text:")
        gr.addWidget(lbText, 0, 0)

        self.teText = wi.QTextEdit()
        self.teText.setFixedHeight(80)
        gr.addWidget(self.teText, 1, 0, 1, 3)

        buLaden = wi.QPushButton("Aus Datei laden")
        buLaden.clicked.connect(self.laden)
        gr.addWidget(buLaden, 2, 0)

        buSpeichern = wi.QPushButton("In Datei speichern")
        buSpeichern.clicked.connect(self.speichern)
        gr.addWidget(buSpeichern, 2, 1)

        buLoeschen = wi.QPushButton("Text löschen")
        buLoeschen.clicked.connect(self.loeschen)
        gr.addWidget(buLoeschen, 2, 2)

        self.lbAusgabe = wi.QLabel("(leer)")
        gr.addWidget(self.lbAusgabe, 3, 0)

        self.buEnde = wi.QPushButton("Ende")
        self.buEnde.clicked.connect(wi.QApplication.instance().quit)
        gr.addWidget(self.buEnde, 3, 3)

        self.setWindowTitle("TextEdit")
        self.setLayout(gr)
        self.show()

    def laden(self):
        self.teText.setText("")
        try:
            d = open("pyqt_mehrzeilig.txt")
```

```
            self.teText.setText(d.read())
            d.close()
        except:
            self.teText.setText("Datei nicht geöffnet")

    def speichern(self):
        try:
            d = open("pyqt_mehrzeilig.txt", "w")
            d.write(self.teText.toPlainText())
            d.close()
        except:
            self.lbAusgabe.setText("Datei nicht geöffnet")

    def loeschen(self):
        self.teText.setText("")

anwendung = wi.QApplication(sys.argv)
fenster = Fenster()
sys.exit(anwendung.exec())
```

Listing 11.6 Datei »pyqt_mehrzeilig.py«

Die Referenz teText verweist auf ein QTextEdit-Objekt, siehe Abbildung 11.8. Die Höhe eines Widgets kann mithilfe der Methode setFixedHeight() unveränderlich festgelegt werden.

Das Widget soll sich innerhalb des Rasters über drei Spalten erstrecken. Zu diesem Zweck werden beim Aufruf der Methode addWidget() zwei weitere Parameter mit den Werten 1 (Zeile) und 3 (Spalten) angehängt. Die beiden optionalen Parameter haben die Standardwerte 1 und 1.

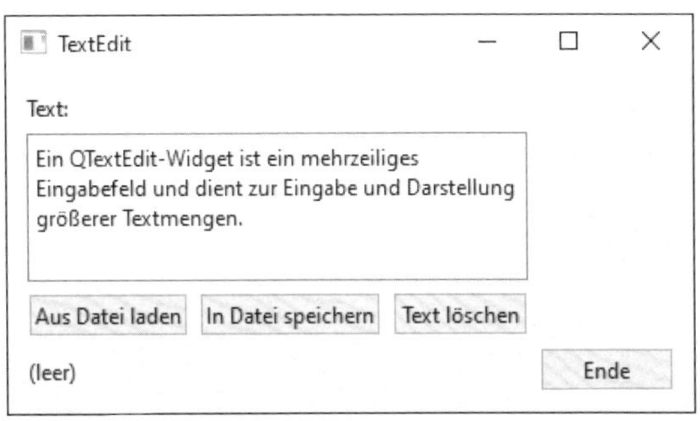

Abbildung 11.8 Mehrzeiliges Eingabefeld

Nach der Betätigung des Buttons AUS DATEI LADEN wird die Methode laden() aufgerufen. Darin wird das Textfeld mithilfe der Methode setText() geleert. Anschließend wird eine Textdatei geöffnet. Ihr Inhalt wird vollständig gelesen und im Textfeld dargestellt. Tritt dabei ein Fehler auf, erscheint stattdessen eine Fehlermeldung im Textfeld.

Nach der Betätigung des Buttons IN DATEI SPEICHERN wird die Methode speichern() aufgerufen. Darin wird der reine Textinhalt des Textfelds mithilfe der Methode toPlainText() ermittelt und in die Datei geschrieben. Tritt dabei ein Fehler auf, wird ebenfalls eine Fehlermeldung ausgegeben. Damit sie nicht den Inhalt des Textfelds überschreibt, erscheint sie in dem Label unter dem Textfeld. Die Methode toHtml() würde den HTML-Inhalt eines Textfelds ermitteln.

Der Button TEXT LÖSCHEN führt zum Aufruf der Methode loeschen(), in der das Textfeld gelöscht wird. Der Button ENDE befindet sich in Spalte 3 des Rasters, da sich die drei anderen Buttons in den Spalten 0, 1 und 2 befinden und sich das Textfeld über diese drei Spalten erstreckt.

11.2.4 Liste mit einfacher Auswahl

Sie können ein Objekt der Klasse QListWidget einsetzen, damit eine Auswahl aus einer Liste getroffen werden kann. In diesem Abschnitt wird die Auswahl eines einzelnen Elements behandelt, im nächsten Abschnitt die gleichzeitige Auswahl von mehreren Elementen.

Das QListWidget-Objekt kann unmittelbar auf einen Wechsel der Auswahl reagieren. Zudem können Sie die getroffene Auswahl auch im Nachhinein auswerten. Beide Möglichkeiten werden im nachfolgenden Beispiel gezeigt:

```
import PyQt6.QtWidgets as wi
import sys

class Fenster(wi.QWidget):
    def __init__(self):
        super().__init__()
        gr = wi.QGridLayout()

        lbAuswahl = wi.QLabel("Ihre Auswahl:")
        gr.addWidget(lbAuswahl, 0, 0)

        self.liAuswahl = wi.QListWidget()
        self.liAuswahl.setFixedHeight(80)
```

```
        stadt = ["Hamburg", "Stuttgart", "Berlin", "Dortmund", "Trier",
            "Duisburg", "Potsdam", "Halle", "Flensburg", "Augsburg"]
        for s in stadt:
            self.liAuswahl.addItem(s)
        self.liAuswahl.setCurrentRow(0)
        self.liAuswahl.itemClicked.connect(self.auswahl)
        gr.addWidget(self.liAuswahl, 1, 0)

        buAusgabe = wi.QPushButton("Ausgabe")
        buAusgabe.clicked.connect(self.ausgabe)
        gr.addWidget(buAusgabe, 2, 0)

        self.lbAusgabe = wi.QLabel("(leer)")
        gr.addWidget(self.lbAusgabe, 3, 0)

        buEnde = wi.QPushButton("Ende")
        buEnde.clicked.connect(wi.QApplication.instance().quit)
        gr.addWidget(buEnde, 4, 1)

        self.setWindowTitle("ListWidget")
        self.setLayout(gr)
        self.show()

    def auswahl(self, it):
        self.lbAusgabe.setText(f"Auswahl: {it.text()}")

    def ausgabe(self):
        it = self.liAuswahl.currentItem()
        self.lbAusgabe.setText(f"Ausgabe: {it.text()}")

anwendung = wi.QApplication(sys.argv)
fenster = Fenster()
sys.exit(anwendung.exec())
```

Listing 11.7 Datei »pyqt_liste.py«

Die Referenz `liAuswahl` verweist auf ein `QListWidget`-Objekt. Sind nicht alle Einträge gleichzeitig zu sehen, erhält das Objekt einen vertikalen Scrollbalken, siehe Abbildung 11.9.

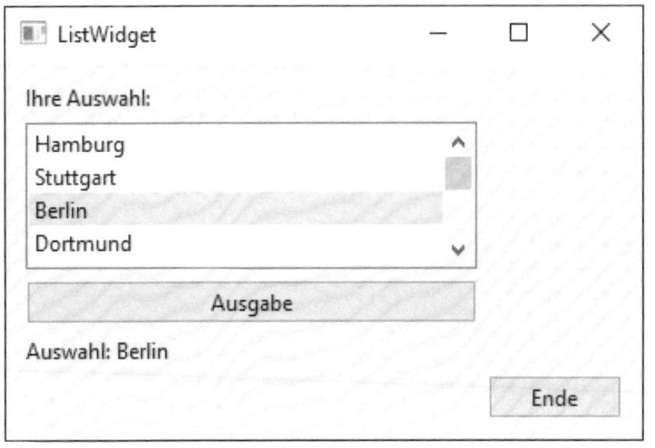

Abbildung 11.9 Liste mit einfacher Auswahl

Die dargestellten Einträge sind vom Typ `QListWidgetItem`. Sie werden dem `QListWidget` mithilfe der Methode `addItem()` hinzugefügt, hier aus einer Liste. Als Parameter wird der dargestellte Text des Eintrags übergeben.

Mithilfe der Methode `setCurrentRow()` wird ein Eintrag sichtbar markiert, damit es auch eine Auswahl gibt, falls das `QListWidget`-Objekt nicht bedient wurde. Als Parameter wird der Index des Eintrags übergeben. Der erste Eintrag hat den Index 0.

Die Markierung eines Eintrags entspricht dem Signal `itemClicked`. Es wird hier mit der Methode `auswahl()` verbunden. Dieser Methode wird automatisch eine Referenz auf das ausgewählte `QListWidgetItem`-Objekt übergeben. Die Methode `text()` des Objekts liefert den dargestellten Text des Eintrags.

Nach der Betätigung des Buttons AUSGABE wird die Methode `ausgabe()` aufgerufen. Darin wird der aktuell ausgewählte Eintrag mithilfe der Methode `currentItem()` ermittelt. Der zugehörige Text wird ausgegeben.

11.2.5 Liste mit mehrfacher Auswahl

Die Methode `setSelectionMode()` dient zum Einstellen des Auswahlmodus für ein `QListWidget`-Objekt. Im nachfolgenden Programm wird eine mehrfache Auswahl ermöglicht. Mithilfe der [Strg]-Taste können mehrere Einträge ausgewählt werden, die nicht aufeinanderfolgen müssen. Mithilfe der [⇧]-Taste können zudem mehrere aufeinanderfolgende Einträge ausgewählt werden. Die aktuell getroffene Auswahl erscheint in einem zweiten `QListWidget`-Objekt, siehe Abbildung 11.10:

```
import PyQt6.QtWidgets as wi
import sys
```

```
class Fenster(wi.QWidget):
    def __init__(self):
        super().__init__()
        gr = wi.QGridLayout()

        lbAuswahl = wi.QLabel("Ihre Auswahl:")
        gr.addWidget(lbAuswahl, 0, 0)

        self.liAuswahl = wi.QListWidget()
        self.liAuswahl.setFixedHeight(80)
        self.liAuswahl.setSelectionMode(
            wi.QAbstractItemView.SelectionMode.ExtendedSelection)
        stadt = ["Hamburg", "Stuttgart", "Berlin", "Dortmund", "Trier",
            "Duisburg", "Potsdam", "Halle", "Flensburg", "Augsburg"]
        for s in stadt:
            self.liAuswahl.addItem(s)
        self.liAuswahl.setCurrentRow(0)
        self.liAuswahl.itemClicked.connect(self.ausgabe)
        gr.addWidget(self.liAuswahl, 1, 0)

        buAusgabe = wi.QPushButton("Ausgabe")
        buAusgabe.clicked.connect(self.ausgabe)
        gr.addWidget(buAusgabe, 2, 0)

        self.liAusgabe = wi.QListWidget()
        self.liAusgabe.setFixedHeight(80)
        gr.addWidget(self.liAusgabe, 3, 0)

        buEnde = wi.QPushButton("Ende")
        buEnde.clicked.connect(wi.QApplication.instance().quit)
        gr.addWidget(buEnde, 4, 1)

        self.setWindowTitle("ListWidget")
        self.setLayout(gr)
        self.show()

    def ausgabe(self):
        while self.liAusgabe.count() > 0:
            self.liAusgabe.takeItem(0)
        for it in self.liAuswahl.selectedItems():
            self.liAusgabe.addItem(it.text())
```

```
anwendung = wi.QApplication(sys.argv)
fenster = Fenster()
sys.exit(anwendung.exec())
```

Listing 11.8 Datei »pyqt_liste_mehrfach.py«

Als Parameter der Methode `setSelectionMode()` wird ein Element der Enumeration `SelectionMode` aus der Klasse `QAbstractItemView` erwartet. Diese Klasse dient als abstrakte Basisklasse für verschiedene Typen von Widgets, die über Einträge verfügen.

Sowohl eine Änderung der Auswahl als auch die Betätigung des Buttons AUSGABE führen zur Methode `ausgabe()`. Darin wird das zweite `QListWidget`-Objekt geleert und anschließend mit den ausgewählten Einträgen gefüllt. Die Methode `count()` liefert die Anzahl der Einträge. Die Methode `takeItem()` entfernt den Eintrag mit dem angegebenen Index. Hier wird mithilfe einer `while`-Schleife mehrfach der erste Eintrag entfernt, bis die Liste leer ist.

Die Methode `selectedItems()` liefert eine Liste von `QListWidgetItem`-Objekten. Sie stehen in der Reihenfolge, in der sie ausgewählt wurden. Die Liste wird mithilfe einer Schleife durchlaufen. Der Text des jeweiligen Eintrags wird dem zweiten `QListWidget`-Objekt mithilfe der Methode `addItem()` hinzugefügt, siehe Abbildung 11.10.

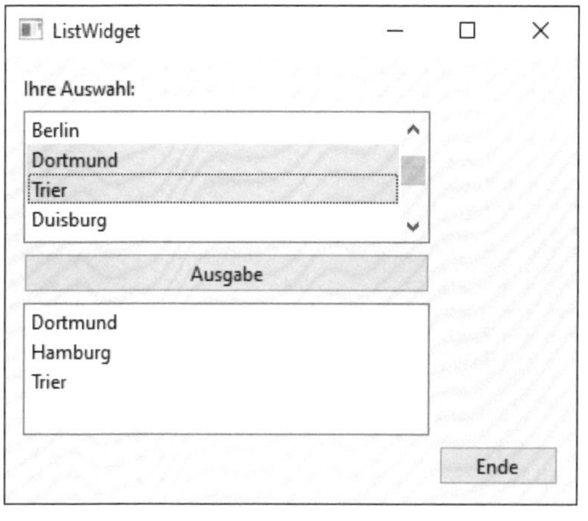

Abbildung 11.10 Liste mit mehrfacher Auswahl

11.2.6 Combobox

Mithilfe eines Objekts der Klasse `QComboBox` erstellen Sie eine Combobox, also ein Kombinationsfeld. Darin können Sie sowohl Einträge aus einer Liste auswählen als auch einen Text wie in einem Textfeld eintragen. Bei dem Objekt werden die Ereignisse »Auswahl ändert sich« und »Text ändert sich« bemerkt. Im nachfolgenden Programm wird das gezeigt:

```
import PyQt6.QtWidgets as wi
import sys

class Fenster(wi.QWidget):
    def __init__(self):
        super().__init__()
        gr = wi.QGridLayout()

        self.lbErgebnis = wi.QLabel("Ihre Auswahl oder Eingabe:")
        gr.addWidget(self.lbErgebnis, 0, 0)

        self.cbAuswahl = wi.QComboBox()
        self.cbAuswahl.setEditable(True)
        stadt = ["Hamburg", "Stuttgart", "Berlin", "Dortmund", "Trier",
            "Duisburg", "Potsdam", "Halle", "Flensburg", "Augsburg"]
        for s in stadt:
            self.cbAuswahl.addItem(s)
        self.cbAuswahl.currentTextChanged.connect(self.eingabe)
        self.cbAuswahl.currentIndexChanged.connect(self.auswahl)
        gr.addWidget(self.cbAuswahl, 1, 0)

        buAusgabe = wi.QPushButton("Ausgabe")
        buAusgabe.clicked.connect(self.ausgabe)
        gr.addWidget(buAusgabe, 2, 0)

        buEnde = wi.QPushButton("Ende")
        buEnde.clicked.connect(wi.QApplication.instance().quit)
        gr.addWidget(buEnde, 3, 1)

        self.setWindowTitle("ComboBox")
        self.setLayout(gr)
        self.show()

    def auswahl(self, ix):
        tx = self.cbAuswahl.currentText()
        self.lbErgebnis.setText(f"Auswahl: {tx}, Index: {ix}")

    def eingabe(self, tx):
        self.lbErgebnis.setText(f"Eingabe: {tx}")
```

```
    def ausgabe(self):
        tx = self.cbAuswahl.currentText()
        ix = self.cbAuswahl.currentIndex()
        self.lbErgebnis.setText(f"Ausgabe: {tx}, Index: {ix}")

anwendung = wi.QApplication(sys.argv)
fenster = Fenster()
sys.exit(anwendung.exec())
```

Listing 11.9 Datei »pyqt_combo.py«

Standardmäßig kann kein Text im `QComboBox`-Objekt eingegeben werden. Mithilfe der Methode `setEditable()` und des Parameters `True` ändern Sie das. Die Einträge werden wie beim `QListWidget`-Objekt mithilfe der Methode `addItem()` hinzugefügt.

Bei einer Textänderung wird das Signal `currentTextChanged` gesetzt. Es führt zur Methode `eingabe()`, die automatisch den aktuellen Text im `QComboBox`-Objekt erhält. Er wird ausgegeben, siehe Abbildung 11.11.

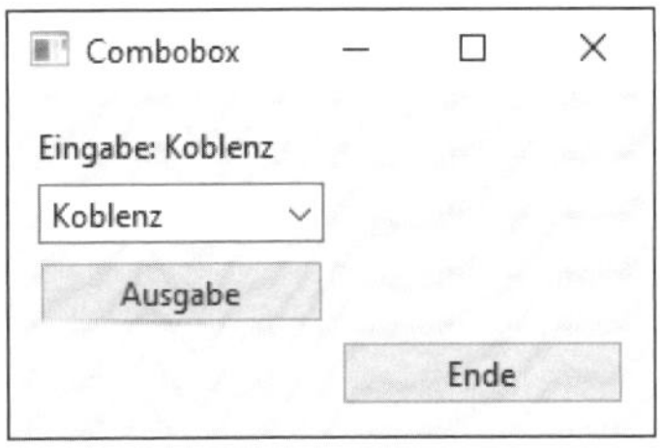

Abbildung 11.11 Eingabe eines Texts

Bei einem Wechsel zu einem anderen Eintrag wird das Signal `currentIndexChanged` gesetzt. Es führt zur Methode `auswahl()`, die automatisch den Index des aktuellen Eintrags erhält. Der Text des aktuellen Eintrags kann mithilfe der Methode `currentText()` ermittelt werden. Beide Informationen werden ausgegeben, siehe Abbildung 11.12.

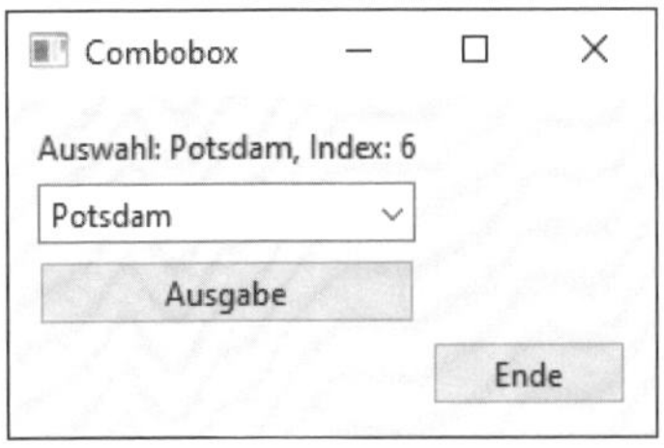

Abbildung 11.12 Auswahl eines Eintrags

Nach der Betätigung des Buttons AUSGABE wird die Methode ausgabe() aufgerufen. Die Methode currentIndex() liefert den Index des aktuellen Eintrags.

11.2.7 Spinbox

Eine Spinbox ermöglicht die komfortable Auswahl oder Eingabe eines Zahlenwerts aus einem begrenzten Zahlenbereich. Werte außerhalb des Zahlenbereichs können weder ausgewählt noch eingegeben werden. Bei Objekten der Klasse QSpinBox geht es um ganze Zahlen, bei Objekten der Klasse QDoubleSpinBox um Zahlen mit Nachkommastellen.

Im nachfolgenden Programm werden Objekte beider Klassen gezeigt:

```
import PyQt6.QtWidgets as wi
import sys

class Fenster(wi.QWidget):
    def __init__(self):
        super().__init__()
        gr = wi.QGridLayout()

        self.lbErgebnis = wi.QLabel("Ihre Auswahl oder Eingabe:")
        self.lbErgebnis.setFixedWidth(150)
        gr.addWidget(self.lbErgebnis, 0, 0)

        self.spAuswahlInt = wi.QSpinBox()
        self.spAuswahlInt.setMinimum(10)
        self.spAuswahlInt.setMaximum(30)
        self.spAuswahlInt.setSingleStep(2)
        self.spAuswahlInt.setValue(16)
        self.spAuswahlInt.valueChanged.connect(self.aendern)
        gr.addWidget(self.spAuswahlInt, 1, 0)

        self.spAuswahlDbl = wi.QDoubleSpinBox()
        self.spAuswahlDbl.setMinimum(2.8)
        self.spAuswahlDbl.setMaximum(7.2)
        self.spAuswahlDbl.setSingleStep(0.2)
        self.spAuswahlDbl.setValue(3.4)
        self.spAuswahlDbl.setDecimals(1)
        self.spAuswahlDbl.valueChanged.connect(self.aendern)
        gr.addWidget(self.spAuswahlDbl, 2, 0)
```

```
        buAusgabe = wi.QPushButton("Ausgabe")
        buAusgabe.clicked.connect(self.ausgabe)
        gr.addWidget(buAusgabe, 3, 0)

        buEnde = wi.QPushButton("Ende")
        buEnde.clicked.connect(wi.QApplication.instance().quit)
        gr.addWidget(buEnde, 4, 1)

        self.setWindowTitle("Spinbox")
        self.setLayout(gr)
        self.show()

    def aendern(self, wert):
        if self.sender() is self.spAuswahlInt:
            self.lbErgebnis.setText(f"Auswahl: {wert}")
        else:
            self.lbErgebnis.setText(f"Auswahl: {round(wert,1)}")

    def ausgabe(self):
        wertInt = self.spAuswahlInt.value()
        wertDbl = round(self.spAuswahlDbl.value(), 1)
        self.lbErgebnis.setText(f"Ausgabe: {wertInt} und {wertDbl}")

anwendung = wi.QApplication(sys.argv)
fenster = Fenster()
sys.exit(anwendung.exec())
```

Listing 11.10 Datei »pyqt_spin.py«

Die Methoden `setMinimum()`, `setMaximum()` und `setValue()` dienen zum Setzen der Grenzen des Zahlenbereichs und des aktuellen Werts.

Mithilfe der Methode `setSingleStep()` können Sie die Schrittweite bei der Betätigung der Pfeile an der Spinbox festlegen. Der Standardwert ist 1. Eine Spinbox kann durch eine Eingabe auch einen Wert erhalten, der zwischen zwei Schritten liegt, aber niemals einen Wert außerhalb des Zahlenbereichs.

Bei einer Spinbox für Zahlen mit Nachkommastellen wird mithilfe der Methode `setDecimals()` die Anzahl der Nachkommastellen für die Eingabe und die Darstellung in der Spinbox festgelegt.

Der Wert einer Spinbox kann durch eine Eingabe oder eine Auswahl geändert werden. Beide Aktionen setzen das Signal `valueChanged`. Hier führt es für beide Spinboxen zur Methode `aendern()`. In der Methode steht der aktuelle Wert derjenigen Spinbox, die das Signal gesetzt, also das Ereignis ausgelöst hat, automatisch zur Verfügung. Er wird ausgegeben, siehe Abbildung 11.13.

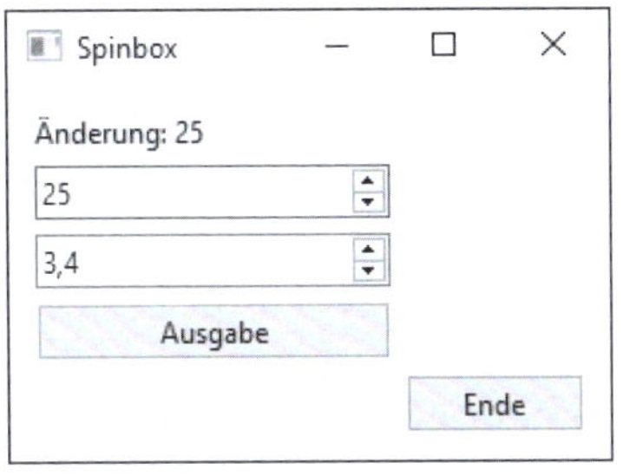

Abbildung 11.13 Wert der ersten Spinbox nach Eingabe

Die Festlegung der Anzahl der Nachkommastellen gilt nur für die Eingabe und die Darstellung in der Spinbox, nicht für den resultierenden Wert oder seine Darstellung im Ausgabefeld. Daher muss dieser Wert ebenfalls auf eine Nachkommastelle gerundet werden. Da die Methode `aendern()` auf beide Spinboxen reagiert, müssen wir den Sender des Signals ermitteln.

Die Methode `sender()` des Anwendungsfensters liefert im Fall eines Ereignisses eine Referenz auf dasjenige Objekt, das das Signal gesetzt hat. Hier wird diese Referenz mit der Referenz auf die erste Spinbox verglichen. Auf diese Weise kann die Ausgabe passend gestaltet werden, siehe Abbildung 11.14.

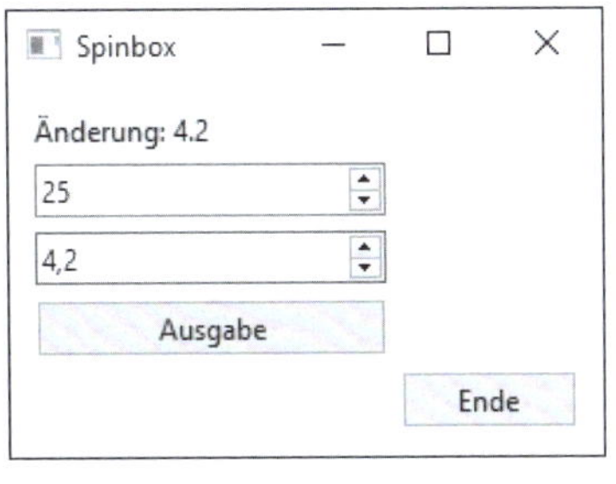

Abbildung 11.14 Wert der zweiten Spinbox nach Auswahl

Nach der Betätigung des Buttons AUSGABE wird die Methode `ausgabe()` aufgerufen. Die Methode `value()` liefert den aktuellen Wert einer Spinbox, siehe Abbildung 11.15.

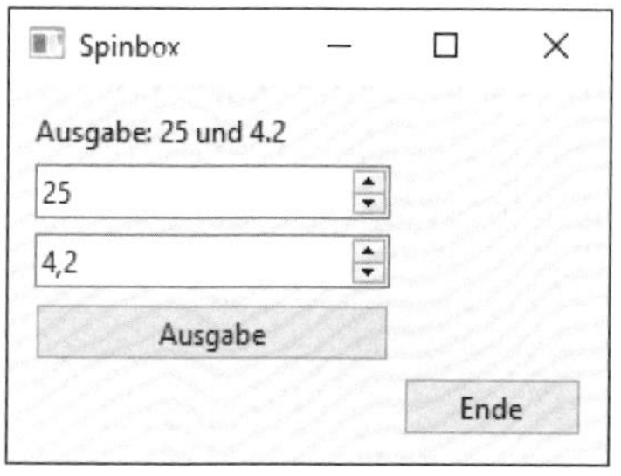

Abbildung 11.15 Werte der beiden Spinboxen

11.2.8 Radiobutton

Objekte der Klasse `QRadioButton` dienen als Radiobuttons. Sie ermöglichen eine einfache Auswahl zwischen mehreren Möglichkeiten.

Es folgt ein Programm zur Auswahl einer Farbe:

```
import PyQt6.QtWidgets as wi
import sys

class Fenster(wi.QWidget):
    def __init__(self):
        super().__init__()
        gr = wi.QGridLayout()

        self.lbAuswahl = wi.QLabel("Ihre Auswahl:")
        gr.addWidget(self.lbAuswahl, 0, 0, 1, 3)

        self.rbRot = wi.QRadioButton("Rot")
        self.rbRot.toggled.connect(self.auswahl)
        gr.addWidget(self.rbRot, 1, 0)

        self.rbGelb = wi.QRadioButton("Gelb")
        self.rbGelb.setChecked(True)
        self.rbGelb.toggled.connect(self.auswahl)
        gr.addWidget(self.rbGelb, 1, 1)

        self.rbBlau = wi.QRadioButton("Blau")
        self.rbBlau.toggled.connect(self.auswahl)
        gr.addWidget(self.rbBlau, 1, 2)
```

```
        buAusgabe = wi.QPushButton("Ausgabe")
        buAusgabe.clicked.connect(self.ausgabe)
        gr.addWidget(buAusgabe, 2, 0, 1, 3)

        buEnde = wi.QPushButton("Ende")
        buEnde.clicked.connect(wi.QApplication.instance().quit)
        gr.addWidget(buEnde, 3, 3)

        self.setWindowTitle("Radiobutton")
        self.setLayout(gr)
        self.show()

    def auswahl(self):
        rb = self.sender()
        if rb.isChecked():
            self.lbAuswahl.setText(f"Auswahl: {rb.text()}")

    def ausgabe(self):
        if self.rbRot.isChecked():
            rb = self.rbRot
        elif self.rbGelb.isChecked():
            rb = self.rbGelb
        else:
            rb = self.rbBlau
        self.lbAuswahl.setText(f"Ausgabe: {rb.text()}")

anwendung = wi.QApplication(sys.argv)
fenster = Fenster()
sys.exit(anwendung.exec())
```

Listing 11.11 Datei »pyqt_radio.py«

Das Label zur Ausgabe und der Button unter den drei Radiobuttons erstrecken sich jeweils über drei Spalten.

Zu Beginn sollte bereits mithilfe der Methode `setChecked()` einer der Radiobuttons ausgewählt sein, damit es in jedem Fall eine Auswahl gibt. Das Signal `toggled` wird gesetzt, falls ein Radiobutton seinen Zustand ändert. Das passiert sowohl bei der Markierung eines Radiobuttons als auch beim Verlust der Markierung durch die Auswahl eines anderen Radiobuttons.

Hier führt das Signal `toggled` für alle Radiobuttons zur Methode `auswahl()`. Die Methode `sender()` liefert eine Referenz auf denjenigen Radiobutton, bei dem sich der Zustand geändert hat. Mithilfe der Methode `isChecked()` wird ermittelt, ob ein Radiobutton markiert wurde. In diesem Fall wird der Text des Radiobuttons angezeigt, siehe Abbildung 11.16. Hat ein Radiobutton seine Markierung verloren, wird nichts ausgegeben.

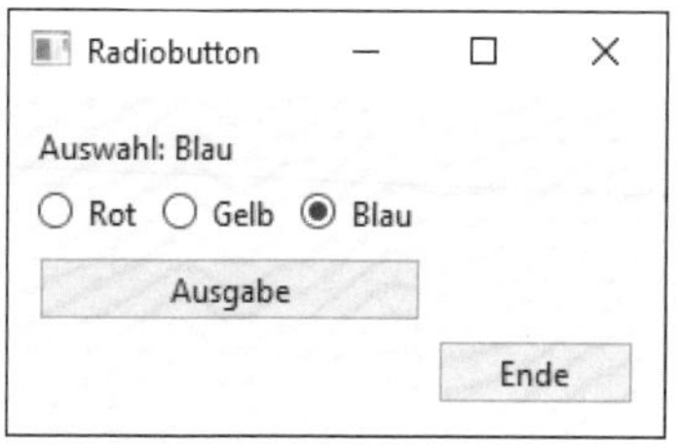

Abbildung 11.16 Markierung eines Radiobuttons

Nach der Betätigung des Buttons AUSGABE wird die Methode `ausgabe()` aufgerufen. In einer mehrfachen Verzweigung wird die Referenz des aktuell markierten Radiobuttons ermittelt und übergeben.

11.2.9 Mehrere Gruppen von Radiobuttons

Objekte der Klasse `QButtonGroup` sind selbst nicht sichtbar, können aber zur logischen Trennung mehrerer Gruppen von Radiobuttons genutzt werden. Zugleich erleichtern sie die Ermittlung des aktuell markierten Radiobuttons innerhalb einer Gruppe. Im nachfolgenden Programm können auf diese Weise eine Farbe und eine Größe ausgewählt werden:

```
import PyQt6.QtWidgets as wi
import sys

class Fenster(wi.QWidget):
    def __init__(self):
        super().__init__()
        gr = wi.QGridLayout()

        self.lbAuswahl = wi.QLabel("Ihre Auswahl:")
        gr.addWidget(self.lbAuswahl, 0, 0, 1, 3)

        rbRot = wi.QRadioButton("Rot")
        gr.addWidget(rbRot, 1, 0)
```

```
rbGelb = wi.QRadioButton("Gelb")
rbGelb.setChecked(True)
gr.addWidget(rbGelb, 1, 1)

rbBlau = wi.QRadioButton("Blau")
gr.addWidget(rbBlau, 1, 2)

self.gpFarbe = wi.QButtonGroup()
self.gpFarbe.addButton(rbRot)
self.gpFarbe.addButton(rbGelb)
self.gpFarbe.addButton(rbBlau)
self.gpFarbe.buttonClicked.connect(self.auswahl)

rbKlein = wi.QRadioButton("klein")
gr.addWidget(rbKlein, 2, 0)

rbMittel = wi.QRadioButton("mittel")
gr.addWidget(rbMittel, 2, 1)

rbGross = wi.QRadioButton("groß")
rbGross.setChecked(True)
gr.addWidget(rbGross, 2, 2)

self.gpGroesse = wi.QButtonGroup()
self.gpGroesse.addButton(rbKlein)
self.gpGroesse.addButton(rbMittel)
self.gpGroesse.addButton(rbGross)
self.gpGroesse.buttonClicked.connect(self.auswahl)

buAusgabe = wi.QPushButton("Ausgabe")
buAusgabe.clicked.connect(self.ausgabe)
gr.addWidget(buAusgabe, 3, 0, 1, 3)

buEnde = wi.QPushButton("Ende")
buEnde.clicked.connect(wi.QApplication.instance().quit)
gr.addWidget(buEnde, 4, 3)

self.setWindowTitle("Gruppe")
self.setLayout(gr)
self.show()
```

```
    def ausgabe(self):
        rbFarbe = self.gpFarbe.checkedButton()
        rbGroesse = self.gpGroesse.checkedButton()
        self.lbAuswahl.setText(
            f"Ausgabe: {rbFarbe.text()} und {rbGroesse.text()}")

    def auswahl(self, rb):
        self.lbAuswahl.setText(f"Auswahl: {rb.text()}")

anwendung = wi.QApplication(sys.argv)
fenster = Fenster()
sys.exit(anwendung.exec())
```

Listing 11.12 Datei »pyqt_group.py«

Die Referenzen auf die Radiobuttons müssen diesmal keine Eigenschaften der Klasse sein, da die Informationen über die Gruppen ermittelt werden.

Die Referenzen `gpFarbe` und `gpGroesse` verweisen auf die beiden `QButtonGroup`-Objekte. Die Zugehörigkeit eines Radiobuttons zu einer Gruppe wird erreicht, indem für die Gruppe die Methode `addButton()` aufgerufen und dabei die Referenz auf den betreffenden Radiobutton übergeben wird.

Das Signal `buttonClicked` wird für eine Gruppe ausgelöst, falls einer der Radiobuttons dieser Gruppe markiert wird. Das Signal ist mit der Methode `auswahl()` verbunden. Beim Aufruf der Methode wird automatisch die Referenz auf den markierten Radiobutton zur Verfügung gestellt. Der zugehörige Text wird ausgegeben.

Nach der Betätigung des Buttons AUSGABE wird die Methode `ausgabe()` aufgerufen. Die Methode `checkedButton()` liefert für jede Gruppe eine Referenz auf den markierten Radiobutton. Die Texte der markierten Buttons der beiden Gruppen werden ausgegeben, siehe Abbildung 11.17.

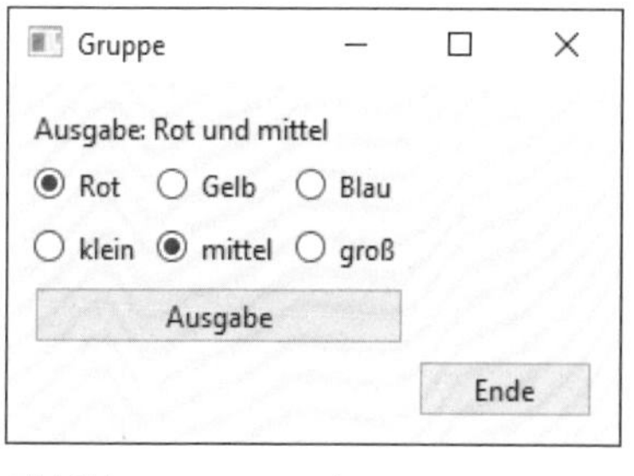

Abbildung 11.17 Mehrere Gruppen von Radiobuttons

11.2.10 Checkbox

Eine Checkbox kann ein- oder ausgeschaltet werden. Sie dient zur Darstellung eines Zustands, bei dem es zwei Möglichkeiten gibt. Kommen mehrere Checkboxen vor, sind sie voneinander unabhängig.

Im nachfolgenden Programm können die Eigenschaften eines Zeichnungsobjekts eingestellt werden: mit Rahmen oder ohne Rahmen, mit Farbe gefüllt oder nicht mit Farbe gefüllt.

```
import PyQt6.QtWidgets as wi
import sys

class Fenster(wi.QWidget):
    def __init__(self):
        super().__init__()
        gr = wi.QGridLayout()

        self.lbAuswahl = wi.QLabel("Ihre Auswahl:")
        gr.addWidget(self.lbAuswahl, 0, 0, 1, 2)

        self.cbRahmen = wi.QCheckBox("Rahmen")
        self.cbRahmen.stateChanged.connect(self.aendern)
        gr.addWidget(self.cbRahmen, 1, 0)

        self.cbFuellung = wi.QCheckBox("Füllung")
        self.cbFuellung.setChecked(True)
        self.cbFuellung.stateChanged.connect(self.aendern)
        gr.addWidget(self.cbFuellung, 1, 1)

        buAusgabe = wi.QPushButton("Ausgabe")
        buAusgabe.clicked.connect(self.ausgabe)
        gr.addWidget(buAusgabe, 2, 0, 1, 2)

        buEnde = wi.QPushButton("Ende")
        buEnde.clicked.connect(wi.QApplication.instance().quit)
        gr.addWidget(buEnde, 3, 2)

        self.setWindowTitle("Checkbox")
        self.setLayout(gr)
        self.show()
```

11

```
    def aendern(self):
        cb = self.sender()
        tx = cb.text()
        if cb.isChecked():
            self.lbAuswahl.setText(f"{tx}: Ja")
        else:
            self.lbAuswahl.setText(f"{tx}: Nein")

    def ausgabe(self):
        if self.cbRahmen.isChecked():
            tx = "Rahmen: Ja, "
        else:
            tx = "Rahmen: Nein, "
        if self.cbFuellung.isChecked():
            tx += "Füllung: Ja"
        else:
            tx += "Füllung: Nein"
        self.lbAuswahl.setText(tx)

anwendung = wi.QApplication(sys.argv)
fenster = Fenster()
sys.exit(anwendung.exec())
```

Listing 11.13 Datei »pyqt_check.py«

Die Methode `setChecked()` dient zum Einstellen der Checkbox per Programmcode. Mit dem Parameter `True` wird sie eingeschaltet, mit dem Parameter `False` ausgeschaltet. Das Signal `stateChanged` wird beim Wechsel des Zustands gesetzt. Hier führt das Signal für beide Objekte der Klasse `QCheckBox` zur Methode `aendern()`.

In dieser Methode wird zunächst ermittelt, welches Widget das Signal gesetzt hat. Anschließend wird mithilfe der Methode `isChecked()` geprüft, ob die Checkbox eingeschaltet ist, und es folgt eine entsprechende Ausgabe, siehe Abbildung 11.18.

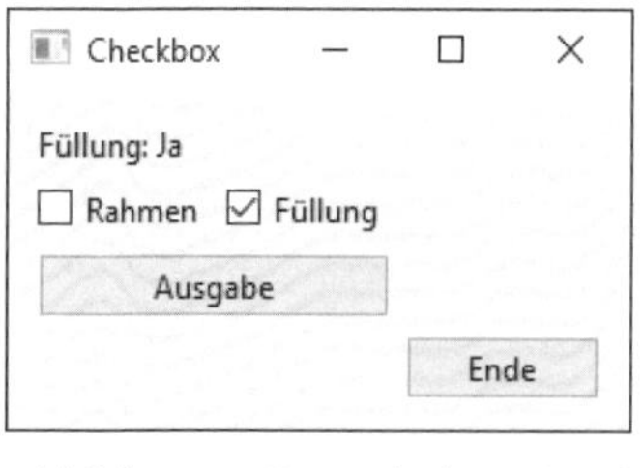

Abbildung 11.18 Nach dem Einschalten der Checkbox »Füllung«

Nach der Betätigung des Buttons AUSGABE wird die Methode `ausgabe()` aufgerufen. Darin wird der Zustand der beiden Checkboxen ermittelt und ausgegeben, siehe Abbildung 11.19.

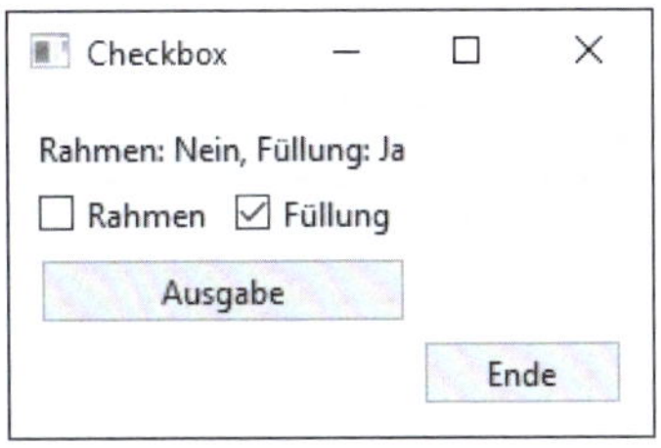

Abbildung 11.19 Ausgabe des Zustands beider Checkboxen

11.2.11 Slider

Mithilfe eines `QSlider`-Objekts können Sie einen ganzzahligen Wert innerhalb eines bestimmten Zahlenbereichs komfortabel einstellen und zugleich anschaulich darstellen. Ein Slider kann vertikal oder horizontal angeordnet werden und mithilfe der Maus, der Pfeiltasten oder der [Bild ↑]- und der [Bild ↓]-Taste betätigt werden. Zur besseren Darstellung können Sie dem Slider eine Leiste mit Markierungen hinzufügen, sogenannten *Tickmarks*.

Im nachfolgenden Programm werden diese Elemente gezeigt:

```
import PyQt6.QtWidgets as wi
import PyQt6.QtCore as co
import sys

class Fenster(wi.QWidget):
    def __init__(self):
        super().__init__()
        gr = wi.QGridLayout()

        self.lbAuswahl = wi.QLabel("Wert: 24")
        gr.addWidget(self.lbAuswahl, 0, 0)

        self.slWert = wi.QSlider()
        self.slWert.setFixedWidth(200)
        self.slWert.setOrientation(co.Qt.Orientation.Horizontal)
        self.slWert.setMinimum(10)
        self.slWert.setMaximum(50)
        self.slWert.setValue(24)
```

```
        self.slWert.setSingleStep(2)
        self.slWert.setPageStep(10)
        self.slWert.setTickPosition(wi.QSlider.TickPosition.TicksBelow)
        self.slWert.setTickInterval(5)
        self.slWert.valueChanged.connect(self.aendern)
        gr.addWidget(self.slWert, 1, 0)

        buAusgabe = wi.QPushButton("Ausgabe")
        buAusgabe.clicked.connect(self.ausgabe)
        gr.addWidget(buAusgabe, 2, 0)

        buEnde = wi.QPushButton("Ende")
        buEnde.clicked.connect(wi.QApplication.instance().quit)
        gr.addWidget(buEnde, 3, 1)

        self.setWindowTitle("Slider")
        self.setLayout(gr)
        self.show()

    def aendern(self, wert):
        self.lbAuswahl.setText(f"Nach Änderung: {wert}")

    def ausgabe(self):
        wert = self.slWert.value()
        self.lbAuswahl.setText(f"Ausgabe: {wert}")

anwendung = wi.QApplication(sys.argv)
fenster = Fenster()
sys.exit(anwendung.exec())
```

Listing 11.14 Datei »pyqt_slider.py«

Standardmäßig wird ein Slider vertikal angeordnet. Zur Einstellung der Anordnung rufen Sie die Methode `setOrientation()` auf. Mithilfe des Elements `Horizontal` der Enumeration `Orientation` aus dem Modul `PyQt6.QtCore.Qt` als Parameter erfolgt eine horizontale Anordnung.

Die Methoden `setFixedWidth()`, `setMinimum()`, `setMaximum()` und `setValue()` dienen zur Einstellung einer unveränderlichen Breite, des Zahlenbereichs und des aktuellen Werts.

Standardmäßig wird der Slider mithilfe der Maus verschoben. Die Einstellung der Schrittweite für kleine Schritte, die mithilfe der Pfeiltasten ausgeführt werden, nehmen

Sie mit der Methode `setSingleStep()` vor. Die Methode `setPageStep()` dient zum Einstellen der Schrittweite für große Schritte, die mithilfe der `Bild ↑`- und der `Bild ↓`-Taste oder mit einem Mausklick auf dem Slider vorgenommen werden.

Zur Anzeige der Tickmarks rufen Sie die Methode `setTickPosition()` auf. Mithilfe des Elements `TicksBelow` aus der Enumeration `TickPosition` der Klasse `QSlider` als Parameter erfolgt die Anordnung unterhalb des Sliders. Mit der Methode `setTickInterval()` stellen Sie den Abstand der Tickmarks ein.

Die Bedienung des Sliders setzt das Signal `valueChanged`, das hier zur Methode `aendern()` führt. Diese Methode erhält automatisch den aktuellen Wert des Sliders. Dieser wird ausgegeben, siehe Abbildung 11.20.

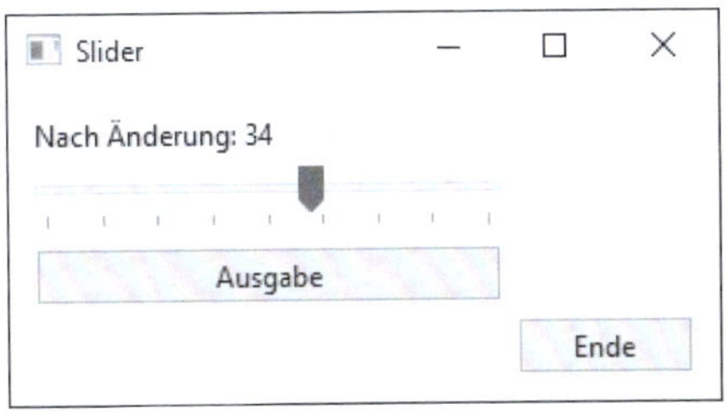

Abbildung 11.20 Nach Änderung des Werts

Nach der Betätigung des Buttons AUSGABE wird die Methode `ausgabe()` aufgerufen. Der aktuelle Wert des Sliders wird mithilfe der Methode `value()` ermittelt.

11.2.12 Bilder, Formate und Hyperlinks

In einem Objekt der Klasse `QLabel` kann nicht nur auf einfache Weise Text dargestellt werden, sondern er kann auch ausgerichtet werden oder einen Hyperlink bilden. Zudem kann in einem Label ein Bild angezeigt werden.

Mit bestimmten HTML- oder CSS-Angaben lassen sich die Funktion und die Darstellung eines Labels weiter gestalten. *HTML* (= Hypertext Markup Language) und *CSS* (= Cascading Style Sheets) bieten umfangreiche Möglichkeiten zur Strukturierung und Formatierung von Internetdokumenten.

Das nachfolgende Programm zeigt einige Möglichkeiten:

```
import PyQt6.QtWidgets as wi
import PyQt6.QtGui as gu
import PyQt6.QtCore as co
import sys
```

```
class Fenster(wi.QWidget):
    def __init__(self):
        super().__init__()
        gr = wi.QGridLayout()

        lbBild = wi.QLabel()
        pm = gu.QPixmap("rheinwerk.png")
        lbBild.setPixmap(pm)
        gr.addWidget(lbBild, 0, 0)

        lbFarbe = wi.QLabel("Text")
        lbFarbe.setFixedHeight(50)
        lbFarbe.setStyleSheet(
            "background-color:#A0A0A0; border:2px solid #000000;")
        lbFarbe.setAlignment(
            co.Qt.AlignmentFlag.AlignBottom | co.Qt.AlignmentFlag.AlignRight)
        gr.addWidget(lbFarbe, 1, 0)

        lbLink = wi.QLabel(
            "<a href='https://www.rheinwerk-verlag.de/'>Rheinwerk-Verlag</a>")
        lbLink.setOpenExternalLinks(True)
        gr.addWidget(lbLink, 2, 0)

        buEnde = wi.QPushButton("Ende")
        buEnde.clicked.connect(wi.QApplication.instance().quit)
        gr.addWidget(buEnde, 3, 0)

        self.setWindowTitle("Label")
        self.setLayout(gr)
        self.show()

anwendung = wi.QApplication(sys.argv)
fenster = Fenster()
sys.exit(anwendung.exec())
```

Listing 11.15 Datei »pyqt_label.py«

Ein Objekt der Klasse `QPixmap` aus dem Modul `PyQt6.QtGui` repräsentiert ein Bild aus einer Bilddatei. Für ein `QLabel`-Objekt kann die Methode `setPixmap()` aufgerufen werden. Der Methode wird eine Referenz auf ein `QPixmap`-Objekt übergeben. Das repräsentierte Bild wird im Label dargestellt, siehe Abbildung 11.21.

Abbildung 11.21 Bilder, Formate und Hyperlinks

Mithilfe der Methode `setStyleSheet()` formatieren Sie ein Label. Die CSS-Eigenschaft `background-color` dient zur Angabe der Hintergrundfarbe, die CSS-Eigenschaft `border` zur Gestaltung des Rahmens, mit Werten für die Dicke, die Linienart und die Farbe.

Die Methode `setAlignment()` wird zur Einstellung der horizontalen und vertikalen Ausrichtung des Texts innerhalb des Labels benötigt. Standardmäßig erscheint der Text linksbündig und vertikal zentriert. Mithilfe der Elemente `AlignBottom` und `AlignRight` der Enumeration `AlignmentFlag` aus dem Modul `QtCore` erscheint der Text rechtsbündig unten. Bei den Elementen handelt es sich um Bitflaggen, die mithilfe des Operators für das *bitweise Oder* | miteinander verknüpft werden.

Der Text in einem Label kann auch mithilfe von bestimmten HTML-Markierungen formatiert werden. Hier wird ein HTML-Container zur Erstellung eines Hyperlinks eingesetzt. Zusätzlich muss die Methode `setOpenExternalLinks()` mit dem Parameter `True` aufgerufen werden.

11.2.13 Standard-Dialogfelder

Bei einem Objekt der Klasse `QMessageBox` handelt es sich um ein vorgefertigtes Standard-Dialogfeld zur Übermittlung von Nachrichten. Sie können damit Informationen übermitteln, eine Warnung aussprechen, einen Fehler melden und bestimmte Antworten erfragen. Im nachfolgenden Programm werden verschiedene Dialogfelder jeweils über einen eigenen Button aufgerufen. Ergibt die Bedienung des Dialogfelds eine Antwort, so wird sie in einem Label des Anwendungsfensters angezeigt:

Zunächst der erste Teil des Programms mit den GUI-Elementen:

```
import PyQt6.QtWidgets as wi
import sys
```

```
class Fenster(wi.QWidget):
    def __init__(self):
        super().__init__()
        gr = wi.QGridLayout()

        buInfo = wi.QPushButton("Info")
        buInfo.clicked.connect(self.info)
        gr.addWidget(buInfo, 0, 0)

        buWarning = wi.QPushButton("Warnung")
        buWarning.clicked.connect(self.warning)
        gr.addWidget(buWarning, 0, 1)

        buError = wi.QPushButton("Fehler")
        buError.clicked.connect(self.error)
        gr.addWidget(buError, 0, 2)

        buYesNo = wi.QPushButton("Ja/Nein")
        buYesNo.clicked.connect(self.yesno)
        gr.addWidget(buYesNo, 1, 0)

        buOkAbortRetryIgnore = wi.QPushButton(
            "Ok, Abbrechen, Wiederholen oder Ignorieren")
        buOkAbortRetryIgnore.clicked.connect(self.okabortretryignore)
        gr.addWidget(buOkAbortRetryIgnore, 1, 1, 1, 2)

        self.lbAusgabe = wi.QLabel("(leer)")
        gr.addWidget(self.lbAusgabe, 2, 0)

        buEnde = wi.QPushButton("Ende")
        buEnde.clicked.connect(wi.QApplication.instance().quit)
        gr.addWidget(buEnde, 2, 2)

        self.setWindowTitle("Nachrichten")
        self.setLayout(gr)
        self.show()
...
```

Listing 11.16 Datei »pyqt_nachricht.py«, Teil 1 von 3

Die GUI sieht aus wie in Abbildung 11.22. Der breite Button wird in der mittleren Spalte positioniert. Dank der Werte der beiden letzten Parameter der Methode `addWidget()` erstreckt er sich über eine Zeile und zwei Spalten.

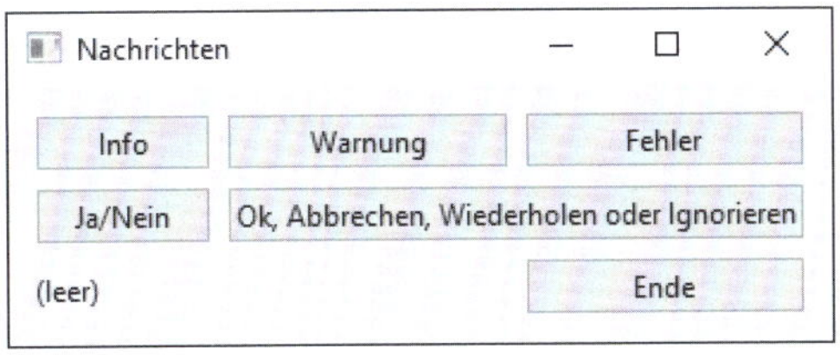

Abbildung 11.22 Buttons zum Aufruf der Dialogfelder

Im zweiten Teil des Programms stehen die Aufrufe der drei einfachen Dialogfelder. Die darin enthaltenen Informationen werden nur bestätigt:


```
...
    def info(self):
        mb = wi.QMessageBox(self)
        mb.setWindowTitle("Box")
        mb.setIcon(wi.QMessageBox.Icon.Information)
        mb.setText("Info")
        mb.exec()

    def warning(self):
        mb = wi.QMessageBox(self)
        mb.setWindowTitle("Box")
        mb.setIcon(wi.QMessageBox.Icon.Warning)
        mb.setText("Warnung")
        mb.exec()

    def error(self):
        mb = wi.QMessageBox(self)
        mb.setWindowTitle("Box")
        mb.setIcon(wi.QMessageBox.Icon.Critical)
        mb.setText("Fehler")
        mb.exec()
...
```

Listing 11.17 Datei »pyqt_nachricht.py«, Teil 2 von 3

Die drei Buttons INFO, WARNUNG und FEHLER führen zu den drei Methoden `info()`, `warning()` und `error()`. Darin wird jeweils ein Objekt des Typs `QMessageBox` erstellt. Dabei wird als Parameter ein Verweis auf das aktuelle Objekt übergeben, also auf das Fenster der Anwendung.

Mithilfe der Methoden `setWindowTitle()`, `setIcon()` und `setText()` werden ein Titel, ein Icon und ein Informationstext im Dialogfeld angezeigt. Die Icons werden mithilfe der Elemente `Information`, `Warning` und `Critical` der Enumeration `QMessageBox.Icon` dargestellt, siehe Abbildung 11.23 bis Abbildung 11.25.

Die Methode `exec()` zeigt das Dialogfeld an. Die gesamte Anwendung läuft erst nach dem Schließen des Dialogfelds weiter.

Abbildung 11.23 Eine Information, mit Bestätigung

Abbildung 11.24 Eine Warnung, mit Bestätigung

Abbildung 11.25 Eine Fehlermeldung, mit Bestätigung

Im dritten und letzten Teil des Programms stehen die Aufrufe der beiden Dialogfelder, in denen einen Auswahl vorgenommen wird:

```
...
    def yesno(self):
        mb = wi.QMessageBox(self)
        mb.setWindowTitle("Box")
        mb.setIcon(wi.QMessageBox.Icon.Question)
```

```
        mb.setText("Ja oder Nein")
        mb.setStandardButtons(wi.QMessageBox.StandardButton.Yes
            | wi.QMessageBox.StandardButton.No)
        mb.setDefaultButton(wi.QMessageBox.StandardButton.No)
        if mb.exec() == wi.QMessageBox.StandardButton.Yes:
            self.lbAusgabe.setText("Ja")
        else:
            self.lbAusgabe.setText("Nein")

    def okabortretryignore(self):
        mb = wi.QMessageBox(self)
        mb.setWindowTitle("Box")
        mb.setIcon(wi.QMessageBox.Icon.Question)
        mb.setText("Abbrechen, Wiederholen oder Ignorieren")
        mb.setStandardButtons(wi.QMessageBox.StandardButton.Ok
            | wi.QMessageBox.StandardButton.Abort
            | wi.QMessageBox.StandardButton.Retry
            | wi.QMessageBox.StandardButton.Ignore)
        mb.setDefaultButton(wi.QMessageBox.StandardButton.Ignore)
        ergebnis = mb.exec()
        if ergebnis == wi.QMessageBox.StandardButton.Ok:
            self.lbAusgabe.setText("Ok")
        elif ergebnis == wi.QMessageBox.StandardButton.Abort:
            self.lbAusgabe.setText("Abbrechen")
        elif ergebnis == wi.QMessageBox.StandardButton.Retry:
            self.lbAusgabe.setText("Wiederholen")
        else:
            self.lbAusgabe.setText("Ignorieren")

anwendung = wi.QApplication(sys.argv)
fenster = Fenster()
sys.exit(anwendung.exec())
```

Listing 11.18 Datei »pyqt_nachricht.py«, Teil 3 von 3

Das Icon wird mithilfe des Elements `Question` der Enumeration `QMessageBox.Icon` dargestellt.

Normalerweise wird in dem Dialogfeld, das mithilfe eines `QMessageBox`-Objekts erzeugt wird, nur der Button OK angezeigt.

Für die Anzeige anderer Buttons wird die Methode `setStandardButtons()` benötigt. Die Buttons werden mithilfe der Elemente `Yes`, `No`, `Ok`, `Abort`, `Retry` und `Ignore` der Enumeration `QMessageBox.StandardButton` erstellt. Mithilfe des Bitoperators | werden sie miteinander verknüpft.

Die Methode `setDefaultButton()` wählt denjenigen Button aus, auf dem nach dem Aufruf des Dialogfelds der Fokus liegt, siehe Abbildung 11.26 und Abbildung 11.27.

Die Methode `exec()` liefert als Rückgabewert einen Verweis auf den ausgewählten Button. Als Reaktion wird im vorliegenden Programm der zugehörige Text im Label angezeigt.

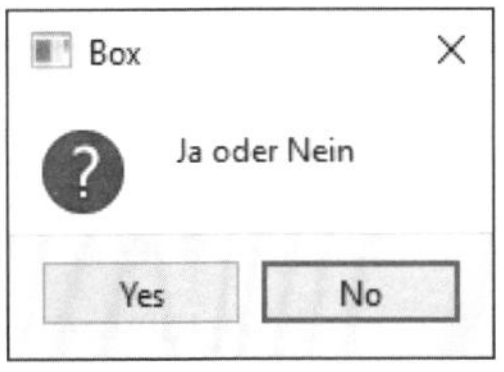

Abbildung 11.26 Mit »Ja« oder »Nein« antworten

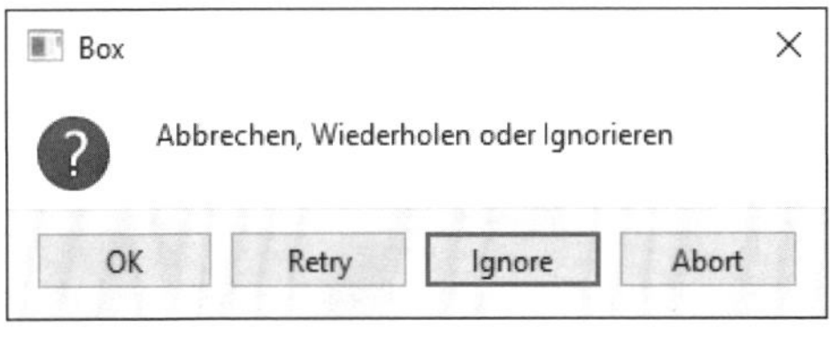

Abbildung 11.27 Eine Auswahl aus vier Möglichkeiten

11.3 PyQt und SQLite

In diesem Abschnitt wird eine GUI mithilfe von PyQt erstellt. Sie dient zur Verwaltung der SQLite-Datenbank *firma.db*, die Sie bereits in Abschnitt 9.2 kennengelernt haben. Diese umfangreiche Anwendung verknüpft zwei wichtige Technologien und weitere Elemente der Python-Programmierung.

Mithilfe des Programms in der Datei *pyqt_sqlite_verwaltung.py* können Sie alle Datensätze in einem List-Widget betrachten sowie einzelne Datensätze einfügen, ändern und löschen. Außerdem können Sie nach Datensätzen suchen, die bestimmte Kriterien erfüllen.

11.3.1 Die Oberfläche der Anwendung

Nach dem Aufruf des Programms können Sie sich alle Datensätze in einem List-Widget anzeigen lassen, siehe Abbildung 11.28. Außerdem können Sie die Daten eines einzelnen Datensatzes in Eingabefeldern bearbeiten.

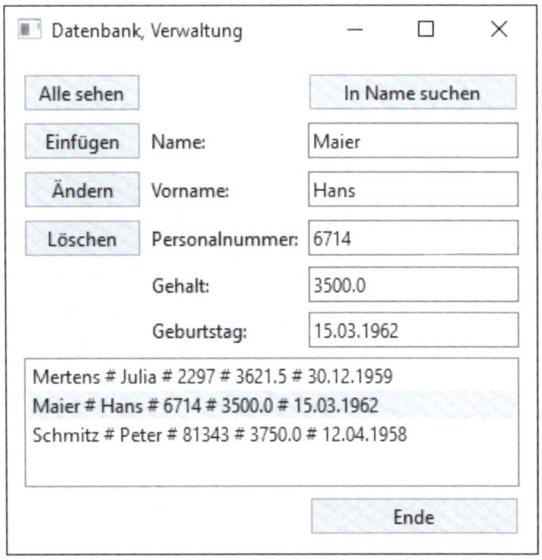

Abbildung 11.28 Verwaltung einer Datenbank

Nach der Betätigung der Widgets geschieht Folgendes:

- Button ALLE SEHEN: Alle Datensätze werden im List-Widget angezeigt.
- Liste: Nach Auswahl eines Datensatzes im List-Widget werden seine einzelnen Daten in den Eingabefeldern angezeigt.
- Button EINFÜGEN: Aus den Daten der Eingabefelder wird ein Datensatz gebildet und in der Datenbanktabelle eingefügt.
- Button ÄNDERN: Mit den Daten der Eingabefelder wird der zuvor ausgewählte Datensatz aktualisiert.
- Button LÖSCHEN: Der ausgewählte und in den Eingabefeldern angezeigte Datensatz wird nach Rückfrage gelöscht.
- Button IN NAME SUCHEN: Im Eingabefeld NAME kann eine Suchzeichenkette eingetragen werden. Nach der Betätigung des Buttons werden alle Datensätze im List-Widget angezeigt, die im Feld `Name` die Suchzeichenkette enthalten.

11.3.2 Widgets der linken Spalte

Das umfangreiche Programm wird in mehreren Abschnitten dargestellt und erläutert. Zunächst der erste Teil:

```
import PyQt6.QtWidgets as wi
import os, sys, sqlite3
```

```
class Fenster(wi.QWidget):
    def __init__(self):
        super().__init__()
        gr = wi.QGridLayout()

        # Buttons in Spalte 0
        buAlleSehen = wi.QPushButton("Alle sehen")
        buAlleSehen.clicked.connect(self.alleSehen)
        gr.addWidget(buAlleSehen, 0, 0)

        buEinfuegen = wi.QPushButton("Einfügen")
        buEinfuegen.clicked.connect(self.einfuegen)
        gr.addWidget(buEinfuegen, 1, 0)

        buAendern = wi.QPushButton("Ändern")
        buAendern.clicked.connect(self.aendern)
        gr.addWidget(buAendern, 2, 0)

        buLoeschen = wi.QPushButton("Löschen")
        buLoeschen.clicked.connect(self.loeschen)
        gr.addWidget(buLoeschen, 3, 0)
```

Listing 11.19 Datei »pyqt_sqlite_verwaltung.py«, Teil 1 von 13

Es werden die Module os, sys und sqlite3 benötigt. Durch die vier Buttons des Typs QPushButton in der linken Spalte werden die Methoden alleSehen(), einfuegen(), aendern() und loeschen() aufgerufen.

11.3.3 Widgets der mittleren Spalte

Es folgt der zweite Teil:

```
...
        # Label in Spalte 1
        lbName = wi.QLabel("Name:")
        gr.addWidget(lbName, 1, 1)

        lbVorname = wi.QLabel("Vorname:")
        gr.addWidget(lbVorname, 2, 1)
```

```
        lbPersonalnummer = wi.QLabel("Personalnummer:")
        gr.addWidget(lbPersonalnummer, 3, 1)

        lbGehalt = wi.QLabel("Gehalt:")
        gr.addWidget(lbGehalt, 4, 1)

        lbGeburtstag = wi.QLabel("Geburtstag:")
        gr.addWidget(lbGeburtstag, 5, 1)
...
```

Listing 11.20 Datei »pyqt_sqlite_verwaltung.py«, Teil 2 von 13

Die fünf Label des Typs `QLabel` dienen zur Beschriftung der Eingabefelder für die fünf Felder der Tabelle `personen`.

11.3.4 Widgets der rechten Spalte

Der dritte Teil enthält zwei Buttons und fünf Eingabefelder:

```
...
        # Buttons und Eingabefelder in Spalte 2
        buSuchen = wi.QPushButton("In Name suchen")
        buSuchen.clicked.connect(self.suchen)
        gr.addWidget(buSuchen, 0, 2)

        buEnde = wi.QPushButton("Ende")
        buEnde.clicked.connect(wi.QApplication.instance().quit)
        gr.addWidget(buEnde, 7, 2)

        self.leName = wi.QLineEdit()
        gr.addWidget(self.leName, 1, 2)

        self.leVorname = wi.QLineEdit()
        gr.addWidget(self.leVorname, 2, 2)

        self.lePersonalnummer = wi.QLineEdit()
        gr.addWidget(self.lePersonalnummer, 3, 2)

        self.leGehalt = wi.QLineEdit()
        gr.addWidget(self.leGehalt, 4, 2)
```

```
        self.leGeburtstag = wi.QLineEdit()
        gr.addWidget(self.leGeburtstag, 5, 2)
...
```

Listing 11.21 Datei »pyqt_sqlite_verwaltung.py«, Teil 3 von 13

Der Button IN NAME SUCHEN führt zum Aufruf der Methode suchen(), der Button ENDE beendet die Anwendung. Die fünf Eingabefelder sind vom Typ QLineEdit.

11.3.5 Ein List-Widget und eine Python-Liste

Es folgt Teil 4:

```
...
        # List-Widget
        self.liAnzeige = wi.QListWidget()
        self.liAnzeige.setFixedHeight(80)
        self.liAnzeige.itemClicked.connect(self.auswahl)
        gr.addWidget(self.liAnzeige, 6, 0, 1, 3)

        # Python-Liste parallel zur Anzeige im List-Widget
        self.pnummer = []
...
```

Listing 11.22 Datei »pyqt_sqlite_verwaltung.py«, Teil 4 von 13

Das List-Widget des Typs QListWidget wird in der linken Spalte positioniert. Dank der Werte der beiden letzten Parameter der Methode addWidget() erstreckt sich das List-Widget über eine Zeile und drei Spalten. Die Python-Liste pnummer ist zunächst leer. Im Verlauf des Programms wird dafür gesorgt, dass die Python-Liste immer eine Liste der Personalnummern derjenigen Datensätze enthält, die aktuell im List-Widget angezeigt werden, und zwar in derselben Reihenfolge. Auf diese Weise kann auf die zugehörigen Datensätze in der Datenbank zugegriffen werden.

11.3.6 Datenbankdatei und Fenster

In Teil 5 folgt der Zugriff auf die Datenbankdatei von SQLite:

```
...
        # Datenbankdatei prüfen, ggf. erzeugen
        if os.path.exists("firma.db"):
            try:
```

```
                connection = sqlite3.connect("firma.db")
                cursor = connection.cursor()
                sql = "SELECT * FROM personen"
                cursor.execute(sql)
            except sqlite3.Error as e:
                self.fehler(e)
        else:
            try:
                connection = sqlite3.connect("firma.db")
                cursor = connection.cursor()
                sql = "CREATE TABLE personen(name TEXT, vorname TEXT," \
                    " personalnummer INTEGER PRIMARY KEY, gehalt REAL," \
                    " geburtstag TEXT)"
                cursor.execute(sql)
            except sqlite3.Error as e:
                self.fehler(e)
        connection.close()

        # Fenster gestalten und anzeigen
        self.setWindowTitle("Datenbank, Verwaltung")
        self.setLayout(gr)
        self.show()
...
```

Listing 11.23 Datei »pyqt_sqlite_verwaltung.py«, Teil 5 von 13

Es wird geprüft, ob die Datenbankdatei *firma.db* im selben Verzeichnis wie die Anwendung existiert:

- Ist das der Fall, wird »zur Probe« auf die Tabelle `personen` zugegriffen.
- Ist das nicht der Fall, wird die Datenbankdatei erzeugt und die Datenbank mit der Tabelle `personen` neu angelegt.

Tritt bei einer dieser Aktionen ein Datenbankfehler auf, wird mithilfe der später beschriebenen Methode `fehler()` die zugehörige Fehlermeldung ausgegeben. Die Klasse `sqlite3.Error` ist die Basisklasse für die Exception-Klassen im Zusammenhang mit dem Zugriff auf SQLite-Datenbanken.

Dem Fenster der Anwendung werden ein Titel und das gefüllte Grid-Layout zugewiesen. Anschließend wird es angezeigt. An dieser Stelle endet die Konstruktormethode der Klasse `Fenster`.

11.3.7 Drei Hilfsmethoden

In Teil 6 werden die drei Hilfsmethoden `fehler()`, `meldung()` und `eingabefelder_leeren()` beschrieben, die jeweils an mehreren Stellen des Programms benötigt werden:

```
...
    # Hilfsmethode: Anzeige eines SQLite-Fehlers
    def fehler(self, e):
        mb = wi.QMessageBox(self)
        mb.setWindowTitle("Fehler")
        mb.setText(str(e))
        mb.exec()

    # Hilfsmethode: Anzeige einer Info-Meldung
    def meldung(self, info):
        mb = wi.QMessageBox(self)
        mb.setWindowTitle("Info")
        mb.setText(info)
        mb.exec()

    # Hilfsmethode: Eingabefelder leeren
    def eingabefelder_leeren(self):
        self.leName.setText("")
        self.leVorname.setText("")
        self.lePersonalnummer.setText("")
        self.leGehalt.setText("")
        self.leGeburtstag.setText("")
...
```

Listing 11.24 Datei »pyqt_sqlite_verwaltung.py«, Teil 6 von 13

Beim Aufruf der Hilfsmethode `fehler()` wird ein Objekt einer `Exception`-Klasse übergeben. Die Funktion `str()` liefert zu dem übergebenen Objekt der `Exception`-Klasse eine Textinformation. Mithilfe eines Objekts des Typs `QMessageBox` wird eine Fehlermeldung angezeigt, siehe Abbildung 11.29.

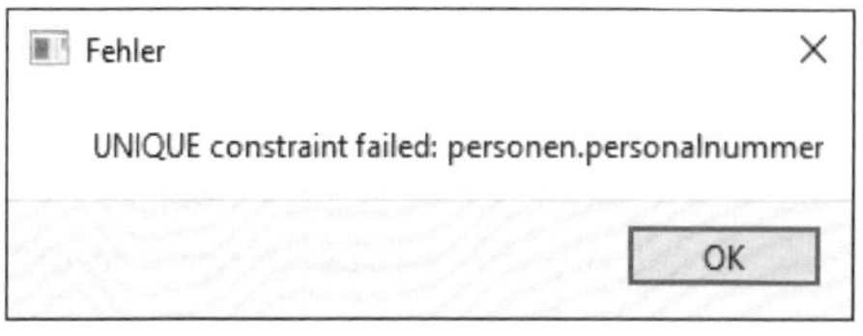

Abbildung 11.29 Fehlermeldung der Datenbank

Beim Aufruf der Hilfsmethode `meldung()` wird eine Information übergeben, die ebenfalls mithilfe eines Objekts des Typs `QMessageBox` angezeigt wird, siehe Abbildung 11.30.

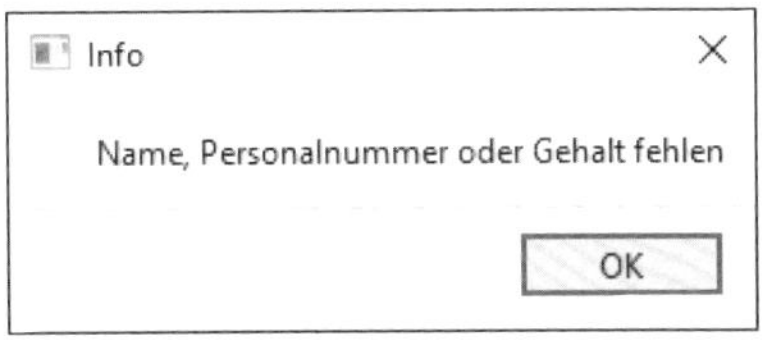

Abbildung 11.30 Information der Anwendung

Der Ablauf der Hilfsmethode `eingabefelder_leeren()` erklärt sich selbst. In den Eingabefeldern sollen nach der Anzeige aller Datensätze keine »alten« Daten stehen, mit denen zuvor gearbeitet wurde.

11.3.8 Anzeige im List-Widget

Nach der Betätigung des Buttons ALLE SEHEN wird die Methode `alleSehen()` aufgerufen:

```
...
    # Button "Alle sehen"
    def alleSehen(self):
        self.eingabefelder_leeren()
        self.liAnzeige.clear()
        self.pnummer.clear()

        try:
            connection = sqlite3.connect("firma.db")
            cursor = connection.cursor()
            sql = "SELECT * FROM personen"
            cursor.execute(sql)
            for dsatz in cursor:
                self.liAnzeige.addItem(f"{dsatz[0]} # {dsatz[1]}" \
                    f" # {dsatz[2]} # {dsatz[3]} # {dsatz[4]}")
                self.pnummer.append(dsatz[2])
            if len(self.pnummer) == 0:
                self.meldung("Kein Datensatz")
            self.liAnzeige.setCurrentRow(0)
        except sqlite3.Error as e:
            self.fehler(e)
        connection.close()
...
```

Listing 11.25 Datei »pyqt_sqlite_verwaltung.py«, Teil 7 von 13

In der Methode `alleSehen()` werden zunächst die Eingabefelder, das List-Widget und die Python-Liste `pnummer` geleert.

Es werden alle Datensätze der Tabelle `personen` abgerufen. In einer Schleife werden sowohl die Datensätze dem List-Widget als auch die zugehörigen Personalnummern der Python-Liste hinzugefügt. Die Daten eines Datensatzes werden durch eine Zeichenfolge getrennt, die das Zeichen # enthält.

Enthält die Tabelle keinen Datensatz, wird eine entsprechende Meldung ausgegeben. Tritt ein Datenbankfehler auf, wird mithilfe der Methode `fehler()` die zugehörige Fehlermeldung angezeigt.

11.3.9 Auswahl in List-Widget

Nach der Auswahl eines Eintrags im List-Widget wird die Methode `auswahl()` aufgerufen:

```
...
    # Auswahl in List-Widget
    def auswahl(self):
        i = self.liAnzeige.currentRow()
        if i == -1:
            self.meldung("Kein Datensatz ausgewählt")
            return
        try:
            connection = sqlite3.connect("firma.db")
            cursor = connection.cursor()
            sql = "SELECT * FROM personen WHERE personalnummer = " \
                + str(self.pnummer[i])
            cursor.execute(sql)
            for dsatz in cursor:
                self.leName.setText(dsatz[0])
                self.leVorname.setText(dsatz[1])
                self.lePersonalnummer.setText(str(dsatz[2]))
                self.leGehalt.setText(str(dsatz[3]))
                self.leGeburtstag.setText(dsatz[4])
        except sqlite3.Error as e:
            self.fehler(e)
        connection.close()
...
```

Listing 11.26 Datei »pyqt_sqlite_verwaltung.py«, Teil 8 von 13

Die Methode `currentRow()` liefert die Nummer des ausgewählten Eintrags im List-Widget. Dabei hat der erste Eintrag die Nummer 0. Ist kein Eintrag ausgewählt, wird `-1` geliefert. Ein Datensatz kann nur angezeigt werden, falls er zuvor im List-Widget ausgewählt wurde.

Das Ergebnis der Abfrage umfasst dank der eindeutigen Personalnummer genau einen Datensatz. Die Auswahl wird mithilfe der Python-Liste vorgenommen, die parallel zum Inhalt des List-Widgets erstellt wurde. In den Eingabefeldern werden die Daten des Datensatzes angezeigt.

11.3.10 Einfügen eines neuen Datensatzes

Der Button EINFÜGEN führt zur Methode `einfuegen()`:


```
...
    # Button "Einfügen"
    def einfuegen(self):
        if self.leName.text() == "" or self.lePersonalnummer.text() == "" \
                or self.leGehalt.text() == "":
            self.meldung("Name, Personalnummer oder Gehalt fehlen")
            return
        try:
            connection = sqlite3.connect("firma.db")
            cursor = connection.cursor()
            sql = "INSERT INTO personen VALUES(?, ?, ?, ?, ?)"
            cursor.execute(sql, (self.leName.text(), self.leVorname.text(),
                int(self.lePersonalnummer.text()), float(self.leGehalt.text()),
                self.leGeburtstag.text()))
            connection.commit()
        except sqlite3.Error as e:
            self.fehler(e)
        except Exception as e:
            self.fehler(e)
        connection.close()
        self.alleSehen()
...
```

Listing 11.27 Datei »pyqt_sqlite_verwaltung.py«, Teil 9 von 13

Ein neuer Datensatz kann nur eingefügt werden, falls mindestens ein Name, eine Personalnummer und ein Gehalt vorliegen.

Die Daten aus den Eingabefeldern werden zur Abwehr von schädlichem SQL-Code (*SQL-Injection*) mithilfe der Parameter-Substitution in die SQL-Anweisung eingebettet, siehe Abschnitt 9.2.6.

Die Zeichenkette mit der eingegebenen Personalnummer wird in eine ganze Zahl umgewandelt, die Zeichenkette mit dem eingegebenen Gehalt in eine Zahl mit Nachkommastellen.

Wird eine bereits vorhandene Personalnummer genutzt oder tritt ein anderer Datenbankfehler auf, wird die zugehörige Fehlermeldung ausgegeben, siehe auch Abbildung 11.29. Handelt es sich um einen Fehler bei der Umwandlung der Zeichenketten in Zahlen, erscheint dank des zweiten Ausnahmezweigs ebenfalls eine passende Fehlermeldung, siehe Abbildung 11.31.

Am Ende werden alle aktuellen Datensätze erneut ausgegeben.

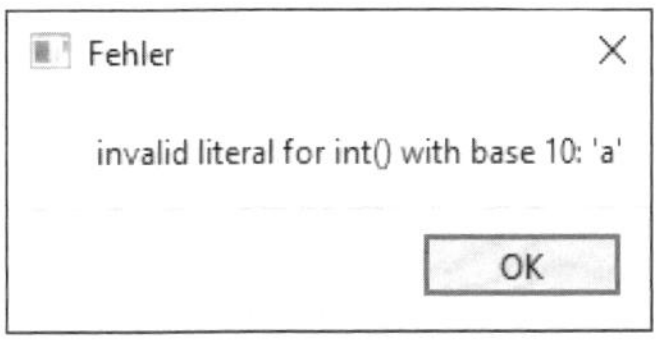

Abbildung 11.31 Fehler bei Umwandlung

11.3.11 Ändern eines Datensatzes

Der Button ÄNDERN führt zur Methode `aendern()`:

```
...
    # Button "Ändern"
    def aendern(self):
        i = self.liAnzeige.currentRow()
        if i == -1:
            self.meldung("Kein Datensatz ausgewählt")
            return
        try:
            connection = sqlite3.connect("firma.db")
            cursor = connection.cursor()
            sql = "UPDATE personen SET name = ?, vorname = ?," \
                " personalnummer = ?, gehalt = ?, geburtstag = ?" \
                " WHERE personalnummer = " + str(self.pnummer[i])
            cursor.execute(sql, (self.leName.text(), self.leVorname.text(),
                int(self.lePersonalnummer.text()), float(self.leGehalt.text()),
                self.leGeburtstag.text()))
```

```
            connection.commit()
        except sqlite3.Error as e:
            self.fehler(e)
        except Exception as e:
            self.fehler(e)
        connection.close()
        self.alleSehen()
...
```

Listing 11.28 Datei »pyqt_sqlite_verwaltung.py«, Teil 10 von 13

Ein Datensatz kann nur geändert werden, falls er zuvor im List-Widget ausgewählt wurde.

Auch hier werden die Daten aus den Eingabefeldern mithilfe der Parameter-Substitution in die SQL-Anweisung eingebettet. Der Datensatz, der aktualisiert wird, wird mithilfe der parallel geführten Python-Liste ausgewählt. Darin ist die Original-Personalnummer gespeichert, und es ist möglich, auch die Personalnummer zu ändern.

Die Umwandlungen, die Fehlermeldungen und die abschließende Ausgabe laufen ab wie beim Einfügen eines neuen Datensatzes.

11.3.12 Löschen eines Datensatzes

Der Button LÖSCHEN führt zur Methode `loeschen()`:

```
...
    # Button "Löschen"
    def loeschen(self):
        i = self.liAnzeige.currentRow()
        if i == -1:
            self.meldung("Kein Datensatz ausgewählt")
            return

        # Rückfrage
        mb = wi.QMessageBox(self)
        mb.setWindowTitle("Frage")
        mb.setText("Wirklich löschen?")
        mb.setStandardButtons(wi.QMessageBox.StandardButton.Yes
            | wi.QMessageBox.StandardButton.No)
        mb.setDefaultButton(wi.QMessageBox.StandardButton.No)
        if mb.exec() == wi.QMessageBox.StandardButton.No:
            return
```

```
        # Löschen
        try:
            connection = sqlite3.connect("firma.db")
            cursor = connection.cursor()
            sql = "DELETE FROM personen WHERE personalnummer = " \
                + str(self.pnummer[i])
            cursor.execute(sql)
            connection.commit()
        except sqlite3.Error as e:
            self.fehler(e)
        connection.close()
        self.alleSehen()
...
```

Listing 11.29 Datei »pyqt_sqlite_verwaltung.py«, Teil 11 von 13

Ein Datensatz kann nur gelöscht werden, falls er zuvor im List-Widget ausgewählt wurde. Vor dem Löschen erfolgt sicherheitshalber eine Rückfrage mithilfe eines Dialogfelds, siehe Abbildung 11.32.

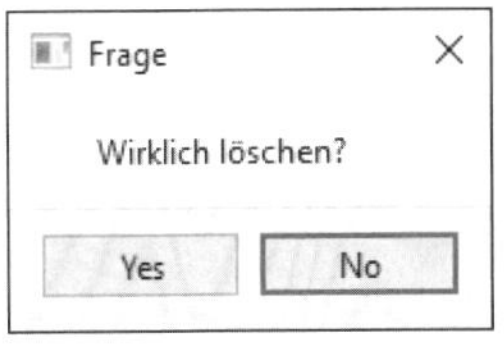

Abbildung 11.32 Rückfrage

Das Löschen wird nur durchgeführt, falls der Button YES ausgewählt wurde. Der Datensatz, der gelöscht wird, wird mithilfe der parallel geführten Python-Liste ausgewählt.

Die Fehlermeldungen und die abschließende Ausgabe laufen ab wie beim Einfügen eines neuen Datensatzes.

11.3.13 Suchen nach einem Namen

Der Button IN NAME SUCHEN führt zur Methode suchen():

```
...
    # Button "In Name suchen"
    def suchen(self):
        eingabe = self.leName.text()
        self.eingabefelder_leeren()
        self.liAnzeige.clear()
```

```
        self.pnummer.clear()

        try:
            connection = sqlite3.connect("firma.db")
            cursor = connection.cursor()
            sql = "SELECT * FROM personen WHERE name LIKE ?"
            eingabe = '%' + eingabe + '%'
            cursor.execute(sql, (eingabe,))
            for dsatz in cursor:
                self.liAnzeige.addItem(f"{dsatz[0]} # {dsatz[1]}" \
                    f" # {dsatz[2]} # {dsatz[3]} # {dsatz[4]}")
                self.pnummer.append(dsatz[2])
            self.liAnzeige.setCurrentRow(0)
            if len(self.pnummer) == 0:
                self.meldung("Kein passender Datensatz")
        except sqlite3.Error as e:
            self.fehler(e)
        connection.close()
...
```

Listing 11.30 Datei »pyqt_sqlite_verwaltung.py«, Teil 12 von 13

Der Inhalt des Eingabefelds für den Namen wird gespeichert. Dabei kann es sich um einen ganzen Namen oder den Teil eines Namens handeln. Anschließend werden die Eingabefelder, das List-Widget und die Python-Liste `pnummer` geleert.

Im List-Widget werden alle Datensätze der Tabelle `personen` angezeigt, die im Feld `name` den zuvor gespeicherten Inhalt des Eingabefelds enthalten. Der Inhalt wird in Prozentzeichen eingebettet und mithilfe der Parameter-Substitution in die SQL-Anweisung eingefügt. Die Python-Liste `pnummer` wird parallel zum List-Widget gefüllt. Wird kein Datensatz gefunden, der zum Inhalt des Eingabefelds passt, erscheint eine entsprechende Meldung.

11.3.14 Hauptprogramm

Zu guter Letzt folgt das kurze Hauptprogramm:

```
...
# Anwendung starten und beenden
anwendung = wi.QApplication(sys.argv)
fenster = Fenster()
sys.exit(anwendung.exec())
```

Listing 11.31 Datei »pyqt_sqlite_verwaltung.py«, Teil 13 von 13

Hier wird die PyQt-Anwendung gestartet und nach Betätigung des Buttons Ende wieder beendet.

11.4 Übungsaufgabe

Übung »u_pyqt_vokabeln«

Erstellen Sie mithilfe der Schnittstelle *PyQt* in der Datei *u_pyqt_vokabeln.py* ein einfaches Vokabel-Lern-Programm auf Basis einer SQLite-Datenbank. Logik, Aufbau und Benutzeroberfläche entsprechen denen aus der Übung »u_gui_vokabeln« in Abschnitt 10.8, siehe Abbildung 11.33.

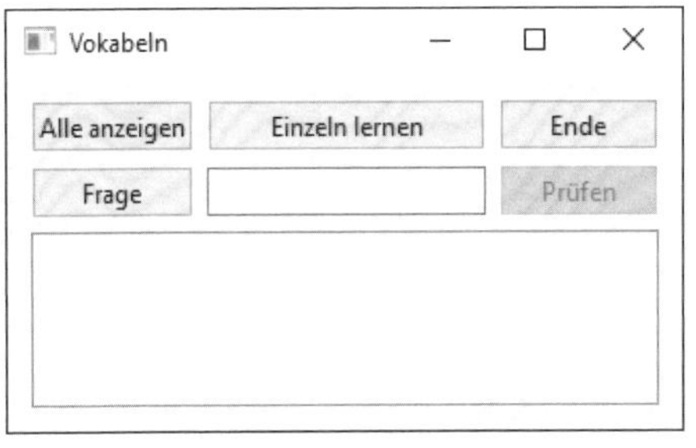

Abbildung 11.33 GUI nach dem Aufruf

Sollte Ihnen noch der Einstieg in die Entwicklung des Programms fehlen, finden Sie in Abschnitt A.5 einige Tipps.

Anhang

Hier im Anhang finden Sie Anleitungen zur Installation zusätzlicher Module, zum Erstellen von ausführbaren EXE-Dateien sowie zur Installation des Pakets XAMPP für die verschiedenen Betriebssysteme. Es folgt eine Zusammenstellung wichtiger UNIX-Befehle, die Sie unter Ubuntu Linux und macOS nutzen können.

A.1 Installation zusätzlicher Module

Für eine Reihe von Programmen in diesem Buch müssen zusätzliche Module für Python installiert werden.

A.1.1 Installation unter Windows

Unter Windows wird das Paketverwaltungsprogramm *pip* benötigt. Es wurde bereits gemeinsam mit Python installiert. Zur Nutzung öffnen Sie eine Eingabeaufforderung (siehe Abschnitt 2.3.2) und wechseln mit den entsprechenden `cd`-Befehlen in das Unterverzeichnis *Scripts*.

Installieren Sie anschließend ein Zusatzmodul, hier zum Beispiel `matplotlib`, wie folgt:

```
pip install matplotlib
```

A.1.2 Installation unter Ubuntu Linux

Unter Ubuntu Linux wird ein Zusatzmodul mithilfe des nachfolgenden Aufrufs installiert, hier auch am Beispiel `matplotlib`:

```
sudo apt install python3-matplotlib
```

Nach dem Namen `python3` folgt also ein Bindestrich und anschließend der Namen des Moduls. Das Typprüfungsprogramm *mypy* bildet eine Ausnahme; es wird wie folgt installiert:

```
sudo apt install mypy
```

A.1.3 Installation unter macOS

Unter macOS wird das Paketverwaltungsprogramm *pip* benötigt. Laden Sie es zunächst herunter und installieren Sie es. Dazu sind die beiden folgenden Aufrufe im Terminal notwendig:

```
curl https://bootstrap.pypa.io/get-pip.py -o get-pip.py
```

```
python3 get-pip.py
```

Zur Nutzung öffnen Sie ein Terminal (siehe Abschnitt 2.3.3). Installieren Sie anschließend ein Zusatzmodul, hier zum Beispiel `matplotlib`, wie folgt:

```
pip install matplotlib
```

A.2 Erstellen von ausführbaren Dateien

Mithilfe des Programms `pyinstaller` können Sie unter Windows oder macOS aus jedem Ihrer Python-Programme eine ausführbare Datei erstellen. Das gilt auch für GUI-Programme.

Die ausführbare Datei kann auf einem anderen Rechner mit demselben Betriebssystem gestartet werden. Es ist nicht notwendig, zuvor Python auf dem anderen Rechner zu installieren. Es folgt eine Anleitung zur Erstellung einer ausführbaren Version des Programms *hallo.py*:

- Installieren Sie zunächst das Programm `pyinstaller` mit dem Paketverwaltungsprogramm *pip* (siehe Abschnitt A.1) mit dem Aufruf: `pip install pyinstaller`.
- Unter Windows: Kopieren Sie die Datei *hallo.py* in das Unterverzeichnis *Scripts* Ihrer Python-Installation (also in *C:\Python\Scripts*), öffnen Sie eine Eingabeaufforderung (siehe Abschnitt 2.3.2), und wechseln Sie mit den entsprechenden `cd`-Befehlen in das Unterverzeichnis *Scripts*.
- Unter macOS: Kopieren Sie die Datei *hallo.py* in das gewünschte Verzeichnis, öffnen Sie ein Terminal (siehe Abschnitt 2.3.3), und wechseln Sie in das gewählte Verzeichnis.
- Rufen Sie das Programm `pyinstaller` mit Ihrem Python-Programm auf, hier also mit: `pyinstaller hallo.py`.
- Im Unterverzeichnis *dist* finden Sie anschließend das Unterverzeichnis *hallo* inklusive der ausführbaren Datei *hallo.exe* bzw. *hallo*.
- Kopieren Sie dieses Verzeichnis vollständig auf den Zielrechner, und rufen Sie dort die ausführbare Datei *hallo.exe* bzw. *hallo* von der Kommandozeile aus auf. Unter Ubuntu Linux oder macOS geschieht dies mit `./hallo`.

Sollten Sie die ausführbare Datei nicht von der Kommandozeile aus aufrufen, startet das Programm ebenfalls, ist aber bekanntlich schnell wieder zu Ende. Das Ausgabefenster würde nur stehen bleiben, falls am Ende des Programms eine Eingabe verlangt wird, zum Beispiel mit: `input()`.

A.3 Installation von XAMPP

Es wird die Installation des frei verfügbaren, vorkonfigurierten Pakets XAMPP beschrieben, das Sie unter anderem für den Zugriff auf den Datenbankserver MySQL (bzw. dessen Abspaltung MariaDB) unter Windows, Ubuntu Linux oder macOS einsetzen können. Das Paket umfasst zudem unter anderem einen Apache-Webserver, die Sprache PHP und die Datenbank-GUI phpMyAdmin. Zurzeit (im Dezember 2023) liegt das Paket in der Version 8.2.4 vor. Passen Sie den Namen der ausführbaren Datei in den nachfolgenden Abschnitten entsprechend an.

Laden Sie das für Ihr Betriebssystem passende Paket XAMPP über die Website *https://www.apachefriends.org* herunter, und wechseln Sie in das Download-Verzeichnis.

A.3.1 Installation von XAMPP unter Windows

Das Paket XAMPP für Windows finden Sie in der ausführbaren Datei *xampp-windows-x64-8.2.4-0-VS16-installer*. Durch den Aufruf der Datei beginnen Sie mit der Installation. In manchen Fällen erscheinen zu Beginn zwei Warnungen, unter anderem bezüglich eines laufenden Antivirenprogramms. Hier können Sie fortfahren.

Sie können die vorgeschlagenen Installationsoptionen bestätigen. Beim Zielverzeichnis empfehle ich, *C:\xampp* zu wählen. Starten Sie nach der Installation die Anwendung XAMPP CONTROL PANEL. Darin starten und stoppen Sie den MariaDB-Datenbankserver über den Button rechts neben dem Begriff MYSQL.

A.3.2 Installation von XAMPP unter Ubuntu Linux

Das Paket XAMPP für Ubuntu Linux finden Sie in der Datei *xampp-linux-x64-8.2.4-0-installer.run*. Öffnen Sie zur Eingabe ein Terminal. Ändern Sie gegebenenfalls die Zugriffsrechte auf die Datei mit dem Befehl:

```
chmod 744 xampp-linux-x64-8.2.4-0-installer.run
```

Starten Sie die Installation mit:

```
sudo ./xampp-linux-x64-8.2.4-0-installer.run
```

Sie können die vorgeschlagenen Installationsoptionen bestätigen. XAMPP wird im Verzeichnis */opt/lampp* installiert. Am Ende der Installation können Sie das Häkchen bei LAUNCH XAMPP stehen lassen. Damit wird ein Dialogfeld zum Verwalten der Server aufgerufen. Auf der Registerkarte MANAGE SERVERS haben Sie die Möglichkeit, den MariaDB-Datenbankserver (über MYSQL) auszuwählen und rechts über den jeweiligen Button zu starten und zu stoppen. Das Dialogfeld zum Verwalten der Server können Sie auch direkt wie folgt aufrufen:

```
sudo /opt/lampp/manager-linux-x64.run
```

A.3.3 Installation von XAMPP unter macOS

Sie können das Paket *XAMPP für OS X* über die Internetadresse *https://www.apachefriends.org* herunterladen. Anschließend steht Ihnen die Datei *xampp-osx-8.2.4-0-installer.dmg* zur Verfügung. Durch einen Doppelklick auf diese Datei wird ein neues Laufwerk angelegt. Nun können Sie die Installationsdatei aufrufen, die sich auf dem neuen Laufwerk befindet.

Da das Installationsprogramm nicht von Apple selbst stammt, wird es zunächst von macOS blockiert. Rufen Sie in den Systemeinstellungen den Menüpunkt SICHERHEIT auf. Dort finden Sie neben dem Hinweis auf XAMPP den Button DENNOCH ÖFFNEN. Nach Betätigen des Buttons haben Sie die Möglichkeit, das Installationsprogramm zu starten.

XAMPP wird standardmäßig im Verzeichnis */Applications/XAMPP* installiert, was im Finder dem Verzeichnis *Programme/XAMPP* entspricht.

Am Ende der Installation können Sie das Häkchen bei LAUNCH XAMPP stehen lassen. Damit wird ein Dialogfeld zum Verwalten der verschiedenen Server aufgerufen. Auf der Registerkarte MANAGE SERVERS haben Sie die Möglichkeit, den Apache-Webserver auszuwählen und rechts über den Button zu starten und zu stoppen. Das Dialogfeld zum Verwalten der verschiedenen Server können Sie auch über *Programme/XAMPP/manager-osx* aufrufen.

A.4 UNIX-Befehle

Zur Verwaltung von Verzeichnissen und Dateien unter dem Betriebssystem UNIX oder einem seiner Abkömmlinge, wie zum Beispiel Ubuntu Linux oder macOS, können Sie mit Kommandozeilenbefehlen arbeiten. Diese können in einem Terminal unter den genannten Betriebssystemen eingegeben werden.

In diesem Abschnitt lernen Sie die nützlichen Befehle `ls`, `mkdir`, `rmdir`, `cd`, `cp`, `mv` und `rm` kennen. Achten Sie auf den Unterschied bei der Groß- und Kleinschreibung. Ein Beispiel: Es kann zwei verschiedene Dateien mit den Namen *hallo.txt* und *Hallo.txt* geben.

A.4.1 Inhalt eines Verzeichnisses

UNIX-Systeme verfügen wie Windows-Systeme über eine Hierarchie von Verzeichnissen. Es gibt also ein Hauptverzeichnis, darunter kann es Unterverzeichnisse geben, die wiederum Unterverzeichnisse haben können.

Mit `..` (zwei Punkten) wird immer das jeweils übergeordnete Verzeichnis angesprochen, mit `.` (einem einzelnen Punkt) das aktuelle Verzeichnis. Diese Bezeichnungen kommen auch bei einigen Befehlen zum Einsatz.

Mithilfe des Befehls `ls -l` können Sie sich eine Liste der Dateien und Unterverzeichnisse des aktuellen Verzeichnisses in ausführlicher Form anzeigen lassen. Dies kann eine nützliche Kontrolle nach jeder Veränderung sein. Eine Beispielausgabe:

```
-rw-r--r--  1  theis theis    12  Dez 3  08:52  hallo.txt
-rw-r--r--  1  theis theis    12  Dez 3  08:51  gruss.txt
drwxr-xr-x  2  theis theis  4096  Dez 3  08:57  haus
```

Sie sehen zwei Dateien mit der Endung *.txt* und ein Unterverzeichnis. Die wichtigsten Informationen dazu:

- Im Unterschied zu Windows sind die Rechte klar unterteilt. Nicht jeder darf alles. Steht in der ersten Spalte ein `d` (für *directory*), so handelt es sich um ein Unterverzeichnis.
- Anschließend folgen die Rechte bezüglich des Eintrags. Dabei steht `r` (für *read*) für das Leserecht, `w` (für *write*) für das Schreibrecht und `x` (für *execute*) für das Recht, ein Programm auszuführen.
- Diese Rechte werden dreimal nacheinander aufgelistet: zuerst für den aktuellen Benutzer bzw. die aktuelle Benutzerin, anschließend für seine bzw. ihre Arbeitsgruppe und zuletzt für alle.
- Die Größe der Dateien wird angezeigt. In diesem Fall sind es jeweils 12 Byte für die beiden Textdateien. Außerdem sehen Sie Datum und Uhrzeit der letzten Änderung.

A.4.2 Verzeichnis anlegen, wechseln und löschen

Der Befehl `mkdir` (*make directory*) dient zum Anlegen eines neuen Verzeichnisses unterhalb des aktuellen Verzeichnisses. Ein Beispiel:

- `mkdir meineTexte` – Anlegen des Unterverzeichnisses `meineTexte`, relativ zum aktuellen Verzeichnis (der Gedankenstrich gehört nicht zum Befehl)

Mit dem Befehl `cd` (*change directory*) wechseln Sie das Verzeichnis. Einige Beispiele:

- `cd meineTexte` – Wechsel in das Unterverzeichnis *meineTexte*, relativ zum aktuellen Verzeichnis
- `cd ..` – Wechsel in das übergeordnete Verzeichnis
- `cd` (ohne weitere Angaben) – Wechsel in Ihr Heimatverzeichnis, unabhängig vom aktuellen Verzeichnis
- `cd /usr/bin` – Wechsel in das absolute Verzeichnis *usr/bin*, unabhängig vom aktuellen Verzeichnis

Der Befehl `rmdir` (*remove directory*) dient zum Löschen eines leeren Unterverzeichnisses, das sich unterhalb des aktuellen Verzeichnisses befindet. Zum Löschen von Dateien aus einem Verzeichnis verweise ich auf den nächsten Abschnitt. Ein Beispiel:

- `rmdir meineTexte` – Löschen des Unterverzeichnisses `meineTexte`, falls es leer ist

A.4.3 Datei kopieren, verschieben und löschen

Textdateien können Sie mit einem Editor anlegen, zum Beispiel mit *gedit*, *vi* oder *nano*. Python-Programme erstellen Sie am besten innerhalb der IDLE-Umgebung.

Zum Kopieren von Dateien nutzen Sie den Befehl `cp` (*copy*). Es werden immer zwei Angaben benötigt, zum einen für die Quelle und zum anderen für das Ziel des Kopiervorgangs. Einige Beispiele:

- `cp hallo.txt gruss.txt` – Kopieren der Datei *hallo.txt* in die Datei *gruss.txt* innerhalb des aktuellen Verzeichnisses
- `cp hallo.txt ..` – Kopieren der Datei *hallo.txt* in das übergeordnete Verzeichnis
- `cp hallo.txt ../nochMehrTexte` – Kopieren der Datei *hallo.txt* in das Verzeichnis *nochMehrTexte*, das sich unter demselben übergeordneten Verzeichnis wie das aktuelle Verzeichnis befindet
- `cp ../hallo.txt .` – Kopieren der Datei *hallo.txt* aus dem übergeordneten Verzeichnis in das aktuelle Verzeichnis (Beachten Sie den einzelnen Punkt nach dem Leerzeichen am Ende des Befehls.)
- `cp ../*.txt .` – Kopieren aller Dateien mit der Endung *.txt* aus dem übergeordneten Verzeichnis in das aktuelle Verzeichnis

- `cp ../nochMehrTexte/hallo.txt .` – Kopieren der Datei *hallo.txt* aus dem Verzeichnis *nochMehrTexte* (siehe oben) in das aktuelle Verzeichnis

Mithilfe des Befehls `mv` (*move*) können Sie Dateien umbenennen oder verschieben. Die Benutzung ist der von `cp` sehr ähnlich. Einige Beispiele:

- `mv hallo.txt gruss.txt` – Umbenennen der Datei *hallo.txt* in die Datei *gruss.txt* innerhalb des aktuellen Verzeichnisses
- `mv hallo.txt ..` – Verschieben der Datei *hallo.txt* in das übergeordnete Verzeichnis
- `mv ../hallo.txt .` – Verschieben der Datei *hallo.txt* aus dem übergeordneten Verzeichnis in das aktuelle Verzeichnis
- `mv ../*.txt .` – Verschieben aller Dateien mit der Endung *.txt* aus dem übergeordneten Verzeichnis in das aktuelle Verzeichnis

Zum Löschen von Dateien nutzen Sie den Befehl `rm` (*remove*). Einige Beispiele:

- `rm hallo.txt` – Löschen der Datei *hallo.txt* innerhalb des aktuellen Verzeichnisses
- `rm *.txt` – Löschen aller Dateien mit der Endung *.txt* innerhalb des aktuellen Verzeichnisses

A.5 Tipps zur Entwicklung

Es folgen Tipps zur Entwicklung bestimmter Übungsaufgaben.

A.5.1 Übung »u_sqlite_vokabeln«

Diese Aufgabe steht in Abschnitt 9.2.9.

Ist die SQLite-Datenbank *lernen.db* zu Beginn des Programms vorhanden, werden ihre Inhalte in einer Funktion mit dem Namen `laden()` in eine zweidimensionale Liste geladen. Eine Referenz auf die Liste wird als Rückgabewert der Funktion geliefert.

Ist die SQLite-Datenbank zu Beginn des Programms noch nicht vorhanden, wird in der Funktion `erzeugen()` eine zweidimensionale Liste mit den Daten gefüllt. Danach wird die Datenbank *lernen.db* erzeugt, und es wird die Tabelle `vokabel` mit den Feldern `id`, `deutsch` und `englisch` angelegt. Anschließend werden die Inhalte der Liste in der Datenbank gespeichert, damit die Datenbank beim nächsten Aufruf des Programms vorhanden ist. Eine Referenz auf die Liste wird als Rückgabewert der Funktion geliefert.

Das Menü wird in eine äußere Schleife eingebettet, die nur mit der Eingabe von 0 verlassen werden kann. Nach einem erfolgreich bestandenen Test muss das Programm beendet werden. Nach Eingabe einer 1, 2 oder 3 werden Funktionen mit dem Namen `alle()`, `lernen()` und `test()` aufgerufen. Beim Aufruf wird jeweils eine Referenz auf die zweidimensionale Liste als Parameter übergeben.

Die Eingabe des gewünschten Menüpunkts wird in eine innere Schleife eingebettet, die nur mit der Eingabe eines Werts von 0 bis 3 verlassen werden kann. Ein anderer Wert führt zur Wiederholung der Eingabeaufforderung.

A.5.2 Übung »u_gui_vokabeln«

Diese Aufgabe steht in Abschnitt 10.8.

Die Logik des Programms ist dieselbe wie in der Übung »u_sqlite_vokabeln«. Auch die Namen und Aufgaben der meisten Funktionen stimmen überein.

Die beiden Funktionen `erzeugen()` und `laden()` können übernommen werden, da es sich um Vorgänge handelt, die unabhängig von der benutzten Oberfläche sind.

Die beiden Funktionen `alle()` und `lernen()` müssen an die GUI angepasst werden. Die Aufgabe der Funktion `test()` wird aufgeteilt auf die beiden Funktionen `frage()` und `pruefen()`. Es gibt zusätzlich eine Funktion `ende()`.

Beim Aufruf der fünf letztgenannten Funktionen wird jeweils eine Referenz auf die zweidimensionale Liste als Parameter übergeben. Da es sich um Callback-Funktionen für die Buttons handelt, wird jeweils eine Lambda-Funktion benötigt.

In der Funktion `frage()` wird die Nummer der aktuell ausgewählten deutschen Vokabel in einer globalen Variablen gespeichert. In der Funktion `pruefen()` wird auf diese Variable zugegriffen, damit die zugehörige englische Vokabel zum Vergleich herangezogen werden kann.

A.5.3 Übung »u_pyqt_vokabeln«

Diese Aufgabe steht in Abschnitt 11.4.

Die beiden Funktionen `erzeugen()` und `laden()` können wiederum übernommen werden. Sie werden im Konstruktor der Fenster-Klasse aufgerufen und liefern jeweils eine Referenz auf die zweidimensionale Liste zurück. Diese wird als Eigenschaft der Fenster-Klasse gespeichert.

Auf diese Weise steht die Liste in allen weiteren Methoden der Fenster-Klasse zur Verfügung. Es muss keine Referenz auf die Liste beim Aufruf der Methoden übergeben werden.

In der Methode `frage()` wird die Nummer der aktuell ausgewählten deutschen Vokabel in einer Eigenschaft der Fenster-Klasse gespeichert. In der Funktion `pruefen()` wird auf diese Eigenschaft zugegriffen, damit die zugehörige englische Vokabel zum Vergleich herangezogen werden kann.

Index

A

B

C

D

E

F

G

H

I

J

K

L

M

N

O

P

Q

R

S

Python-Wissen zum Vertiefen und Nachschlagen

Dieses Buch ist das Nachschlagewerk der Wahl für alle, die Python 3 in der Software-Entwicklung nutzen. Python-Einsteiger und Leser mit Programmiererfahrung finden hier das nötige Wissen, um die Konzepte und Werkzeuge der Sprache richtig anzuwenden. Die beiden Autoren führen Python systematisch ein, vom ersten Programm bis hin zu komplexen Sprachelementen. Die Praxis steht dabei im Vordergrund, sodass sich schnelle Erfolge beim Programmieren mit Python einstellen.

1.126 Seiten, gebunden, 44,90 Euro, ISBN 978-3-8362-9129-3

www.rheinwerk-verlag.de/5572